李水城 著

东风西渐

——中国西北史前文化之进程

文物出版社

封面设计：周小玮

责任印制：张道奇

责任编辑：杨新改

图书在版编目（CIP）数据

东风西渐：中国西北史前文化之进程／李水城 著．－北

京：文物出版社，2009

ISBN 978-7-5010-2655-5

Ⅰ．东…　Ⅱ．李…　Ⅲ．远古文化-西北地区-文集

Ⅳ. K872.4－53

中国版本图书馆 CIP 数据核字（2008）第 183939 号

东风西渐：中国西北史前文化之进程

李水城　著

<derved>*</derved>

文 物 出 版 社 出 版 发 行

（北京东直门内北小街2号楼）

http：／／www．wenwu．com

E－mail：web＠wenwu．com

北京达利天成印刷装订有限责任公司印刷

新 华 书 店 经 销

787×1092　1/16　印张：21　插页：1

2009 年 10 月第 1 版　2009 年 10 月第 1 次印刷

ISBN 978－7－5010－2655－5　定价：160.00 元

Prehistoric Cultural Evolution in Northwest China

Li Shuicheng

Cultural Relics Press

谨以此书献给

敬爱的老师李东涛（1927～1996 年）先生

目　　录

前言 ……………………………………………………………… （5）

综　述

西北地区新石器时代考古研究 ………………………………… （1）
中国西部地区史前考古的几点思考——《师赵村与西山坪》读后 …… （26）
新疆史前考古断想 ……………………………………………… （32）

河西走廊史前考古学文化

三下河西——河西史前考古调查发掘记 ……………………… （34）
河西地区新见马家窑文化遗存及相关问题 …………………… （40）
四坝文化研究 …………………………………………………… （58）
论董家台类型及相关问题 ……………………………………… （106）
公元前 1 千纪的河西走廊西部 ……………………………… （115）
沙井文化研究 …………………………………………………… （128）

区域文化互动

刘家文化来源的新线索 ………………………………………… （154）
中国北方地带的蛇纹器研究 …………………………………… （164）
华夏边缘与文化互动：以长城沿线西段的陶鬲为例 ………… （176）
从考古发现看公元前二千纪东西方文化的碰撞与交流 ……… （200）
天山北路墓地一期遗存分析 …………………………………… （219）
洋海墓地新见文物引出的问题 ………………………………… （229）

中国西北地区冶金术的起源与发展

四坝文化铜器研究 ……………………………………………… （232）

西北与中原早期冶铜业的区域特征及交互作用 ……………………………… (246)

参考文献 …………………………………………………………………… (294)
后记 ………………………………………………………………………… (320)

Contents

Introduction ·· (5)

Synthetic Research

A Review of the Neolithic of Northwest China ································· (1)

Some Thoughts on the Prehistory of Northwest China: Comments on the *Shizhaocun*

and *Xishanping* Report ··· (26)

The Some Thinking about Prehistoric Cultures in Xinjiang ··············· (32)

Prehistoric Cultures in the Hexi Corridor

Records from the Prehistoric Archaeology Survey and Excavation in Hexi ··········· (34)

New Evidence of the Majiayao Culture and Related Evidence from the Hexi

Corridor ·· (40)

Research on the Siba Culture ··· (58)

The Dongjiatai Culture-Variety and Related Issues ·················· (106)

The Western Hexi Corridor in the 1st Millennium BC ················· (115)

Research on the Shajing Culture ·· (128)

The Interaction Between Regional Archaeological Cultures in North China

New Evidence for the Origin of the Liujia Culture ···················· (154)

A Study of the Pottery with Snake-shaped Appliqué in North China ················· (164)

The Cultural Interaction in the Marginal Regions of Hua Xia Culture: A Case

Study on the Pottery *Li* along the Western Area of the Great Wall ·········· (176)

East -West Cultural Contacts and Exchange in the 2nd Millennium BC from an

Archaeological Perspective ··· (200)

A Study of Phase I of the Tianshanbeilu Cemetery in Hami ·············· (219)

Issues Related to Recently Confiscated Antiquities from the Yanghai Cemetery

in Turfan ·· (229)

The Origin and Develop of Metallurgy in Northwest of China

Research on the Bronzes of the Siba Culture ································· (232)

Early Metallurgy Variability and Interaction Between Northwest China and the

Central Plain ·· (246)

Bibliology ·· (294)

Epilogue ··· (320)

前　言

1996 年 5 月 13 日，我敬爱的老师李东涛先生因突发心脏病不幸仙逝。自那以后，我一直以努力工作的方式纪念她。最近，《东风西渐——中国西北史前文化之进程》这部文集即将出版，它一方面记录了我这些年来做的一点学术研究，另一方面也了却了我的一桩心愿，即以文字的形式来纪念老师。

东涛先生祖籍广东梅县，父母为印度尼西亚的华侨。她 1927 年出生在雅加达。新中国成立以后，1955 年，她满腔热忱返回祖国，入河北师范学院俄语专业学习，毕业后分配到甘肃师范大学（现西北师范大学）外语系任教。

东涛先生是我的俄文老师，也是我走入考古学的引路人，这话说来有点长。1969 年 3 月，中苏两国在珍宝岛爆发军事冲突，从此两国边境摩擦不断，战争大有一触即发之势。为防战争突发之不测，1970 年 4 月，有关部门从西北地区各大厂矿抽调数百名青年工人和干部到甘肃师范大学外语系组建战备训练班，学习俄语和蒙古语，我有幸成为其中一员。

当时"文化大革命"正在进行，全国各地的学校都已停课搞运动。我们入校以后，被告知是不穿军装的战士，开始过一种准军事化的生活，每个连配备有军人做教官（我们按连、排、班建制）。除学习外语，也学政治、军事，且不时参加劳动和训练。由于学员的教育背景参差不齐，不少人都是初次接触外语，学起来很吃力。李老师对所有学员都极富耐心，循循善诱，不辞辛劳，教学认真负责，得到同学们的普遍尊敬。

1970 年冬，战备班的 300 名学员还组织进行了为期一个多月的野外战备拉练，每日背负行囊徒步行走，风餐露宿。晚上幸运的话可住在农民家里（有火炕享受），否则就住在学校教室或临时的什么地方，在地上铺点麦草、摊开行李休息。每天都要在黄土高原步行几十公里，一路尘土飞扬，红旗招展，人人走的汗流浃背，还要不停地轮流朗读毛主席语录，高呼革命口号，大唱革命歌曲。偶尔还要别出心裁搞些急行军、防空、防化、防原子袭击的演习。中午就在野外吃点干粮，傍晚到达驻地才能吃上口热饭，蔬菜很少，生活很艰苦。那次拉练也有老师参加，但不记得东涛老师是否参与，她年纪大过我们不少，身体又不好，哪怕参加一段的话也非常之不易！

当时我年纪尚小，每天行军走路没问题，但野外走了一个月没洗澡，以至于拉练一结束我便患了较重的皮肤病。后来去看中医，多亏东涛老师和她家里的老奶奶不辞辛劳为我每日煎药。那药难吃极了，每次喝下去都不住地干呕，东涛老师像照顾自己孩子一样，服药前即为我备好一勺白糖，喝了药让我吃下去，这样要好过些。那时白糖定量供应，很珍贵，为此我很过意不去。亏得她们的悉心照顾，在服了五十几味药之后，我的皮肤病竟神奇般地痊愈了！

其实，早在我们战备班举办之前的 1969 年 9 月，周恩来总理在北京首都机场与苏联部长会议主席柯西金曾举行了一次会谈。此后中苏两国的紧张关系逐渐和缓，双方也都不想把事闹大，战争的可能性遂逐渐降低。到了 1972 年 4 月，除少数学员从军，大多数返回原工作单位。我也回到国家建委第七工程局的机械化公司继续做电工。有时我会抽空去李老师家看望她、廖老师和老奶奶。

1977 年 11 月的一天中午，下了班吃饭，从广播中得知中央决定恢复高考，当时听了并没当回事。过了几天觉得还是该试试。但手头没有任何复习资料，时间也很紧，距离考试已不到一个月。最后还是到李老师家要到一本油印的小薄册子，里面有些简单的历史、地理和中文基础知识，印制极其粗糙，错误甚多，但当时就这条件。这以后我白天上班，晚上复习，很快参加了 1977 年的高考，对于能否录取并未抱什么希望。想不到我竟然被广州外国语学院日语专业录取了（东涛老师的大女儿也考上了这所学校），同时又被告知，录取者还要参加一次口试兼面试，但时间未定，而且没地儿问。由于高考制度刚刚恢复，一切都极不规范。我看着年关将至，思家心切，竟贸然估计年前不会考试了，脑子一热就买了车票回到四川。不想年初三接到电报，返回后得知口试竟在大年三十举行。因我不在，招生的人便找了另一位考生顶替。东涛先生则埋怨我不该在此重要关头不打招呼就走，而且到处找不到我，只能眼睁睁地看着人家顶替！

我不甘心，遂给广州外国语学院打电报申诉，对方回了我一封密码电报。还是我所在公司的老经理（三八年的老干部）为我译的电文。大意是：招生名额已满，不能增加名额，望努力云云。这件事对我打击不小，可孤身一人找谁说理去，而且确实有本人的责任！后来考入北京大学才知，当年北京有一批进入录取分数线的大龄考生未被录取，他们集体到市政府去静坐，后来全部以走读生名义招入了各大学。

事已至此，很无奈，遂请假回川，定下心来复习，准备参加 1978 年高考。

1978 年的高考据说是全国统一命题，我是先知道分数后报志愿，为此特意去找东涛老师咨询，她得知我历史考分甚高，遂建议我报北京大学历史系考古专业，后被录取。东涛先生得知非常高兴，毕竟北京大学的名气要超过广州外国语学院。

在北京大学读书期间，一直与东涛先生通信，毕业时我被分到四川工作，三年后再返北大深造。20 世纪 90 年代初的一天，先生来信，说她和廖老师就住在北京的六铺炕一带，我急忙赶去看望，原来是他们的大女儿去了日本，老两口来女儿家小住。东涛老师体质弱，且患过敏性哮喘，在兰州很难挨过空气严重污染的冬季。她对我说，北京的气候较好，希望退休后能来北京，但又恐怕大女儿出国不归，单位早晚要收回房子，遂问我可有办法在京买套房子，这个念头在当时可谓超前。此次见面分手后直至先生辞世，我们再未见面。

我这人打小自由散漫，也没有远大的理想。如果不是"文化大革命"，依照个人嗜好，我可能会选学生物或地质。前者是因为小时候喜欢玩弄各类昆虫；后者是60年代深受话剧《年轻的一代》影响。但若按长辈意愿，也可能会学军事，因为父亲有位上司在一座军事院校当头儿，首长规定，男孩儿长大了都去军校。世事难料，到我小学毕业那年，"文化大革命"爆发，别说军校，就连中学都没上。

人的一生颇多偶然，但冥冥之中抑或隐含必然，说不清道不明。仔细想想，无论生物还是地质，都是注重实践的学科，而且都和考古学有点联系。比如说都要去野外考察、采集标本等。再往深了说（当然这也是我考入北京大学以后才知道的），考古学的基本研究方法是地层学和类型学，它们就分别来自地质学和生物学。

至今思想起来我仍会在心底默默地感念东涛老师！多亏她的指点，我得以进入了北京大学学习。由此，我开始步入人生一个新的阶段。

中国的大西北是我国近代田野考古学最早出现的地区之一，在考古学的发展史上占有重要地位。从19世纪后半叶开始，就不断有国外探险家、传教士、旅行家进入中国的大西北探险、考察，也有些"丝绸之路上的魔鬼"很不光彩地盗走了大量珍贵的历史文物。大西北也是我国老一辈考古学家最早涉足的地区，他们中间有很多人早年曾赴大西北进行考察、发掘，通过在西北的艰苦工作奠定了各自的学术地位。近年来，随着东西部经济差距的拉大，西北考古颇有些被冷落，但在不少学者的心目中，那里依旧是最具神秘感的考古圣地，也是考古学家最值得去的地方。

20世纪80年代，我的老师严文明先生在北京大学开设了《新石器时代考古研究》、《新石器时代考古研究史》两门研究生课。选课者可任选一个领域的书籍、论文或报告，先在课下研读，再到课堂宣讲，大家共同参与讨论，先生最后点评，最后各自撰写出读书或研究报告。我当时选读的是瑞典学者安特生博士（J. G. Andersson）早年撰写的一些考古报告和书籍，包括《中华远古之文化》、《甘肃考古记》、《史前中国之研究》等，并完成了两篇研究报告：一是《考古学发展史的回顾与思考》，另一是《中国新石器时代彩陶研究》。后来，前一篇被收入《庆祝苏秉琦考古五十五年论文集》（文物出版社，1989年），后一篇为我日后撰写博士论文奠定了部分资料基础（《半山与马厂彩陶研究》，北京大学出版社，1998年）。

20世纪80年代中后期，我开始涉足西北史前—青铜时代考古，陆续撰写了一些文章，内容涉及考古学史、区域考古学文化、彩陶艺术、冶金史、环境考古、农业史、东西方早期文化交流和社会复杂化进程等。限于篇幅，本书遴选了其中部分论文，其空间范围覆盖了陇山东西两侧、河西走廊至新疆这条古老的丝路大道，也恰好切本书的标题。

我选择西北考古还有另一层缘由，20世纪80年代，学术界的大环境在逐渐好转，但安特生仍在遭受批判。在我认真研读了他的一些书籍和研究报告后，觉得这位外国人是位真正的学者，他对中国考古学的发展，特别是对中国西北地区考古学文化谱系的建构功不可没。此人的贡献还远不止于此，1918年，他在周口店进行古生物调查时发现了打制石器，并敏感地预见当地埋藏有古人类化石，希望有人去努力寻找。正是在他倡议下促成了日后龙骨山的发掘，成为北京人发现的嚆矢。1921年，他先是到奉天（辽宁）锦西发掘了沙锅屯遗址；年底再赴河南渑池发掘仰韶村遗址，后一工作遂成为中国近现代田野考古学诞生的标志。但后来我们对这位北洋政府聘请的矿政顾问却有失公允，安特生被描绘成帝国主义的走狗、文化贩子，甚至有人谩骂他是双手沾满鲜血的刽子手。直至20世纪80年代中期，才有学者站出来为他做出客观的评价（严文明：《仰韶文化研究》，文物出版社，1989年）。当时我也曾不解，总不能因为安特生提出了"中国文化西来"的假说就完全否定东西方之间存在接触和交流，特别是在中国大西北地区，那里地处东西交通要冲，自古即为多民族集聚之地，也是多元文化辐集和交互作用的敏感地区，应该有不少东西文化交流的线索有待于发掘。再说了，难道东西方的接触真的要晚到汉张骞凿空才开始吗？此前难道人们老死不相往来？正是带着上述疑问，我筹划赴西北河西走廊进行一次大范围的考古调查，试图全面了解那里的考古学文化序列，寻找东西方文化交流的蛛丝马迹。

1986年9~12月，我和水涛教授（现任教南京大学历史系）前往河西走廊进行了为期3个月的野外调查，发现或复查了近50处史前遗址，收获颇丰。此后，我们还前往甘肃景泰、古浪、甘南（合作）及青海循化等地参与考古调查。1987年夏，我们俩又分别代表各自单位（水涛当时任职于甘肃省文物考古研究所）联合发掘了酒泉干骨崖遗址，清理四坝文化墓葬105座，新发现数处重要的史前遗址。发掘结束后我们一道前往新疆，在乌鲁木齐观摩了哈密焉不拉克、哈密五堡、和静察吾呼沟口等遗址的出土资料，对新疆的史前文化有了直观的感受。1990年夏，李非、水涛、莫多闻和我前往陇东渭河上游的葫芦河进行了为期一个月的环境考古调查，在秦安、庄浪、静宁、西吉、海原五县核查了516处遗址调查采集的实物资料，这也是中国学者独立进行区域考古调查的肇始（李非、李水城、水涛：《葫芦河流域古文化、古环境及其古气候情景的重建》，《中国气候与海面及其趋势和影响（1）：中国历史气候变化》，山东科学技术出版社，1996年；另见：李非、李水城、水涛：《葫芦河流域的古文化与古环境》，《考古》1993 年第 9 期；另见：莫多闻、李非、李水城、孔昭宸：《甘肃葫芦河流域中全新世环境演化及其对人类活动的影响》，《地理学报》1996 年第 5 卷第 1 期）。

经过长达五年的调查、发掘和资料整理的积累，大大深化了我对西北史前—青铜时代考古学文化的认识，也给了我在该领域发表看法的机会，本书辑录的文章多半是在这期间搜集资料的基础上完成的，按内容分为以下四个方面：

第一部分为综述。收录的三篇文章是：《西北地区新石器时代考古研究》、《中国西部地区史前考古的几点思考——〈师赵村与西山坪〉读后》和《新疆史前考古断想》。第一篇从纵向的视角回顾并总结了西北新石器时代考古研究史、考古学文化谱系、区域文化特征及需要关注的重要学术课题。第二篇为《师赵村与西山坪》考古报告的读后感，重申了我对西北史前考古的一些看法。后一篇是 2008 年 8 月在乌鲁木齐参加《新疆通史·史前卷》学术讨论会的发言，表达了我对新疆史前考古研究的基本认识。

第二部分内容主要讨论河西走廊地区史前—青铜时代、早期铁器时代诸文化的发展序列、文化编年及相互关系。其中，《四坝文化研究》是我的硕士学位论文，也是我在西部考古学研究的开山之作。四坝文化发现时间比较早（1948 年），但长期被视为新石器时代的遗留，直至玉门火烧沟墓地发掘（1976 年）以后才确认其属性为青铜时代，但也仅此而已。我通过对酒泉干骨崖、玉门火烧沟这两座墓地发掘资料的系统整理，并结合其他的调查发现，对该文化作了全面、系统的研究，在分期的基础上确立了时空架构，深入讨论了文化源流、经济形态、社会性质、族属和人种等问题。其中，不少结论已被日后的考古发现所证实。

围绕河西调查资料的整理和四坝文化的研究，我陆续写了些文章。其中，《三下河西——河西史前考古调查发掘记》是在童明康先生《天上的神秘王国——古格王国遗址考察记》（《文物天地》1986 年第 1 期）一文的启发下写就的。1985 年他赴西藏阿里考察，十分艰苦，回来后我们曾畅谈良久，后来他写的这篇东西我很喜欢。为此撰文追记了我在河西的调查和发掘工作，介绍了一些重要发现及其学术价值，目的是想从一个侧面展示考古学家的野外生活、科学的探索精神以及考古发现带给人们的愉悦和刺激，这也是我们当时曾向往有更多学者能积极参与的公众考古学普及作品。

《河西走廊新见马家窑文化遗存及相关问题》一文是探讨四坝文化源头的副产品。分布在河湟地区的马家窑文化迁徙到河西走廊以后逐渐发生了嬗变，这在时空两个方面都有表现。1987 年，我们在酒泉终于找到了马家窑文化的遗存，将该文化的分布向西推进了 400 公里，据此可推测该文化有向疏勒河流域扩散的可能。进入马厂文化以后，其变异速度加快，东西差异也更突出，出现了一系列新的因素。此文进一步确认"过渡类型"遗存是河西马厂文化变异的产物，并由此演变为四坝文化。上述认识完善了河西史前文化的发展序列，也确立了带有中原文化基因的史前文化不断西渐的历史大趋势。

《公元前 1 千纪的河西走廊西部》一文为庆祝宿白先生八秩华诞而作。20 世纪 80 年代中期，我们在安西（今瓜州市）兔葫芦遗址采集品中发现了典型的骟马式陶罐，表明该文化已进入疏勒河流域。但在该址也发现一批含陶鬲因素的遗存，年代距今 3000 年左右（商末周初）。本文认为这两类遗存均不可能是四坝文化的后续，但上述发现填补了河西史前文化的阶段空白。

在走廊东部，20 世纪 50 年代初在天祝县乌鞘岭北坡的董家台出土一组含红彩圜底罐的遗存，随即被归入沙井文化。我在《论董家台类型及相关问题》一文中指出，此类遗存与洮河流域齐家文化的红彩圜底器风格接近，其分布范围东起陇山西侧、西抵河西走廊东端，其来源还是应该到齐家文化中去寻找，但其流向有可能分为两支，向西的一支影响到沙井文化；向东的一支则发展到以高领袋足鬲为代表的遗存，并成为先周文化的重要来源之一。

《沙井文化研究》是我的另一篇代表作。自 1924 年安特生发现沙井文化后，有关该文化的研究长期滞后。20 世纪 70 年代，甘肃省博物馆文物工作队在金昌等地发掘了一大批沙井文化墓葬。此后，我们也再次前往调查。在这些工作的基础上，本文对沙井文化进行了系统的研究，深入讨论了该文化的分期、年代、分布、文化源流及其族属。并结合历史地理学的研究成果，探讨了河西走廊东北部的古生态环境及沙井文化可能的经济形态等问题。

第三部分主要探讨西北及北方之间的文化交流与互动。《刘家文化来源的新线索》是《论董家台类型及相关问题》的姊妹篇。此文是在 1990 年葫芦河流域环境考古调查的基础上完成的。通过实地考察看到的新资料，我发现活跃在陇山左近的董家台类型与宝鸡地区以晁峪—石嘴头类型为代表的遗存之间有文化渊源关系，并最终通过扶风刘家墓地为代表的姜戎部落融入到姬周文化。

20 世纪 80 年代，随着内蒙古朱开沟遗址发掘资料的披露，一种在器表堆塑细泥条附加堆纹的蛇纹器引起学术界的关注，对此类遗存的来源有着截然不同的观点。对此我倾向于在更广阔的视野下来考察这一文化特质。联想到陇山东西、河西走廊等地也曾发现过蛇纹器，我将长城沿线分为四区，分别考察了各地蛇纹器的年代和特征，继而对此类因素的源流和时空变化作了分析。基于对"鬲"这种文化特质的理解，我不认为蛇纹器是外来因素，而是华夏文明向遥远的北方森林辐射传播的历史见证。

《华夏边缘与文化互动：以长城沿线西段的陶鬲为例》是为台湾中央研究院举办的"新世纪的考古学——文化、区位、生态多元互动"会议而作。鬲是华夏文明特有的器物，在中华远古文明的形成过程中曾扮演了重要角色。本文透过对长城地带西段鬲的发生和演变，追寻中原向西北施加文化影响的轨迹，这一过程表现为中原首先作用于陇东，既而扩散影响到河湟地区、河西走廊。其影响力度表现为自东而西、逐步弱化的趋势。另一方面，鬲这种造型复杂的器皿历来被认为与农业民族的生活方式有关，考虑到西北地区自齐家文化以降，鬲的使用也逐渐式微，显然这一变化与西北地区随气候波动和环境改变导致农业向畜牧业经济倾斜，以及农作物种类的变化有着某种关联。

《从考古发现看公元前二千纪东西方文化的碰撞与交流》一文是为北京大学百年校庆国际汉学大会而作。本文通过对西北史前诸考古学文化的梳理，特别是从哈密天山北路墓地捕捉到的蛛丝马迹，窥见西北地区史前文化自东而西、渐次扩散的历史大趋势。约公元前四千纪后半叶，仰韶中晚期文化进入河湟地区和岷江上游；公元前三千纪前半叶传入到黄河上游、川西北地区及河西走廊西部；公元前三千纪末西进至新疆哈密。至此，来自东方的蒙古人种与从新疆北部南下的原始高加索人种在哈密发生了碰撞并出现融合。此后，东西方之间的交互愈演愈烈，并最终促成一条连接欧亚大陆贸易通道的诞生，这显然是对世界历史产生重大影响的事件。

这部分还收录了两篇涉及新疆东部考古的文章。《天山北路墓地一期遗存分析》是为纪念俞伟超先生而做。此文对哈密天山北路墓地（林雅墓地）一期遗存作了深入分析，指出这期遗存包含了三组不同性质的遗留，其中两组来自哈密以东的河西走廊，即马厂文化晚期的"过渡类型"和"四坝文化"早期遗存；第三组以筒形贯耳罐为代表，它或许为当地土著，但更有可能是从新疆西北部阿勒泰草原南下的外来因素。这三组因素年代有先后，反映出新疆东部地区早期文化的构成。《洋海墓地新见文物引出的问题》讨论了前两年从盗墓贼手中收缴的一件马鞍口双耳罐，这是件寺洼文化的典型器，假若真是出自洋海墓地，其背后隐藏的故事很值得深究。

第四部分是冶金史研究。主要探讨早期冶金术在中国的发生和发展，这也是学术界近年来关注的一个焦点问题。其中，《四坝文化铜器研究》一文全面介绍了四坝文化新出土的铜器种类、工艺特征及合金成分等，特别是对该文化的砷铜合金、技术特征以及与中亚等地的联系等作了深入阐发，认为四坝文化的冶金术可能与中亚、小亚和近东一样都经历了一个冶炼砷铜的"合金试验期"。鉴于在新疆尚未发现公元前二千纪以远的考古学文化，因此尚难确认四坝文化的砷铜来自新疆以外的地区。考虑到四坝文化恰好分布在中原与中亚之间，而且我国西部又是早期铜器发现最多的地区，故加强对这一区域冶金考古的研究不仅显得重要，而且有特殊的意义。

《西北与中原早期冶铜业的区域特征及交互作用》是对我国早期冶金术的全面总结。本文重点讨论了三个方面的问题：1）早期铜器的发现与各区域的阶段性特征；2）早期冶铜业的不同工艺传统及其演进趋势；3）东西方早期冶铜术的传播与互动。从考古发现看，中国境内的"早期铜器"（公元前3000～前1500年）主要集中在两个区域：一是西北（甘肃、青海和新疆），另一是中原（晋南和豫西）。前者以小件武器、工具和装饰品为特征，长期使用石范和锻造技术。在合金工艺上，河西走廊—新疆表现为红铜—砷铜—锡青铜；河湟地区为红铜—锡青铜。后者从龙山晚期—二里头文化早期也以小件工具、武器为主，但装饰品稀少；合金则从红铜发展到锡青铜；约当二里头文化的晚期出现了泥范工艺。上述差异很可能与各自所在区域的资源、经济、文化传统及东西方的交互作用有关。约公元前 2000 年前后，中国境内已形成了河西走廊—新疆、河湟地区、中原三个各具特色的金属制造中心。鉴于河西走廊—新疆与中亚毗邻，比较早地与外界发生了联系，有可能将进步的冶金术引入河湟地区，进而间接影响到中原内地。进入公元前三千纪以后，随着西北与中原交往的加强，在一定程度上影响并刺激了二里头文化的冶金术，加之华夏文明具有的强大文化吸附能力，最终导致具有黄河文明特色的冶金术在二里头文化晚期形成，并为日后商周发达的青铜文明奠定了基础。

　　以上是本文集的基本内容。其中，除某些局部的空白还需要填补外，大致勾勒出了我国西北、特别是陇山左近、河西走廊至新疆东部史前—青铜时代考古学文化不断向西扩张影响的历史发展脉络，以及在这一过程中引发的东西方文化的互动，代表了我对中国西北地区史前考古的基本认识。难免有些不足之处，希望能得到前辈和同仁的悉心指正。

　　特别需要提及的是：《四坝文化铜器研究》和《公元前 1 千纪的河西走廊西部》这两篇文章是我与老同学水涛教授合作完成、联名发表的，此次承蒙他的同意收入本书，也是对我们那段亲密合作的记录和纪念！在此向他表示感谢！

　　我在北京大学学习、工作以及在西北考古调查发掘期间，先后得到老师 苏秉琦 、宿白、严文明、 俞伟超 、张忠培、 张学正 、岳邦湖等先生的指教和关爱，在此特向各位先生表达我深深的谢意！

　　1986～1990 年，我多次前往西北地区的陕西、甘肃、青海、新疆、宁夏等地，得到各地文物考古研究所诸多友人在业务和生活上的大力关照；在甘肃河西走廊调查期间，得到各地县市基层文物部门的积极配合；在酒泉发掘期间得到市博物馆同仁的支持和帮助；限于篇幅，这里不能将他们的名字一一列出，只能再次向各位表达特别的谢意！

2009 年初夏于北京蓝旗营寓所

西北地区新石器时代考古研究

本文所指空间范围包括甘肃、青海、宁夏、新疆四省区及内蒙古自治区西部（阿拉善左旗以西地区）。根据地理构造之差异可将该区域分为五个单元，即陇东区、陇西—河湟区、河西走廊和内蒙古西部、柴达木盆地、新疆。考虑到西北史前文化的分布及行文便利，本文将这几个单元合并为甘青宁（含内蒙古西部）和新疆两大块。

大西北是中国最早为考古学家、地理学家关注的地区，也是田野考古工作开展最早、工作最多的地区。自 19 世纪中叶始，英、法、美、俄、日等国先后组织了数十支"探险队"进入新疆、内蒙古、甘肃、宁夏、青海、西藏及四川等地考察，所考门类从最初之地质、地理、古生物逐渐扩展到考古、历史、民族、语言、宗教艺术、中西交通乃至当代经济、军事诸领域。这其中，对我国西北史前考古学作出重要贡献并产生深远影响的当首推被北洋政府农商部聘为矿政顾问的瑞典地质学家安特生博士（J. G. Andersson）。

一　甘青宁地区的早期考古工作

1921 年，安特生等在河南发掘了渑池仰韶村遗址，这一发现使中国没有石器时代的谬说不攻自破，并引发了国际学术界对中国史前文化的关注①。为进一步追寻仰韶文化彩陶的源头，1923～1924 年，安特生赴中国西北进行了大范围的考察，发现古遗址49 处，并在甘肃马家窑、边家沟、瓦罐嘴、齐家坪、辛店、灰嘴、四时定、寺洼山、沙井和青海十里铺、朱家寨、马厂塬、罗汉堂、卡约、下西河等地做了发掘②。这以后，安特生参考瑞典考古学家蒙特留斯（Montelius, G.O.A.）对斯堪的那维亚新石器时代的分期及英国考古学家伊文斯爵士（Evans, Sir Arthur）对克里特岛新石器时代至铜器时代的分期，将其发现的中国西北地区的史前文化分作六期，每期估计为 300 年。这

---

① 安特生著，袁复礼译：《中华远古之文化》，《地质汇报》第五号第 1 册，北京京华印书局承印，1923 年，北京。

② Andersson, J.G. (1943), Researches into the Prehistory of the Chinese, *BMFEA*. No. 15, Stockholm.

样，从早到晚依次为：齐家期（公元前 3500～前 3200 年）、仰韶期（包括马家窑、半山，公元前 3200～前 2900 年）、马厂期（公元前 2900～前 2600 年）、辛店期（公元前 2600～前 2300 年）、寺洼期（公元前 2300～前 2000 年）和沙井期（公元前 2000～前 1700 年）。安特生将前三期定为新石器至石铜器过渡阶段，后三期归属早期青铜时代。基于上述分期，他提出"仰韶彩陶西来"的假说①。后来的很长一段时间，中国西北的考古工作基本上是在安特生构筑的时空框架下展开的。

1927～1933 年，中（国）瑞（典）两国合组了"中瑞西北科学考察团"，并开赴内蒙古、甘肃、宁夏、青海、新疆等地作多学科的考察。考察团在内蒙古西部和新疆东部采集到大批石器和一些陶片。瑞典学者于 1939、1950 年分两次出版了他们采集的遗物②，中国学者的采集品直至 20 世纪 80 年代中期才开始进行整理，并有部分资料得以发表③。

抗战后期，中国的考古工作转向相对平静的西北地区。1942 年，中央研究院、中央博物馆筹备处和中国地理研究所合组"西北科学考察团"赴甘肃、宁夏，但鲜有发现，仅石璋如在从甘肃平凉回返陕西彬县途中调查发现 23 处史前遗址④。1944 年，上述机构联合北京大学再组"西北科学考察团"，夏鼐随团赴西北与吴良才等在兰州（此前，卫聚贤、何乐夫也曾在兰州附近作过调查）、洮河流域考察并发掘了临洮寺洼山遗址和宁定（今广河）阳洼湾遗址，有重要发现⑤。1947 年，中央地质调查所委派裴文中赴西北进行考古、地质学调查，在渭水、西汉水、洮河和大夏河流域调查史前遗址约 90 处，并在齐家坪、寺洼山和鸦儿沟等遗址进行试掘⑥。翌年，他与贾兰坡、刘东生等继续在河西走廊、湟水及青海湖沿岸进行调查⑦。上述工作标志着中国考古学家已开始掌控西北的考古工作。

---

①　安特生著，乐森珝译：《甘肃考古记》，《地质专报》甲种第五号，1925 年，北京。

②　Bergman, Folke (1939), Archaeological Researches in Sinkiang Especially the Lop. Nor Region, Stockholm; B. J. Maringer (1950), Contribution to the Prehistory of Mongolia, Stockholm.

③　陈星灿：《内蒙古巴彦淖尔盟的史前时代遗存》，《考古学集刊（11）》第 1～31 页，科学出版社，1997 年。

④　中央研究院历史语言研究所考古年表（杨梅：《中央研究院历史语言研究所专刊35》，1952 年）；石璋如：《关中考古调查报告》，《历史语言研究所集刊》第 27 本第 205～323 页，1956 年。

⑤　夏鼐：《齐家期墓葬的发现及其年代之改定》，《中国考古学报》第三册第 101～117 页，1948 年；夏鼐：《临洮寺洼山发掘记》，《中国考古学报》第四册第 71～137 页，1949 年。

⑥　裴文中：《甘肃史前考古报告》，《裴文中史前考古学论文集》第 208～255 页，文物出版社，1987 年。

⑦　裴文中：《中国西北甘肃走廊和青海地区的考古调查》，《裴文中史前考古学论文集》第256～273 页，文物出版社，1987 年。

这一阶段的研究热点主要围绕"仰韶彩陶西来说"、"齐家期"与"仰韶期"的年代及相关问题。安特生在完成中国西北地区的考察后,受某些西方学者观点的影响,对仰韶文化的认识有所改变,提出中华民族是仰韶时期从新疆迁移至黄河流域、新疆是中国人种和远古文化发祥地的观点,而新疆又受中亚和西亚文化的影响①。阿尔纳(T. J. Arne)甚至明确指出,在新石器时代末期,以彩陶和红铜为代表的西方文化对中国传统文化产生了深刻影响②。瑞典著名汉学家高本汉(B. Karlgren)则认为,中国的远古文化起源于河南,后逐步向四处传播,到达甘肃后,将西来的某种文化同化、并发展出西北地区的彩陶文化③。中国学者大多对"彩陶西来说"持抵触心态。李济主张,根据现有资料尚无可靠证据断定中国所发现的彩陶确实发源于西方④。梁思永则认为,仰韶的彩陶与安诺的关系还难下结论⑤。1937 年,安特生重返中国,看到中国一些新的考古发现,对他触动很大,并多次表示要好好检查一下自己以往工作的失误。后来,当他看到新疆的彩陶与仰韶村的彩陶完全不同时,感到要确认仰韶文化彩陶的来源还为时过早。20 世纪 40 年代,安特生也开始怀疑"西来说",认识到仰韶文化的根还是在中国⑥。裴文中认为,新疆的彩陶实较黄河流域为晚⑦,强调中原地区的彩陶不可能来自西域。

对于齐家文化的年代,中外学者从一开始就存在分歧。孟欣(O. Mengcin)和巴霍芬(L. Bochhofer)都认为齐家期的年代不应该早于仰韶文化⑧;徐炳昶很早也指出,安特生的"六期说"缺乏直接的地层依据⑨。吴金鼎从制陶工艺技术的角度倾向齐家期与

① 安特生著,乐森玙译:《甘肃考古记》,《地质专报》甲种第五号,1925 年,北京。
② 阿尔纳:《河南石器时代之着色陶器》,《古生物志》丁种第一号第二册第 24 页,1925 年,北京;Arne, T. J. (1925), Painted Stone Age Pottery from the Province of Honan, China. *Paleontology Sinica*, Ser. D, Vol. 1, Fasc. 2.
③ Karlgren, Bernhard(1924), J. G. Andersson's Arkeologiska studier i Kina, *New Society of Letters of Land*, Vol. 1: 142–153.
④ 李济:《西阴村史前的遗存》,清华学校研究院丛书,1927 年。
⑤ 梁思永:《山西西阴村史前遗址的新石器时代陶器》,《梁思永考古学论文集》第 1~49 页,科学出版社,1959 年。
⑥ Andersson, J. G. (1943), Researches into the Prehistory of the Chinese, *BMFEA*. No. 15, Stockholm.
⑦ 裴文中:《中国之彩陶文化》,《历史与考古》(第一号)第 2~10 页,沈阳博物馆专刊,1946 年,沈阳。
⑧ O. Mengcin (1931), *Weltgeschichte der steinzeit*; L. Bochhofer, Der zug nach dem osten, *Einige Bemerkungen zur prehistorischen keramik Chinas*, Sinica, *Sonderausgabe*, 1935, pp. 101 – 128. Zur Fruhgeschichte Chinas, *Die Welt als Geschichte*, 1937, pp. 256 –279. 转引自陈星灿:《中国史前考古学史研究》(1895~1949),第 334 页,生活·读书·新知三联书店,1997 年。
⑨ 徐炳昶:《陕西最近发现之新石器时代遗址》,《北平研究院院务汇报》第 7 卷第 6 期第 208 页,1936 年。

龙山文化同时[1]。刘耀（尹达）则表示：“齐家坪是否可以置于仰韶期之前，似尚有问题”[2]。瑞典学者柏林 - 阿尔汀（Bylin - Althin）在编写齐家坪、罗汉堂报告时，比较了两地的材料，认为齐家坪未必早于仰韶期。其理由是：1）齐家坪未发现铜器可能是由于疏忽，齐家坪居民肯定已经同金属文化相联系，这从陶器形制可以反映出来。金属器不可能普遍应用于日常生活，但当时大概已有少量使用。2）安特生说仰韶期陶片均发现于地面。经核对记录，仅有 4 片彩陶系地表采集，其余 16 片未注明出处，1 片明确记录出自 1.5 米深的地下。据此，柏氏认为，齐家期地层并非没有扰动，仰韶陶片全部采自地表的说法靠不住。从原始记录看，安特生的地层依据也不充分。3）齐家期安佛拉陶罐与殷文化铜器类似，即使不与殷同时，年代也不会差太多，齐家期很可能受到商文化影响。4）尽管还不能诠释齐家期彩陶少的原因，这并不表明齐家早于仰韶。5）齐家坪家畜有狗、猪、牛、山羊、绵羊，明显多于其他遗址。柏氏还指出，齐家期陶器制作技术高，与北欧、西伯利亚的篦纹陶无任何一致处，后者篦纹陶占很大比重，并压印有粗洞装饰[3]。柏氏的上述分析非常客观，也颇有深度。

1945 年 5 月，夏鼐在宁定县魏家嘴村阳洼湾遗址发掘 2 座齐家文化墓葬。在 2 号墓填土中出土 2 片仰韶期的彩陶，最终解决了齐家期的年代[4]。而后，裴文中通过对齐家坪的试掘也意识到，就“地层及所采陶器之观察，皆不能证明齐家坪遗物代表彩陶文化系统中最早之一期”。遂提出“齐家文化”的命名[5]。

安特生提出甘肃仰韶期包括马家窑和半山两类遗存。他认为前者是日常生活用具，后者是随葬明器[6]。20 世纪 30 年代，吴金鼎将半山、马厂与中原仰韶文化的陶器进行比较后认识到，“甘肃、青海之彩陶形质与山西河南所出者不同，二者究竟是否一种文化，实尚有问题”[7]。尹达对此也颇为怀疑，他说：“在辛店期下层的仰韶期和仰韶村这模范遗址究竟是否还有相当差别，两者间是否还有时间早晚的区分？这些都是应当作进一步研究的问题”[8]。20 世纪 40 年代，夏鼐、裴文中通过在甘青地区的考察，感到洮河

①　Wu, G. D. (1938), Prehistoric Pottery in China, London.

②　刘耀：《龙山文化与仰韶文化之分析》，《田野考古报告》第二册第 274 页，1947 年。

③　Bylin - Althin, M. (1946), The Sites of Chʻi Chia Pʻing and Lo Han Tʻang in Kansu, *BMFEA*. No. 18, Stockholm.

④　夏鼐：《齐家期墓葬的发现及其年代之改定》，《中国考古学报》第三册第 101 ~ 117 页，1948 年。

⑤　裴文中：《甘肃史前考古报告》，《裴文中史前考古学论文集》第 236 页，文物出版社，1987 年。

⑥　安特生著，乐森璕译：《甘肃考古记》，《地质专报》甲种第五号，1925 年，北京。

⑦　吴金鼎：《高井台子三种陶业概论》，《田野考古报告》第一册第 202 页，1936 年。

⑧　尹达：《中国新石器时代》第 27 页，生活·读书·新知三联书店，1955 年。

流域的仰韶期遗存与河南仰韶、甚至渭河流域的仰韶有所不同。夏鼐遂建议以临洮马家窑遗址为代表,另定一名称①。

1943 年,安特生的《史前中国之研究》一书放弃了"不招寨遗址早于仰韶村"的旧说,认为"齐家坪遗址大多数陶器与仰韶期席纹和篮纹灰陶(实属龙山文化)属同一类型"。但由于他在仰韶村发掘时地层没有搞明白,因此无法触及问题的症结,也难以改正他对齐家期年代的错误判断。基于对中国西北地区史前文化的新认识,他将原来的"六期"说年代向后推了 1000 年,但各期排序不变②。由于这一变更太过随意,因此招致了学术界的广泛批评。

这一时期的重要研究成果有:巴尔姆格伦(N. Parmgren)运用类型学方法研究半山马厂时期的随葬陶器,成功地区分出半山马厂两类陶器,并得出"马厂彩陶花纹大都脱胎于半山,而更逐渐演化"的结论③。由于此书所引材料多系安特生在甘肃收购所得,因此巴氏的研究一直被认为缺乏客观依据而未能予以应有的重视。1956 年,《马家窑遗址》发掘报告在斯德哥尔摩出版④。至此,安特生在中国西北所获发掘资料悉数发表。以此为标志,中国西北地区的考古工作转入到一个新的阶段。

二 20 世纪 50 年代以来甘青宁地区史前考古的发现与研究

(一)老官台文化的发现与研究

20 世纪 50 年代末,在陕西华县老官台、元君庙、宝鸡北首岭、西乡李家村等地相继发现一批新的资料。夏鼐和苏秉琦等敏锐地捕捉到此类遗存传递的宝贵信息。认为它们有别于仰韶文化半坡类型,为探索仰韶文化的前身提供了线索。

1978 年,在甘肃秦安大地湾遗址首次发现了早于仰韶文化半坡类型的大地湾一期遗存,证实陇山左近也是仰韶文化的起源地⑤。80 年代以来,在天水师赵村和西山坪等地相继发现了同类遗存。其中,西山坪遗址下层与大地湾一期同时,绝对年代为公元前 6200 ~ 前 5400 年;上层接近宝鸡北首岭下层,年代为公元前 5300 ~ 前 4900 年⑥。根据

---

① 夏鼐:《临洮寺洼山发掘记》,《中国考古学报》第四册第 71 ~ 137 页,1949 年。
② Andersson, J. G.(1943), Researches into the Prehistory of the Chinese, *BMFEA*. No. 15, Stockholm.
③ N. Palmgren, Kansu Moreturay Urns of the Panshan and Machang Groups.《中国古生物志》丁种第三号第 1 册,1934 年,北京。
④ Sommarstrom, B. (1956), The Site of Ma－kia－yao, *BMFEA*. No. 28, Stockholm.
⑤ 甘肃省博物馆、秦安县文化馆大地湾挖掘小组:《甘肃秦安大地湾新石器时代早期遗址》,《文物》1981 年第 4 期第 1 ~ 8 页。
⑥ 中国社会科学院考古研究所编著:《师赵村与西山坪》,中国大百科全书出版社,1999 年。

目前掌握的线索，此类遗存主要分布在渭河、西汉水和汉水上游，遗址分布稀疏、面积小、堆积薄，其文化发展阶段属于新石器时代中期阶段。老官台文化早于仰韶文化，但二者之间还存在一定的缺环。学术界认为，老官台文化与磁山文化、裴李岗文化处在同一发展阶段。但在文化命名上比较混乱，已有老官台文化、大地湾一期文化、前仰韶文化、白家文化、李家村文化、大地湾—老官台文化等不同的命名。

（二）仰韶文化及其相关遗存

1. 仰韶文化

20 世纪 50 年代，随着半坡、庙底沟遗址的发掘，学术界开始触及仰韶文化的分期和文化类型问题。在甘肃境内也相继发现仰韶文化遗存，并在若干地点发现庙底沟类型与"甘肃仰韶文化"的层位关系，这对于认识仰韶文化的传播、流布及"甘肃仰韶文化"的来源提供了线索。

从 1978 年开始，甘肃省对大地湾遗址进行了长达 7 年的发掘，这一工作对西北史前考古研究具有划时代意义。这次发掘确立了陇山左近仰韶文化的发展序列为：半坡类型（史家期）—庙底沟类型—仰韶晚期（石岭下类型）—常山下层[①]。此后，在陇东相继发掘了一批重要遗址，如秦安王家阴洼、礼县高寺头、天水师赵村、镇原常山、宁县阳坬、庆阳（西峰）南佐及宁夏隆德页河子等。特别是在秦安大地湾遗址发现了仰韶文化晚期的殿堂式建筑，占地面积达 420 平方米[②]。最近，甘肃省文物考古研究所在庆阳南佐再次发现仰韶文化晚期的超大型建筑，仅室内面积就达 630 平方米。该建筑墙体采用版筑夹夯筑技术，墙外四周构筑散水，规模宏大，令人叹为观止。与此相邻的另一座长方形房屋内构筑有直径 2 米、表面敷以白灰、形似灶台的遗迹[③]。这些发现对于认识陇东仰韶文化晚期的社会结构和史前聚落形态演进有重要价值。此外，在庆阳还出土了仰韶文化晚期的炭化水稻，这也是迄今所知新石器时代水稻分布的最西地点[④]，对于了解西北地区史前农业和农作物的种类结构提供了宝贵资料。

青海民和阳洼坡的发掘和循化地区的考古调查证实，仰韶文化庙底沟类型（也有

[①] 甘肃省博物馆文物工作队：《甘肃秦安大地湾遗址 1978 至 1982 年发掘的主要收获》，《文物》1983 年第 11 期第 21～30 页。

[②] 甘肃省文物工作队：《甘肃秦安大地湾 901 号房址发掘简报》，《文物》1986 年第 2 期第 1～12 页。

[③] 阎渭清：《西峰市南佐新石器时代晚期遗址》，《中国考古学年鉴（1987）》第 272 页，文物出版社，1988 年。

[④] 张文绪等：《甘肃庆阳遗址古栽培稻的研究》，《农业考古》2000 年第 3 期第 80～85 页。

可能属仰韶文化晚期）已推进至青海东部①。陇南白龙江水系和宁夏南部山区的考古工作说明，那里的仰韶文化发展序列与陇东大同小异②。

中原地区仰韶文化研究的深入有助于加深对西北史前文化的理解。杨建芳在1962年指出，甘肃东部以仰韶文化为主，西部以马家窑文化为主；仰韶文化在甘肃境内存在由东向西发展的趋势，而且有分期的可能③。苏秉琦进一步指出，甘肃东部的平凉—天水包括了仰韶文化从早到晚的各个发展阶段；西至洮河流域和青海东部发现的仰韶文化彩陶盆钵和小口瓶相当于庙底沟类型典型器。仰韶文化前期的分布仅达陇东，后期已逾洮河进入青海东部④。自大地湾遗址发掘后，严文明将陇东作为仰韶文化的一个亚区。在仰韶文化第一期时，那里的原始文化与关中基本无异。仰韶文化第二期的分布范围向西推进了许多，也同关中拉大了文化距离，但相同点仍是主要的。仰韶文化第三期以天水为界，东面继续使用尖底瓶，彩陶几乎消失，西面则持续异化，基本不用（或极少见）尖底瓶，彩陶继续盛行。在陇东，仰韶文化的后继者为常山类型。陇西地区文化异化使得仰韶文化逐渐分离并形成所谓的"甘肃仰韶文化"或马家窑文化⑤。也有学者认为，公元前第四千纪末期，约与半坡四期同时，在甘肃中西部和青海东部兴起了以彩陶为特征的马家窑文化。该文化不仅与庙底沟类型的年代最为接近，二者之间的文化联系也很密切⑥。这一时期，张学正将黄河中上游的仰韶文化分为五个文化圈，西北区占据泾渭、河湟两个文化圈，各自的文化发展序列也不相同⑦。

有关这一时段的专题研究较多地集中在秦安王家阴洼墓地。发掘者最初将该墓地分为三期⑧。许永杰提出四期说，指出该墓地的排序及分区反映出，依照死者生前血缘关系的亲疏和血缘规定的社会组织层次安葬死者⑨。

---

① 青海省文物考古研究所：《青海近十年考古工作的收获》，《文物考古工作十年（1979～1989）》第327～333页，文物出版社，1990年。

② 赵雪野：《甘肃白龙江流域古文化遗址调查简报》，《考古与文物》1993年第4期第8～16页；北京大学考古实习队、固原博物馆：《隆德页河子新石器时代遗址发掘报告》，《考古学研究（三）》第158～195页，科学出版社，1997年。

③ 杨建芳：《仰韶文化的几个问题》，《考古》1962年第5期第262～265页。

④ 苏秉琦：《关于仰韶文化的若干问题》，《考古学报》1965年第1期第51～82页。

⑤ 严文明：《略论仰韶文化的起源和发展阶段》，《仰韶文化研究》第122～165页，文物出版社，1989年。

⑥ 苏秉琦主编，白寿彝总主编：《中国通史2·远古时代》，上海人民出版社，1994年。

⑦ 张学正、张朋川、郭德勇：《谈马家窑、半山、马厂类型的分期和相互关系》，《中国考古学会第一次年会论文集》第50～71页，文物出版社，1980年。

⑧ 甘肃省博物馆大地湾挖掘小组：《甘肃秦安王家阴洼仰韶文化遗址的发掘》，《考古与文物》1984年第2期第1～17页。

⑨ 许永杰：《秦安王家阴洼墓地结构的分析》，《考古与文物》1992年第2期第46～60页。

目前，陇山左近及其以东的仰韶文化发展序列基本清晰，唯一缺少的是半坡类型早段的内容。陇西仅见少量类似庙底沟时期的遗存，一般认为此类遗存继续发展为石岭下类型再过渡到马家窑文化。下一步工作的关键是寻找仰韶文化与老官台文化衔接的线索；解决河湟地区"类庙底沟遗存"的年代及其与石岭下类型的文化关系；再就是探索大地湾四期（即仰韶文化晚期）的发展去向及其与常山下层或石岭下类型的联系。

2. "常山下层"文化遗存

20 世纪 70 年代末，中国社会科学院考古研究所在陇东镇原县发掘了常山遗址。该址下文化层出土的陶器多橙黄色，厚胎，器类简单，流行绳纹、篮纹，居住窑洞建筑，绝对年代为公元前 2930 ± 180 年。以往曾零星发现过类似遗存，但大多被划归到齐家文化系统。发掘者认为，常山下层遗存与齐家文化和客省庄文化有联系，但三者应属不同的系统，并命名为"常山下层文化"①。持不同意见者指出，"常山下层"的陶器并不单纯，它包含两类文化因素，甲组属于马家窑文化，乙组与陇东和宁夏南部的齐家文化雷同，并建议将后者改称"齐家文化常山下层类型"②。对此，张忠培表示，"常山下层文化"的提出促进了齐家文化渊源的研究，但他对在现有资料下将陇山两侧这一阶段的遗存都归入"常山下层"表示疑虑③。

严文明指出，"渭水流域的仰韶文化在半坡晚期后产生分化，形成东面的泉护二期和西面的常山类型"④。近来，有学者在论及陕西扶风案板遗址时指出，常山下层与案板遗址第三期关系密切，其年代均相当于庙底沟二期⑤。其实，常山遗址的发掘者也注意到，"常山下层"陶器的绳纹作风与仰韶文化酷似；但其篮纹窄小、印痕深，横向或斜向排列，与庙底沟二期相同。此外，在甘肃镇原高庄和灵台妻家岭曾发现"常山下层"叠压仰韶文化又被周文化所叠压的层位关系，可以界定常山下层的相对年代⑥。

3. 石岭下类型及其文化归属

1947 年，裴文中在渭河流域调查发现了石岭下遗址⑦。20 世纪 50～60 年代曾多次调查过该址，发现马家窑文化叠压石岭下类型的地层。后来，在临洮马家窑、武山石岭下、天水

① 中国社会科学院考古研究所泾渭队：《陇东常山遗址发掘简报》，《考古》1981 年第 3 期第 201～210 页。

② 陈昱、洪方：《陇东镇原常山下层遗存浅析》，《考古》1982 年第 4 期第 392～397 页。

③ 张忠培：《齐家文化研究》，《考古学报》1987 年第 2 期第 160 页。

④ 严文明：《略论仰韶文化的起源和发展阶段》，《仰韶文化研究》第 122～165 页，文物出版社，1989 年。

⑤ 王世和、张宏彦、莫枯：《论案板三期文化遗存》，《考古》1987 年第 10 期第 917～925 页。

⑥ 同①。

⑦ 裴文中：《甘肃史前考古报告》，《裴文中史前考古学论文集》第 218 页，文物出版社，1987 年。

罗家沟等地相继发现类似层位关系，明确了庙底沟、石岭下和马家窑三者的相对年代①。

　　1976 年，《从马家窑类型驳瓦西里耶夫的"中国文化西来说"》一文提出"石岭下类型"的概念，认为它提供了仰韶文化庙底沟类型向马家窑文化演变的中间环节②。夏鼐指出，石岭下类型分布于甘肃东部的天水、武山一带。武山灰地儿石岭下类型的年代为公元前 3813 ± 175 年，相当于中原仰韶文化中期，出土物以马家窑文化的成分为主，但陶器的器形和纹饰也具有中原仰韶文化的因素，如小口尖底瓶、白彩绘等③。1978 年，严文明将石岭下类型作为马家窑类型的早期④。大地湾遗址发掘以后，张学正等认为大地湾仰韶晚期包含有"石岭下"因素，在甘肃东部其后继者为"常山下层文化"⑤。郎树德等建议以大地湾仰韶晚期取代"石岭下"类型⑥。谢端琚则从陶器、彩陶花纹和空间分布几个方面论述了庙底沟、石岭下、马家窑三者的先后承继关系，并以地层为依据，强调石岭下类型的客观存在⑦。

　　20 世纪 70 年代末以来，在秦安至青海东部相继发现石岭下类型遗存。在天水师赵村还发现石岭下类型叠压庙底沟类型并为马家窑文化叠压的地层⑧；在甘谷毛家坪遗址发现石岭下类型的房屋、窖穴⑨；在武山傅家门发现石岭下类型的祭祀坑。坑内有火燎遗迹，摆放猪头骨及石球、陶环、彩陶盆和卵石等；另在一座房屋内出土一组羊、猪、牛肩胛制作的卜骨，上面有明显的火灼痕并刻划有 'Ⅰ'、' ＝ '、'S' 等符号，这是迄今所知年代最早的带刻符的烧灼卜骨，对了解石岭下类型的文化内涵非常重要⑩。

---

① 甘肃省文物管理委员会：《渭河上游天水、甘谷两县考古调查简报》，《考古通讯》1958 年第 5 期第 1 ~ 5 页；甘肃省文物管理委员会：《甘肃渭河上游渭源、陇西、武山三县考古调查简报》，《考古通讯》1958 年第 7 期第 6 ~ 16 页；甘肃省文物管理委员会：《甘肃临洮、临夏两县考古调查简报》，《考古通讯》1958 年第 9 期第 36 ~ 48 页。

② 甘肃省博物馆、北京大学历史系考古专业连城发掘队：《从马家窑类型驳瓦西里耶夫的"中国文化西来说"》，《文物》1976 年第 3 期第 24 ~ 30 页。

③ 夏鼐：《碳 – 14 测定年代和中国史前考古学》，《考古》1977 年第 4 期第 223 页。

④ 严文明：《甘肃彩陶的源流》，《文物》1978 年第 10 期第 62 ~ 76 页。

⑤ 张学正、张朋川、郭德勇：《谈马家窑、半山、马厂类型的分期和相互关系》，《中国考古学会第一次年会论文集》第 50 ~ 71 页，文物出版社，1980 年。

⑥ 郎树德、许永杰、水涛：《试论大地湾仰韶晚期遗存》，《文物》1983 年第 11 期第 31 ~ 39 页。

⑦ 谢端琚：《论石岭下类型的文化性质》，《文物》1981 年第 4 期第 21 ~ 27 页。

⑧ 中国社会科学院考古研究所编著：《师赵村与西山坪》，中国大百科全书出版社，1999 年。

⑨ 甘肃省博物馆文物工作队、北京大学考古学系：《甘肃甘谷毛家坪遗址发掘报告》，《考古学报》1987 年第 3 期第 359 ~ 396 页。

⑩ 中国社会科学院考古研究所甘青工作队：《武山傅家门遗址的发掘与研究》，《考古学集刊(16)》第 380 ~ 448 页，科学出版社，2006 年。

¹⁴C 数据显示，石岭下类型的绝对年代集中于公元前 3900～前 3300 年，早于马家窑文化，并与仰韶文化中晚期重合，这与该文化类型的陶器形态、彩陶花纹特征相吻合，由此大致可明确石岭下类型的相对时间位置。看来，陇山左近才是石岭下类型的分布中心，并很可能是马家窑文化的孕育之地。下一步工作是加大对石岭下类型的研究力度，廓清它与大地湾仰韶晚期的文化关系，并追溯其如何发展到马家窑文化。

（三）马家窑文化

安特生曾将马家窑居址和半山墓地作为"甘肃仰韶期"的代表；西宁十里铺居址和马厂垣墓地为马厂期的代表。1943 年，安特生将马家窑居址分作三期，分别以罗汉堂、马家窑和朱家寨为代表①。今天看来，他的分期有很大问题。首先，上述遗址并非单纯的马家窑文化，西宁十里铺甚至晚到青铜时代的卡约文化。20 世纪 40 年代末，夏鼐建议以马家窑文化来命名，但实际上"甘肃仰韶文化"与"马家窑文化"曾长期互用。此外，对马家窑文化三个类型的年代及文化关系也有个逐步认识的过程。尽管巴尔姆格伦早在 1934 年已明确了半山—马厂的先后关系，但基于某种偏见心理，巴氏的看法被长期搁置或不予采纳。直至 70 年代后期，对半山马厂的年代问题仍不时出现反复。随着鸳鸯池、土谷台和柳湾等遗址相继发现半山墓葬被马厂墓葬所打破的层位关系，才终止了这方面的争论。但时至今日，对三者的文化关系仍有不同认识。

1960 年前后，随着兰州雁儿湾、西坡岷和小坪子等遗址的发掘，为深入探讨马家窑文化的内涵和分期奠定了根基②。此后，在四川西北部和宁夏南部相继发现马家窑文化的踪迹，增进了对这一文化空间分布的了解。20 世纪 70～80 年代，在兰州王保保城及青海大通上孙家寨、民和核桃庄等地先后发现马家窑文化墓葬，在贵南尕马台发现了马家窑文化的瓮棺葬，上述发现终结了安特生所谓仰韶期"住地"、"葬地"的臆测。在甘肃东乡林家首次揭露出马家窑文化聚落，并发现铸造的青铜小刀、炼铜残块等，证实马家窑文化已掌握了金属冶炼技术③。80 年代的考古调查证实，在甘肃南部的白龙江

---

① Andersson, J. G. (1943), Researches into the Prehistory of the Chinese, *BMFEA*. No. 15, Stockholm.

② 严文明、张万仓：《雁儿湾和西坡岷》，《考古学文化论集（三）》第 12～31 页，文物出版社，1993 年。

③ 甘肃省文物工作队等：《甘肃东乡林家遗址发掘报告》，《考古学集刊（4）》第 111～161 页，中国社会科学出版社，1984 年；孙淑云、韩汝玢：《甘肃早期铜器的发现与冶炼、制造技术的研究》，《文物》1997 年第 7 期第 75～84 页。

水系，马家窑文化也有着广泛分布，并继续向甘南草原和川西北扩散①。北京大学与甘肃省文物考古研究所在河西走廊西部的酒泉发现马家窑文化遗存，说明该文化的分布已逼进疏勒河流域②。90 年代，在甘肃武威塔儿湾发现马家窑文化偏早阶段的聚落，这也是目前所知河西走廊最早的史前遗存③。在青海同德县宗日遗址发现了马家窑文化的大型墓地，随葬品中马家窑文化的传统黑彩陶器与土著红彩陶器并存，也由此引出马家窑文化"宗日类型"、乃至"宗日文化"的命名④。

半山式彩陶曾被安特生视为专为死人使用的丧器。1963 年，在兰州青岗岔遗址发现半山时期的房屋聚落，屋内地面摆放着绘黑红彩锯齿纹的陶瓮，这一发现彻底否定了安特生的"丧纹"之说⑤。

20 世纪 50 年代，在兰州白道沟坪遗址发掘出马厂时期的制陶作坊和墓地，这座窑场发现了颇具特色的方形陶窑，布局有序，且成组分布，提供了当时制陶手工业的珍贵资料⑥。后来，马厂时期的聚落也在永靖马家湾被发现⑦。70 年代以来，陆续发掘了甘肃永昌鸳鸯池，广河地巴坪，兰州花寨子、土谷台，景泰张家台，永登蒋家坪，康乐边家林及青海乐都柳湾，民和阳山、马排，循化苏呼撒等一大批半山—马厂时期墓地。在蒋家坪、照壁滩和高苜蓿地遗址出土了马厂时期的铜刀、铜锥和铜块；在蒋家坪、柳湾等地发现马厂时期的殉人墓；在循化苏呼撒首次发现半山火葬墓；此外，在河西走廊等地还发现一批年代处在马厂尾声阶段的"过渡类型遗存"，有些因素已显示出向四坝文化过渡的特征，马厂文化的去向问题最终浮出水面。

---

① 长江流域规划办公室考古队：《白龙江流域考古调查简报》，《文物资料丛刊（2）》第 26～34 页，文物出版社，1978 年；四川大学历史系考古教研组：《四川理县汶川县考古调查简报》，《考古》1965 年第 2 期第 614～618 页；赵雪野：《甘肃白龙江流域古文化遗址调查简报》，《考古与文物》1993 年第 4 期第 8～16 页。

② 李水城、水涛：《酒泉丰乐乡照壁滩和高苜蓿地遗址》，《中国考古学年鉴（1987）》第 272 页，文物出版社，1988 年。

③ 甘肃省文物考古研究所：《武威塔儿湾新石器时代遗址及五坝山墓葬发掘简报》，《考古与文物》2004 年第 3 期第 8～11 页。

④ 青海省文物管理处等：《青海同德县宗日遗址发掘简报》，《考古》1998 年第 5 期第 1～14 页；陈洪海、格桑本、李国林：《试论宗日遗址的文化性质》，《考古》1998 年第 5 期第 15～26 页。

⑤ 甘肃省博物馆：《甘肃兰州青岗岔遗址试掘简报》，《考古》1972 年第 3 期第 26～31 页；甘肃省博物馆文物工作队：《甘肃兰州青岗岔半山遗址第二次发掘》，《考古学集刊（2）》第 10～17 页，中国社会科学出版社，1982 年。

⑥ 甘肃省文物管理委员会：《兰州新石器时代的文化遗存》，《考古学报》1957 年第 1 期第 1～8 页。

⑦ 中国科学院考古研究所甘肃工作队：《甘肃永靖马家湾新石器时代遗址的发掘》，《考古》1975 年第 2 期第 90～96 页。

20 世纪 60 年代，学术界基本认同马家窑文化来源于仰韶文化。1962 年，杨建芳详细论述了马家窑文化及其三个类型的关系①。苏秉琦进一步指出，马家窑文化三个类型呈现交错分布的态势。马家窑类型主要分布在陇山东部和中部，西至武威；半山类型分布在中部；马厂类型分布在中部及河西走廊，最西到酒泉。三者的年代是马家窑较早，半山次之，马厂较晚。其文化关系表现为，马家窑和马厂以半山为中介，三者中以马家窑类型和仰韶文化关系最为明显。甘肃静宁所出马家窑文化小口双耳彩陶瓶与陕西华县泉护村遗址仰韶文化中期同类器相似，花纹尚保留与庙底沟蔷薇花类似的构图技法。兰州小坪子出土的小口双耳彩陶瓶与泉护村的同类器相似。对比兰州西坡岇和雁儿湾两座遗址的材料可看出年代略有不同，其彩陶钵与泉护村中晚期仰韶文化的同类器型式变化相似。仰韶文化在甘肃境内的移动方向是自东到中，马家窑同仰韶文化联系密切，移动方向是自东而中，显然它是从仰韶文化派生的。稍晚的半山—马厂移动方向自中而西，延伸到河西走廊西端。似乎可以说，甘肃境内马家窑文化诸类型同仰韶文化的相互影响关系后者始终占主体地位②。70 年代，夏鼐根据 ^{14}C 数据推测，马家窑的年代在公元前3000 年左右；半山可能跨越公元前 2500 ~ 前 2300 年；马厂可能在公元前 2300 ~ 前 2000年。甘肃仰韶文化的总年代占 1000 年，比中原仰韶文化的总年量短（公元前 5000 ~ 前3000 年），石岭下类型在年代和地域上都占有过渡位置③。

20 世纪 70 年代，严文明认为，马家窑文化可能是仰韶文化在西渐过程中与土著文化碰撞产生的。仰韶文化因素越早越清楚，包括马家窑最流行的旋涡纹也可从庙底沟的回旋勾连纹上找到承袭关系。但马家窑陶器的规范化，彩陶花纹的繁缛和格律化，又是仰韶文化各类型所不具备的。马家窑文化的方形陶窖、房屋结构、埋葬习俗均与仰韶文化有所不同并具特点，如果只从仰韶文化自身演变来解释难以说得通，所以一定有土著因素在起作用④。马家窑文化形成后对仰韶文化也产生了一定的反作用，在宝鸡有些半坡晚期遗存中发现类似马家窑文化的彩陶花纹可以为证⑤。秦安大地湾遗址发掘后，有关大地湾四期（即仰韶晚期）与马家窑文化的关系问题成为新的焦点。有学者认为，陇东（泾渭流域）的文化发展序列为老官台文化—仰韶文化（早—中—晚）—常山下层—东部齐家文化；陇西（河湟地区）为庙底沟类型—石岭下类型—马家窑文化⑥。张忠培等指出，渭河源头

---

①　杨建芳：《略论仰韶文化和马家窑文化的分期》，《考古学报》1962 年第 1 期第 49 ~ 80 页。
②　苏秉琦：《关于仰韶文化的若干问题》，《考古学报》1965 年第 1 期第 51 ~ 82 页。
③　夏鼐：《碳 - 14 测定年代和中国史前考古学》，《考古》1977 年第 4 期第 217 ~ 232 页。
④　严文明：《略论仰韶文化的起源和发展阶段》，《仰韶文化研究》第 122 ~ 165 页，文物出版社，1989 年。
⑤　半坡博物馆：《陕西岐山王家嘴遗址的调查与试掘》，《史前研究》1984 年第 3 期第 78 ~ 90 页。
⑥　郎树德、许永杰、水涛：《试论大地湾仰韶晚期遗存》，《文物》1983 年第 11 期第 31 ~ 39 页。

可能是马家窑与大地湾四期的交错分布区，否认马家窑源于大地湾四期。而马家窑文化是在相当于半坡四期文化阶段在甘肃中西部和青海东部形成的。他还强调，不能简单认为马家窑源自当地的庙底沟类型，而要探索那些可能推进马家窑文化形成的他方信息。而半山文化形成不久即开始出现了文化变革，并创造出马厂文化①。谢端琚则坚持马家窑文化源于大地湾四期，后者与石岭下类型既有共性也有特性②。

马家窑文化的分期研究也逐渐水到渠成。1978 年，严文明将马家窑文化的马家窑类型分为石岭下、雁儿湾、西坡峁、王保保城四组；并认识到小坪子一类遗存具有从马家窑向半山过渡的特征，建议将马厂类型分为东（河湟地区）西（河西走廊）两区③。翌年，张学正等利用一些新的材料，将马家窑文化三个类型各自分为早、中、晚三期④。张忠培则将马家窑类型（文化）分为早、中、晚三期，认为其总年代大致相当于半坡四期；但洮河—大夏河、湟水—大通河、庄浪河及白龙江等地存在一定地域差异；天水和川西北的马家窑遗存是文化插入的结果；马家窑类型与大地湾四期是分布于不同空间、年代大体相当的两支文化⑤。

近年来有学者利用岷江上游 30 多个遗址点的资料，将那里的史前文化分为三个前后相继的类型，并推断姜维城类型是在阿尔类型基础上受马家窑文化南下影响形成的⑥。其实，那一区域本就是马家窑类型的分布南界，与甘肃南部的史前文化存在千丝万缕的联系。近年在岷江上游、阿坝草原、大渡河流域的一系列新发现充分证实了这一点。

以往，有关半山—马厂文化的专题研究相对欠缺。80 年代中期，张忠培通过对合葬墓的研究，提出马厂类型尚处于父系制的初级阶段，保留较多的母系社会残余，但从每个墓地的整体观察，可见到单偶制婚姻和亲属及财产关系的父系继承制。这一阶段的社会形态属于父系制确立时期⑦。80 年代中后期，一批研究生的毕业论文极大地推动了

---

① 张忠培、李伊萍：《关于马家窑文化的几个问题》，《庆祝苏秉琦考古五十五年论文集》第265～272 页，文物出版社，1989 年。

② 谢端琚：《马家窑文化诸类型及其相关的问题》，《考古与文物》1985 年第 1 期第 63～74 页；谢端琚：《马家窑文化渊源试探》，《中国考古学研究——夏鼐先生考古五十年纪念论文集》（二集）第 19～32 页，科学出版社，1986 年。

③ 严文明：《甘肃彩陶的源流》，《文物》1978 年第 10 期第 62～76 页。

④ 张学正等：《谈马家窑、半山、马厂类型的分期和相互关系》，《中国考古学会第一次年会论文集》第 50～71 页，文物出版社，1980 年。

⑤ 同①。

⑥ 徐学书：《岷江上游新石器时代文化的初步研究》，《考古》1995 年第 5 期第 415～426 页。

⑦ 张忠培：《中国父系氏族制发展阶段的考古学观察——对含男性本位的合葬墓的若干分析》，《吉林大学社会科学学报》1987 年第 1 期第 1～14 页。

半山—马厂文化的研究。李伊萍认为，半山文化分布的中心区在洮河流域，马厂文化在湟水流域。二者分布面有较大的重合，并不断向北移动。半山中期即开始出现马厂因素，至土谷台三组完成了向马厂的转变。她还将马厂东区细分为兰州和柳湾两个小区①。张弛将半山遗存分成 10 个组群，重点讨论了当时的社会组织状况。他认为半山的 10 个组群为低一层次的考古学文化实体，反映的是同一文化的不同群体，或为氏族或为联族，甚至更大的群体。但都出自同一血亲系统。随葬同系统陶器的墓地遵循相同的葬俗，从墓组到墓群、再到墓地诸层，反映出血亲家族、氏族和胞族血亲继嗣集团的存在。而有着不同葬制的两个墓群则反映以氏族（胞族或联族）作为对婚的半边，共同构成墓区或墓地所代表的姻亲集团——"偶族"或部落②。李水城通过对半山—马厂彩陶的研究，深入分析并整合了这一时段的文化分期，系统论述了半山—马厂的文化源流及时空架构③。

　　有关马厂类型的去向一直被学术界所关心。早年曾有学者认为，马厂类型的发展方向是辛店文化。自齐家文化年代被更正后，特别是随着甘肃武威皇娘娘台和青海乐都柳湾遗址的发掘，学术界几乎众口一词地倾向于齐家文化才是马厂文化的后继。近年来在这个问题的看法上有很大的改变，一是主张马厂与齐家联合发展成辛店文化，即辛店文化彩陶和器形分别来自马厂和齐家④。然而，这一认识的逻辑前提是马厂与齐家必须同时。张忠培提出，随着齐家文化的西进，至公元前二千年前后，马厂类型的大部分区域被齐家文化占据⑤。与此同时，李水城指出，河湟地区与河西走廊的马厂类型有着不同的归宿，前者逐渐被西进的齐家文化吞噬或同化，后者逐渐演变成四坝文化，并进一步影响到新疆东部地区⑥。水涛也主张马厂不可能发展到齐家，它们是两支源流各不相同的文化，马厂晚期有部分发展到四坝文化，另有部分西进至东疆巴里坤地区⑦。

①　李伊萍：《半山马厂文化研究》，《考古学文化论集（三）》第 32~67 页，文物出版社，1993年。
②　张弛：《半山式文化遗存分析》，《考古学研究（二）》第 33~77 页，北京大学出版社，1994 年。
③　李水城：《半山与马厂彩陶研究》，北京大学出版社，1998 年。
④　南玉泉：《辛店文化序列及其与卡约、寺洼文化的关系》，《考古类型学的理论与实践》第 73~109 页，文物出版社，1989 年；张学正、水涛、韩翀飞：《辛店文化研究》，《考古学文化论集（三）》第 122~152 页，文物出版社，1993 年。
⑤　白寿彝总主编、苏秉琦主编：《中国通史 2·远古时代》第 452 页，上海人民出版社，1994 年。
⑥　李水城：《四坝文化研究》，《考古学文化论集（三）》第 80~121 页，文物出版社，1993 年；李水城：《半山与马厂彩陶研究》，北京大学出版社，1998 年。
⑦　水涛：《甘青地区青铜时代的文化结构和经济形态研究》（北京大学博士研究生毕业论文）（打印稿），1993 年 12 月。另见：水涛：《中国西北地区青铜时代考古论集》，科学出版社，2001 年。

目前，有关马家窑文化及半山—马厂文化的年代、分布及演进线索已大致明确。需进一步深入探索的问题有：石岭下类型如何演变成马家窑文化？马家窑文化的分期及分区问题，马家窑文化向半山文化的演进过程中是否有外力参与？假如有，是什么？李水城提出，半山文化在形成之初可能受到来自中原和鄂尔多斯地区史前文化的影响。除此之外，是否还有来自其他方向的文化影响？所谓的"过渡类型"遗存是如何产生的？它与马厂文化和齐家文化到底有怎样的亲缘关系？这些都还是问题。

（四）齐家文化

20 世纪 20 年代，安特生将齐家期列为甘肃远古文化序列之首，当时主要出于三方面考虑：一是齐家坪遗址所出几乎为清一色单色陶；二是未见铜器；三是彩陶与仰韶文化的不同。但他同时也坦率地承认，"谓齐家坪之文化较古于仰韶，固不当为地层新旧之证"①。有关齐家期年代的争议，直至夏鼐挖掘阳洼湾墓葬方得以改订。50 年代末，在武威皇娘娘台遗址首次发现了铜器，人们开始重新认识齐家文化的性质。至 70 年代，已发掘的齐家文化重要遗址有：甘肃灵台桥村、永靖大何庄和秦魏家、武威皇娘娘台、广河齐家坪、天水师赵村、积石山新庄坪，青海乐都柳湾、贵南尕马台、互助总寨等。特别是在大何庄、秦魏家、皇娘娘台、齐家坪、尕马台、总寨、新庄坪等地相继发现铜器，种类有镜、刀、斧、锥、凿、钻头、匕等，证明齐家文化的金属冶炼业已颇具水准。在秦魏家、皇娘娘台、齐家坪和柳湾还发现以男性为本位的两性合葬墓；在齐家坪墓地发现 8 人和 13 人的多人合葬墓，被认为具有殉葬性质②；在尕马台发现俯身葬、无头葬和乱葬等奇特葬俗③。这些资料都极大地丰富了学术界对齐家文化的认识，也引发了对其社会性质的热烈讨论。遗憾的是，上述重要发现有些至今尚未刊布，在某种程度上延滞了对齐家文化的深入研究。

20 世纪 50 年代末，学术界普遍认为齐家文化源于马家窑文化，石陶的文章可作为代表④。石兴邦、谢端琚等从陶器、空间分布、文化因素诸方面论述了齐家与马家窑文化的亲缘关系，依据是多次发现齐家叠压马家窑的层位关系，而且在武威皇娘娘台墓地出土有马

① 安特生著，乐森珅译：《甘肃考古记》，《地质专报》甲种第五号第 17 页，1925 年，北京。
② 甘肃省博物馆：《甘肃省文物考古工作三十年》，《文物考古工作三十年（1949～1979）》第 142 页，文物出版社，1979 年。
③ 青海省文物管理处考古队：《青海省文物考古工作三十年》，《文物考古工作三十年（1949～1979）》第 162 页，文物出版社，1979 年。
④ 石陶：《黄河上游的父系氏族社会——齐家文化社会经济形态的探索》，《考古》1961 年第 1 期第 3～11 页。

厂类型的彩陶①。但也有学者注意到，齐家文化与客省庄文化有很多相似因素，但却又认为它们是关系密切、互有影响的不同系统文化②。对此，夏鼐指出，是否有这种可能：中原仰韶文化传到甘肃东部，发生了新的因素；这种新因素后来发展为马家窑文化，最后发展到马厂文化；而甘肃东部则由于中原龙山文化的传来，彩陶方面没有发展变化，而整个文化面貌成为主要是中原龙山文化成分的齐家文化，而后者也向西传播③。^{14}C 年代证明齐家早期与马厂中晚期相当，再就是东部齐家早于西部齐家。他主张"齐家文化不是从半山马厂文化独立发展而成的。它和东边的以客省庄为代表的陕西龙山文化非常接近"。就此他进一步分析道，"齐家与半山—马厂的相同点大都是一般性的，是华北黄土地带新石器时代文化所共有的，例如多红陶，常有绳纹，农作物以小米为主。但是它和客省庄二期文化的共同点却是有显明特殊性的器物，表示一定的文化关系。至于齐家早期的少量彩陶，这其中一部分器形是齐家文化式的，彩绘花纹也自具风格，只是施彩这一点可能受到同时存在的半山—马厂文化的影响。另一部分是马厂型彩陶，它和同出的马厂型和齐家型的素陶，只表明两种文化曾同时并存，互相影响"④。总之，夏鼐的上述看法非常具有先见之明。

80 年代以来，不少学者从不同的角度论述齐家文化的来源。张忠培主张，通过对马厂陶器组合，尤其是陶器演变趋势与齐家第一期相比，难以认同齐家是马厂的后继。至于二者陶器的某些相似只能是不同谱系文化之间的假借和因袭。他主张秦魏家 H1 和宁夏隆德上齐家墓葬可能是齐家文化居民的先辈所留下的遗存，并推知西吉兴隆和隆德上齐家是齐家文化的较早源头⑤。此外他还认为，齐家与客省庄是不同系统的毗邻文化，但齐家在发展过程中接受了客省庄的一定影响⑥。李伊萍分析了柳湾墓地的 13 组打破关系，指出柳湾马厂的年代下限与齐家中期相当，齐家早期年代相当于马厂三期，二者曾经并存⑦。许永杰则指出，尽管齐家与马厂分布大面积重合，但马厂文化的分布却是基本东不逾洮河，陇东至今不见一处典型的马厂遗址。在不否认齐家曾受马厂影响的前提下，齐家绝不可能在马厂母体中诞生，而且两者至少在某段时间上同时并存⑧。

① 石兴邦：《黄河流域原始社会考古研究上的若干问题》，《考古》1959 年第 10 期第 566～570 页；端琚：《齐家文化是马家窑文化的继续与发展》，《考古》1976 年第 6 期第 352～355 页。
② 张忠培：《齐家文化研究》，《考古学报》1987 年第 2 期第 159 页。
③ 夏鼐：《碳 – 14 测定年代和中国史前考古学》，《考古》1977 年第 4 期第 223～224 页。
④ 夏鼐：《碳 – 14 测定年代和中国史前考古学》，《考古》1977 年第 4 期第 224 页。
⑤ 张忠培：《齐家文化研究》，《考古学报》1987 年第 2 期第 160～161 页。
⑥ 白寿彝总主编、苏秉琦主编：《中国通史 2·远古时代》第 452 页，上海人民出版社，1994 年。
⑦ 李伊萍：《半山马厂文化研究》，《考古学文化论集（三）》第 63 页，文物出版社，1993 年。
⑧ 许永杰：《河湟青铜文化的谱系》，《考古学文化论集（三）》第 194 页，文物出版社，1993 年。

李水城认为，武威皇娘娘台遗址的甲组红彩彩陶属于齐家文化，图案花纹简约疏朗；乙组彩陶绘繁缛的黑彩，是马厂向四坝文化过渡的一类新的遗存①。上述观点对齐家起源于马厂的传统认识可谓是釜底抽薪。

李水城指出，齐家文化是不断"西渐"的产物，这也可以从半山—马厂的空间分布的游移和遗址数量的变化显示出来。这一文化"西渐"的趋势也是各地文化发展不平衡造成的。此外，西北地区环境、气候的突变很可能对这一文化走向起到了推波助澜的作用②。张光直早在20世纪70年代初就指出，"中原农业文化传入西北的另一个影响或说结果，是若干地方性的农畜文化的产生。这些也许是代表中原文化对西北地方环境的适应结果，也许是土著文化受了中原文化影响以后的产物。"齐家文化即其中重要一支③。

目前，对于齐家文化的来源还有不同认识，大致可归为两派，一派认为其源于马厂文化；另一派认为它产生于陇东地区的龙山时代文化（如常山下层或菜园文化）。齐家文化在其形成阶段吸收了东面客省庄文化和西面马厂文化的因素，并因此造成东、西两区齐家文化各具特色的格局。

有关齐家文化的分期粗略看似较接近，但各家依据材料不同，在细节上差异很大。张忠培的意见是将齐家分作三期八段；第一期的年代在公元前三千纪后半叶之前段，第二期的年代在公元前三千纪后半叶的后段，第三期为公元前2000年前后，已经进入夏代纪年范围④。

有关齐家文化的去向问题在学术界争议甚大。随着青海民和山家头遗址的发现，齐家文化发展为辛店文化的意见一度占据上风⑤。20世纪80年代，俞伟超认为，青海境内的齐家文化逐渐演变成卡约文化⑥。张学正、水涛等强调，辛店文化虽然受到齐家文化很大影响，但齐家的后续影响也同时作用到寺洼文化和卡约文化⑦。许永杰力主齐家文化分裂为多支青铜文化，并将其分为圜底系、大夏河系和湟水系三个类型，它们各自演变为辛店文化山家头单彩系、辛店文化复彩系和卡约文化苏呼撒系，并由此构成一张

---

① 李水城：《四坝文化研究》，《考古学文化论集（三）》第110～111页，文物出版社，1993年。
② 李水城：《半山与马厂彩陶研究》第203～204页，北京大学出版社，1998年。
③ 张光直：《考古学所见汉代以前的西北》，《中央研究院历史语言研究所集刊》第42本第一分第92页，台北。
④ 张忠培：《齐家文化研究》，《考古学报》1987年第1～2期。
⑤ 南玉泉：《辛店文化序列及其与卡约、寺洼文化的关系》，《考古类型学的理论与实践》第97～98页，文物出版社，1989年。
⑥ 俞伟超：《关于"卡约文化"和"唐汪文化"的新认识》，《先秦两汉考古学论集》第198页，文物出版社，1985年。
⑦ 张学正、水涛、韩翀飞：《辛店文化研究》，《考古学文化论集（三）》第138页，文物出版社，1993年。

复杂的文化对子关系网。对齐家坪遗址出土的红彩圜底罐和蛇形堆纹罐，他认为不可能出自齐家或马厂，而是辛店文化圜底系不同发展阶段的因素①。李水城则认为，齐家坪遗址出土的圜底彩陶罐和蛇形堆纹罐向东发展到渭河上游的董家台类型遗存，向西则作用于辛店文化山家头类型②。此外，远在河西走廊的四坝文化也部分接受了齐家文化的某些因素，这从前者拥有双大耳彩陶罐的实例可以为证③。总体看，齐家的去向确实非常复杂。可以说，它与西北地区多支后续青铜文化都或多或少地存在联系，正因为如此，也才有"齐家文化多子"的说法。这种由一支主体文化影响、孕育并分化为若干地域文化的特殊发展模式，在大西北的史前文化中表现的尤为突出，产生这一文化现象的机制和动因是什么？环境变化和经济形态的变更是否在其中起到了催化剂的作用？是否存在其他方面的外来因素刺激？等等，总之，这是一个极有诱惑力的研究课题。

目前，对齐家文化的社会性质和社会发展阶段的认识仍然存在很大分歧，具体包括有新石器时代末期说、铜石并用时代说、青铜时代说。还有学者主张，齐家文化的前期属于红铜时代，后期才进入青铜时代。^{14}C 数据显示，齐家文化的年代跨度为公元前 2615～前 1529 年，年代集中在公元前 2300～前 1900 年，与马厂类型年代持平或稍晚。

（五）关于"菜园文化"

20 世纪 90 年代，在宁夏南部先后发掘了海原菜园村及周围的数座遗址，遂有"菜园文化"的提出④。此类遗存在宁夏西（吉）、海（原）、固（原）地区有广泛分布，以往多被归入齐家文化，或与"常山下层"画等号。实际上这是一支有着很强区域特色的另类遗存。

"菜园文化"应该是在以隆德页河子为代表的仰韶晚期遗存基础上发展起来的。从这个角度说，它与"常山下层"无疑存在渊源关系。此类遗存多见于清水河、葫芦河上游及泾河流域。调查资料显示，在陇山以西地区也有零星分布。特征是以橙黄色陶为主，器类简约，流行装饰绳纹和横向、斜向的篮纹，器颈和腹上部饰附加堆纹；彩陶不多，流行红彩、棕红彩，画面构图简洁，多绘竖列条带、网格、叶脉和斜线纹等，内彩以十字花分割图案最为常见；有部分细石器等。在"菜园文化"的遗址内兽骨较多见，

① 许永杰：《河湟青铜文化的谱系》，《考古学文化论集（三）》第 199～202 页，文物出版社，1993 年。
② 李水城：《论董家台类型及相关问题》，《考古学研究（三）》第 95～102 页，科学出版社，1997 年。
③ 李水城：《四坝文化研究》，《考古学文化论集（三）》第 80～121 页，文物出版社，1993 年。
④ 宁夏文物考古研究所、中国历史博物馆考古部：《宁夏海原县菜园遗址、墓地发掘简报》《文物》1988 年第 9 期第 1～14 页；宁夏文物考古研究所：《宁夏海原县菜园村切刀把墓地》，《考古学报》1989 年第 4 期第 415～448 页。

暗示该文化狩猎经济占有较大比重①。"菜园文化"流行窑洞式建筑,可分为双曲拱顶和单曲拱顶两类,有的还有小隔间,墙壁上保留着插松明的壁灯痕迹。墓葬主要是竖穴土坑、竖穴侧龛墓,流行屈肢葬和仰身直肢葬。在"菜园文化"中常常伴出少量半山—马厂类型的彩陶。在甘肃景泰张家台半山墓地曾出土1件"菜园文化"的彩陶,暗示两地之间存在文化交往。

"菜园文化"的^{14}C年代集中在公元前2500~前2200年,晚于"常山下层",与半山(中期)和马厂(前期)文化大致相当②,其后继者应该是该地区的齐家文化。

三 新疆的史前文化

新疆位于中国最西端。自19世纪中叶始就不断有探险家进入新疆考察,但直至20世纪初还从未发现明确的史前遗址。1906~1914年,斯坦因(M. A. Stein)数次进入新疆,前两次在罗布泊采集到450余件石器,后经史密斯(R. A. Smith)考证属于史前时期③。此外,斯坦因还在和阗采集一些石器,认为属于旧石器时代④。20~30年代还有两次重要的调查,一次是瑞典学者贝格曼(Bergman,F.)1928年在新疆吐鲁番以南的辛格尔、罗布泊南岸、且末东南一带调查发现了细石器、石核、陶片⑤。另一次是德日进(Pére Teilhard de Chardin)和杨钟健1931年随雪铁龙公司考察团(Citroën-haardt Expedition)在哈密三道岭子和七角井采集细石器和大型打制石器,以及在阿克苏发现一处以砾石工业为主的遗存⑥。上述调查采集遗物均来自地表,年代很难认定。

对新疆史前文化的认识同样有一个不断深化的过程。早年安特生曾将新疆视为解决仰韶文化彩陶来源的关键地区。后来,当他看到新疆彩陶与华北和甘肃所见完全不同时,曾不无感慨地说,新疆还是个未知数⑦。贝格曼也注意到,新疆的彩陶不仅与华北不同,与近东

① 宁夏文物考古研究所、中国历史博物馆考古部:《宁夏菜园——新石器时代遗址、墓葬发掘报告》,科学出版社,2003年。

② 中国社会科学院考古研究所编:《中国考古学中碳十四年代数据集(1965~1991)》,文物出版社,1991年。

③ R. A. Smith (1911), The Stone Age of Turkstan, *Man* XI:6, London.

④ M. A. Stein (1928), *Innermost Asia*, Oxford, p. 85.

⑤ Bergman, Folke (1939), *Archaeological Researches in Sinkiang Especially the Lop Nor Region*, Stockholm.

⑥ Teihard de Chardin, P. and Young, C. C. (1933), "On Some Neolithic (and Possibly Paleolithic) Finds in Mongolia, Sinkiang and West China", *Bulletin of the Geological Society of China*, Vol. XII pp. 83-104, Peiping. 德日进、杨钟健:《中国西部及蒙古新疆几个新石器(或旧石器)遗址之发现》,《中国地质学会志》第10卷第83~104页,1933年。

⑦ Andersson, J. G. (1943), Researches into the Prehistory of the Chinese, *BMFEA*. No. 15, Stockholm.

也不同，但他还是坚持它们提供了彩陶自西方传入中原的链条①。对此，裴文中郑重指出，"新疆之彩陶文化，实较黄河流域为晚，故由亚细亚传布而来之说法有修正之必要"②。20 世纪 50 年代，郑德坤也注意到，"新疆以彩陶为特征的……史前遗址，……彩陶有时与磨制石器伴存，有时与青铜器同见。……这些遗址里有若干无疑是新石器时代晚期的，但绝大多数——如青铜器所示——当是新石器时代文化在后代的残存"③。

早在 20 世纪 40 年代末，裴文中通过对一些早期调查发现资料的分析，将新疆的史前文化作了如下归纳：1）细石器时代文化。可细分为两支：一支由哈密西北行至乌鲁木齐；另一支由哈密南行，经罗布淖尔至且末附近。2）彩陶文化。其分布状况似与细石器时代文化相同。3）砾石文化。分布于阿克苏一带，风格比较独特。4）旧石器文化。在新疆仅发现一些似为旧石器时代的石器，但对其文化面貌毫无所知④。裴先生的上述认识对日后新疆地区的史前文化研究产生了很大影响。直到 20 世纪 80 年代，国内学术界仍持类似的看法，即将新疆地区的"新石器时代"文化归为三类：第一类是以出土大量细石器为特征的"新石器文化"，以哈密七角井、吐鲁番阿斯塔那、雅尔湖和乌鲁木齐柴窝堡等遗址为代表。第二类是以比较大型的磨制石器为主要特征的"新石器文化"。多分布在南疆喀什、阿克苏一带。石器个体较大，以磨制为主，制作较精。陶器均夹砂，手制，少纹饰；另发现有少量小件红铜器，因此也被归入铜石并用时代。第三类是以彩陶为重要特征的"新石器文化"。这类遗址在新疆境内分布广泛，多集中在哈密至乌鲁木齐一带，文化面貌并不单纯，很多遗址发现小件铜器，有的甚至伴出铁器，年代下限可达秦汉时期⑤。80 年代后期，随着新资料的增加和 ^{14}C 测年技术的应用，对新疆史前文化的认识有很大改变。陈戈提出，在新疆境内尚未发现严格意义上的新石器遗址，以往许多被定为新石器的遗址实际上属于青铜时代，甚至早期铁器时代。新疆可以断为新石器时代的遗址仅有哈密七角井及吐鲁番英都尔库什、辛格尔、阿斯塔那等。其中，七角井或可早到中石器时代。他推测在公元前 5000 ~ 前 3000 年，新疆存在新石器时代文化⑥。安志敏则主张，新疆尚

① Folke Bergman (1939), "Archaeological Researches in Sinkians", *Reports from the Scientific Expediton to the North western Provinces of China under the Leadership of Dr. Sven Hedin* (*The Sino - Swedish Expedition*), *Publication*. Stockholm, p. 13.

② 裴文中：《中国之彩陶文化》，《历史与考古》（第一号）第 2 ~ 10 页，沈阳博物馆专刊，1946 年，沈阳。

③ Cheng Te - K'un (1959), *Prehistoric China*, Cambridge, W. Heffer & Sons, pp. 62 - 63.

④ 裴文中：《新疆之史前考古》，《中央亚细亚》（创刊号）第 1 卷第 1 期第 34 ~ 39 页，1942 年，北京。

⑤ 穆舜英、王明哲、王炳华：《建国以来新疆考古的主要收获》，《新疆考古三十年》第 1 ~ 24 页，新疆人民出版社，1983 年。

⑥ 陈戈：《关于新疆新石器时代文化的新认识》，《考古》1987 年第 4 期第 343 ~ 351 页。

未发现新石器时代的农业聚落。过去发现的以细石器、砾石石器和彩陶为代表的三类遗存分属不同时代，以细石器为代表的遗存属于新石器时代，其余均较晚①。

1995 年，新疆文物考古研究所在吐鲁番市交河故城沟西台地晚更新世地层发现 2 件人工石器制品，为新疆东部更新世地层旧石器文化的存在提供了佐证，表明在距今 1 万年前的旧石器时代晚期，这里曾有古人类活动②。1984 年，在乌鲁木齐柴窝堡湖畔发现了两处遗址，采集到大量很有特点的细石器③，此类遗存与哈密七角井被认为有可能早到史前阶段。1979 年，新疆社会科学院考古研究所在巴音郭楞蒙古族自治州孔雀河下游北岸的古墓沟发掘一处墓地，清理墓葬 42 座。这批墓葬没有发现陶器④。经 ¹⁴C 检测，该墓地的绝对年代为距今 4000 ~ 3800 年⑤。总体看，由于工作力度不够，目前对新疆境内距今 4000 年前的遗存还缺乏实质性的了解。值得一提的是，1989 年以来，在哈密天山北路发现一处大型墓地，在有些墓葬中发现了与河西走廊西部"过渡类型"完全相同的彩陶，其绝对年代大致在距今 4000 年，这或许是目前所知新疆境内可明确归属于新石器时代末期遗存的唯一线索⑥。

四　其他相关领域的研究

（一）西北地区的细石器遗存

20 世纪 70 年代初，张光直撰文指出，依据考古证据尚无法回答西北地区含陶器的细石器遗存的绝对年代是较当地农业文化早、还是与农业文化同时并存的晚期渔猎文化⑦。

---

① 安志敏：《中国西部的新石器时代》，《考古学报》1987 年第 2 期第 133 ~ 151 页。

② 伊弟利斯·阿不都热苏勒等：《新疆吐鲁番盆地交河故城沟西台地旧石器地点》，《考古文物研究——纪念西北大学考古专业成立四十周年文集（1956 ~ 1996）》第 55 ~ 73 页，三秦出版社，1996 年。

③ 新疆社会科学院考古研究所：《柴窝堡湖畔细石器遗存调查报告》，《考古与文物》1989 年第 2 期第 1 ~ 15 页。

④ 王炳华：《孔雀河古墓沟发掘及其初步研究》，《新疆社会科学》1983 年第 1 期。

⑤ 古墓沟的 ¹⁴C 年代数据有如下一批，第 38 号墓棺木：3660 ± 80（树轮校正 3980 年）；毛毯：3480 ± 100（树轮校正 3765 年）；羊皮：3615 ± 170（树轮校正 3925 年）；第 4 号墓棺木：3525 ± 70（树轮校正 3925 年）；以上北京大学年代学实验室。第 12 号墓木葬具：4260 ± 80（树轮校正 4730 ± 135 年）；以上国家文物局实验室。另在铁板河（孔雀河入罗布泊一河道）发现一具古尸，尸体上覆盖的山羊皮：3580 ± 70（树轮校正 3880 ± 95 年）。

⑥ 常喜恩：《哈密市雅满苏矿、林场办事处古代墓地》，《中国考古学年鉴（1989）》第 274 ~ 275 页，文物出版社，1990 年；哈密文物志编纂组：《哈密文物志》，新疆人民出版社，1993 年。

⑦ 张光直：《考古学所见汉代以前的西北》，《中央研究院历史语言研究所集刊》第 42 本第一分第 87 页，1970 年，台北。

西北地区细石器遗存分布广泛，内涵复杂，年代也各不相同。特别是那些伴出陶器者，年代一般不会太早。80 年代，安志敏指出，在内蒙古发现的 120 余处细石器遗址断代比较困难，但大部分属于新石器时代，个别可早到中石器时代。新疆的细石器分布范围广，延续时间长，在已发现的 30 余处遗址中，纯细石器遗址仅有一处，时代可能较早，其余都有陶器并存，年代偏晚。但新疆与内蒙古的细石器传统大体一致①。

大致在这一时期或稍晚，相继在青海发现了贵南拉乙亥、柴达木盆地小柴旦湖滨、龙羊峡达玉台等遗址，其出土物以细小石器和石片石器为特征，没有陶器，也不见农业和畜养迹象。拉乙亥遗址的文化堆积丰厚，仅灶坑就发现 100 余处。除大量的细石器外，还发现骨针、骨锥及做工极佳的石磨盘、石磨棒等，足见采集经济相当发达。^{14}C 检测年代为距今 6745 ± 85 年②。达玉台遗址的性质和文化面貌与拉乙亥非常接近，二者间可能存在文化联系③。

拉乙亥一类遗存反映出西北史前文化发展的不平衡，而且从另一侧面证实，生活在西北不同地区的人类群体采取了不同的生业方式以适应环境。张光直曾预言："我们对西北彩陶文化到来以前的居民状态还不熟悉。因此还不能作'移民'的结论，纵然这个可能性是很大的。不论如何，西北在马家窑文化到来之前已有人类居住。马家窑文化对他们的文化作如何的接触？有何样的影响？……马家窑传入西北以后对当地的环境作何适应？有何变化？这些问题，在西北史前史的研究上都有绝顶的重要性"④。严文明也曾推测，在中国西部和北部是曾存在土著居民的，他们不知陶器，或仅能制作少量的粗陶，以游牧狩猎为生，广泛使用细石器。中国西部在仰韶文化早期阶段，也有人类，但人数不多，不易发现，主要从事狩猎采集经济。随着仰韶文化的西渐，与当地土著接触并发生融合，马家窑文化极有可能就是这种力的作用结果。如方形陶窑、房屋结构、特殊的葬俗、盛行彩陶等异化现象，仅从仰韶文化自身的演变来解释说不通。因此一定有当地原住民文化的作用，某些马家窑遗址多细石器暗示这种可能是存在的⑤。对此，夏鼐也曾表示了类似的观点。

---

① 安志敏：《中国西部的新石器时代》，《考古学报》1987 年第 2 期第 133 ~ 151 页。

② 盖培、王国道：《黄河上游拉乙亥中石器时代遗址》，《人类学学报》1983 年第 2 卷第 1 期第 49 ~ 59 页。

③ 青海省文物考古队：《青海龙羊峡达玉台遗址的打制石器》，《考古》1984 年第 7 期第 577 ~ 581 页。

④ 张光直：《考古学上所见汉代以前的西北》，《中央研究院历史语言研究所集刊》第 42 本第一分第 91 页，台北。

⑤ 参见严文明：《论仰韶文化的起源和发展阶段》，《仰韶文化研究》第 160 页，文物出版社，1989 年；严文明：《甘肃彩陶的源流》，《仰韶文化研究》第 326 页，文物出版社，1989 年。

（二）早期铜器的发现与研究

中国西北是早期铜器发现数量最多的地区。因此，这里也是探索冶金术起源的重要地区。20 世纪 70 年代末，在甘肃东乡林家遗址出土了马家窑文化的铜刀和"铜碎渣"。检测证实，铜刀含锡 6% ~10%，属锡青铜。"铜碎渣"系含铜铁各半的金属长期锈蚀的产物，大部氧化，中心残留金属铜，为当时冶铸铜铁氧化共生矿失败的产物。岩相鉴定也证明，这些碎渣含铁橄榄石和金属铜。这一发现为寻找冶铜术的起源提供了重要信息。冶金史专家认为，林家的发现证明在冶炼和使用红铜、青铜之前，曾存在利用共生矿冶铜技术的实践阶段。林家铜刀是中国境内目前所知年代最早的青铜器，时代为公元前 4 千纪末至 3 千纪初，与西亚乌尔第一王朝的青铜器基本同时，说明锡青铜在中国出现的时间与两河流域靠近[①]。马厂文化的铜器不仅多于马家窑文化，而且红铜、青铜皆有，反映出冶金术还处在摸索阶段。齐家文化的铜器数量和种类大大增加，也更为普及。在最初检测的 25 件铜器中，有纯铜 16 件，铅锡青铜 9 件，锻造、铸造技术均有。据此，有学者认为，齐家文化是目前唯一一个在制铜技术上经历了从红铜到青铜发展全过程的考古学文化[②]。

目前，已知西北地区的有色金属矿床达 200 余处，甘肃、内蒙古和新疆亦产锡，看来这里早期铜器发达是有其资源优势的。加之史前时期这里制陶业发达，彩陶的烧成温度达 950 ~1050℃，这些很可能为早期冶金术的产生积累了经验。若具体到中国铜器的来源，有本地说，也有西来说。甚至有学者对林家遗址出土的马家窑青铜刀持怀疑态度。

（三）环境考古

中国西北地处内陆纵深地带，环境复杂，气候多变。生活在这里的先民需要有更强的文化适应能力，因此这里也是探索史前人地关系的重要地区。20 世纪 80 年代，俞伟超从经济形态分析入手，考察了西北地区自齐家文化开始从农业经济向畜牧业经济转化的历程，强调这一经济形态的演变模式在我国及世界其他地区的古代社会中存在的事实及其重要意义[③]。童恩正论述了在我国的东北经西北到西南存在一个半月形的文化传播带，这一地带在气候、环境、年均温、年降水、干燥度、日照等多项指数上都接近，从史前到青铜时代，生活在这一区域的不同民族在日常生活习惯、建筑形式和埋葬习俗等方面具有颇多的相同因素，这个半月形地带的内外两侧很早就构成了农业文化与畜牧—

---

① 孙淑云、韩汝玢：《甘肃早期铜器的发现与冶炼、制造技术的研究》，《文物》1997 年第 7 期第 75 页。

② 张忠培：《齐家文化研究》，《考古学报》1987 年第 1 ~2 期。

③ 俞伟超：《古代"西戎"和"羌"、"胡"考古学文化归属问题的探讨》，《先秦两汉考古学论集》第 180 ~192 页，文物出版社，1985 年。

游牧文化的分界，并成为古代华夏文明的边缘地带①。

1990 年，北京大学与甘肃省文物考古研究所在葫芦河流域合作进行了环境考古作业，运用新的思维对这一地区的古文化和古环境作了系统的考察，这应是中国区域考古调查的肇始。李非等通过大量的遗址数据的归纳分析，全面诠释了葫芦河流域及周边地区近万年以来的环境变迁与人类文化的互动，以及在不同的历史时期和不同的气候条件下人类如何适应和利用环境②。可以说，这是区域考古调查和环境考古学研究的一个成功案例。近年来，这一领域的研究已成为考古学、地理学和环境学所关注的热点。由此不难看出，环境考古学的引入将对西北地区的史前文化研究具有积极意义。

（四）其他

中国的大西北已进入广义的中亚范畴，古往今来这里一直是多民族文化混居之地，因此也历来被体质人类学家所关注，与此相关的研究对理解西北地区错综复杂的史前文化有着不容忽视的价值。此外，中国的大西北是史前彩陶的发源地，也是彩陶最为发达和延续时间最久的地区，相关领域的研究亦构成了该地区考古学的重要门类，这方面另有专文讨论，此不赘。

五　西北史前考古学研究的前瞻

1. 加强西北地区考古学文化的编年研究

尽管甘青宁地区的考古学文化序列已大致确立，但还有一些空白亟待填补。第一，是要寻找早于老官台文化的遗存线索，这个课题应与拉乙亥一类遗存结合起来作综合的考察。第二，老官台文化与仰韶文化早期的文化缺环。第三，马家窑文化的形成，与仰韶文化、石岭下类型的文化关系。第四，马家窑文化与齐家文化、"菜园文化"的关系。第五，西北地区细石器遗存的性质和年代。第六，在新疆东部已发现距今 4000 年前来自河西走廊的文化因素，应在此基础上进一步追寻当地的土著遗存及文化的交互作用，这一工作除结合新疆地区的现有资料外，也应关注周边地区，尤其是甘肃西部、内蒙古西部、中亚、俄罗斯南西伯利亚等地的发现，作互动的考察。

2. 文化的交互作用

这一问题包含两个层面。首先，中原文明向西北的扩张给周边地区的史前文化注入

---

① 童恩正：《试论我国从东北至西南的边地半月形文化传播带》，《文物与考古论文集》第 17 ～ 43 页，文物出版社，1987 年。

② 李非、李水城、水涛：《葫芦河流域的古文化与古环境》，《考古》1993 年第 9 期第 822 ～ 842 页；莫多闻、李非、李水城、孔昭宸：《甘肃葫芦河流域中全新世环境演化及其对人类活动的影响》，《地理学报》1996 年第 5 卷第 1 期第 59 ～ 69 页。

了活力，文化的流动也造就了西北地区史前文化的丰富多彩。其次，加速了东西方的早期文化交流。从地理角度看，中国的大西北已属于广义的中亚范畴，这里史前文化头绪多、关系复杂，显然与其特殊的地理环境有关。另一方面，中国的西北地区与中亚地区、俄罗斯南西伯利亚和蒙古毗邻，与"外界"接触面大，交流频率高，现有的考古发现已显露出这方面的端倪，如在河西走廊中部发现了距今 4000 年以前的炭化小麦；在武威的齐家文化遗址出土了和阗产的玉料；特别是在西北地区广泛出现了与埃及、近东和中亚地区相同的权杖头等。这不仅印证了东西方文化交流的客观存在，也说明双方的接触时间已经上溯至史前时期。再有，西北地区的铜器和铁器出现年代普遍早于中原，是否存在外力的作用？如果有的话，这个作用的力有多大？西北与中原的金属冶炼技术系统是什么关系？等等。这些都需要考古学家给出理性的解答。我们确信，文化的交流从来是互动的，渐进的，它绝不受今日地缘政治的限制。

3. 环境考古与人地关系

文化与环境的互动在中国的大西北表现得尤为直接和突出。那里不仅有发达的锄耕农业，也有着适应性很强的农牧业兼营经济，甚至动荡不定的游牧业，这种多元经济并存、相互作用和影响的文化现象是其他地区所罕见的。因此，西北地区自然是探索史前经济形态、环境演变和人地关系交互作用的重要地区。特别是在齐家文化以后，这里相继出现数支青铜文化并举、各自割据一方的复杂局面，为日后该地区多民族混杂、多种经济并举的文化格局奠定了根基。总之，有关这个领域的研究前景不仅看好，而且诱人。

4. 区域文化的特殊性与考古学理论建设

西北地区史前文化的界定仍是个需要探索的课题。若以文字的出现作为史前的终结，那么，在汉代以前，大西北一直处在史前阶段。从文化发展的连续性考察，西北地区的史前社会形态则表现出逐步分化、群体规模缩小、各自割据一方的态势。这与中原腹地文化大规模整合、不断向四周扩散融合、集中强化的文明演进历程呈现巨大的反差，这个文化现象或许能更加充分地理解文化的多线进化、文明多源发生理论普遍存在的历史规律。这种我们姑妄称之为"西北模式"的文化发展趋势对于探索中原以外周边地区文化演进的模式提供了重要参照。结合前面提出的一系列问题，也就不难理解为什么西北史前文化的研究将会引出一系列重要考古学理论课题的推断。

1999 年底定稿于美国宾夕法尼亚大学

（原载《中国考古学研究的世纪回顾·新石器时代考古卷》第 347 ~ 363 页，科学出版社，2008 年）

中国西部地区史前考古的几点思考

——《师赵村与西山坪》读后

《师赵村与西山坪》（以下简称《师赵》）是甘肃首部史前考古发掘报告集。它全面报道了中国社会科学院考古研究所甘青队 1981~1990 年在天水师赵村、西山坪两处遗址的 13 次发掘及收获。发掘者通过考古发现的多组地层关系和对大批出土文物的整理研究，建立并充实了渭河上游史前文化的发展序列，即西山坪 1 期（大地湾 1 期）—师赵 1 期（北首岭下层）—师赵 2 期（半坡类型）—师赵 3 期（庙底沟类型）—师赵 4 期（石岭下类型）—师赵 5 期（马家窑文化）—师赵 6 期（半山—马厂类型）—师赵 7 期（齐家文化）①。

《师赵》是继秦安大地湾之后陇东地区史前考古的又一重要工作，其重要收获有如下一些：1）较完整地揭示了渭河上游史前文化的演进脉络。2）新发现的师赵 1 期遗存填补了该地区史前文化的缺环。3）首次在西山坪发现了大地湾 1 期与师赵 1 期的层位关系，为老官台文化的分期研究提供了新资料。4）新发现石岭下类型（师赵 4 期）的房屋、陶窑和墓葬，大大丰富了对此类遗存的认识。5）发现了马家窑文化的遗迹、遗物（师赵 5 期），对追溯其文化源流提供了线索。6）新发现了师赵 6 期遗存，对探索马家窑文化的去向提供了线索。7）发现了齐家文化（师赵 7 期）的房屋遗迹，对探索齐家文化的聚落形态、社会发展阶段及文化源流有重要价值。

我个人以为，《师赵》的刊布，将对下列一些问题的探讨有着积极的意义。

（一） 西北地区新石器时代早期和中期文化的探索

天水西山坪早期和师赵 1 期分别与大地湾一期、宝鸡北首岭下层一致，陶器及花纹的演变线索清晰，这一发现不仅为老官台文化的分期提供了标尺，同时对追溯仰韶文化的源头也有积极意义。据目前的发现并从地理环境考察，天水左近很可能是老官台文化分布的西界。有学者将老官台文化分成东、西、南三区，那么，各区之间是怎样的一种

---

① 中国社会科学院考古研究所编著：《师赵村与西山坪》，中国大百科全书出版社，1999 年。

关系？需重新考虑、定位天水和西汉水之间的通道，其价值是将秦岭南北的文化串了起来。

在渭河以西地区曾发现含细石器的文化遗存，如青海贵南拉乙亥、龙羊峡达玉台等，其年代与老官台文化靠近或稍早。拉乙亥遗存以细小石器和石片石器为特征，也有骨针、骨锥及做工极佳的石磨盘、石磨棒，但无陶器，也不见农业和畜养业的踪迹，明显属于狩猎—采集经济形态。这类遗址文化堆积较厚，仅灶坑就发现 30 处，足见其居民生活相对稳定①。此类遗存的发现一方面反映了西北地区史前文化发展的不平衡，也说明从很早起，生活在这里的人类为适应自然而选择了不同的生计方式。张光直先生认为："我们对西北彩陶文化到来以前的居民状态还不熟悉。因此还不能作'移民'的结论，纵然这个可能性是很大的。不论如何，西北在马家窑文化到来之前已有人类居住。马家窑文化对他们的文化作如何的接触？有何样的影响？……马家窑传入西北以后对当地的环境作何适应？有何变化？这些问题，在西北史前史的研究上都有绝顶的重要性。"②严文明先生指出，中国西部在仰韶文化早期阶段，也有人类，但人数不多，不易发现，他们主要从事狩猎采集经济。随着仰韶文化的西渐，与当地土著接触并发生融合，马家窑文化极有可能就是这种力的作用结果。如方形陶窑、房屋结构、特殊的葬俗、盛行彩陶等异化现象，仅从仰韶文化自身的演变来解释说不通。因此一定有当地原住民文化的作用，某些马家窑遗址多细石器暗示这种可能是存在的③。对此，夏鼐等先生也表示了类似的看法。

同样，在陇东一带是否也有过与拉乙亥一类年代更早的前陶阶段相似的遗存？这是一个亟待探索的重要课题。

（二）关于"石岭下类型"

20 世纪 50 年代，考古界几乎众口一词地认定马家窑文化源自仰韶文化庙底沟类型。大地湾遗址的发掘提出一些与以往不同的新认识。如大地湾 4 期属于仰韶文化晚期遗存，它源自庙底沟类型，其发展去向是"常山下层文化"④。也有学者认为仰韶文化

---

① 盖培、王国道：《黄河上游拉乙亥中石器时代遗址》，《人类学学报》1983 年第 2 卷第 1 期第 49～59 页。

② 张光直：《考古学上所见汉代以前的西北》，《中央研究院历史语言研究所集刊》第 42 本第一分第 91 页，1970 年，台北。

③ 严文明：《论仰韶文化的起源和发展阶段》，《仰韶文化研究》第 160 页，文物出版社，1989 页。

④ 郎树德、许永杰、水涛：《试论大地湾仰韶晚期遗存》，《文物》1983 年第 11 期第 31～39 页。

庙底沟类型直接发展到"石岭下类型"①。还有学者提出,渭河源头是马家窑文化与大地湾4期的交错区,马家窑文化不可能源于大地湾4期,也不能简单地认为它源于当地的庙底沟类型,而要探索那些可能推进马家窑文化形成的他方信息②。无论如何,"石岭下类型"都是渭河上游地区史前文化发展序列中的一个焦点。

石岭下遗址是裴文中先生1947年发现的③。1976年,《从马家窑类型驳瓦西里耶夫的"中国文化西来说"》一文首次提出"石岭下类型"的概念,认为它提供了庙底沟类型向马家窑文化演变的中间环节,是马家窑文化的早期,绝对年代为公元前3900~前3300年,早于马家窑文化,与仰韶文化中晚期部分重合④。大地湾遗址的发掘者认为,大地湾4期包含有"石岭下"因素,建议以大地湾4期取代"石岭下类型"⑤。可是,在天水到青海东部相继发现"石岭下类型"遗存。显然,简单地否定这一阶段理由并不充分。

假如我们将大地湾4期与师赵4期(石岭下)作一比较,不难发现二者有着颇多相似之处。而远在陕西宝鸡福临堡三期(仰韶晚期)所出的白彩旋涡纹喇叭口尖底瓶和弧边三角圆点纹彩陶片特征也与师赵4期一致⑥。看来,对于"石岭下类型"的分歧并不完全归结于学者的仁智之见,而是渭河上游这一阶段的文化着实错综复杂。

中国西北地区的史前文化素以头绪繁多而著称,这种趋势是从距今5000年前开始的,究其原因或许与这一带的地理位置有关。甘肃天水左近可谓"中原文化"与西部"变异文化"的分水岭,从天水向西,开始进入广义的中亚范畴,这里从较早起就成了东西方文化接触的过渡地带。张光直先生曾指出:"甘南的天水一带,为中原与新疆沿祁连山北麓交通的枢纽,同时也是草原与西南沿青康藏高原东麓交通的枢纽"⑦。考古发现证实,自关中西渐的仰韶文化进入陇东以后逐渐发生变异,至仰韶文化晚期,变异速度加快。此后,向西的一支演变为"石岭下类型",在陇东及宁夏南部山区则发展出

---

① 严文明:《甘肃彩陶的源流》,《文物》1978年第10期第62~76页。

② 张忠培、李伊萍:《关于马家窑文化的几个问题》,《庆祝苏秉琦考古五十五年论文集》第265~272页,文物出版社,1989年。

③ 裴文中:《甘肃史前考古报告》,《裴文中史前考古学论文集》第218页,文物出版社,1987年。

④ 严文明:《甘肃彩陶的源流》,《文物》1978年第10期第62~76页。

⑤ 郎树德、许永杰、水涛:《试论大地湾仰韶晚期遗存》,《文物》1983年第11期第31~39页。

⑥ 宝鸡市考古工作队、陕西省考古研究所宝鸡工作站:《宝鸡福临堡——新石器时代遗址发掘报告》,文物出版社,1993年。

⑦ 张光直:《考古学上所见汉代以前的西北》,《中央研究院历史语言研究所集刊》第42本第一分第106页,1970年,台北。

大地湾四期以及更晚的所谓"常山下层文化"。

（三）师赵6期发现的意义

师赵6期遗存发现不多，但非常重要。以往，类似遗存仅在葫芦河流域有露头，最东零星影响到陕西陇县①。值得注意的是，恰恰是在这一阶段出现了大的变化，以小口尖底瓶为代表的一批仰韶文化传统器皿消失，取而代之的是带耳的罐、瓶、壶等新器形。彩陶花纹也一改往日细腻流畅的构图，转而流行厚重粗犷的艺术风格。在埋葬方式上，侧身蜷曲的葬式成为新的时尚，并迅速在整个大西北蔓延开来。以上种种暗示，从此时起，在天水以西地区完成了一场大的文化变革，一种新的、具有西部面貌的文化特色浮出水面。师赵6期提供了这个阶段的资料，也提供了可靠的年代标尺，它对于解释这一时段的文化变迁有着特殊意义。有趣的是，师赵6期的分布也以天水左近为其东界。

《师赵》报告将师赵6期隶定为半山马厂文化。若以彩陶为准，其文化面貌与马家窑文化小坪子期、青海柳湾半山早期遗存接近。若以素陶为准，它既有半山文化早期的因素，也有"常山下层文化"的韵味，这与其所处的时空位置是匹配的。对师赵6期的年代，我认为不迟于半山初期。它与马家窑文化是否为线性发展关系？值得推敲。它与天水以西地区半山文化的关系也颇值得玩味。

（四）"陇东齐家文化"

《师赵》报告的另一收获是发现了一批齐家文化的遗物和房屋聚落。从陶器形态、类别观察，这里的齐家文化与柳湾为代表的西部齐家文化是有差异的。反之，却与关中地区的客省庄文化更为靠近。也正因为如此，有学者将陇东地区的齐家文化直呼为客省庄文化。其实，夏鼐先生早就指出，"齐家文化不是从半山—马厂文化独立发展而成的。它和东边的以客省庄为代表的陕西龙山文化，非常相近"②。为此他还进一步论述："它（齐家）和半山—马厂文化的相同点，大都是一般性的，是华北黄土地带新石器文化所共有的，例如陶器多红陶，常有绳纹，农作物以小米为主。但是它和客省庄二期文化的共同点……却具有显明的特殊性，表示一定的文化关系"③。张忠培先生尽管强调齐家文化与客省庄文化为不同系统的毗邻文化，但也不否认齐家文化在发展中接受了客

① 肖琦：《陕西陇县出土马家窑文化彩陶罐》，《考古与文物》1990年第5期第110页。

② 夏鼐：《碳-14测定年代和中国史前考古学》，《考古》1977年第4期第224页。

③ 同②。

省庄文化的影响①。同时，他也不认为齐家文化是半山—马厂文化的后继，二者陶器的某些相似只能是不同谱系文化间的假借和因袭②。

《师赵》提供的文化发展序列是齐家文化晚于师赵6期，但这并不表明齐家文化是从师赵6期发展来的。张光直先生曾指出："中原农业文化传入西北的另一个影响或说结果，是若干农畜文化的产生。这些也许是代表中原文化对西北地方环境的适应结果，也许是土著文化受了中原文化影响以后的产物"。齐家文化即其中重要的一支③。看来，齐家文化应该是客省庄文化向西北扩张并逐渐异化的结果，是客省庄文化与陇东仰韶后续文化相互作用的结果，也是中原文化对西北环境适应的结果。

（五）其他

《师赵》报告附录二（动物鉴定报告）中提到在两个遗址点的马家窑文化地层各发现1颗马的上前臼齿。对此，鉴定者不能确认属于家马还是野马。同时也提出，该址发现的鸡、牛骨骼标本过少，难做进一步的分析④。但《师赵》的结语部分却明确指出："马家窑文化时期，猪、牛、马、狗、鸡均为饲养家畜"⑤；同时还提到齐家文化的家畜有"猪、牛、羊、马、狗"⑥。实际上在齐家文化的层位中未见有马骨报道。上述文字相互矛盾。

《师赵》报告发表了一组^{14}C数据，并据此分析了各文化期的年代，这对于渭河上游史前文化的编年及进一步的研究有着积极意义。但《师赵》在表述这批数据时存在一些问题。1）表11（326页）两列年代表中的^{14}C年代原则上只应给出距今年代，不用公元纪年表示。在距今5730和5568之间应用逗号间隔，因5730和5568分别表示^{14}C的半衰期。2）各期的年代范围，可据^{14}C数据给定师赵×期大致为公元前×年～公元前×年，后面不宜再用"前后经历×年"。因为这里给出的年代是有误差的。此外还要考虑样品的代表性。3）师赵1期的^{14}C年代（ZK2262）被认为偏晚而舍弃，但却直接借用了宝鸡北首岭的^{14}C年代，似不妥。总之，如何将^{14}C年代转换成日历年并准确表

---

① 张忠培：《齐家文化研究》，《考古学报》1987年第1～2期。

② 张忠培、李伊萍：《关于马家窑文化的几个问题》，《庆祝苏秉琦考古五十五年论文集》第265～272页，文物出版社，1989年。

③ 张光直：《考古学上所见汉代以前的西北》，《中央研究院历史语言研究所集刊》第42本第一分第92页，1970年，台北。

④ 周本雄：《师赵村与西山坪遗址的动物遗存》，《师赵村与西山坪》第335～339页，中国大百科全书出版社，1999年。

⑤ 中国社会科学院考古研究所编著：《师赵村与西山坪》第318页，中国大百科全书出版社，1999年。

⑥ 同④。

述是个复杂的问题，还需要年代学家和考古学家相互切磋合作。实际上，我们有许多考古报告、文章在引用^{14}C 年代时都存在与上述表达类似的问题，在迈入 21 世纪的今天，希望有更多的考古学家能认真地关注这方面的问题。

　　总之，《师赵》是一部十分重要的考古报告，它的出版必将大大推进中国西部地区史前考古学的研究。

2001 年暑假定稿于北京大学蓝旗营寓所

（原载《中国文物报》2001 年 9 月 7 日）

新疆史前考古断想

目前，新疆最早的几处遗址包括了天山北路（林雅）墓地、小河墓地和克尔木齐墓地的个别墓葬等。其中，哈密天山北路墓地是目前所知年代最早的一处（或之一），该址的材料非常重要，很可能是揭开新疆史前文化的一把钥匙。据现有分期，该墓地第一期遗存包含了三种因素，分别为"过渡类型"（相当马厂文化晚期）、"甲组"（四坝文化）和以"贯耳筒形罐"为代表的乙组遗存①。前两类遗存来自河西走廊，但年代是有先后的。乙组遗存与"过渡类型"、甲组的关系如何？是土著、抑或外来"移民"？目前都还不清楚。有迹象显示，乙组陶器与小河墓地的草编篓造型接近，两地的金耳环样式亦雷同，暗示其间有某种联系。此外，天山北路墓地的居民体质形态可能有差异②？不同体质的族群与上述不同文化因素如何对应？"过渡类型"是否有铜器？如有，占多大的比例？它们是当地制作的，还是舶来品？以上问题的解决将有助于揭开新疆史前史的一系列谜团。

小河墓地的重要性不言而喻，它的发现使学术界对史前文化生活用具的内涵有了颠覆性的改变。目前，小河墓地人种体质形态的研究已有了初步结果。由此引出的问题是，如何解读小河墓地早晚期人种构成的改变？如何解释人种的遗传混杂和文化传统的延续？如何与早年古墓沟墓地的人种研究相对应？当然也包括与天山北路墓地的关系等，这些都需要给出合理的解答。

新疆北部阿勒泰一带分布着以克尔木齐 M16 为代表的遗存，其特征是使用圜底橄榄形陶罐（或石罐），年代可能偏早③。但此类遗存的年代还有争议，需要加强年代学

---

① 李水城：《天山北路墓地一期遗存分析》，《俞伟超先生纪念文集》第 193～202 页，文物出版社，2009 年。

② 我曾推测天山北路墓地的人种构成以蒙古人种为主，可能有少量高加索人种。见李水城：《从考古发现看公元前二千纪东西方文化的碰撞与交流》，《文化的馈赠——汉学研究国际会议论文集》（考古学卷）第 266 页，北京大学出版社，2000 年。

③ 我曾提出此类遗存与天山北路墓地乙类遗存的来源有关。参见 Li Shuicheng (2002), Interaction between Northwest China and Central Asia during the Second Millennium B. C: An Archaeological Perspective, *Ancient Interactions: East and West in Eurasian* pp. 171 – 182, edited by Katie Boyle, Colin Renfrew & Marsha Levine. McDonald Institute Monographs, University of Cambridge, UK.

的研究，也包括与国外的同类遗存进行比较研究。

新疆历来是文化交流的重要孔道和多元文化辐集的舞台。考古资料显示，从很早起，东西方就存在着文化互动，来自甘青地区的史前文化在距今 4000 年左右进抵新疆哈密。与此同时，一些西方的文化特质也出现在中国西北地区。具体包括麦类作物①、权杖头②、冶金术③等，有关这方面的研究将是新疆史前考古的重要内容。与中原内地相比较，新疆的史前文化有其独特的发展模式，具体表现为来自不同方向的族群和文化不断互动、影响并分化为一系列的绿洲文明，这种姑且称之为"西部模式"的文化进程是值得考古界认真挖掘和思考的一个理论课题。

新疆考古一直是国际学界的热点，这是优势，应加以利用，加强对外合作，包括国内周邻省区与国外的学术机构。可以说，新疆史前考古的突破将有赖于开放的学术意识和国际视野的培养。总体看，新疆史前文化的基础研究亟待加强，尤其是文化谱系、编年和文化关系的研究，大量田野资料有待整理消化，不少问题尚不到做结论之时。如何将新的考古资料以史的形式书写出来，这是一个新的课题，任务艰巨，也是个挑战。为了保证《新疆通史·史前卷》这部学术著作的高质量，考古学的基础研究必须扎实。

新疆的考古难度极大，不身临其境难有切身体会。近年来，新疆的史前考古有了长足进展，这是几代考古工作者艰苦努力的结果。饮水思源，在此谨向对新疆考古作出贡献的老一辈学者杨钟健、黄文弼、袁复礼、丁道衡、裴文中等先生，以及半个多世纪以来为新疆考古作出贡献的众多学者们表示崇高的敬意！

附记：此文为 2008 年 8 月在新疆举办的《新疆通史·史前卷》学术研讨大会的发言。

2008 年 8 月初草拟于乌鲁木齐
8 月 23 日定稿于北京蓝旗营寓所

---

① 李水城：《中国境内考古所见早期麦类作物》，《亚洲文明（第 4 集）》第 50 ~ 72 页，三秦出版社，2008 年。

② Li Shuicheng（2002），The Mace-head：An Important Evidence of the Early Interactions along the Silk Roads，*In Commemoration of Completion of the Hyrayama Silk Roads Fellowships Programme UNESCO International Symposium on the Silk Roads*，pp. 157 – 160.

③ 李水城：《西北与中原早期冶铜业的区域特征及交互作用》，《考古学报》2005 年第 3 期第 239 ~ 278 页。

三 下 河 西

——河西史前考古调查发掘记

公元前 138 年，张骞奉武帝之命秘密出访月氏，以图东西联手合击匈奴。不幸在河西被匈奴俘获。……13 年后，当他跌跌撞撞地返回长安时怎么也不会想到，此行竟导致了一条连接大汉帝国和罗马帝国长达 7000 公里贸易通道的正式诞生。从此，中国特产的丝绸源源不断地输入到西方。

两千年后，1877 年柏林大学著名的地理学家李希霍芬（F. Von Richthofen）将这条中西通道命名为"丝绸之路"。

在丝路的东段，有条长达 1000 公里的狭长地带，宛如通向中亚腹地的咽喉，这就是河西走廊。历史上这里是个民族杂居之地，月氏、匈奴、吐蕃、党项、回纥……多少英雄豪杰曾在这里冲突厮杀，又有多少商队在此匆匆往来……

考古发现证实，远在张骞凿空之前，东西方的民间往来就已存在。在甘肃灵台、陕西岐山出土的西周文物上就塑造有白种人深目高鼻的形象。在安阳一座商王配偶妇好的墓中出土了 750 余件用昆仑山产的和田玉制作的器物。

那么，这种交往是否可以追溯到更早的史前时期呢？带着这样的问题，也为了拓展对中国整个大北方的考古学研究，从 1986 年秋季开始，北京大学考古系和甘肃省文物考古研究所联合进行了河西史前考古调查和发掘。

现今河西所辖县市共有 20 个，土地面积 405 亿亩，几乎相当于一个浙江省，但考察队只有甘肃省文物考古研究所的水涛、司机和北京大学考古系的我，工作量之大可想而知。

1986 年 9 月底，我们到达安西县，在县文化馆发现了一批四坝文化的陶器，为核实出土地点，我们往返 150 公里前往疏勒河南岸的沙漠，意外地发现了一处含陶鬲的遗址，但与四坝文化却没什么关系。于是，我们又去县城东南约 60 公里的北桥子村考察。这一带属沼泽地带，春夏成了酱缸，秋季水位下降，路面又是一包糟，人坐车中犹如林则徐诗中所言，"车箱簸似箕中粟"。北桥子村的民居都建立在高地上，低洼处水深盈尺，长满了芦苇和水草。当地人用锹将水底的水泥切成规整的长方块，拿到阳光下晒制成砖坯，俗称"草筏子"，是建房的好材料。村边路两旁长着一人多高茂密的芦苇，遮天蔽日。可出村不远，四周已是一片荒漠。再向前行，地表植被越来越少。据说这一带60平方公里渺无人迹，偶尔见到一堆堆的羊粪。这条路据说是唐代玄奘去西天取经时走过的。据大慈恩寺《三藏法师传》记载，当时朝廷封锁了通西域的关隘，禁止所有人西行，玄奘求经心切，找到一胡人向导，趁黑夜至葫芦河上游，砍倒胡杨

图一　本文作者（右）和李春元同志在清理安西县鹰窝树墓地

树搭桥渡河西行。这条葫芦河就在我们东北方的疏勒河南岸一带。历尽艰辛，我们终于找到了一片四坝文化的墓地。这儿周围几乎不见什么绿色，仿佛是没有生命的外星球。向导说，从前这儿有一棵树，上面有个鹰巢，当地人便称这一带叫鹰窝树。从今天起这处遗址算是有了名字，但你在地图上永远找不到它（图一）。

　　由于生态环境恶化，风蚀作用已使墓地遭到一些破坏，当我们找到几座已暴露的墓葬时，便开始清理。工作行将结束时，突然狂风大作，黄尘满天，我们立马成了土人。安西是世界著名的"风库"。一年中8级以上大风要刮90余天，以至民谚曰，"安西一场风，从春刮到冬"。1989年曾刮过一次黑风，风势之猛，犹如天崩地裂、日月无光。风过后，汽车迎风一面的油漆被剥个精光，火车迎风一面的玻璃一块不剩。返回的路上，车子陷在一座沙梁上。这一带没有石头，我们只好去砍红柳、拔旱芦苇，又挖又垫。直到太阳落山，车子才猛地从沙坑中弹了出来。回到向导家中已是夜里11时了。好歹吃了碗黑糊糊的酸面条，和衣而卧直至天明。

　　下一步的考察地点是锁阳城。1907年，斯坦因（Stein, M.A.）曾对此城进行过勘测。据考证，它有可能就是唐瓜州城旧址，原名苦峪城。传说，唐高宗时，薛仁贵征西，被哈密国几十万大军围困于此，唐军将士只能以野生的锁阳草为食，一直坚持到唐军解围，故该城俗称锁阳城。

　　锁阳城附近没有人烟，城址保存大致完整。版筑的黄土墙宽5米，高约9米，分东西二城。据我们对城东塔儿寺的观察，近半个世纪来，这些地面遗迹有很大破坏，1944年，向达等先生曾至此考察，该寺内尚存土坯砖塔10座，而今除最大一座尚存顶部外，其余9座均已颓圮仅存基座。锁阳城南面戈壁滩上还有大片的魏晋墓地，河西像这样的

文物宝地还不知有多少。

河西的考察经历可谓苦乐交织。有收获颇丰之时，也有劳而无功之日。有一次，我们从酒泉出发，前往疏勒河上游的昌马盆地寻找一处遗址。中途要翻过海拔3000米的祁连山，前后十几个小时，往返400余公里，最后连片陶片都没见着。归途中已是深夜，又圆又亮的月亮默默地望着我们这一行又困乏又沮丧的考察队员，好一幅惨淡、忧郁的画面。

河西地区遗址很分散，经常是乘车考察一个遗址就要一整天。有时车子不能使用，我们只能骑自行车、步行或骑骆驼进行考察。即便有了车，有的地方也没有路，进行深入具体的考察都要靠步行来完成。沙碛路上，地表遍布拳头大的卵石，骑上一天自行车或骑上一天骆驼，其难受的滋味难以言传。河西地区不少遗址位于人迹罕至的荒郊僻野，有时一路都见不到几个人，四周的色彩又总是那么单调，"黄沙古碛行行见，白草寒云处处同"。在这种氛围下不由人多出几分寂寞感，也只有在这里，你才会深深地体会到绿色是一首多么醉人的歌，人们的生活又多么需要色彩，人与环境的关系是何等重要。

1986年11月末，由于景泰县二期提灌工程的上马，有50万亩荒地要开垦，为配合此项工程我们第2次前往河西，对景泰、古浪两县的一些史前遗址进行了调查。

第3次进入河西是在1987年5月初。这次我们住在酒泉市东南60公里处祁连山脚下一个有20来户人家的小山村，开始发掘附近一座名叫干骨崖的四坝文化墓地。

我们的发掘点位于海拔近2000米的山前倾斜平原上。在这里春天总是迟到，5月下旬路旁丛丛的马莲花将原野涂抹的一片片妩紫；6月遍地的蒿子开满串串淡黄的小花，随风摇曳，使这片干旱的土地充满了顽强的生命活力。威武的祁连山犹如一列戴着银盔的武士横卧在我们面前，默默地守护着什么。海拔近6000米的主峰就在工地东南方，举首可见。她一年四季披着银装，时而在云雾中显现，时而在阳光下闪着耀眼的寒光，令人肃然起敬。有趣的是，在我们揭露的百余座墓葬中，有相当一部分死者的头朝着祁连山主峰方向，看来远在3600年前，生活在这里的四坝人便奉她若神明了。

在干骨崖墓地流行一种奇特的积石墓。在这类墓中堆放着从附近河床中取来的砾石，数量不等，少则一二块，多的达五六十块，最大的砾石重达百斤，有的还把砾石摆成棺椁状，但更多的是将砾石压在尸骨上方，有的就直接压在死者身上。这种葬俗在国内的考古发现中尚属首次，它反映出当时人们对死去的人怀有很大的恐惧心理，为求生者的平安，使用砾石将死者压住，使其无法干扰生者的正常生活。当然也有一些墓内完全没有积石，这或许暗示对不同的死者有着不同的埋葬方式（图二、三）。

这座墓地还出土了一些极为罕见的绘画着人和动物的彩陶。如M40出土的一件彩陶罐，上面描绘着18位比较写实的舞女人物，这些人被分成6组，每组3人并立，形态相同，她们有着修长的身材，纤纤的细腰，长裙曳地，双手合于腹前，好像在轻歌曼舞之中缓缓向前走来（图四）。M59 出土的彩陶罐上描绘的是侧身的女子图像（图五）。她们的造型极似汉代人首蛇身的女娲。但这里似乎表现的是数人相聚正在顶礼跪拜着什么。还有一些表现人物的形象完全被图案化了，如在陶罐腹部一周绘满手拉手的人。这些珍贵的画面再现了四坝文化这支古老的羌民部落能歌善舞的淳朴风情，也是极为难得的原始艺术珍品。此外，还有一些描绘动物形象的彩陶图案，有的写实，有的抽象，造型准确，生动又富于夸张，有动有静，栩栩如生。可看出的动物种类有羊、狗、鹿、兔等。这些对于我们复原当时人们的经济生活是不可多得的宝贵资料。

　　白天发掘，傍晚吃过晚饭，我要经常去村子四周的田野进行调查。空旷的大地无遮无拦，安静极了。蓝色的长天上，悬挂着一轮血红的夕阳。河西的落日总是这么雄浑而悲壮，像英雄的感叹！一个人默默走在荒滩上、河沟里、水渠旁，不知什么时候，脚下会窜出一只野兔，吓人一跳。偶尔也会碰到一位牧羊老汉，从他那里也可获得一些重要的古遗址信息。日积月累，我们终于在这一带发现了几处重要遗址，其中包括一处马家窑时期的遗存。

　　河西的时差比北京要向后推迟两小

图二　酒泉干骨崖发现的合葬墓

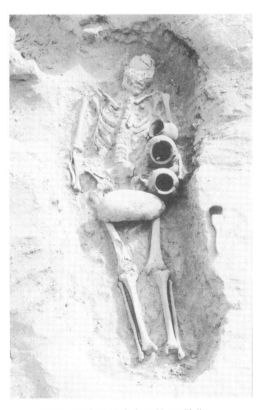

图三　酒泉干骨崖发现的59号墓

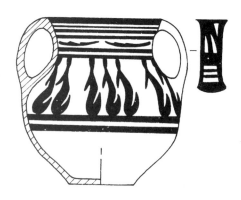

图四　干骨崖墓地出土的长裙　　　　　　图五　干骨崖墓地出土的长裙
　　　　舞人彩陶罐（M40）　　　　　　　　　　跪拜彩陶罐（M59）

时，晚上近 11 时天才黑下来。忙了一天，休息时往往是月上中天，凌晨两点多了。临睡前，我喜欢站在小院里看看祁连山的夜空。四周一片漆黑，天是那么的高远深邃，在这里你才能理解到"浩宇"、"苍穹"这些古老字眼的含义。

1987 年 6 月中旬，河西的考察和发掘工作正式结束。这期间，我们详细调查了近40 处古遗址，正式发掘了一座四坝文化的墓地，获取各类文物标本近千件。此外，我们还有下列一些重要的收获：

在酒泉，我们首次发现了马家窑时期的遗存，从而将已知的马家窑文化分布西界又向西推进了 400 公里。

在安西一带，我们发现一类含有陶鬲的遗存。由于资料比较零散，尚不清楚此类遗存与该区域内其他考古学文化之间的关系，这是目前已知含有陶鬲这一文化因素的遗存所分布的最西界。

在河西走廊，我们新识别出一种带有过渡性质的文化遗存，该遗存显示出与河西马厂文化和四坝文化有传承关系，这对于探索河西马厂文化的去向以及四坝文化的渊源具有重要意义。

通过这次考察和发掘积累的材料，使我们有条件对四坝文化进行全面系统的研究。初步的研究结果表明，在大约相当于中原地区夏至商代初期的 400 年里，河西地区活跃着一支被称作四坝文化的古老羌民部落。考古发现证实，该文化已广泛地使用青铜工具和武器，并出现了一定数量的金银装饰品，这足以表明该文化已跻身于青铜时代。这支羌民部落经营一种半农半牧的经济生活，在适宜于农业的山前地带主要依靠农业经济；在不适宜农业的荒漠地带则偏重于畜牧业，大量养羊是该文化的一大特征。当时主要种植粟和稷一类旱地农作物。有迹象表明，四坝文化的居民可能已掌握了栽培小麦的技术。

通过河西考察发掘所获取的这批新资料，使我们有条件重新认识河西地区在我国史前考古学文化研究中的重要地位，并进而探索中国整个大北方范围内从新石器时代晚期到青铜时代各文化之间以及与更远的西方文化的相互交流、渗透和影响等重要课题。

河西考察已经结束了，我们必须承认，该区域内还有一些问题尚未找到明确的答案，还需要我们做大量艰苦细致的工作。河西地区近 3000 年来自然环境处在不断恶化之中，因此强化环境考古学的研究，具有重要的现实意义。"朝为庄园夕为沙，不知何处是我家"的悲剧再不能发展下去了，然而这种研究需要考古学家与自然科学家的携手合作。河西地区文物古迹的破坏也是一个极严重的问题。1986 年冬我们来到永登县乐山坪遗址，望着那三天内被盗掘一空的 200 余座墓葬只能感到一种深深的悲哀。后来在此地仅收缴回来的完整陶器就有 800 余件，其中有 7 件罕见的陶鼓。在武威磨嘴子遗址，我看到农民们正在此络绎不绝地取土，一座十分有特点的马厂文化遗址将在这种蚕食状态中默默地消失殆尽。在短短的一个多小时里，我们在此采集的能够复原的陶器就有近 10 件，其中两件彩陶瓮的花纹是以往从未见到过的。在高台的红山嘴遗址，我们看到几座被盗掘得乱七八糟的汉魏时期的古墓，绘彩的棺板和木质明器扔了一地……这其中无论有意还是无意，是对国家文物保护法的嘲弄。这一问题确实应引起我们有关部门和地方政府的高度重视。

河西史前考古调查发掘，前后跨越两个年度，历时 150 天。其间，三下河西，往返路程上万公里。尽管考察已经过去 3 年多了，但我的记忆中时时会浮现出那些大漠、荒城、疾风、白草……以及在祁连山下那个小山村里度过的日日夜夜……我愿借此机会，向那些在考察和发掘中给予我们多方帮助的地方基层文物工作者们，表示深深的谢意！

1990 年初定稿于北京大学 46 楼

（原载《文物天地》1990 年第 6 期第 5～9 页）

河西地区新见马家窑文化遗存及相关问题

　　河西走廊位于我国甘肃省的西北部,又名甘肃走廊。其地理范围东南迄自甘肃省天祝藏族自治县的乌鞘岭西北坡,西北止于疏勒河下游的安西、敦煌,区域内所辖县、市20个,占地405亿亩,面积约相当于一个浙江省。

　　河西走廊地势狭长,东西绵延1000公里,南北宽数十至百公里,是通往中亚腹地的咽喉,自古即为东西方之间文化交流、经贸往来的重要通道,也是以中原为轴心的华夏文明向中国西部、向中亚乃至更远的西方进行文化传播的必由之路,地理位置十分重要。

　　河西走廊地处青藏高原与蒙古高原之间,走廊南侧为南山山脉和祁连山脉,为昆仑山脉向东的延伸,自西北向东南绵延,终止于兰州附近;北侧有统称北山的一系列山脉(自西北向东南依次为北山、合黎山、龙首山等)。走廊内大部地区海拔1000～1500米。其中,南山山脉发育有现代冰川,是河西地区天然的“高山水库”,境内河流均发源于南山,向北内流。自西向东的主要河流有:党河、疏勒河、北大河、黑河(弱水)、石羊河。

　　由于走廊内不同区域间环境差异较大,可根据水、热、土壤和植被环境等将这一地理范围划分为东南部、中部、西部和祁连山—阿尔金山地四个亚区。也有人根据南山山脉走势,将走廊分为东、中、西三段,自然水系也依此分为东、中、西三部分。如果考虑到南山山脉北侧斜面与沙漠之间的地形、气候、雨量、植被景观等综合指数,还可将河西分为雨量略多、植物易生长的东部和雨量稀少、气候极干燥的西部两大块。本文即持后一标准,以甘肃张掖为界,将走廊分为东西两大区(图一)。

一　以往的考古发现及其收获

　　19世纪末20世纪初,中国有三项闻名世界的重大考古发现[①],其中,两项就发生在河西走廊,这些发现奠定了该地区在中国历史、考古、敦煌学、简牍学和中西文化交流史等研究领域的重要地位。

　　河西地区的田野考古工作最早可追溯到20世纪20年代。1923年春,瑞典地质学家安

---

　　① 三大发现是指清光绪二十五年(1899年)发现的商代甲骨文,清光绪二十七年(1901年)发现的敦煌莫高窟藏经洞和清光绪三十三年(1907年)发现的敦煌汉简。

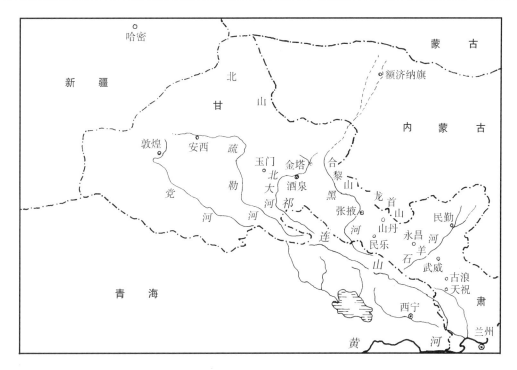

图一　河西走廊略图

特生博士（Dr. J. G. Andersson）前往中国西北的甘、青两省进行调查。途中，他派助手前往凉州（今甘肃武威市）调查和搜集文物，在镇番县（今民勤县）沙井子收集到一批文物。1924 年 8 月，安特生前往沙井发掘①。同时，他还在沙井以西的三角城（现属金昌市）调查并发现了少量马家窑文化马厂类型的彩陶②，这是在河西走廊首次发现的新石器时代遗物。

1948 年，受中国地质调查所委派，裴文中先生前往甘肃、青海进行考古学、地质学调查。在河西东段的武威海藏寺一带采集到马厂类型的彩陶片和齐家文化遗物，在民勤、永昌等地发现沙井文化遗物③。大致与此同时，在走廊中段的山丹县四坝滩遗址出土一批四坝文化遗物，其中还包括 2 件马厂类型的彩陶壶④。

50 ~ 60 年代初，河西地区的考古工作主要围绕当地的基本建设展开，考古发现集

---

① 安特生著，乐森玛译：《甘肃考古记》，《地质专报》甲种第五号，1925 年；J. G. Andersson（1934），*Children of the Yellow Earth*. London.

② J. G. Andersson（1943），Researches into the Prehistory of the Chinese, *BMFEA*. No. 15, Stockholm.

③ 裴文中：《中国西北甘肃走廊和青海地区的考古调查》，《裴文中史前考古学论文集》第256 ~ 273 页，文物出版社，1987 年。

④ 安志敏：《甘肃山丹四坝滩新石器时代遗址》，《考古学报》1957 年第 3 期第 7 ~ 16 页。

中在兰新铁路沿线的天祝、古浪、武威、永昌、张掖、酒泉、玉门等地，出土遗物包括新石器时代晚期的马家窑文化、齐家文化、青铜时代的董家台类型①和骟马文化遗存。由于绝大多数遗址是工程部门在修筑兰新铁路时发现的，文物部门抢救出的遗物十分有限，资料也很零散②。

60～70 年代，考古工作者开始在河西进行主动发掘。其中，比较重要的新石器时代遗址有：武威皇娘娘台齐家文化遗址③、永昌鸳鸯池半山—马厂墓地④等，它们为建立河西地区史前文化的发展序列及早晚年代关系奠定了基础。

二　新的考古发现及文化特征

（一）马家窑类型

1986 年 9 月～1987 年 1 月，北京大学考古学系、甘肃省文物考古研究所在河西走廊进行了一次大范围的考古调查，其中不乏重要发现，使我们对河西地区史前文化的内涵和地位有了不同于以往的新认识。在此调查基础上，1987 年夏，北京大学考古学系、甘肃省文物考古研究所联合对酒泉干骨崖等遗址进行了发掘。其中，以照壁滩遗址⑤的发现最为重要。

照壁滩位于酒泉市东南 60 公里的祁连山北麓，丰乐河东岸台地上，这里曾辟为耕地，由于水源缺乏，试掘时已沦为荒滩。遗址地表偶尔可见散落的陶片，断崖上可见耕土下出露很薄的文化层，包含物主要为陶片和石器。所获遗物分两类，一类属马家窑文化马家窑类型，另一类属马家窑文化马厂类型。

马家窑类型的陶器（片）分泥质和夹砂陶。泥质陶，质地细腻，颜色橙黄或橙红，器表打磨光滑；有较多彩陶，均绘黑色彩，流行平行条带、斜竖条带、弧线、弧边三角、圆圈（内填十字）等构成的几何纹样，特征是线条宽大饱满，格调粗犷，内彩发

---

① 李水城：《论董家台类型及相关问题》，《考古学研究（三）》第 95～102 页，科学出版社，1997 年。

② 甘肃省博物馆：《甘肃古文化遗存》，《考古学报》1960 年第 2 期第 11～52 页。

③ 甘肃省博物馆：《甘肃武威皇娘娘台遗址发掘报告》，《考古学报》1960 年第 2 期第 53～71 页；甘肃省博物馆：《武威皇娘娘台遗址第四次发掘》，《考古学报》1978 年第 4 期第 421～448 页。

④ 甘肃省博物馆文物工作队、武威地区文物普查队：《永昌鸳鸯池新石器时代墓地的发掘》，《考古》1974 年第 5 期第 299～308 页；甘肃省博物馆文物工作队、武威地区文物普查队：《甘肃永昌鸳鸯池新石器时代墓地》，《考古学报》1982 年第 2 期第 199～227 页。

⑤ 甘肃省文物考古研究所、北京大学考古学系：《河西走廊史前考古调查报告》，文物出版社，待刊。

达，构图有规律，花纹分上下两组，一般下面一组绘一周粗大的锯齿，上面一组绘连续弧线、弧边三角、圆圈组成的几何纹，有的插绘动物类象生纹。可辨器类有大口曲腹盆、卷缘盆、钵、瓶等。夹砂陶胎内羼较多的石英砂粒，质地粗糙，器表拍印散乱的绳纹和带状附加堆纹，可辨器形多为深腹罐、瓮类器，个体一般较大（图二）。

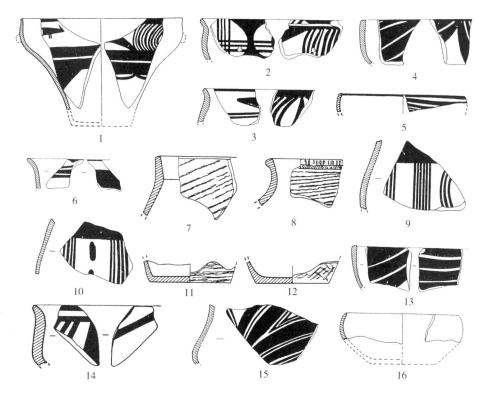

图二　河西走廊西部（酒泉照壁滩遗址）马家窑文化马家窑类型陶器

1. 彩陶深腹盆（JFZ－2－002）　　2、3、6、14. 彩陶盆口沿（JFZ－1－001、JFZ－1－006、JFZ－1－007、JFZ－2－014）　　4、5、13. 彩陶钵（JFZ－1－005、JFZ－2－008、JFZ－1－004）　　7、8、11、12. 夹砂罐（JFZ－2－035、JFZ－2－034、JFZ－2－049、JFZ－2－052）　　9、10、15. 彩陶片（JFZ－2－003、JFZ－2－004、JFZ－1－003）　　16. 敛口钵（JFZ－1－015）

在照壁滩遗址发现以前，考古界认为马家窑类型的分布西界未超出甘肃武威。1976年，甘肃省文物工作队在发掘永昌三角城沙井文化遗址时，在城外蛤蟆墩沙井墓地以西的旷野上曾采集到少量马家窑类型遗物，有陶刀、彩陶片等①，证实马家窑类型的居民已进入阿拉善台地南缘。酒泉照壁滩遗址的发现将马家窑类型的分布从武威向西推进了

①　甘肃省文物考古研究所：《永昌三角城与蛤蟆墩沙井文化遗存》附录，《考古学报》1990年第2期第233～234页。

近 400 公里，大大超越了传统的认识，尽管这是迄今为止在河西走廊西段发现的唯一一处马家窑类型遗址，但学术意义十分重要。

河西地区马家窑类型遗存在武威左近相对集中，数量不多，文化面貌与酒泉照壁滩遗址大同小异，彩陶多由黑彩宽带构成饱满粗犷的纹样。80 年代在武威市区以南的五坝山发掘一座马家窑类型墓葬①，随葬品全部为彩陶，器类有大口曲腹盆、双耳壶、侈沿罐、长颈瓶等。其他遗址点采集品也多为此类风格的彩陶（图三，下）。

上述遗存与兰州小坪子②为代表的遗存接近，应处在同一历史阶段，即马家窑类型的末期，推测其绝对年代在距今 4700 年左右③。

河西地区新见马家窑类型遗存盛行一种大口曲腹盆，特征为窄沿，腹部高深，口径与腹径之比多在 3∶2 之间。最大腹径处设一对贯耳或捏塑盲耳，下腹弧曲内敛。此类陶盆多绘彩，外彩绘于上腹部，流行横竖线、斜带、鱼钩、连续弧线、弧边三角纹，内彩发达，画面下层绘大锯齿纹，上层绘连续弧线、弧边三角、圆圈、网格等几何纹，偶见穿插有舞蹈人物或动物纹。此类器皿在其他地区不见，应为河西马家窑类型偏晚阶段的特有因素。另在河西还发现一些较特殊的彩陶纹样，如民勤茇茇槽遗址采集的泥质橙黄陶深腹大口器残片，器表绘宽大的黑褐彩直线、弧线纹，酒泉照壁滩遗址也有类似彩陶片，这些因素也很可能是河西马家窑类型特有的。

1992 年，甘肃省文物考古研究所在武威杂木河沿岸塔儿湾遗址西夏瓷窑以下层位中发现一处马家窑类型的聚落，清理出平地起建的房屋和储物用窖穴，出土彩陶盆、夹砂瓮、夹砂罐等器皿。特点是彩陶盆缘面较宽，腹部较浅，口径与腹径之比为 2∶1 左右。腹最大径处设贯耳一对。器表绘黑彩，盆缘绘弧三角、细线、圆圈卵点、勾连纹，外壁绘弧曲线螺旋纹间弧边三角纹；内彩满绘密集的同心圆或叶片状旋涡纹。夹砂陶为器形较大的瓮类器，肩腹部满饰绳纹，流行在肩部捏塑几何泥条附加堆纹④（图三，上）。经比较，塔儿湾彩陶盆（F102∶2）所绘内彩旋涡状花瓣纹与陇西吕家坪⑤喇叭口

① 甘肃省文物考古研究所：《武威塔儿湾新石器时代遗址及五坝山墓葬发掘简报》，《考古与文物》2004 年第 3 期第 8～11 页。

② 严文明：《甘肃彩陶的源流》，《文物》1978 年第 10 期第 62～76 页；严文明、张万仓：《雁儿湾和西坡岘》，《考古学文化论集（三）》第 12～31 页，文物出版社，1993 年。

③ 马家窑文化半山类型出现的绝对年代为距今 4650 年，而小坪子期为马家窑文化马家窑类型的最晚阶段，故推测其绝对年代为距今 4700 年左右。

④ 同①。

⑤ 张学正等：《谈马家窑、半山、马厂类型的分期和相互关系》，《中国考古学会第一次年会论文集》第 50～71 页，文物出版社，1980 年；甘肃省博物馆、甘肃省文物工作队：《甘肃彩陶》，文物出版社，1979 年。

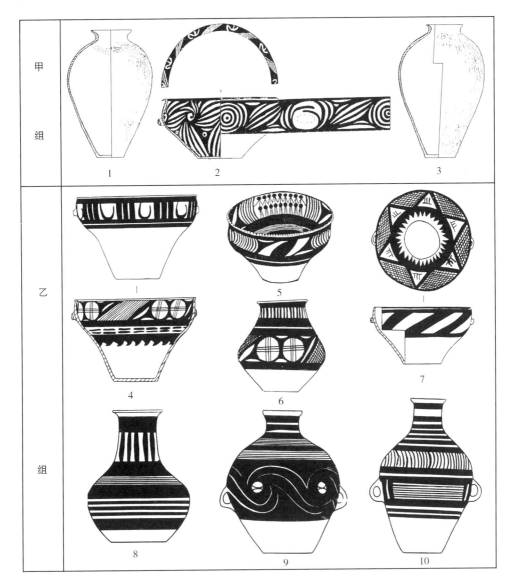

图三　河西走廊东部（武威）马家窑文化马家窑类型陶器

1、3. 小口瓮（塔 F101：5、塔 F101：4）　2. 彩陶盆（塔 F102：2）　4、5、7. 彩陶深腹盆（五 M1：3、磨采、五 M1：2）　6. 彩陶罐（五 M1：1）　8. 细颈彩陶瓶（五采）　9. 小口彩陶壶（王采）　10. 双耳彩陶瓶（五 M1：4）（塔 = 塔儿湾；五 = 五坝山；磨 = 磨嘴子；王 = 王景寨）

尖底彩陶瓶、东乡林家①小口长颈瓶（H20：201）花纹相似，外彩花纹与东乡林家小口

———————————

①　甘肃省文物工作队等：《甘肃东乡林家遗址发掘报告》，《考古学集刊（4）》第 111 ~ 161 页，中国社会科学出版社，1984 年。

长颈壶（F21：5）肩部花纹雷同；另一件彩陶盆（F102：1）所绘内彩同心圆纹也是河湟地区马家窑类型常见的样式。依此估计塔儿湾马家窑文化遗址的年代应与东乡林家和陇西吕家坪遗址靠近。此类遗存在河西走廊东段有一定分布。塔儿湾下层遗存与五坝山和照壁滩为代表的遗存有明显差异，它们应分属于马家窑类型的早晚不同阶段。塔儿湾代表河西马家窑类型早期，本文暂称其为河西马家窑类型甲组，酒泉照壁滩和五坝山作为河西马家窑类型的晚期，本文暂称其为河西马家窑类型乙组（图三）。

（二）半山类型

半山类型遗存在河西地区为数极少。经正式发掘的遗址仅永昌鸳鸯池一处，也仅仅发现 7 座半山墓葬。在鸳鸯池墓地发现两组打破关系，均系马厂墓打破半山墓，首次提供了半山早于马厂的层位依据①。另在武威一带零星出有半山时期的彩陶，如武威四坝乡半截墩滩②、古浪朵家梁③等。

图四　河西走廊马家窑文化半山类型陶器
1. 单耳彩陶罐（鸳 M72：2）　2. 双耳素陶罐（鸳 M72：5）
3、4. 双耳彩陶罐（鸳 M188：1、1981 年武威半截墩滩采）
5. 腹耳彩陶瓮（古浪朵家梁采）（鸳 = 鸳鸯池）

河西地区半山类型的陶器质地、色泽与马家窑类型相似，器类较简单，有双耳罐、单耳瓶、大口罐、小口瓮、盂等，彩陶普遍绘黑红复彩，器领和颈部流行锯齿纹、错落三角纹、网纹等，腹部图案多为四分式，每两组图案交汇处绘竖列的黑彩齿带间以红彩竖条带纹，常见菱形网格纹，少量旋涡纹、齿带纹。夹砂陶均为红色陶，特点是器表多素面无纹，或在肩腹部饰四组细泥条堆纹（图四）。

从目前发现看，河西地区半山类

---

① 甘肃省博物馆文物工作队、武威地区文物普查队：《永昌鸳鸯池新石器时代墓地的发掘》，《考古》1974 年第 5 期第 299～308 页；甘肃省博物馆文物工作队、武威地区文物普查队：《甘肃永昌鸳鸯池新石器时代墓地》，《考古学报》1982 年第 2 期第 199～227 页。

② 标本藏武威市文庙博物馆。

③ 张朋川：《中国彩陶图谱》图 722，文物出版社，1990 年。

型的分布西界仅达永昌县。根据对彩陶花纹的研究，河西地区半山类型遗存的年代大都偏晚①，与兰州土古台遗址②接近。

（三）马厂类型

马厂类型遗址在河西地区数量陡增至近 50 处，空间覆盖走廊境内的 10 个县、市（附表）。经正式发掘的遗址有永昌鸳鸯池、古浪老城③、高家滩④，另在酒泉照壁滩和高苜蓿地也有少量试掘。经初步分析，可将河西地区的马厂类型遗存归纳为如下 3 组。

甲组：以山丹四坝滩所出彩陶瓶、彩陶盆为代表（图五，上左）。1959 年，安志敏撰文介绍了山丹培黎学校 1948 年发现的一批遗物⑤，内有 2 件马厂类型单耳长颈彩陶瓶，特征为小口、细长颈，颈下置单小耳，最大腹径偏下位置捏塑突纽，器表施红衣、绘黑彩，颈部绘横条纹，腹部绘粗细不等的折线纹。另在"路易·艾黎博物馆"收藏 1 件双耳大口彩陶盆⑥，器表施红衣，绘黑彩菱形网格纹。以上三器的形态、花纹均具马厂类型早期风格，此类器形及花纹在河湟地区常见，如单耳长颈瓶在青海乐都柳湾遗址⑦十分普遍；双耳大口盆在青海民和阳山遗址⑧出土率甚高。

乙组：以永昌鸳鸯池遗址为代表。该址清理的 180 多座马厂墓以不规则长方形竖穴土圹为主，均未使用葬具，葬式以单人仰身直肢葬为主，另有一定数量的合葬、屈肢葬、二次葬和瓮棺葬，墓主头向多朝东南。随葬器物中，彩陶约占陶器总量的 50%。泥质陶器表略经打磨，施红衣或黄白色陶衣；夹砂陶以素面居多，部分装饰细泥条附加堆纹。器类有双耳罐、单耳罐、小口瓮、单把杯、敞口盆、盂、钵、鸭形壶、盘、长颈瓶等。乙组陶器多在器口和腹部使用盲鼻、突纽一类附件，器颈以下和耳面上常戳印圆形小凹窝（图五，上右）。彩陶流行黑彩，花纹特点可归纳为：（1）用略粗的凹凸"几"、"X"、回形、折线等几何粗线勾勒画面骨架，空白处绘纤细的网格纹，构图层次

① 李水城：《半山与马厂彩陶研究》，北京大学出版社，1998 年。
② 甘肃省博物馆、兰州市文化馆：《兰州土谷台半山马厂文化墓地》，《考古学报》1983 年第 2 期第 191～218 页。
③ 武威地区博物馆：《甘肃古浪县老城新石器时代遗址试掘简报》，《考古与文物》1983 年第 3 期第 1～4 页。
④ 武威地区博物馆：《古浪县高家滩新石器时代遗址试掘简报》，《考古与文物》1983 年第 3 期第 5～7 页。
⑤ 安志敏：《甘肃山丹四坝滩新石器时代遗址》，《考古学报》1957 年第 3 期第 7～16 页。
⑥ 藏山丹县"路易·艾黎博物馆"，出土地点不详。
⑦ 青海省文物管理处考古队、中国社会科学院考古研究所：《青海柳湾》，文物出版社，1984 年。
⑧ 青海省文物考古研究所：《民和阳山》，文物出版社，1990 年。

分明；（2）用略粗的线条绘复线（或三线）折线纹，呈"W"字样，构图简洁，线条疏朗；（3）绘相背的大三角纹，形若列列山峰及水中倒影；（4）盆、钵、盘类大口器多内外绘彩，外彩纹样简洁，盛行"八卦"复线垂弧纹；内彩常绘复线菱形网格纹、折弧线纹、星形纹等。乙组石器有三类，一类为磨制品，如斧、锛、凿、刀等；第二类为细石器，主要为石叶，可镶嵌、粘接于骨柄内构成复合工具，如骨梗刀、匕首等；第三类为打制石器，为数不多，有刮削器、石核等①。乙组遗存多数集中在武威、永昌一带，在高台县以远也有所见②。

在乙组分布范围内，以武威磨嘴子为代表的遗存显示出某些另类因素，这里单把杯、盂、敞口盆等乙组流行器少见；彩陶也少见用略粗的线条勾勒画面骨架，再填充细线网格的纹样；这里流行双重或多重套合的四大圆圈纹，在圆圈内绘反向对称的弧线，个性较突出③。另在走廊东端的古浪老城遗址发现竖穴长方形马厂墓葬，墓主仰身屈肢，头向南④。这些差异是地域因素还是时间因素造成的，还有待于更多的发现来认识。

丙组：以酒泉高首蓿地、照壁滩遗址⑤为代表。早在50年代就在酒泉下河清发现过马厂时期遗物，但未有详细报道⑥。80年代中期酒泉试掘所获资料不很丰富，能够复原的器物很少。其特征是，陶器以红陶为主，泥质陶器表略经打磨，彩陶比例不高，器表施红衣，绘黑彩，花纹多为直线网格纹，与乙组那种用略粗的线条勾勒画面骨架、再填充细线网格的彩陶风格类似，但构图简约，未见内彩。夹砂陶分红色、红褐色、灰褐色几种，腹部流行装饰两股一组的细泥条堆纹，其间穿插刻划水波纹。器类以双耳罐最多，其他还有钵、瓮等。丙组陶器常见一种夹砂灰褐色或灰色小罐，器形偏小、折沿、矮领，口沿内面普遍凹弧，口沿外贴塑纽式盲耳，很有特点。此外，丙组陶器亦多见在器颈下、耳面上戳印圆形凹窝，器口外、腹部多捏塑盲纽、乳突类附件（图五，下）。

①　甘肃省博物馆文物工作队、武威地区文物普查队：《永昌鸳鸯池新石器时代墓地的发掘》，《考古》1974年第5期第299~308页；甘肃省博物馆文物工作队、武威地区文物普查队：《甘肃永昌鸳鸯池新石器时代墓地》，《考古学报》1982年第2期第199~227页。
②　甘肃省文物考古研究所、北京大学考古学系：《河西走廊史前考古调查报告》，文物出版社，待刊。
③　甘肃省博物馆：《甘肃武威郭家庄和磨嘴子遗址调查记》，《考古》1959年第11期第583~584页；甘肃省文物考古研究所、北京大学考古学系：《河西走廊史前考古调查报告》，文物出版社，待刊。
④　同②。
⑤　同②。
⑥　甘肃省博物馆：《甘肃古文化遗存》，《考古学报》1960年第2期第11~52页。

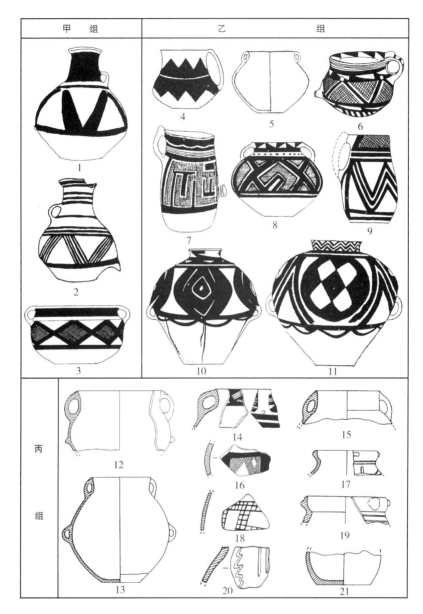

图五　河西走廊马家窑文化马厂类型陶器

1、2. 单耳彩陶瓶（山丹四坝滩采集）　3. 双耳彩陶盆（藏山丹博物馆）　4. 单耳彩陶罐（鸳 M44：3）　5. 双耳素陶罐（鸳 M4：6）　6. 单耳带嘴彩陶罐（鸳 M168：8）　7. 单把彩陶杯（鸳 M99：?）　8. 双耳彩陶罐（鸳 M44：?）　9. 单把彩陶杯（古浪老城 86GL－003）　10、11. 腹耳彩陶瓮（磨嘴子 86WM－009、鸳 M44：1）　12、15. 双耳素陶罐（酒泉高苜蓿地 JG－Ⅱ－019、JG－Ⅰ－001）　13. 四耳瓮（酒泉高苜蓿地 JG－Ⅱ－050）　14、16、18. 彩陶片（酒泉高苜蓿地 JG－Ⅱ－009、JG－Ⅱ－004、JG－Ⅱ－007）　17、19、20. 夹砂罐片（酒泉高苜蓿地 JG－Ⅱ－037，酒泉照壁滩 JFZ－Ⅰ－024、JFZ－Ⅰ－025）　21. 罐底（酒泉高苜蓿地 JG－Ⅱ－038）（鸳＝鸳鸯池）

（四） 过渡类型遗存

距今 4000 年前后，河西地区的史前文化开始向青铜时代转变，逐渐进入到后马厂阶段。鉴于这一阶段的遗存具有承上启下的中介性质，故暂称其为过渡类型遗存。

最初，我们是通过对武威皇娘娘台遗址彩陶的分析提出过渡类型概念的①。皇娘娘台是典型的齐家文化遗址，所出彩陶分两类，甲组绘红彩，数量不多，为齐家文化特有的传统器形和花纹。乙组绘黑彩，有红衣数量亦不多，其器形、花纹靠近河西马厂类型，但又表现出某些独特风格，此类即过渡类型彩陶。现有资料显示，偏早阶段的过渡类型接近马厂类型，偏晚阶段已显露出早期四坝文化的特征。显然，此类遗存正处在马厂类型向四坝文化的转型时期。1987 年，在酒泉干骨崖遗址第 14 探方发现两层堆积，上层为四坝文化，下文化层所出彩陶片与皇娘娘台乙组彩陶特征接近，从地层关系上进一步印证了过渡类型的相对年代②。

目前已发现过渡类型遗存的地点有：山丹四坝滩，酒泉干骨崖、西河滩、金塔榆树井、二道梁、缸缸洼③等。其中，山丹四坝滩、酒泉干骨崖和西河滩、金塔榆树井所出遗物与皇娘娘台乙组 A 群接近；金塔二道梁、缸缸洼遗址所出彩陶与皇娘娘台乙组 B 群类似。

过渡类型遗存的陶器以红陶为主，泥质陶器表略经打磨，彩陶施红衣，绘黑彩，花纹构图较有规律，一般在器领、颈部绘菱形网格、倒三角网格纹，腹部绘几何网格纹、编织纹、粗细线斜条带纹等；夹砂陶以素面为多。器类主要有双耳罐、单耳罐以及双耳盆、瓮等。罐类器腹部流行乳突装饰，器颈以下、器耳面上常戳印圆形小凹窝，这些特征在河西马厂类型乙组、丙组中广泛存在，后又被四坝文化继承（图六）。

（五） 西高疙瘩滩遗存

西高疙瘩滩遗址位于酒泉市丰乐河西岸，1987 年夏发现并作过小规模试掘④。出土物主要为陶器、石器。依制作工艺可将石器分为三类：一类为打制品，有手斧、盘状器、砍砸器、石刀等。手斧一般个体较大，柄部略细，有的作亚腰形。盘状器数量很多，多数一面保留砾石皮，沿周边打制修整出刃部。第二类为磨制石器，为数不多，有

---

① 李水城：《四坝文化研究》，《考古学文化论集（三）》第 80～121 页，文物出版社，1993 年。
② 甘肃省文物考古研究所、北京大学考古学系：《酒泉干骨崖》，文物出版社，待刊。
③ 以上各遗址材料参见李水城：《四坝文化研究》，《考古学文化论集（三）》第 80～121 页，文物出版社，1993 年。
④ 甘肃省文物考古研究所、北京大学考古学系：《河西走廊史前考古调查报告》，文物出版社，待刊。

图六 河西走廊过渡类型遗存

1、4、6、7、10~12. 彩陶双耳罐（武威皇娘娘台 57M1；山丹采：A－115，藏山丹博物馆；金塔二道梁
采：87JE－044，藏金塔文管所；87 酒泉干骨崖 T14②：1，金塔砖沙窝 JZ－002，藏金塔文管所；金塔砖
沙窝 JZ－003，藏酒泉博物馆；武威采，藏甘肃省博物馆） 2、5. 素陶双耳罐（山丹采：A－114，藏
山丹博物馆；金塔二道梁采：87JE－025，藏金塔文管所） 3. 单耳彩陶罐（金塔二道梁采：87JE－048）
8. 彩陶片（87 酒泉干骨崖 T14②：2） 9. 双耳盆（金塔缸缸洼采：87JG－066，藏金塔文管所）

穿孔小石斧等。第三类为细小石器，石质较差，器类有刮削器、尖状器、石片等。陶器
以橙黄色居多，也有橙红、灰褐及个别的黑灰陶，泥质陶胎内普遍掺有细砂，常见器类
有单把大口杯、双耳罐、单耳罐及腹耳壶、器盖、瓮等，素面为主，少量在肩腹部装饰
细泥条堆纹（蛇纹）。再就是罐、杯类器腹部常捏塑突纽、盲鼻。彩陶很少，绘紫红彩
或黑褐彩，构图简洁、疏朗，多横条带纹、垂弧纹等（图七）。

　　西高疙瘩滩组遗存以往在河西地区鲜有发现，其文化面貌与河西马厂类型和过渡类

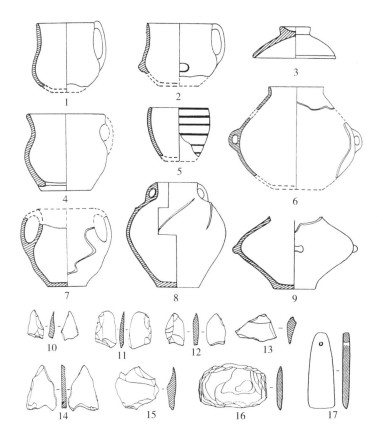

图七　酒泉丰乐高疙瘩
　　　滩遗址出土遗物

1、2、4. 单把杯（JJXG－Ⅰ－
024、022、012）　3. 器 盖
（JJXG－Ⅰ－013）　5. 彩陶杯
（JJXG－Ⅰ－018）　6. 腹耳壶
（JJXG－Ⅰ－014）　7、8. 双
耳罐（JJXG－Ⅰ－017、016）
9. 鼓腹罐（JJXG－Ⅰ－028）
10～15. 细小石器（JJXG－
Ⅰ－065、069、064、074、
073、068）　16. 石刀坯
（JJXG－Ⅰ－009）　17. 穿
孔磨石（JJXG－Ⅰ－010）

遗存即有相似成分，又存在某些差异，对其性质的判断还有待于更多的发现。1986年，
我们在走廊西部的金塔县北部沙漠中曾清理一座残墓（?），出土陶器中有1件四耳彩陶
罐，器表绘紫红彩垂弧纹①，与西高疙瘩滩遗址的彩陶风格类似，有可能属于同类遗存。

三　相关问题的讨论

1. 河西走廊马家窑文化的发展谱系

在河西走廊境内，尽管马家窑文化不同时期的遗存分布很不均衡，但三个类型的遗
存在河西均有发现，表明该区域内马家窑文化的发展序列与河湟地区基本一致。

目前，在河西发现马家窑类型遗址有10余处。走廊东的武威地区9处，民勤和永
昌两县各1处；走廊西段的酒泉仅1处。半山类型遗址仅见于永昌以东地区。马厂时期
遗址数量大幅上升，但总量仍然是东部高出西部（附表）。

————————————

①　甘肃省文物考古研究所、北京大学考古学系：《河西走廊史前考古调查报告》，文物出版社，待
　　刊。

河西地区的马家窑文化源于河湟地区。武威塔儿湾遗址的发现证实，马家窑文化进入河西的初始年代大致在马家窑类型的王保保组①阶段，其绝对年代大致在公元前三千纪初。马家窑文化进入河西的途径不外乎三条：一条从兰州向西，跨黄河进入永登，沿庄浪河上溯，越乌鞘岭入武威。另一条是从兰州红古区向西北，沿湟水大通河上溯，折入永登庄浪河谷地，与第一条路线殊途而同归。三是从兰州以北的景泰县沿古浪峡西行，至古浪、武威。马家窑文化进入河西走廊以后，先在武威站稳脚跟，再向北、向西拓展生存空间。大约在马家窑类型晚期的小坪子阶段，西进至走廊西段的酒泉地区。

从出土资料比较，走廊东段的马家窑类型风格与兰州左近和青海东部的文化面貌接近，这大概与两地空间位置毗邻、仍能保持频繁接触有关。永昌以西的马家窑文化则显示出一定差异，首先是遗址数量少；二是年代偏晚，未见武威塔儿湾一类年代较早的遗存；三是彩陶中出现个别的动物类花纹，暗示走廊西部马家窑类型居民所从事的经济活动有所变化，畜牧业经济（包括狩猎经济）的比重有所增加。

半山类型遗存在河西地区很少发现。或许与基础工作薄弱有关。特别是河西所见半山类型遗存均属于晚期阶段，如何解释这一现象，还有待于工作的深入。

马厂类型阶段，河西地区的遗址数量攀升，反映出这一时期人口规模不断扩大。其中，以甲组的年代最早，但此类遗存目前仅见于山丹，显得十分孤立。河西马厂甲组和乙组中少量绘黑红复彩花纹的彩陶时代接近，对这两类遗存的关系还需琢磨。乙组遗存为河西马厂的主流，其本身亦存在早晚之别。丙组遗存仅见于走廊西部，可确定是马厂晚期的遗留。从社会原因考察，河西马厂遗址的大幅增加可能与齐家文化大量涌入河湟地区有因果关系②。距今 4000 年前后，河西地区的马厂类型逐渐演变为过渡类型遗存。

这里我们暂将酒泉西高疙瘩滩遗址视为一个例外，该址出有较多的素陶大口单把杯，在河西马家窑文化和过渡类型遗存中未曾发现。彩陶数量不多，纹样较特殊。从现有资料分析，西高疙瘩滩遗址与河西马厂类型、过渡类型遗存存在一些差异，三者之间的关系还不很清楚。初步认识是，西高疙瘩滩遗址的年代不可能早于马家窑类型，也不可能属于四坝文化，更不像是晚于四坝文化的遗存。从河西地区已知的考古学文化谱系观察，特别是考虑到该址所出陶器形态、质地与河西马厂类型有相似因素，因此它极有可能是与马厂类型晚期或过渡类型处在同一阶段的遗存，其性质还有

---

①　严文明：《甘肃彩陶的源流》，《文物》1978 年第 10 期第 62～76 页；严文明、张万仓：《雁儿湾和西坡岘》，《考古学文化论集（三）》第 12～31 页，文物出版社，1993 年。

②　李水城：《半山与马厂彩陶研究》，北京大学出版社，1998 年。

待于进一步确认。

距今 4000 年上下，当河湟地区马家窑文化全面衰落之时，河西地区的史前文化也经历了一场剧烈变革。在民乐东灰山遗址个别四坝文化墓中随葬有马厂类型陶器，如82 号墓（M82∶5）、180 号墓（M180∶3）所出双耳彩陶罐的器形、花纹与永昌鸳鸯池马厂墓所出同类器几乎无别。224 号墓（M224∶5）所出双耳彩陶盆也与马厂时期同类器有明显的渊源关系①，同类器皿在金塔缸缸洼过渡类型遗址也有发现②。

2. 地理环境与文化的关系

这是一个涉及面很广的大课题，限于篇幅，本文仅就河西地区现有的史前考古遗址资料分析这一区域内古代文化与地理环境的关系。

河西走廊的地势由东向西、自南而北倾斜，多数地区的海拔高程在 1000 ~ 1500 米之间。走廊南侧的祁连山脉有大量的纵谷发育，山前形成大片倾斜冲积平原，这些溪谷和冲积平原为人类提供了良好的生存环境，也是史前人类活动的重要场所，考古发现的史前—青铜时代遗址大多位于山前平原和河谷两岸。走廊北侧的北山山脉与山地海拔为1500 ~ 2500 米，生态环境较差，多为寸草不生的童山，不利于人类生存，仅在一些山间小盆地和河谷两侧分布有少量遗址。

河西地区马家窑文化空间分布的差异与当地的环境状况密切相关。河西走廊属于干燥性气候区，这里降雨量稀少，热量丰实，干燥系数大。走廊区域环境以东西部差异最大，以东段的武威为例，南部为山区和山间盆地，海拔 2200 ~ 2400 米；中段为绿洲，地势平坦，海拔 1500 ~ 1800 米；北部为腾格里沙漠，海拔 1500 ~ 1600 米。绿洲范围内年均气温 7.7℃，全年无霜期 167 天，年降水量 174 毫米，蒸发量高达 2113 毫米，是降水的 12.1 倍。这一气候指数与兰州以西的永登县相差无几，所不同的仅仅是降水量略低，蒸发量偏高。再看走廊西段的酒泉市，其南段沿山前地带分布着少量的小块绿洲和大片戈壁，海拔高程 1400 ~ 2000 米；中段为绿洲，地势平坦，海拔 1400 ~ 1500 米；北段为比高 100 余米的残丘。这里年均气温 6.9℃，全年无霜期 153 天，年降水量 82 毫米，蒸发量高达 2191 毫米，是降水的 26.7 倍。走廊西段的气候、土壤、植被、环境等因素明显劣于东段，这应是走廊内东西部文化发展不平衡的主要原因。

3. 早期中西文化交流

河西走廊在早期中西文化交流领域曾扮演过重要角色③。近年来，新的考古发现亦

---

① 甘肃省文物考古研究所、吉林大学北方考古研究室：《民乐东灰山考古——四坝文化墓地的揭示与研究》，科学出版社，1998 年。
② 甘肃省文物考古研究所调查资料，标本藏金塔县文管所。
③ 水城：《三下河西》，《文物天地》1990 年第 6 期第 5 ~ 9 页；李水城：《从考古发现看公元前二千纪东西方文化的碰撞与交流》，《新疆文物》1999 年第 1 期第 53 ~ 65 页。

证实了这一点。

第一，酒泉照壁滩遗址的发现，证实马家窑文化在公元前三千纪上半叶已进入酒泉地区。由此有理由推测，马家窑文化居民有可能沿此通道继续向西，进入疏勒河流域。如果马家窑文化进入疏勒河流域，势必要对新疆东部的原始文化构成直接影响。尽管我们还不能肯定马家窑类型居民已殖民新疆，但到了马厂阶段，这一可能已大大加强。从这一角度审视，我们或许可以把照壁滩遗址看做是中原系统的原始文化①伸向中亚腹地的一只触角，其潜在意义不容低估。

第二，酒泉西疙瘩滩遗址所出素陶大口单把杯在河西地区罕见，似代表着一种新的另类因素。我们注意到，新疆东部一些青铜时代遗址发现有类似的单把杯（或形态类似的单耳罐），二者之间是一种什么关系，应予以注意。目前，限于可比资料太少，不便作更多的推测。

第三，20世纪80年代中期以来，在走廊中段的民乐东灰山遗址数次发现了炭化普通小麦。经植物学家、遗传学家鉴定，系人工栽培作物②。^{14}C测定这批小麦的年代范围在距今5000~4500年之间③，这一年代恰好落在马家窑类型范围内。目前，对这批小麦的归属还有不同认识④，但随着照壁滩遗址的发现，有线索推测这批小麦的主人属于马家窑文化居民。这一发现提供了早期中西文化交流的重要证据，驯化地理学和植物栽培学的研究证明，小麦原产于西亚一带⑤。目前中国内地发现时间最早的小麦标本为河

---

① 马家窑文化应系仰韶文化进入西北地区的变体，故言其为中原系统原始文化。
② 李璠等：《甘肃省民乐县东灰山新石器遗址古农业遗存新发现》，《农业考古》1989年第1期第56~69页。
③ 有关这批小麦有三批^{14}C检测数据：
1. （遗址黑炭土）公元前3050±159年（树轮校正）
见李璠等：《甘肃省民乐县东灰山新石器遗址古农业遗存新发现》，《农业考古》1989年第1期第56~69页。
2. （炭化枝干）公元前2800±？（未经树轮校正）
距今4740±155年（树轮校正值），1990年中国科学院地理研究所王一曼同志采样，并交北京大学考古系实验室检测。另见：王一曼：《东灰山遗址的环境意义与河西走廊史前文化兴衰》，《西北干旱地区全新世环境变迁与人类文明兴衰》第99~109页，地质出版社，1992年。
3. （炭化小麦）公元前2280±250年（未经树轮校正）
资料源于北京大学考古学系年代学实验室。
④ 李璠等：《甘肃省民乐县东灰山新石器遗址古农业遗存新发现》，《农业考古》1989年第1期第56~69页；甘肃省文物考古研究所、吉林大学北方考古研究室：《民乐东灰山考古——四坝文化墓地的揭示与研究》，科学出版社，1998年；张忠培：《东灰山墓地研究》，《中国文化研究所学报》N. S. No. 6第288~323页，1997年，香港。
⑤ 日知：《关于新石器革命》，《世界古代史论丛》（第一集）第52页，生活·读书·新知三联书店，1982年。

南洛阳皂角树遗址，年代不超过公元前 2000 年[①]。民乐东灰山所出炭化小麦当是循西亚—中亚—新疆—甘肃河西走廊这一贸易通道流转传播而来。

四　简短的结语

河西走廊东接陇山与中原腹地连通，西邻新疆、中亚，北与蒙古接壤，南隔祁连山与青海毗邻。自古以来，这里在中西文化交流史上就占有举足轻重的地位。自汉张骞凿空西域，河西在东西方文化交流、贸易往来方面的地位愈益突出。但是，河西这一重要通道的出现并非如史书记载的那么晚，从以上介绍不难看出，这一贸易通道滥觞于久远的原始社会末期。

附表　河西走廊地区的马家窑文化遗址

文化类型	地理位置	遗址名称	备注	文化类型	地理位置	遗址名称	备注
马家窑类型	武威金沙乡	郭家庄	①	马厂类型	土门镇	青石湾子	①
	古城乡	五坝山	⑩		武威金羊乡	海藏寺	③
	古城乡	塔儿湾	⑩		武威新华乡	磨嘴子	②
	新华乡	磨嘴子	②		新华乡	茂林山	①
	东河乡	王景寨	①		新华乡	寺底下	①
	下双乡	瓦罐滩	①		南营乡	青嘴湾子	①
	九墩乡	小泉塌墩	①		长城乡	头墩营	①
	中路乡	磨庄子	①		？	王家台	①
	民勤薛百乡	黄蒿井	①		？	李家新庄	①
	金昌双湾乡	蛤蟆墩西	⑦		六坝乡？	六坝坪	①
	酒泉丰乐乡	照壁滩	②		吴家井乡	七星村	①、②
半山类型	武威四坝乡	半截墩滩	①		吴家井乡	七星六队（小甘沟）	②
	古浪胡家边乡	朵家梁	①		长城乡	桦杨墩滩	①
	永昌河西堡	鸳鸯池	⑥		长城乡	北湾	①
马厂类型	天祝东坪乡	罗家湾	①		庙山乡	小崖子疙瘩	①
	古浪黑松驿乡	谷家坪滩	③		庙山乡	鱼儿山	①
	黑松驿乡	小坡	①		庙山乡	陈家疙瘩	①
	定宁镇	定宁寨	①		庙山乡	纱帽山	①
	？	大坡	①		庙山乡	毛家头山	①
	裴家营乡	老城	⑧		张义乡	小洪沟	①
	裴家营乡	高家滩	⑨				

---

① 洛阳市文物工作队编：《洛阳皂角树——1992～1993 年洛阳皂角树二里头文化聚落遗址发掘报告》第 126～127 页，科学出版社，2002 年。

续附表

文化类型	地理位置	遗址名称	备注	文化类型	地理位置	遗址名称	备注
马厂类型	金昌双湾乡	三角城	②	马厂类型	张掖乌江乡	下崖子	①
	永昌河西堡	鸳鸯池	②		高台红崖子乡	六洋坝	①、②
	永宁堡	乱墩子滩	①		酒泉丰乐乡	高苜蓿地	②
	焦家庄乡	圃园庄	①、②		下河清乡	下河清	③
	东寨乡	风垄庄	②	过渡类型	武威金羊乡	皇娘娘台	③
	东寨乡	北山湾子	①		山丹四坝乡	四坝滩	②
	毛卜喇乡	新队下安门	①、②		酒泉丰乐乡	干骨崖	②
	北海子乡	马家山湾	①、②		清水乡	西河滩	②
	山丹四坝乡	四坝滩	⑤		金塔大庄子乡	缸缸洼	①
	民乐六坝乡	东灰山	④		大庄子乡	二道梁子	①
	李寨乡	西灰山	④		金塔乡	榆树井	①
					金塔乡镇	砖沙窝	②

备注：①甘肃省文物考古研究所调查资料、各县市博物馆藏资料。

②甘肃省文物考古研究所、北京大学 1986~1987 年河西调查资料。

③甘肃省博物馆：《甘肃古文化遗存》，《考古学报》1960 年第 2 期第 11~52 页。

④宁笃学：《民乐县发现的两处四坝文化遗存》，《文物》1960 年第 1 期第 74~75 页。

⑤安志敏：《甘肃山丹四坝滩新石器时代遗址》，《考古学报》1957 年第 3 期第 7~16 页。

⑥甘肃省博物馆文物工作队、武威地区文物普查队：《永昌鸳鸯池新石器时代墓地的发掘》，《考古》
1974 年第 5 期第 299~308、289 页。

⑦甘肃省博物馆文物工作队等：《甘肃永昌三角城沙井文化遗址调查》，《考古》1984 年第 7 期第 598~
601 页。

⑧武威地区博物馆：《甘肃古浪县老城新石器时代遗址试掘简报》，《考古与文物》1983 年第 3 期第 1~4 页。

⑨武威地区博物馆：《古浪县高家滩新石器时代遗址试掘简报》，《考古与文物》1983 年第 3 期第 5~7 页。

⑩甘肃省文物考古研究所：《武威塔儿湾新石器时代遗址及五坝山墓葬发掘简报》，《考古与文物》2004
年第 3 期第 8~11 页。

1998 年定稿于北京大学蔚秀园 15 楼寓所

（原载《苏秉琦与当代中国考古学》第 121~135 页，科学出版社，2001 年）

四坝文化研究

四坝文化，因首次发现于甘肃省山丹县四坝滩而得名。

1948 年，山丹培黎学校在四坝滩修筑水渠时出土一批古代文物，这批遗物以陶器为主，伴有一些石器。1953 年，中国人民的朋友、培黎学校的创始人、新西兰籍诗人、著名社会活动家路易·艾黎（Pewl Alley）曾就此事函告夏鼐先生，建议前去发掘，并于1954 年，将这批出土文物全部移交给甘肃省文管会。随后，有关单位陆续对四坝滩遗址进行过调查①。

1956 年，安志敏在兰州的一次讲话中指出，四坝滩遗址出土的文物具有特殊性质，是一种新文化。该文化与沙井文化分布面接近，但在文化性质上毫无共同之处，当是较早于沙井文化的一种新石器时代文化。他建议暂名"四坝文化"②。稍后，1959 年他撰文报道了中国科学院考古研究所1956 年在该址的调查所得，同时介绍了 1948 年出土的那批遗物中的一部分。此时他认为，四坝滩遗址包含有三种不同性质的文化，即甲组——马厂类型文化；乙组——四坝文化；丙组——沙井文化。其中乙组为该遗址的主体，可能代表一种带有地域性的新的文化类型，并初步肯定这是以河西走廊为中心的一种新石器时代晚期文化，其年代可能介于甘肃仰韶文化和沙井文化之间，而与齐家文化相等③。

1960 年，张学正在《甘肃古文化遗存》一文中使用了"四坝式遗址"、"四坝式陶器"的名称。再次重申这是一种新石器时代的文化。他所提供的地层关系表明，该文化的相对年代要晚于马厂类型文化④。此后，还有学者根据四坝文化的分布地域、陶器特征有与沙井文化相似的因素，认为它们有可能属同一文化系统，并将其归入甘青地区青铜文化的范畴⑤。

1976 年，甘肃省博物馆文物工作队在玉门清泉火烧沟进行了大规模的发掘，共清理四坝文化墓葬 312 座，其中，一大批铜器，甚至包括少量金、银装饰品的出土，使学术界

① 安志敏：《甘肃山丹四坝滩新石器时代遗址》，《考古学报》1957 年第 3 期第 7~16 页。
② 安志敏：《甘肃远古文化及其有关的几个问题》，《考古通讯》1956 年第 6 期第 9~19 页。
③ 同①。
④ 甘肃省博物馆：《甘肃古文化遗存》，《考古学报》1960 年第 2 期第 11~52 页。
⑤ 北京大学历史系考古专业：《商周考古》，文物出版社，1979 年。

开始对四坝文化的性质和年代有了较为清醒的认识。¹⁴C 测定的结果表明，火烧沟墓地的年代大致落在夏代纪年范围内。根据该墓地所反映的一些现象，甘肃的同志认为它已进入早期奴隶社会，其族属可能是古代羌族的一支，并主张使用"火烧沟类型文化"①。

1978 年，严文明通过对我国西北地区彩陶的研究，认为四坝文化中有的彩陶纹样与甘肃武威皇娘娘台齐家文化墓地出土的彩陶相似，表明二者有相互交流影响，而四坝文化的彩陶则是中国含有彩陶因素的史前文化不断西渐的产物②。1984 年，他又通过对火烧沟墓地出土的部分铜器的比较研究，初步将四坝文化列入中国青铜时代的早期阶段③。

1986 年 9 月至 12 月，为加强中国大北方考古学文化的研究，甘肃省文物考古研究所、北京大学考古系新石器组联合进行了河西走廊史前考古调查，对掌握线索的所有四坝文化遗址进行了调查和复查，获取了一批新的资料④。1987 年夏季，两单位再度合作，发掘了酒泉干骨崖遗址⑤。上述工作使我们对四坝文化的内涵和分布范围有了新的认识，也为我们比较系统地研究该文化提供了可能。

本文将以酒泉干骨崖墓地的发掘材料为主线，首先建立这一墓地的年代分期序列，并通过与其他四坝文化遗址的比较研究，得出一个对四坝文化的空间分布、发展序列和文化构成的基本认识，进而探讨四坝文化的来龙去脉、经济形态和社会发展阶段等相关的问题。

一　干骨崖墓地的分期

（一）遗址及发掘概况

干骨崖遗址位于甘肃省酒泉市东南 60 公里的祁连山北麓（参见图八、一五）、丰乐河东岸台地上。遗址地势南高北低，属山前洪积扇堆积，平均海拔高程为 1850 米。地表覆盖厚度不等的第四纪黄土，其下为深厚的戈壁砾石层。丰乐河发源于祁连山深处，为南北向的内流水系。在出山口的上游地段，由于坡度大，河床下切较深，两岸断崖多呈垂直或近垂直状，平均高度在 5 米以上，最高处达 15 米。由于河水的常年冲刷及人为的扰动，在墓葬区长达数十米的断崖上多处可见暴露的人骨和墓葬，干骨崖即由

---

①　甘肃省博物馆：《甘肃省文物考古工作三十年》，《文物考古工作三十年（1949～1979）》第 139～153 页，文物出版社，1979 年。

②　严文明：《甘肃彩陶的源流》，《文物》1978 年第 10 期第 62～76 页。

③　严文明：《论中国的铜石并用时代》，《史前研究》1984 年第 1 期第 36～44 页。

④　甘肃省文物考古研究所、北京大学考古学系：《河西走廊史前考古调查报告》，文物出版社，待刊。

⑤　甘肃省文物考古研究所、北京大学考古学系：《酒泉干骨崖》，文物出版社，待刊。

此得名。

　　该遗址的总面积约为 1000×200 平方米。遗址区偏于东南，墓葬区集中于北部河岸断崖上。1986 年秋季，甘肃省文物考古研究所、酒泉市博物馆、北京大学考古系曾对该址进行了调查。1987 年夏季，首次发掘了河岸处濒临破坏的墓地之一部。发掘面积近 300 平方米，根据已揭露部分，可将该墓地划为南北两个小区，其中北区墓葬排列稀疏，南区甚为密集，共清理墓葬 105 座，出土各类文物 450 余件。

（二）陶器分期

1. 陶器形制

　　干骨崖墓地共出土陶器 240 余件。严格讲，这批陶器全部为夹砂陶，彩陶质地稍细，但仍夹有细砂。陶色主要为红陶、褐陶及少量的灰陶、黑灰陶。其中夹细砂的陶器火候较高，粗砂陶火候往往偏低。彩陶约占出土陶器总量的 1/4，绝大多数施紫红色陶衣。最有特色的是使用一种浓而稠的黑（或黑褐）色涂料，凸出于器表。彩陶纹样多为几何形，少量绘动物和人物。素陶纹饰所见主要有刻划纹、压印纹、凹弦纹、乳丁纹和附加堆纹。此外，个别陶器有施黄白色陶衣的作风。

　　陶器种类计有双耳罐、单耳罐、器盖、腹耳壶、尊、多子盒、四系罐、双耳钵、筒形带盖罐、盘、单把杯、四耳带盖罐和瓮。双耳罐和单耳罐为大宗，统计数字表明，各类双耳罐占陶器总量的 37.1%、单耳罐占 14.4%、器盖占 18.5%、腹耳壶占 7.8%。这四类陶器几乎占去干骨崖墓地陶器总量的 80%。其中双耳罐的演变线索比较清晰，故本文将其列为该墓地陶器分期的重点器物。同时，对一些出现率不高，但时代特征鲜明的非标型器也给予充分地考虑，以求完整准确地反映干骨崖墓地陶器演化的轨迹。以下是我们选择的四类标型器进行分型定式的排比结果（图一）。

　　双耳罐类

　　①彩陶双耳罐

　　出土量占陶器总量的 10.7%，大多数为夹细砂的红陶，器表施紫红陶衣，绘浓稠黑彩。依其形态差异，分为两型。

　　A 型　通高 10～12 厘米，绝大多数双耳低于器口，彩陶图案为两分式构图，每面绘三组上尖细下宽钝、内夹竖条细线组成的花纹。其中相当一部分在腹部饰四枚乳突。依其形态变化，该器分为 3 式。

　　Ⅰ式　整体矮胖，双耳较大而扁薄，耳孔呈长圆形，口沿外侈不明显。短粗颈，腹部肥胖下垂，乳突位于腹部偏下的接荏处。如标本 M81：1。

　　Ⅱ式　器形增高，比例近正方。双耳缩小增厚，耳孔呈卵圆形，口沿略外侈，颈变细，球形圆腹，四乳突位置上移至双耳下腹部最大径处。如标本 M20：1。

Ⅲ式　器形略显瘦高，细颈，口沿拉长，外侈明显。新出现在口沿外绘锯齿形连续倒三角纹的图案。如标本 M84∶1。

地层关系表明，A 型彩陶双耳罐Ⅰ式早于Ⅱ式。如 M7→M4，前者出Ⅱ式，后者出Ⅰ式。据此可知该器演变趋势为，矮胖—瘦高，粗颈—细颈，垂腹—球形圆腹，四乳突位置上移，依此规律，Ⅲ式应属最晚形态。

B 型　通高 9~15 厘米之间。器形较之 A 型瘦高，双耳较大，且上端与器口平齐，或略高于器口。该器有少量仅施紫红色陶衣而不绘彩，绘彩者图案多为简洁的横条纹。依形态变化，该器分为 3 式。

Ⅰ式　器形较矮，腹部肥胖，器底相对较大。如标本 M93∶1。

Ⅱ式　腹部转瘦，器底变小。如标本 M94∶1。

Ⅲ式　器形瘦高，细颈，小底，双耳更大。如标本 M40∶2。

②夹砂双耳罐

约占陶器总量的 26.4%。以红色、褐色陶为主，器表均有烟炱，现介绍其中最常见的 A、B、C 三型。

A 型　绝大多数出土于墓地南区。素面为主，极少数有附加堆纹，通高 10 厘米左右，少数高仅 6 厘米余。依形态变化，分 4 式。

Ⅰ式　矮胖，大口，粗颈。如标本 M81∶2。

Ⅱ式　稍瘦，口略小，颈部稍转细。如标本 M80∶1。

Ⅲ式　束颈明显，双耳几乎全部增饰一道三角形凸棱，口沿明显外侈。如标本 M84∶3。

Ⅳ式　器形瘦高，细颈，双耳均饰三角凸棱，新出现在器颈和上腹部饰附加堆纹的现象。如标本 M50∶1。

涉及 A 型夹砂双耳罐的地层关系较多，兹举如下几组为例：

M89（AⅢ）→M102（AⅡ）

M84（AⅢ）→M80（AⅡ）

M78（AⅢ）→M81（AⅠ）

由此可知，A 型夹砂双耳罐Ⅲ式晚于Ⅱ式，Ⅱ式晚于Ⅰ式，其演变趋势为，矮胖—瘦高，粗颈—细颈，大口—口部缩小，双耳素面—增加三角凸棱。此外，M80 出 AⅡ夹砂双耳罐，该墓填土中出一件 AⅠ夹砂双耳罐，可证 AⅡ亦晚于 AⅠ，根据上述规律，AⅣ应为该器的最晚形态。

B 型　多出于墓地北区。形态大小与 A 型相近，但多配有器盖。器表常常装饰凹弦纹、压印纹，双耳上均贴饰圆饼状乳丁和"X"形划纹。依其形态变化分为 3 式。

Ⅰ式　矮胖，大口，粗颈。如标本 M13∶1。

器类	型	段	期	彩陶双耳罐 A	彩陶双耳罐 B	夹砂双耳罐 A	夹砂双耳罐 B	夹砂双耳罐 C	彩陶单耳罐 B
		4	后期		M40：2（Ⅲ）	M50：1（Ⅳ）	M95：2（Ⅲ）	M85：1（Ⅳ）	M32：1（Ⅲ）
		3	后期	M84：1（Ⅲ）	M94：1（Ⅱ）	M84：3（Ⅲ）		M91：1（Ⅲ）	M48：4（Ⅱ）
		2	前期	M20：1（Ⅱ）		M80：1（Ⅱ）	M7：4（Ⅱ）	M9：1（Ⅱ）	M49：1（Ⅰ）
		1	前期	M81：1（Ⅰ）	M93：1（Ⅰ）	M81：2（Ⅰ）	M13：1（Ⅰ）	M13：2（Ⅰ）	

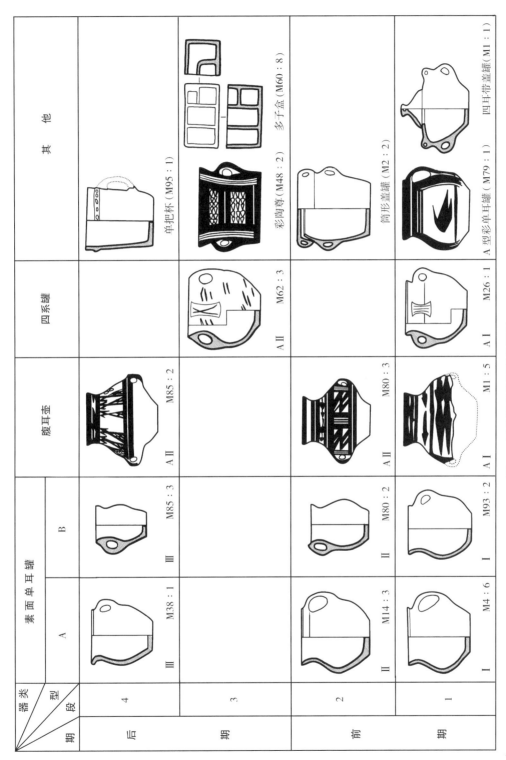

图一 干骨崖墓地陶器分期图

Ⅱ式　器形明显增高，器口相应缩小，颈部变细。如标本 M7：4。

Ⅲ式　器形瘦高，瘦腹，器颈饰附加堆纹。如标本 M95：2。

涉及 B 型夹砂双耳罐的打破关系有如下两组：

M7（BⅡ）→M4（BⅠ）。

M95（BⅢ）→M94（BⅡ）

由此可证Ⅰ式早于Ⅱ式，Ⅱ式早于Ⅲ式，其变化规律为矮胖—瘦高。

C 型　器形较大，通高 16～19 厘米。集 A、B 两型特征于一身，如器耳贴泥饼状乳丁，刻划"X"形纹和饰三角形凸棱等。依其形态变化分为 4 式。

Ⅰ式　矮胖，圆鼓腹，口较大，粗颈。如标本 M13：2。

Ⅱ式　器形增高，圆腹，颈部转细，口沿外侈明显。如标本 M9：1。

Ⅲ式　器形更高，颈部又细，口沿外出现附加堆纹装饰，有的双耳出现三角形凸棱。如标本 M91：1。

Ⅳ式　颈部显著变细，口沿拉长，明显外侈，颈部饰附加堆纹。如标本 M85：1。

有两组打破关系可证 CⅣ晚于 CⅢ，如 M85（Ⅳ）→M91（Ⅲ），M52（Ⅳ）→M62（Ⅲ）。该器的变化趋势为，矮胖—瘦高，粗颈—细颈，颈部凹弦纹—附加堆纹。依此规律，CⅡ早于 CⅢ，CⅠ为最早形态。

单耳罐类

①彩陶单耳罐

约占陶器总量的 4.5%，均属夹细砂之红陶，器表施紫红色陶衣，绘黑色彩，依其器形差异分两型。

A 型　器形矮胖，大口，束颈薄胎，通高 10 厘米左右。有少量具明器性质，个体更小，无式别划分，如标本 M79：1。

B 型　器形瘦高，小口，束颈，单耳上端与器口平齐，有的还捏出上翘的乳突一枚，通高 6～10 厘米间，分 3 式。

Ⅰ式　口沿外侈明显，细颈，鼓腹甚，器耳较大，且扁薄。如标本 M49：1。

Ⅱ式　腹部圆鼓，器形略小，器耳剖面圆厚，口沿外出现连续三角纹。如标本 M48：4。

Ⅲ式　器形瘦小，瘦腹，器耳剖面圆厚。如标本 M32：1。

根据 M32→M48→M49 这组打破关系，可证 B 型彩陶单耳罐Ⅰ式早于Ⅱ式，Ⅲ式最晚。其变化趋势可概括为，器形由大转小，器腹由胖变瘦。

②素面单耳罐

约占陶器总量的 10%。以夹砂红陶、夹砂红褐陶为主。器形大多较小，通高 6～10 厘米之间，形制较杂，以下介绍其中主要的两型。

A 型　器形矮胖，大口，分 3 式。

Ⅰ式　器形肥矮，口颈较直，粗颈，单耳较大而扁薄。如标本 M4∶6。

Ⅱ式　器形略微增高，口沿外侈，束颈，器耳扁薄。如标本 M14∶3。

Ⅲ式　器形消瘦，比高增加，口沿外侈，小耳圆厚。如标本 M38∶1。

B 型　器形略瘦高，分 3 式。

Ⅰ式　斜直口，粗颈，整体较圆胖。如标本 M93∶2。

Ⅱ式　器形瘦高，细颈，侈口。如标本 M80∶2。

Ⅲ式　器形更为瘦小，明器化。如标本 M85∶3。

腹耳壶

出土量约占陶器总量的 8%。形态为小口，束颈，圆鼓腹，腹最大径处置双小耳。以夹细砂红陶、红褐陶为主，大多绘彩，施紫红或棕褐色陶衣，图案有几何形和动物纹。依其形态差异，分两型。其中 B 型仅一残器，此处略。A 型分 2 式。

Ⅰ式　通高 10 厘米以上，薄胎。如标本 M1∶5。

Ⅱ式　器形变小，通高 7~8 厘米，胎略厚，有的制作趋于草率，少量素面无彩。如标本 M80∶3 和 M85∶2。

四系罐

为便于区分和行文，我们将器颈部十字对称地安置四耳者定名为四系罐。该器出土不多，陶质有夹砂红陶、夹砂红褐陶和夹砂黑陶几种，依其形态差异，分为两型，其中 B 型少见，此处从略。A 型分 2 式。

Ⅰ式　矮胖，粗颈，口缘外侈不明显。如标本 M26∶1。

Ⅱ式　器形略增高，颈部变细，口缘外侈较明显。如标本 M62∶3。

以上我们对干骨崖墓地出土的标型器进行了型式的划定，并根据已知的地层关系对分型定式的结果进行了检验。通过这一工作，我们发现各类标型器的比高（即器物通高与最大腹径之比）因时间不同而普遍发生变化，呈现由矮胖向瘦高演变的大趋势。

除上述标型器外，干骨崖还有少量不具备分型分式意义的非标型器，这类器物的复见率不高，但却是四坝文化的典型器。其共存关系也很有规律，这对我们所进行的分期工作是有帮助的，兹举例如下。

四耳带盖罐

仅 1 件。夹砂红陶，器表有红衣。小口内敛，上配一盖。器最大径在肩部，肩、腹对称地安置器耳，如标本 M1∶1。此器与 A 型彩陶单耳罐、AⅠ 腹耳壶共存。

筒形盖罐

2 件。夹砂红陶，器表通体施红衣，器体圆筒形，腹中部外弧，置双耳，子母口，器盖为平顶大盘形，有双耳。如标本 M2∶2。该器与 CⅡ 夹砂双耳罐、AⅡ 素面单耳罐共存。

彩陶双耳尊

所出占陶器总量的 2% 强。夹砂红陶为主，厚胎，器表施紫红陶衣，绘浓黑彩，此器大敞口，大平底，腹中部凹腰处置双耳。如标本 M48:2。与此器共存的标型器有 A Ⅲ 夹砂双耳罐、A Ⅱ 腹耳壶、B Ⅱ 彩单耳罐和长方形多子盒。

长方形多子盒（或方盒）

出土量少于彩陶尊，但均与后者共存。夹砂红褐陶为主。器表略打磨，有施红衣痕迹，整体侧视、俯视均为长方形，盒内一般分隔为四小格。如标本 M60:8。

单把杯

仅 2 件。夹砂褐陶，整体作筒形，口略大于底，一侧置器耳。有的在口沿外饰一周附加堆纹，如标本 M95:1。与该器共存的标型器有 B Ⅲ 夹砂双耳罐和 B Ⅲ 彩陶双耳罐。

2. 陶器分组与分期

根据上面分型定式的标准，我们将干骨崖墓地出土的陶器进行了型式划定，其结果归纳为表一。

表一

组（段）	单位	夹砂双耳罐			彩陶双耳罐		素面单耳罐		彩陶单耳罐		腹耳壶	四系罐	彩陶双耳尊	方盒	器盖	其　他
		A	B	C	A	B	A	B	A	B						
一	M1								△		A Ⅰ				△	四耳带盖罐1，残罐
	M4		Ⅰ		Ⅰ₂		Ⅰ₂									B壶（残）1
	M13		Ⅰ	Ⅰ											△	
	M22		Ⅰ	Ⅰ			Ⅰ	Ⅰ							△₃	
	M26		Ⅰ		Ⅰ₂				△			A Ⅰ			△₂	铜刀1，铜锥1，铜耳环1
	M81	Ⅰ			Ⅰ										△	
	M93				Ⅰ		Ⅰ								△	
二	M2			Ⅱ		Ⅰ	Ⅱ₂									筒形盖罐1，双耳钵1，腹耳罐1，小铜泡2
	M3	Ⅰ			Ⅰ、Ⅱ										△	B四系罐1，铜锥1
	M6		Ⅰ₂		Ⅱ										△₄	
	M7		Ⅱ₂		Ⅱ										△₂	
	M14		Ⅰ₂		Ⅱ₂		Ⅱ								△₄	残罐1
	M49								Ⅰ							
	M69		Ⅰ、Ⅱ		Ⅱ		Ⅱ					A Ⅰ			△₃	
	M74	Ⅰ、Ⅱ₂													△₂	铜刀2，铜耳环1

续表一

组(段)	单位	夹砂双耳罐			彩陶双耳罐		素面单耳罐		彩陶单耳罐		腹耳壶	四系罐	彩陶双耳尊	方盒	器盖	其他
		A	B	C	A	B	A	B	A	B						
二	M80	II							II		A II					
	M100	II														铜刀1，铜削1，铜锥1，铜镞3
三	M48								II				△	△$_2$	△	
	M58	III											△			小彩壶1
	M59	III	I		III	I										
	M60										A II		△	△		
	M61	III			II											
	M62	III	I	III								A II				
	M71	III									A II		△		△	
	M84	III			III										△	
	M89	III														铜锥1
	M91		III		II						A II					
	M92	III									A II					
	M94	III	II		II						A II$_2$					铜刀1，铜耳环1
四	M31		III						III							
	M32						II		III							
	M36		III													铜泡2
	M38						III									
	M40					III										单把杯1
	M45	IV									A II					
	M50	IV III											△			双耳小罐1
	M52			IV												
	M56	IV														
	M57	IV		IV												残罐1
	M83					III										
	M85			IV				III			A II					
	M95		III													单把杯1

通过表一，我们将 AⅠ、BⅠ、CⅠ 夹砂双耳罐、AⅠ 彩陶双耳罐和Ⅰ式素面单耳罐归为一组同期的陶器群，因为它们之间比较频繁地发生过共存关系。与这一组器物偶尔发生共存关系的还有Ⅰ式四系罐、AⅠ 腹耳壶、A 型彩陶单耳罐、BⅠ 彩陶双耳罐等。考虑到干骨崖墓地随葬陶器数量少的因素，加上有些陶器的出现率本身就很低，所以尽管共存的几率不高，但在不发生矛盾的前提下，这些陶器同时的可能性极大，现将上述陶器定为第一组。

根据地层关系（如 M7→M4），已经明确 BⅡ 夹砂双耳罐和 AⅡ 彩陶双耳罐晚于第一组的Ⅰ式同类器。此外，BⅡ 夹砂双耳罐与 AⅡ 彩陶双耳罐、AⅡ 彩陶双耳罐与 AⅡ 素面单耳罐、AⅡ 夹砂双耳罐与 AⅡ 腹耳壶有共存关系。以这几类陶器为代表构成第二组同时的器物群，包括偶尔与之发生共存关系的筒形带盖罐、BⅡ 素面单耳罐、CⅡ 夹砂双耳罐等。需要说明的是，BⅠ 彩陶单耳罐无任何共存关系，考虑到晚于它的 BⅡ 彩陶单耳罐与更晚的另一群陶器发生关系，故将 BⅠ 彩陶单耳罐归入该组。

叠压打破关系证实，AⅢ 夹砂双耳罐晚于第二组的 AⅡ 式。常见与 AⅢ 夹砂双耳罐共存的器物有 AⅢ、BⅡ 彩陶双耳罐，彩陶尊和长方形多子盒、AⅡ 腹耳壶等。偶尔与其发生共存关系者有 CⅢ 夹砂双耳罐、Ⅱ式四系罐。上述器物构成第三组陶器群。属于该组的 BⅡ 彩陶单耳罐与彩陶尊、长方形多子盒共存，应为同时之物。

AⅣ、BⅢ、CⅣ 夹砂双耳罐属干骨崖墓地最晚的标型器。由于随葬器物数量减少，共存关系也愈益简化。与上述夹砂双耳罐共存，而又不见于前面几组的仅有单把杯、BⅢ 彩陶单耳罐和 BⅢ 素面单耳罐。其中 BⅢ 彩陶双耳罐又与单把杯共存。以上型式器类构成第四组。

上述四组陶器群的确立喻示着干骨崖墓地大致经历了四个不同的发展阶段。同时，我们注意到这四个阶段相继有如下一些变化。

第一，各段典型器式别均发生明显的变化。以出现率最高的双耳罐为例，第二组较之第一组的夹砂双耳罐式别变异率为 58.8%，彩陶双耳罐的变异率为 77.7%；第三组较之第二组的夹砂双耳罐变异率为 81.2%，彩陶双耳罐为 85.7%；第四组较之第三组夹砂双耳罐的式别变异率高达 100%，彩陶双耳罐此时仅存 B 型，其变异率亦为 100%。

第二，各组之间在器类组合上程度不等地有所变化。如第二组新出现 BⅠ 彩陶单耳罐、筒形带盖罐，但 A 型彩陶单耳罐却匿迹。第三组出现长方形多子盒，此器又往往与彩陶尊搭伴共出，时代特征极强。第四组陶器类别单调，但式别普遍发生变化，最有代表性的新器形为单把杯。

第三，反映在陶器颜色上的变化也很能说明问题，经统计，属第一组的墓随葬陶器中红陶、褐陶比例高达 90%，灰陶和黑灰陶仅占 4%（余为灰褐陶，下同）；第二组红陶、褐陶降为 80%，灰陶和黑灰陶增至 8.4%；第三组红陶、褐陶再降，为 73%，灰陶和黑灰陶增加到 16％；第四组红陶、褐陶为 62％，灰陶和黑灰陶上升到 21％。

（三）墓地分期与年代

依据以上分组之结果，干骨崖墓地中 M1、4、11、13、17、22、26、44、70、73、79、81、93、98、103 等墓所出陶器型式未超出第一组范围，应属同时之墓，该组以 M4 为代表，为干骨崖墓地第一段。

M2、3、6、7、9、14、19、20、49、51、69、74、80、100、102 等墓所出陶器型式未超出第二组范围，该组以 M7 为代表，为干骨崖墓地第二段。

M33、46、48、58、59、60、61、62、71、78、84、89、91、92、94 等墓陶器型式同于第三组，该组以 M84 为代表，为干骨崖墓地第三段。

M31、32、36、38、40、45、50、52、56、57、83、85、95 等墓陶器型式与第四组相同，该组以 M85 为代表，为干骨崖墓地第四段。

其他剩余之墓，大多没有随葬陶器，或有陶器，但不具备分期条件，暂阙如。

在分组的基础上，进一步考察了墓葬的分布、排列等内容，我们发现该墓地有如下一些很有规律的、并与我们的分组结果发生密切关系的有趣现象：

（1）从已揭露的墓地范围观察，以我们的分组结果为标准，整个墓地的布局因时间改变而逐步南移。第一、二两段的墓大多分布在墓地北区，第三、四两段的墓则集中于南区。

（2）墓葬的排列方向也因时间变化发生明显变化。属一、二两段的墓葬排列方向大致在 90°～120°之间；头向正东或略偏南；第三、四两段的墓葬排列方向基本在 180°～210°之间，头向正南或略偏西。

（3）随葬陶器的种类随时间的变化愈益单调，尤以第四段最明显。再者，用于随葬的铜器小件也表现为时间愈晚数量愈少。如铜刀，第一、二两段相对较多，第三段已很少见到，第四段基本不见。

（4）第一段的墓尚不见使用简易木质葬具者，从第二段开始有极少数开始使用，第三、四两段相对增多，反映出在埋葬方式上逐步出现的新内容。

（5）第一、二两段墓中随葬器盖者十分普遍，三、四两段却大为减少。究其原因，也许与 B 型夹砂双耳罐的减少有直接关系。

上述一系列现象表明，干骨崖墓地一段与二段之间、三段与四段之间在时间上衔接的比较紧密，文化面貌上共性很强，表明它们分别处于比较稳定的发展阶段。而第二段与第三段之间的变化却十分明显，是为一个转折点。为更准确地把握干骨崖墓地的时代特征，也为从总体上认识四坝文化的演变过程，我们进一步将干骨崖墓地浓缩为前后两期，即将第一、二两段合并为前期，三、四两段合并为后期。前后两期的主要特征可归纳如下：

干骨崖前期墓葬大多分布在墓地北区，呈东西向排列，墓主头向东方或略偏南，陶器的整体风格矮胖，彩陶花纹均为几何图案，素陶纹饰多为刻划纹、压印纹、凹弦纹和乳丁。陶色以夹砂红陶、褐陶为主，灰色或黑灰陶很少。此外，前期很少有使用简易木质葬具者，但铜器小件的随葬数量相对多一些。

干骨崖后期墓葬基本集中在墓地南区。墓向一变为南北向，墓主头向南或略偏西。后期陶器主体风格趋于瘦高，彩陶中反映动物、人物的图案增加，尤以口沿外绘锯齿形连续倒三角纹者最有代表性。素面陶纹饰主要流行附加堆纹。陶器类别相应减少，陶器有小型明器化趋势。红、褐陶比例下降，灰陶和黑灰陶比例增高。另外。使用简易木质葬具者相应增加，但铜器小件的出土量明显少于前期。

干骨崖墓地经^{14}C 测定的标本有如下 4 个，所用树轮校正曲线为 Intcal04 ［Reimer et al（2004）］，所用树轮校正程序为 OxCal v3.10 ［Bronk Ramsey（2005）］。

表二

序号	实验室编号	标本	^{14}C 年代数据（年，B. P.）		树轮校正后年代（B. C.）	
			$T_{1/2}=5730$	$T_{1/2}=5568$	1σ（68.2%）	2σ（95.4%）
①	BK－87059	M41（木）	3550±40	3450±40	1880（0.24）1840 1820（0.11）1790 1780（0.65）1690	1890（1.00）1660
②	BK－87060	M63（木） M64（木）	3490±70	3390±70	1870（0.03）1850 1780（0.92）1600 1570（0.03）1560 1550（0.02）1540	1880（1.00）1520
③	BK－87063	M32（木） M48（木）	3300±80	3225±80	1610（1.00）1420	1690（1.00）1310
④	BK－87028	M92（木）	3220±60	3125±60	1490（0.04）1480 1460（0.96）1310	1520（1.00）1250

上述检测标本均取自墓葬中简易葬具的朽木，其中第一个标本采自 M41，此墓仅出 BⅡ素面单耳罐 1 件，属于干骨崖第二段。第二个标本采自 M63、M64 两墓，其中 M64 无随葬品，M63 仅出 C 型素面单耳罐 1 件，根据 M63 打破属第一段的 M70、M54，而它本身又被第四段的 M30、M31 所叠压，故此墓应属第二段的可能性最大。缘此，前两个数据应代表干骨崖墓地前期的年代。第三个标本采自 M32、M48 两墓，已知 M32 属第四段，M48 属第三段。第四个数据来自 M92，此墓属第三段。可见，后两个数据代表干

骨崖墓地后期的年代。上述数据与我们的分期结果是相符的。

以上^{14}C 测定数据经树轮校正，大致落在公元前 1850～前 1600 年之间，即相当于我国中原地区的夏代至夏商之际。

二　火烧沟墓地及其与干骨崖墓地的关系

（一）火烧沟墓地概况

火烧沟位于甘肃省玉门市清泉乡，兰新公路北侧。此地处于南北两山之间的丘陵地段，地形较平缓，平均海拔高程为 1500 米左右。遗址地表为夹杂有砾石的第四纪黄土，其下为深厚的玉门砾石层。遗址西侧有一沟，深约 5 米，断崖下原有泉水一眼，今已干枯，清泉即指此，此沟即为火烧沟（参见图八、一五）。

1976 年，甘肃省文物工作队在此地清理墓葬 312 座。出土一大批四坝文化遗物，其中超过 1/3 的墓出有铜制的武器、工具和装饰品（包括少量金、银装饰品）。这一发现使考古界对四坝文化的性质从原有认识上发生了根本的转变①。

火烧沟墓地出土陶器的质地、颜色及彩陶风格与干骨崖墓地完全一致，但彩陶所占比例更大，达 50%。素陶纹饰常见有绳纹、刻划纹、压印纹、乳丁、凹弦纹等，典型方格纹仅见一例。部分陶器施黄白色陶衣。器类以各种带耳罐、壶为大宗。随葬典型陶器的基本组合有双耳彩陶罐、夹砂双耳罐、四耳带盖罐、豆、腹耳壶等。

（二）陶器分期

本节选用了火烧沟墓地的 12 座墓葬作为分期的基本素材②。依据随葬陶器的共存及组合、同时参照几组叠压打破关系，排列出以下各类典型陶器的演变序列。

彩陶双耳罐

该器类形制较多，此处仅介绍出现率最高的 A 型，它与干骨崖墓地 A 型彩陶双耳罐相同。依其形态变化，此类彩陶双耳罐可分为 3 式，其演变趋势可概括为：高胖—矮胖，折腹—垂腹，腹部彩绘斜线纹由上下等宽—上尖细下宽钝状。有两组打破关系可证 A 型彩陶双耳罐Ⅰ式早于Ⅱ式：如 M153（AⅡ）→M208（AⅠ）、M212（AⅡ）→M107（AⅠ）。根据此器的演变规律，AⅢ应属最晚形态。此外，该器的彩绘花纹还有

① 甘肃省博物馆：《甘肃省文物考古工作三十年》，《文物考古工作三十年（1949～1979）》第 139～153 页，文物出版社，1979 年。
② 火烧沟墓地材料尚在整理之中，征得主持该墓地发掘的张学正先生同意，本文使用了其中 12 座墓葬的资料和少量零散器物，特致谢意！

对称的网格纹和少量的回形纹。

四耳带盖罐

该器肩、腹处对称设置四耳。器盖与器身系同时制作，切割后再烧制而成，故盖与器口咬合面严丝合缝。器盖捉纽多见侧扁的矛头状，也有少量为圆柱或方柱形。该器以夹砂红（或红褐）陶为主，器表多施红衣，绘黑（或棕红）彩几何纹样。依其形态变化，可分为 2 式：Ⅰ式整体呈球形（俯视亦然），盖纽多为单矛式（或圆柱状）；Ⅱ式整体呈椭圆形，俯视亦为椭圆。盖纽变为双矛（或三矛）并列式。依照共存关系间接证实此器Ⅰ式早于Ⅱ式：如 M259 出 AⅢ彩陶双耳罐和Ⅱ式四耳带盖罐，M153 则出 AⅡ彩陶双耳罐和Ⅰ式四耳带盖罐。

豆

均为夹砂红（红褐）陶。除极个别素面外，均施紫红（或黄白）色陶衣，内外绘彩。豆盘为喇叭口状，盘内口沿有一周加厚凸起的台阶。依其形态差异可细分为 5 式。其变化规律可概括为：柄部粗矮—柄部细高。

双大耳彩陶罐

夹砂红陶（或橙黄陶）。器表内外绘浓稠的黑彩网纹、折线纹。双耳扁薄宽大，所见大致分为 2 式：Ⅰ式细腰、较瘦，口部俯视为圆形；Ⅱ式粗腰、较肥硕，口部俯视为椭圆形。

夹砂双耳罐

种类颇多，其中出现率最高者初步分为 A、B、C 三型，它们分别可与干骨崖墓地的 A、B、C 三型夹砂双耳罐相对应。此类夹砂双耳罐以夹砂红（红褐）陶为主，器表均有烟炱。应系炊器。

A 型　器形整体瘦高，有的器表饰杂乱而稀疏的交错绳纹。所见可分为 2 式。Ⅰ式瘦腹较高；Ⅱ式腹部较胖，稍矮。共存关系间接证实Ⅰ式早于Ⅱ式：如 AⅠ式夹砂双耳罐与Ⅰ式四耳带盖罐和Ⅱ式豆共存（M206），AⅡ式则与Ⅲ式彩陶双耳罐和Ⅱ式四耳带盖罐共存（M259）。

B 型　此器多配有器盖。口沿外侧有的饰小鋬状纽，腹部有的饰稀疏的绳纹，双耳贴泥饼状乳丁或刻划"X"形纹。所见亦分为 2 式。其差别主要是比高发生变化，如Ⅱ式较之Ⅰ式更显粗胖。

C 型　通高 16～20 厘米。较之前两型略为高大。器表多饰绳纹。在我们选用的墓例中，该器的变化不明显，大致可看出比高略有变化。据此，该器分为 2 式，Ⅱ式较之Ⅰ式稍显粗矮。

四系罐

所见分为 2 式：Ⅰ式长颈，器形略高，器口稍显内敛；Ⅱ式粗矮，短颈，口缘稍外侈。

腹耳壶

分为彩陶和素面两类。此处以彩陶为准分为 2 式。其演变趋势为，圆肩—溜肩，器形由大—渐小。共存关系间接显示出 I 式早于 II 式：如 II 式腹耳壶与 III 式彩陶双耳罐、II 式四耳带盖罐共存（M259），I 式腹耳壶与 II 式豆、II 式彩陶双耳罐共存（M206）。

盘

浅腹，小平底，与豆盘相同，口沿内有一周加厚凸起的台阶，一侧有一突起的錾，上有两穿孔。个别器物施内彩，多施黄白色陶衣。所见亦分为 2 式：I 式腹壁斜直；II 式腹壁外鼓，有弧度。共存关系间接表明，I 式早于 II 式：如 I 式盘与 A II 式彩陶双耳罐、I 式四耳带盖罐、II 式豆共存（M153）；II 式盘与 A III 式彩陶双耳罐、II 式四耳带盖罐共存（M259）。

依据上述典型陶器型式的划分及其组合关系，现将我们所选用的 12 座墓葬初步分为如下五组：

第一组，以 M208 为代表，典型器代表为 A I 式彩陶双耳罐，I 式四耳带盖罐，I 式豆和 C I 夹砂双耳罐。

第二组，以 M153 为代表。典型器有 A II 式彩陶双耳罐，II 式豆，I 式腹耳壶，I 式四系罐，A I 、B I 夹砂双耳罐和 I 式盘。

第三组，以 M197 为代表。典型器为 III 式豆，I 式双大耳彩陶罐和 C II 夹砂双耳罐。

第四组，以 M93 为代表。典型器有 IV 式豆，II 式双大耳彩陶罐和 B II 夹砂双耳罐。

第五组，以 M259 为代表。典型器有 A III 式彩陶双耳罐，II 式四耳带盖罐，V 式豆，II 式四系罐，II 式腹耳壶，A II 夹砂双耳罐和 II 式盘。

前面提到，我们选用了火烧沟墓地的 12 座墓，在选择材料时，我们曾进行过反复斟酌。包括各墓随葬陶器的数量、种类、共存关系、典型器及地层关系等细节，应该说，以上分组结果大致符合该墓地的陶器演化轨迹。为了克服材料限制可能带来的误差，准确把握火烧沟墓地陶器演变的规律，还有必要在分组的基础上再做如下归纳。

现将 M208、M153 两组合并，组成火烧沟墓地的早期。此期陶器的总体特征较高胖，其中 I 式彩陶双耳罐为折腹作风、腹部彩绘折线纹上下等宽，I、II 式豆的柄部粗矮。

将 M197、M93 两组合并，是为火烧沟墓地的中期。此期陶器较早期在比高上略有下降，但 III、IV 式豆则表现出柄部变细加高的趋势。此期出现双大耳彩陶罐。

M259 为代表的第五组独立构成火烧沟墓地的晚期。此时陶器形态大变，总体特征是矮胖。其中，II 式四耳带盖罐、V 式豆、II 式腹耳壶变化都很明显。此外，III 式彩陶双耳罐的腹部花纹开始变为上尖细、下宽钝形状。

以上归纳的分期结果请见图七。

有关火烧沟墓地的 ^{14}C 测定数据见下表①。

编　号	地　点	5570±30 年为半衰期年代	达曼表校正值
ZK－408	YHT43③:2（木炭）	3300±85B. P. 1350B. C.	3660±135B. P. 1710B. C.
ZK－409	YHT1②（木炭）	3485±100B. P. 1535B. C.	3890±120B. P. 1940B. C.
BK－77008	YHT42③:3（木炭）	3245±100B. P. 1295B. C.	3580±145B. P. 1630B. C.
BK－77010	YHM84（木棒）	3350±100B. P. 1400B. C.	3720±145B. P. 1770B. C.

表中标本除 BK-77010 外，均采自晚于墓葬的遗址文化层②，可见火烧沟墓地的绝对年代大体落在夏代纪年范围内。考虑到火烧沟墓地与干骨崖墓地的年代关系，我们将火烧沟墓地的延续年代大致定在公元前 2000～前 1800 年之间。

（三）火烧沟墓地与干骨崖墓地的关系

在完成了火烧沟和干骨崖两座墓地的分期研究后，一个直观的印象就是，二者的文化内涵显示出强烈的一致性，这表现在如下几方面。

（1）陶器的质地、颜色、制作方法相同。

（2）彩陶的风格、使用的颜料、包括很大一部分花纹母题相同。

（3）共有一批风格独特，为其他文化所不见的陶器种类。

（4）共有一批形态相同的铜制品，如耳环、刀、斧、锥等。

（5）石制生产工具形制相同，如磨制的长方形穿孔石刀、打制的盘状器、手斧等。

（6）共有一批独特的礼乐用具，如玉石权仗头、玉石斧、陶埙等。

（7）均普遍使用蚌壳和兽牙制作的装饰品。

（8）两墓地均发现少量红胶泥制的动物塑像，并用于随葬。

在充分肯定二者文化性质相同的前提下，我们也发现二者有如下一些差异：

（1）随葬陶器组合中，干骨崖墓地不见火烧沟的陶豆、双大耳彩陶罐；火烧沟墓地则不见干骨崖所出的彩陶尊、长方形多子盒、筒形带盖罐和单把杯。

---

① 中国社会科学院考古研究所：《中国考古学中碳十四年代数据集（1965～1981）》，文物出版社，1983 年。

② 甘肃省博物馆：《甘肃省文物考古工作三十年》注㉗，《文物考古工作三十年（1949～1979）》第 152 页，文物出版社，1979 年。

（2）火烧沟墓地陶器中流行的绳纹，干骨崖墓地极少见。

（3）火烧沟墓地出土彩陶占陶器总量的50%，干骨崖墓地为25%。

（4）火烧沟墓地盛行长方形竖穴偏洞墓和土坑墓，一般有单侧的生土二层台，干骨崖盛行长方形竖穴土坑积石墓。

（5）火烧沟墓地随葬细石器较普遍；干骨崖墓地反之。

（6）火烧沟墓地盛行殉牲习俗，多见羊头、羊角、羊腿等；干骨崖墓地很少有此现象。

（7）干骨崖墓地常见的乱骨葬在火烧沟墓地少见。

以上归纳了两墓地的异同，同者，无疑是二者文化性质相同使然；异者，有以下两方面的原因。

（1）空间差。两座墓地相隔百余公里，由于各自所处的地理环境、自然条件的不同，在文化面貌上会产生一定程度的离异。如干骨崖盛行积石墓，正是因为该墓地坐落在丰乐河畔，河床中卵石俯拾即是，这样，当时生活在这里的四坝人便很自然地利用了这一天然资源。深究这一文化现象的背后，可能还隐藏着其他有待揭示的喻义，但从直观的角度看，火烧沟墓地周围根本见不到这种砾石，它也只能因地制宜地采用另一种形式营建墓穴。再如，火烧沟墓地殉牲的习俗，比较普遍地出现细石器的现象，除带有地域色彩外，其背后则暗示着两个地区的经济生活有一定程度的差异。

（2）时间差。随着时间的变迁，一个文化必然会有新因素产生，也会有旧习俗的消亡。如火烧沟墓地盛行的绳纹在干骨崖墓地基本不见，典型陶器中的四耳带盖罐、双大耳罐也是这样。另有一些器形在干骨崖墓地前期尚有孑遗，后期则被淘汰，如A型彩陶单耳罐即是。再有，随葬的陶器从火烧沟到干骨崖有个逐渐小型化的趋势，这一现象在火烧沟晚期已初露端倪，干骨崖时期更加明显。新的因素包括一些新器形的出现，如干骨崖的彩陶尊、长方形多子盒和筒形盖罐等。再有，与火烧沟相比，干骨崖墓地彩陶的比例有所下降。

概而论之，二者的差异仅仅是它们处于同一文化的不同发展阶段的反映。通过图七可以清楚地看到，火烧沟晚期与干骨崖前期的陶器形态基本一致，特别是干骨崖前期的墓葬排列和墓主头向与火烧沟墓地完全相同。而且[14]C的检测结果也与上述分析相吻合。缘此在本章结束之前，我们可得出如下结论。（1）两座墓地的文化性质相同，但时间有别，火烧沟早于干骨崖。（2）两座墓地在时间上前后衔接，并略有交错，其衔接点为火烧沟晚期五段和干骨崖墓地前期一段。

三　河西地区其他四坝文化遗址及其时代归属

以上我们对干骨崖和火烧沟两处四坝文化葬地进行了分期研究，并初步确定了二者的时间先后关系，这为四坝文化的分期奠定了基础。考虑到墓地与遗址往往存在差别（如随葬用品与实际生活用具的差异等），我们另外选择了河西地区其他几处四坝文化的重要遗址，目的是以点的材料扩充四坝文化的内容，并用遗址的实际生活用器弥补葬地明器的某些不足。最后参照干骨崖和火烧沟两地的分期结果，比较各个遗址所涵盖的文化内容以确立它们各自的相对时间位置。

（一）山丹四坝滩遗址

该址位于山丹县城南 5 公里许的石沟河畔（参见图八），系四坝文化的命名地，文化层厚约 0.5 米。1948 年，此处曾出土完整陶器 90 余件及少量石器，并伴出有完整的人骨架、兽骨等。显然是该址所属的一处葬地。50 年代曾对该址陆续做过调查①。1986 年，我们再次复查了该址并采集了少量遗物②。此外，山丹县文化馆藏有少量出土于该址的陶器、石器，加之以往见诸于报道者，现合并介绍如下：

从 1986 年采集的陶片看，该址的陶器以夹砂红褐陶为主。根据一座残破灰坑所出陶片的统计，红陶占 11.2% 、褐陶占 72.5% 、灰陶占 16.1% ；彩陶仅为 4.8% （实际比例应大大高于此数），所见均施紫红色陶衣，绘浓稠的黑（或红）彩，大多绘横竖线组成的几何纹。素陶纹饰有刻划纹、附加堆纹、乳丁及少量绳纹。主要器类有双耳罐、壶、单耳罐、器盖和单把杯，还见有羊角耳壶和圈足器残片。

石器多为打制的手斧、盘状器、砍砸器、环状穿孔石锄、石磨棒和石杵。石刀均为磨制，长方形，一端有刃，所见有单孔、双孔和四孔之分（图二）。

采集品中未见铜器，但据当年路易·艾黎介绍，这里曾出土过金耳环和铜刀③。

该址出土的完整器较多，均为采集品。经初步排比，大致可分为如下三期。

第一期，约相当于火烧沟早中期。如腹耳壶（A－02）、彩陶双耳罐（54.5.42）形态分别与火烧沟的 I 式壶和 II 式彩陶双耳罐相同。该址采集 1 件羊角耳壶残片（86－006），双耳上端与器口平齐，与火烧沟早期同类器（M212:3）相似。另有 1 件圈足器残件（1956 年采），似应为豆，圈足宽大，与火烧沟 I 式豆特征相同。

第二期，相当于火烧沟晚期和干骨崖前期。如 1948 年出土的 1 件彩陶双耳罐（编号不详，参见《考古学报》1960 年第 2 期《甘肃古文化遗存》图版柒，6），形态介于干骨崖 A I 、A II 彩陶双耳罐之间，另有 1 件素面单耳罐（A－03）与干骨崖 AII 素面单耳

---

① 安志敏：《甘肃山丹四坝滩新石器时代遗址》，《考古学报》1957 年第 3 期第 7~16 页。

② 甘肃省文物考古研究所、北京大学考古学系：《河西走廊史前考古调查报告》，文物出版社，待刊。

③ 同①。

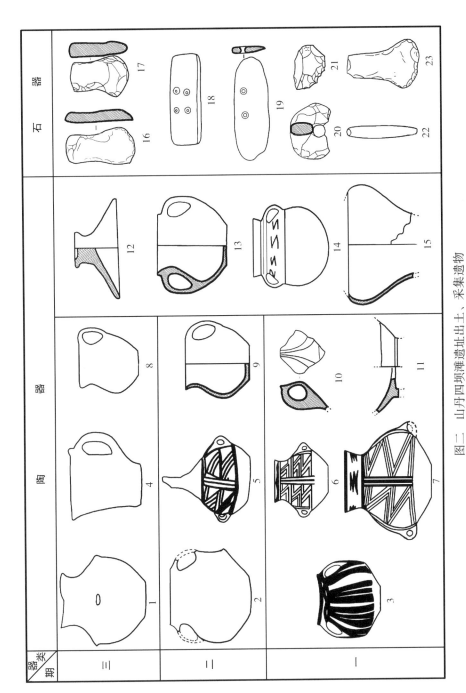

图二　山丹四坝滩遗址出土、采集遗物

1～3. 彩陶双耳罐（54.5.20、54.?、54.5.42）　4. 陶单把杯（54.5.80）　5. 彩陶带盖罐（54.5.76）　6、7. 彩陶腹耳壶（54.5.72、A－02）　8、9.
素面单耳陶罐（54.5.90、A－03）　10. 陶羊角耳壶（86－006）　11. 陶豆（残片）（56.采）　12. 陶器盖（86－001）　13、14. 陶双耳罐
（56.采.?）　15. 陶瓮（残）（86－002）　16、17、23. 石斧（A－06－3、A－05－2、54.2.31）　18、19. 石刀（54.2.51、A－09－2）　20. 穿孔石器
（A－010－1）　21. 石盘状器（56.采）　22. 石磨棒（54.2.42）

罐相似。再有，四坝滩所发表的器物中仅见一例腹耳带盖罐（54.5.76），该器肥矮，彩陶花纹草率。应为该类器的晚期形态。

第三期，相当于干骨崖后期。如1948年出土的1伴残缺双耳的彩陶罐（54.5.20），细颈，小口，腹部乳突位于腹上部双耳下，形态与干骨崖AⅢ彩陶双耳罐相同。单把杯为干骨崖后期出现的典型器，虽然四坝滩所见单把杯（54.5.80）与干骨崖所出形制有别，但在时间上应大致相同。

（二）民乐东灰山遗址和墓地

该址位于民乐县六坝乡东约3公里（参见图八）。系戈壁荒滩中一南北走向、高约5米的沙土丘。此丘范围即是遗址区，其东北部为墓地。遗址面积约为400×150平方米①，文化层厚1~2米。东灰山遗址最初发现于1958年②，1986年再次复查。

1. 遗址区

采集陶片均系夹砂质，以红色为主，约占62.8%，褐陶占26.6%，余者大多为灰陶。彩陶较多见，涂料浓稠，有黑红两种颜色，花纹母题多为几何形。器表多施紫红色陶衣，少量施黄白色陶衣。素陶器表常见刻划纹、绳纹、戳印纹、附加堆纹。器类以各种双耳罐、单耳罐、壶和器盖为主，还有陶豆、长方形带盖盒（有的附有四足）和四耳罐等。

石器主要是打制的盘状器、手斧和石球。盘状器制作规范，一面往往保留有砾石表皮，还见到磨制的研磨器（石臼）（图三）。

2. 墓葬区

最初因当地修筑水渠，正好从墓地通过而发现。渠内断壁上暴露现象很多，所见墓葬为长方形竖穴土坑，排列密集，基本为东—西走向。墓内人骨多凌乱不堪。每墓随葬陶器约3件，比较有规律。铜器很少，所见有刀、锥及耳环等小件。

这里曾采集到两座墓的随葬陶器组合，所出腹耳壶形态与火烧沟早期Ⅰ式壶一致。采集的陶豆均系残件，喇叭口状浅盘，细柄、实心，形状与火烧沟Ⅲ、Ⅳ式豆相近。看来，东灰山墓地的年代大致与火烧沟墓地相当。但后者所拥有的双大耳彩陶罐在这里一件不见，反之，这里随葬的长方形带盖盒火烧沟也从未见到（图三）。

---

① 据后来出版的《民乐东灰山考古——四坝文化墓地的揭示与研究》第4页介绍，东灰山遗址的面积为600×400平方米。

② 宁笃学：《民乐县发现的二处四坝文化遗址》，《文物》1960年第1期第74~75页。

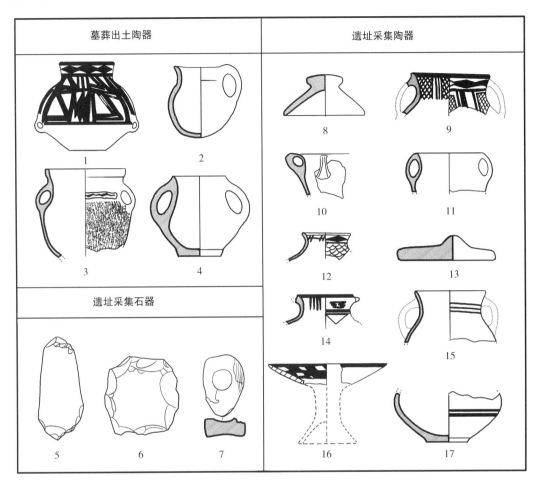

图三 民乐东灰山遗址采集遗物

1. 腹耳彩陶壶（86MD－M1：2） 2. 素面单耳陶罐（86MD－M1：3） 3. 夹砂双耳陶罐（86MD－M1：1） 4、11、15. 素面双耳陶罐（86MD－M1：4、86MD－045、86MD－038） 5. 石斧（86MD－072） 6. 石盘状器（86MD－070） 7. 石臼（86MD－073） 8、13. 陶器盖（86MD－005、86MD－041） 9. 双耳彩陶罐（残）（86MD－033） 10. 陶羊角耳罐（86MD－007） 12、14. 小口彩陶罐（86MD－020、86MD－019） 16. 彩陶豆（86MD－059） 17. 彩陶罐底（86MD－012）

（三）民乐西灰山遗址

该址位于民乐县六坝乡以西约15公里的戈壁滩中（参见图八）。今四周人迹罕至，遗址所在地亦为一凸起的圜形土丘，周围有自然的季节性泄洪道。文化层厚约1～1.5米。该址1958年发现①。1986年再次复查。

① 宁笃学：《民乐县发现的二处四坝文化遗址》，《文物》1960年第1期第74～75页。

遗址采集陶片以夹砂红、褐陶为主，二者各占40%，少量灰陶，占13.2%，器类除大量双耳罐外，还有羊角耳壶、盘、器盖等。彩陶约占24.1%。

石器主要是打制的盘状器，数量很大，遗址地表几乎俯拾即是。此外亦有打制的手斧、略经磨制的石刀半成品、石铲、石磨棒等。铜器少见，所见有刀、削一类小件残片。

该址的文化内涵与东灰山极为相近，表明二者的时代大致相同。但该址采集有一件筒形带盖罐口沿，或许表明该址下限延至干骨崖前期。此外，一种覆钵状器盖也为火烧沟和干骨崖所不见（图四）。

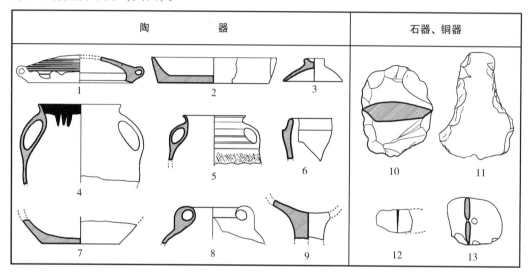

图四　民乐西灰山遗址采集遗物

1. 覆钵状彩陶双耳器盖（86MX－005）　2. 陶盘（86MX－029）　3. 陶器盖（86MX－003）　4. 彩陶双耳罐（86MX－032）　5. 夹砂双耳陶罐（86MX－020）　6. 陶筒形盖罐（残）（86MX－026）　7. 陶器底（86MX－018）　8. 陶羊角耳罐（86MX－006）　9. 陶豆柄（86MX－035）　10. 石盘状器（86MX－046）　11. 石斧（86MX－045）　12. 铜刀（残）（86MX－061）　13. 石刀坯（86MX－049）

（四）玉门沙锅梁遗址

该址位于玉门市花海乡金湾大队西北约4公里的戈壁沙漠中（参见图八）。其中心位置有一直径约10米、高约4~5米的圜状沙丘，以此丘为中心，直径约300米范围内地表遍布陶片、石器。经探查，地表以下的沙土灰层中含有少量陶片和石器。但总的看来，该址已被风沙严重毁坏，地表石器、陶片大多已被磨圆，表层脱落。1986年在该址调查中，采集一批陶片、石器、细石器等（图五）。此外，玉门镇文化馆曾在该址采集、征集到一批遗物，在此一并介绍如下：

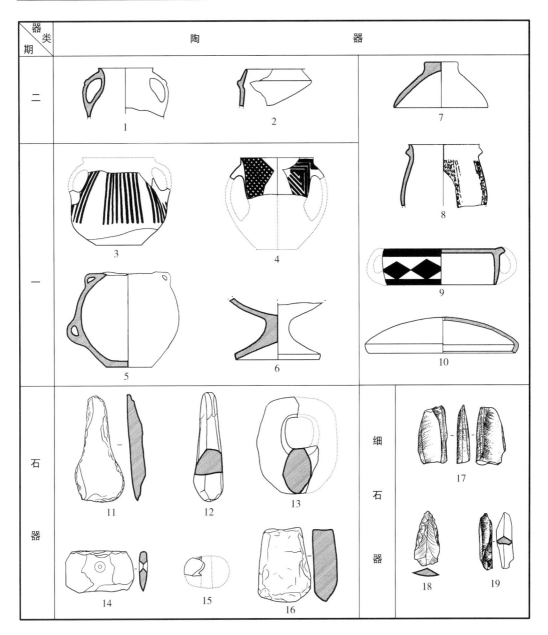

图五　玉门沙锅梁遗址采集器物

1. 夹砂双耳陶罐（86YS－016）　2. 陶筒形带盖罐（86YS－019）　3. 彩陶双耳罐（YS－A002）　4. 彩陶双
大耳罐（86YS－011）　5. 陶四耳带盖罐（盖失）（YS－A001）　6. 陶豆（86YS－013）　7. 陶器盖（86YS－
035）　8. 夹砂鋬纽陶罐（86YS－032）　9. 陶筒形盖罐器盖（86YS－007）　10. 陶覆钵状器盖（86YS－
008）　11、16. 石斧（86YS－070、YS－A014）　12. 石槌（86YS－068）　13. 圜状穿孔石器（86YS－077）
14. 石刀（YS－A008）　15. 玉石权杖头（残）（YS－A017）　17～19. 细石器（86YS－109、86YS－119、
86YS－106）

据 1986 年采集品的统计结果，沙锅梁遗址的夹砂褐陶占 44%，砂红陶占 33.6%，砂灰陶占 22.4%。这其中包括少量的细砂红陶、细砂褐陶、细砂红皮灰胎陶和极少量的夹砂白陶。彩陶约占 25%，均施紫红衣，绘浓黑彩，大多被风沙剥蚀殆尽，纹样不清。素陶纹饰，主要有刻划纹、压印纹、凹弦纹、绳纹、乳丁和附加堆纹。可辨器形有各类双耳罐、带鋬罐、腹耳壶、器盖等。此外，玉门镇文化馆采集有彩陶双耳罐、四耳带盖罐和单耳彩陶罐等。

石器以打制为主，有手斧、石锤、石球、盘状器、石铲、环状穿孔石锄等。石刀均系磨制，较粗糙，长方形，有单孔、双孔之别。大型石磨盘较多见，花岗岩质料，长方形，磨面因长期使用呈马鞍形。此外还发现有玉石权杖头、玉斧、陶纺轮和绿松石饰件等。

该址出土相当数量细石器，多系燧石、石英一类质料。所见有长条形石叶、小型尖状器、石镞、刮削器和石核。

沙锅梁遗址位于火烧沟之北，二者相距最近，经初步比较，该址遗物大致分为如下两期：

第一期，相当于火烧沟墓地中期。如藏于玉门镇的彩陶双耳罐（YS - A002）和四耳带盖罐（盖失，YS - A001），形态分别与火烧沟墓地的 AⅡ式彩陶双耳罐和Ⅰ式四耳带盖罐相近。此外，该址采集到 1 件双大耳彩陶罐残件（86YS - 011）、1 件残陶豆（86YS - 013），其形态分别同于火烧沟的Ⅰ式双大耳彩陶罐和Ⅲ式豆。

第二期，相当于干骨崖墓地前期。据目前所知，完整的筒形带盖罐仅见于干骨崖前期第二段。沙锅梁发现有同类器残件（86YS - 019）和盖（86YS - 007），看来沙锅梁应有这一时期的内容，因为采集品中还见到与干骨崖 BⅡ夹砂双耳罐相同的残器（86YS - 016）。此外，该址还出土有覆钵状器盖（86YS - 008）等。

（五）安西鹰窝树遗址

该址位于安西县城东南 50 公里（直线距离），其西南约 10 公里为桥子乡北桥子村。遗址与墓地相距较远，遗址区偏南，为一四周隆起、高约 3 ~ 4 米的环状沙丘，直径约 30 米。地表散见有陶片及大型的石磨盘、石磨棒，地表以下为松软的黑褐色灰土层。其地理环境与玉门沙锅梁遗址相似。

墓地在遗址以北约 2 公里深处的荒滩上，南部边缘地带地势稍低，地表覆盖有细小的灰黑色砂砾，由此向北地表散见被风沙吹出的陶片、蚌饰、小件铜器残件及石器等随葬品。1986 年秋季，我们在此清理了已经暴露出地表的墓葬 3 座，并采集、征集到一批陶器。此外，安西县文化馆曾在北桥子村征集一批陶器和装饰品。今合并一处介绍如下，以下所选材料均出自墓葬区。

陶器以夹砂红陶为主，占 65.9%，黑灰陶、褐陶各占 17%。彩陶占 29.7%，均系夹细砂之红陶，施紫红色陶衣，绘浓黑彩。图案多为几何形。器类所见有双耳罐、单耳罐、四系罐、器盖及双耳盆等。

鹰窝树清理的三座墓葬每墓随葬陶器 3~4 件，有双耳罐、单耳罐。小件器物有陶纺轮、长方形穿孔石刀、金耳环、铜耳环、铜联珠饰、蚌饰及各种石珠和海贝。墓葬形制不明，无葬具痕，随葬品集中一堆放置，但无人骨架。考虑有以下几种原因：第一，土壤沙化严重，加上自然力破坏，墓葬多已裸露地表，其形制遭到破坏而无法判明。第二，当初即没有营建规整的墓穴。第三，三座墓内均不见人骨，墓葬区范围内也不见暴露的人骨。可是墓中随葬的蚌壳饰品多完好无损，此类物质成分与人骨相近，故不存在土壤含酸性过高将人骨腐蚀殆尽之可能。而且该地区只能是盐碱性土壤，对人骨破坏性并不大。看来该墓地也许有存在火葬习俗的可能，或者有与其他四坝文化遗址完全不同的葬俗，这还有待进一步证实。

该墓地出土完整器颇多，初步排比可分为如下三期。

第一期，相当于火烧沟墓地早、中期。可类比的器形有 B 型彩陶双耳罐（86AY-Ⅰ-007）、夹砂双耳罐（86AY-Ⅰ-023），其中后者的绳纹装饰、器口外沿饰小錾纽的作风与火烧沟 BⅠ 夹砂双耳罐相近。另一件双耳罐（86AY-Ⅱ-3）与东灰山 86M1∶4 完全一致。后者的年代相当于火烧沟墓地早期阶段。

第二期，相当于干骨崖墓地前期。鹰窝树 M3 出土有 A 型彩陶双耳罐、A 型夹砂双耳罐，它们分别与干骨崖 AⅠ 彩陶双耳罐、AⅡ 夹砂双耳罐一致。此外，鹰窝树 M1 所出 B 型彩陶双耳罐和采集的单耳罐（86AY-Ⅰ-022）、四系罐（86AY-Ⅰ-016）与干骨崖前期同类器一致。另见一件羊角耳彩陶壶（86AY-Ⅰ-001）双耳低于器口，与干骨崖前期 M19 所出同类器形态接近。

第三期，可类比的器形仅有 1 件单耳罐（86AY-Ⅰ-024）、1 件四系罐（86AY-Ⅰ-017），前者瘦腹、大口，后者形态亦瘦高，是为干骨崖墓地后期作风。它们应是鹰窝树墓地晚期阶段的代表（图六）。

四 四坝文化的分期、分布及基本特征

（一）四坝文化分期

通过对河西走廊重要的四坝文化遗址的初步研究，我们发现，第三部分所述各遗址的文化内涵均未超出火烧沟和干骨崖两墓地所涵盖的内容。这表明，这两墓地所反映的文化面貌及时间跨度基本构成了四坝文化从早到晚，由盛至衰的全过程。鉴于此，我们以火烧沟和干骨崖两座墓地为主干，同时参考其他遗址的一些内容，初步将四坝文化整合为五期（图七）。

第一期，是为四坝文化的形成期。火烧沟墓地早期为其代表，山丹四坝滩、民乐东灰山及西灰山等遗址包含有这一时期的内容。本期典型陶器以火烧沟 AⅠ、AⅡ 式彩陶双耳罐，Ⅰ式四耳带盖罐，Ⅰ式四系罐，Ⅰ式腹耳壶和Ⅰ、Ⅱ式豆为代表。在我们选用的墓例中，属于此

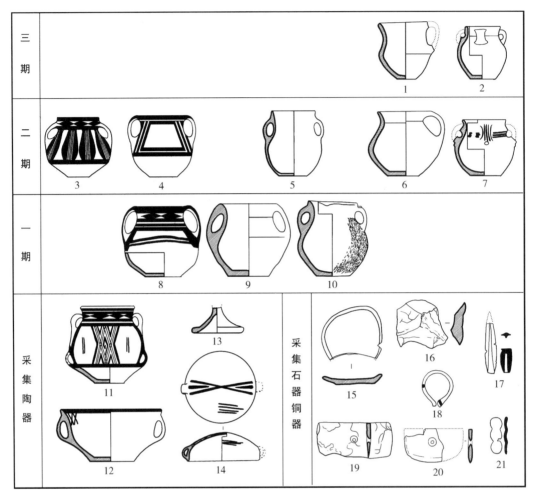

图六　安西鹰窝树墓地出土及采集遗物

1、6. 素面单耳陶罐（86AY－Ⅰ－024、86AY－Ⅰ－022）　2、7. 陶四系罐（86AY－Ⅰ－017、86AY－Ⅰ－016）
3、4、8. 双耳彩陶罐（86AYM3：3、86AYM1：2、86AY－Ⅰ－007）　5、9、10. 夹砂双耳陶罐（86AYM3：2、
86AY－Ⅱ－3、86AY－Ⅰ－023）　11. 羊角四耳彩陶罐（86AY－Ⅰ－001）　12. 双耳彩陶盆（86AY－Ⅰ－002）
13. 陶器盖（86AY－047）　14. 覆钵状彩陶器盖（86AY－045）　15. 石磨盘（86AY－044）　16. 石刮削器
（86AY－026）　17. 铜镞（86AY－004）　18. 铜耳环（86AYM3：5）　19、20. 石刀（86AY－019、86AY－
018）　21. 铜三联珠（86AYM1：13）

期的墓所出铜器有刀、匕、耳环、镞等，其中 M212 还出有金耳环 2 枚，足见铜器在此时
已不算什么贵重之物。这一时期的墓葬排列基本为东西向，墓主头向东方。

　　第二期，是为四坝文化的兴盛期。火烧沟墓地中期为其代表。河西所发现的四坝文
化遗址大多都有这一时期的内容。其典型陶器包括火烧沟BⅡ、CⅡ夹砂双耳罐，Ⅲ式、
Ⅳ式豆和Ⅰ式、Ⅱ式双大耳彩陶罐等。本期铜器小件种类有刀和耳环。墓葬排列仍为东

西向，墓主头向东方。

第三期，四坝文化兴盛期。由火烧沟晚期和干骨崖前期一段联合构成。安西鹰窝树墓地及玉门沙锅梁、民乐西灰山、山丹四坝滩、高台红崖子等遗址有这一时期的内容。典型陶器为火烧沟AⅢ式（干骨崖AⅠ）彩陶双耳罐，Ⅱ式四耳带盖罐，Ⅴ式豆，Ⅱ式腹耳壶，Ⅱ式四系罐，干骨崖AⅠ、BⅠ、CⅠ夹砂双耳罐等。铜器小件种类与前期相同，墓葬排列、头向亦与前两期相同。

第四期，亦为四坝文化兴盛期。干骨崖墓地第二段为其代表。安西鹰窝树、玉门沙锅梁等遗址有这一时期的内涵。典型陶器代表为干骨崖AⅡ彩陶双耳罐、筒形带盖罐、BⅠ彩陶单耳罐等。铜器种类有刀、耳环、锥、斧等。本期墓葬排列仍以东西向为主。墓主头向东方。

第五期，为四坝文化衰落期。主要由干骨崖第三、四两段构成。山丹四坝滩、安西鹰窝树有少量这一时期的内涵。典型陶器为干骨崖AⅢ、BⅢ彩陶双耳罐，AⅢ、AⅣ、BⅢ夹砂双耳罐，彩陶双耳尊，长方形多子盒和单把杯等。用于随葬的铜器种类和数量急骤减少，所见有刀、锥、三联珠和耳环等。此期墓葬排列方向一变而为南北向，墓主头向南或略偏西。

综合上述分期结果，以火烧沟墓地为代表，是为四坝文化的上行发展阶段，以干骨崖墓地为代表，为四坝文化下行衰落阶段。根据[14]C测定的数据，四坝文化大致形成于公元前2000年，约在公元前1600年开始逐渐衰落下去。

（二）四坝文化的分布和基本特征

据目前掌握的资料，四坝文化分布的东界可明确到山丹，西界则延伸到安西县城东侧的疏勒河南岸，南抵祁连山麓北坡，北至巴丹吉林沙漠的西南缘。考虑到武威一带所透露出的某些信息，四坝文化极有可能东进至武威一线，果如此，这里也只能是四坝文化东界的极限了。在西端，安西县城西侧的疏勒河下游尚未进行详细调查，但这里绝不可能是真空地带，从逻辑上推测，这里也是四坝文化可能分布的区域。至于敦煌绿洲，尚无线索可寻。总之，在东西长达千里，南北逾百里的河西走廊，四坝文化有着广泛的分布（图八）。按本文的分期标准，四坝文化从形成到兴盛这一阶段的内涵，从东到西均有反映，四坝文化衰落时期的内容，除东部的四坝滩遗址有少量线索外，主要体现在西部的干骨崖遗址，鹰窝树也有少部分。当然，这仅仅是就现有材料得到的初步印象。

四坝文化的基本特征可概括如下：

第一，陶器基本为夹砂陶，质地较粗糙。颜色以红、褐为主，彩陶比重占陶器总量的1/4以上，最高者达50%。彩陶涂料有黑、红两种，其质浓稠，凸出于器表。盛行紫红色陶衣，亦有一定数量的黄白色陶衣。花纹图案富有区域特征。陶器种类以各种带耳的罐、壶为大宗。典型器有彩陶双耳罐、切割口的四耳带盖罐、腹耳壶、四系罐、带

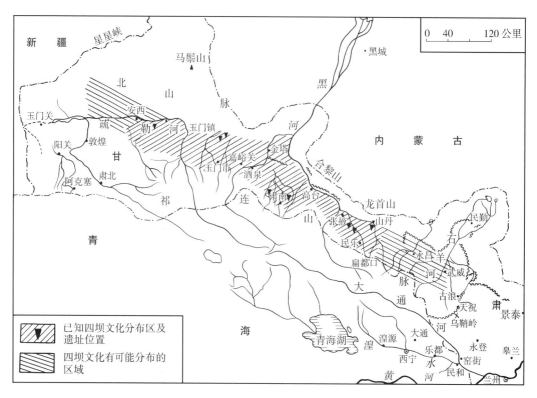

图八　四坝文化分布示意图

鏊盘、筒形盖罐、豆、彩陶尊、长方形盒、羊角耳壶及大量形制各异的器盖。素陶多见刻划压印纹、乳丁纹、绳纹和附加堆纹。无论彩陶还是素陶纹饰，最常见一种变化的"N"、"Z"形纹。随时间的推移，四坝文化的陶器形态大体经历了由较高胖—矮胖—瘦高的趋势。愈到晚期，陶器类别愈单调。此外，生活区与墓葬区的陶器有比较明显的区分，前者的器物一般形体较大，火候较高，强调实用。后者的随葬器一般个体稍小，火候略低，颇具象征性。这在干骨崖、东灰山和四坝滩等地均有所反映。表明当时人们对实用器与冥器的制作已有所区别。但在器类、彩陶及花纹图案的选择上，并无生前与冥世的严格区分，往往是墓中随葬的器形和彩陶花纹在生活区也有发现。

　　第二，石器的种类有斧、刀、锤、盘状器、磨盘、磨棒、臼、穿孔石锄、石球及磨石等。最习见者为打制的手斧和盘状器。手斧较厚重，一般有便于捉握的手柄，略突出的双肩（有的呈亚腰形）及打制出的弧形刃，便于砍砸。盘状器多系砾石剥片，单面加工，制作颇规范，其用途当与手斧同。磨盘、磨棒多为花岗岩质料，个体大而厚重，长条形，磨面呈马鞍形。以上数类打制石器基本不用于随葬，仅见于生活区。大量见到的磨制石器为长方形穿孔石刀，一般磨制不佳，一端有刃，大多穿一两个孔，山丹四坝滩曾发现有四孔者，这类石刀往往用于随葬。

在玉门沙锅梁和火烧沟发现有相当数量的细石器，而且用于随葬，干骨崖墓地也有少量发现。

第三，铜器种类颇多，主要有刀、削、镞、锥、斧等小件及耳环类装饰品，也有少量工艺比较复杂者，如四羊首权标、有銎铜斧等。总之，铜器的使用比较普遍，而且部分墓主已使用金、银装饰品。

四坝文化的铜器形态明显带有北方草原的风格。其中，骨柄铜锥与南西伯利亚米奴辛斯克盆地铜石并用时代的奥库涅夫文化所出相同①。有銎铜斧后来也见于鄂尔多斯高原和西伯利亚左近②。这证明当时整个大北方文化交往十分广泛。需要强调的是，四坝文化所拥有的铜器不仅数量多，形态复杂，而且年代也比较早。目前，仅在火烧沟发现了铸造铜器的石范。尚不能全面了解当时铸造业的详细情况，但根据四坝文化各遗址普遍发现铜器，而且以青铜为主的事实③，证明当时的生产力水平已发展到一个较高的阶段。以四羊首权标为代表标志着四坝文化已拥有制造复杂器物的实力。

第四，礼、乐器及装饰品。在火烧沟、干骨崖、沙锅梁等遗址均发现有玉石权杖头、玉石斧一类用于表示权力、身份和社会地位的仪礼用具。玉石权杖头圆形，中间穿孔，孔径一端大、一端小。玉石斧有的根本无刃，毫无实用价值。此类器物用料考究、制作精细，而且火烧沟还发现有铜铸的权标。四坝文化陶埙制作的十分出色，而且很精致，埙体作扁圆形，整体似肥硕的鱼形，周身绘彩。一般有一个吹孔，三个音孔，可以吹奏出简单的音节。有研究者指出，当时已经有了比较清楚的七声音阶概念④。

装饰品中比较习见各种铜耳环、绿松石饰和各类石珠。最常见的为一种蚌壳饰和兽牙饰。前者将蚌壳略加打磨、穿孔即用，或佩挂，或镶嵌于陶器表面（最贵重者用绿松石镶嵌），后者亦为穿孔后作为服装佩挂之物。

四坝文化的另一特点是除骨针（包括装针用的骨管）外，基本不见骨制品。这大概与铜制工具的广泛使用有密切关系。

第五，迄今为止，已经发掘了火烧沟、东灰山⑤和干骨崖三处四坝文化的墓地。由

① 马克西缅科夫：《关于米奴辛斯克盆地青铜时代分期问题的现状》，《考古学参考资料（6）》第81～103页，文物出版社，1983年。
② 田广金等：《鄂尔多斯式青铜器》，文物出版社，1986年。
③ 北京钢铁学院冶金史组：《中国早期铜器的初步研究》，《考古学报》1981年第3期第287～302页。
④ 吕骥：《从原始氏族社会到殷代的几种陶埙探索我国五声音阶的形成年代》，《文物》1978年第10期第54～61页。
⑤ 1987年5月，甘肃省文物考古研究所、吉林大学考古系正式发掘了民乐县东灰山墓地。参见甘肃省文物考古研究所、吉林大学北方考古研究室：《民乐东灰山考古——四坝文化墓地的揭示与研究》，科学出版社，1998年。

于所处地理位置的不同，上述墓地在墓葬形制、丧葬习俗上有所区别，如火烧沟墓地流行竖穴偏洞墓和竖穴土坑墓，有相当一部分在墓底一侧有单侧的生土二层台，少量用木棒封门，或在墓底铺垫草席，绝大多数为单人仰身直肢葬，少量侧身屈肢或俯身葬，合葬墓不多，其中有少量相互叠压的合葬墓①。干骨崖墓地则以长方形竖穴土坑积石葬为主体，大多数墓坑内与填土中放置数量不等的砾石，有的砾石排成石椁状，下压人骨。葬式比较复杂，乱骨葬及多人合葬较常见，也有极少数叠压合葬。这里单人仰身直肢葬往往将上肢骨骼有意识地进行扰乱。此外，还见到割体葬仪的实例，如将人的指骨一节取下放置在随葬的陶罐内。东灰山墓地则为清一色的长方形圆角土坑墓，无葬具，一端有龛，内置随葬品。墓主骨架凌乱不堪，且不完整，盛行男女二人合葬。此外，安西鹰窝树墓地不见人骨的现象或许暗示该址存在火葬或其他特殊的埋葬习俗。

由于至今尚未发掘四坝文化居址，对于该文化的房屋建筑、村落布局等聚落方面的内容知之甚少。东灰山遗址曾见有日晒砖残块②，干骨崖也发现少量似砖的陶碎块③，表明当时已掌握并使用了简易砖结构的房屋建筑。另在干骨崖遗址地表发现有用砾石垒砌的房屋院墙残迹，在遗址灰层下发现有直径 10 余厘米的柱洞。可见，各个遗址因所处地域、自然环境的不同。房屋的营建方式和用材或许有一些差异。

第六，根据对火烧沟墓地人骨的人种成分研究，证实四坝人与步达生所测的甘肃史前组比较接近，与安阳殷墟中小墓组更为接近。在现代各种蒙古人种中，他们和东亚人种最密切。这一事实说明，至少在甘肃境内，从新石器时代到青铜时代的居民，在体质类型上没有发生明显变化，他们在组成现代华北居民的体质形态过程中，起到了重要作用④。

五　四坝文化源流之探讨

（一）四坝文化的来源

自火烧沟墓地发掘后，有人认为，火烧沟墓地的（彩陶）"花纹承袭马厂类型，器形与皇娘娘台齐家文化接近"⑤。"从（火烧沟）大量出土的陶器特点分析，所受齐家

---

① 甘肃省博物馆：《甘肃省文物考古工作三十年》，《文物考古工作三十年（1949～1979）》第316～326 页，文物出版社，1979 年。
② 据主持东灰山发掘的许永杰同志见告，曾在该址发现有日晒砖残块，因该址范围内不见晚于四坝文化的遗存，故此砖应属四坝文化。参见甘肃省文物考古研究所、吉林大学北方考古研究室：《民乐东灰山考古——四坝文化墓地的揭示与研究》，科学出版社，1998 年。
③ 甘肃省文物考古研究所、北京大学考古学系：《酒泉干骨崖》，文物出版社，待刊。
④ 韩康信、潘其风：《古代中国人种成分研究》，《考古学报》1984 年第 2 期第 245～263 页。
⑤ 同①。

文化的影响是很深的"①。上述看法，本文准备通过具体的比较分析后作出回答。鉴于四坝文化分布在河西走廊这样一个带有很大封闭性的地理单元之内，我们所比较的对象也限定在这一空间范围内。

1. 四坝文化与"河西马厂类型"②的关系

首先我们注意到，在一些典型的四坝文化遗址伴存有少量马厂时期的遗物，或者在四坝文化遗址附近分布有马厂时期的遗存。如四坝滩遗址曾出土过马厂的长颈彩陶壶③。东灰山遗址发现有少量马厂时期的彩陶片④。1987 年，在发掘干骨崖墓地时，在十余座墓的填土中发现有马厂（或相当于马厂）的彩陶片⑤。特别是在酒泉下河清遗址曾发现四坝文化叠压马厂的地层关系⑥。上述现象表明，在河西走廊，马厂文化的分布范围与四坝文化大面积重合。已知马厂的年代早于四坝文化。而且 ^{14}C 数据也证实二者的年代大致是先后相续的⑦。故河西的马厂类型文化是我们追寻四坝文化来源的重要目标。

通过图九，我们将四坝文化早期阶段的典型器与河西马厂的同类器进行了比较，不难看出，它们除了器形相似外，甚至河西马厂中某些彩陶的纹样、陶器腹部的乳突、口缘外的小鋬纽等特征在四坝文化中都有所保留。虽然四耳带盖罐这种器形在河西马厂遗址中未曾发现，但在河湟地区⑧、如青海柳湾⑨等地曾有大量出土，其形态与四坝文化同类器十分接近，甚至包括切割器盖的作风也完全相同，只是柳湾所出的同类器形体较大，陶质也比四坝的要好。看来，此器也只能从马厂的文化因素中寻找源头。

四坝文化在埋葬习俗上保留有不少河西马厂的遗传因子。以永昌鸳鸯池墓地⑩为例，

---

① 甘肃省博物馆：《甘肃省文物考古工作三十年》，《文物考古工作三十年（1949～1979）》第 316～326 页，文物出版社，1979 年。

② 鉴于河西走廊的马厂类型文化有比较独特的面貌，本文称之为"河西马厂类型"，永昌鸳鸯池墓地为其代表。

③ 安志敏：《甘肃山丹四坝滩新石器时代遗址》，《考古学报》1957 年第 3 期第 7～16 页。

④ 甘肃省文物考古研究所、北京大学考古学系：《河西走廊史前考古调查报告》，文物出版社，待刊。

⑤ 甘肃省文物考古研究所、北京大学考古学系：《酒泉干骨崖》，文物出版社，待刊。

⑥ 甘肃省博物馆：《甘肃古文化遗存》，《考古学报》1960 年第 2 期第 11～52 页。

⑦ 马厂类型文化的 ^{14}C 数据大致落在公元前 2300～前 2000 年，请参见张学正等：《谈马家窑、半山、马厂类型的分期和相互关系》，《中国考古学会第一次年会论文集》第 50～71 页，文物出版社，1980 年。

⑧ 指青海东部至甘肃兰州的黄河流域和湟水流域一带。

⑨ 青海省文物管理处考古队等：《青海柳湾》，文物出版社，1984 年。

⑩ 甘肃省博物馆文物工作队等：《甘肃永昌鸳鸯池新石器时代墓地》，《考古学报》1982 年第 2 期第 199～227 页；又《永昌鸳鸯池新石器时代墓地的发掘》，《考古》1974 年第 5 期第 299～308 页。

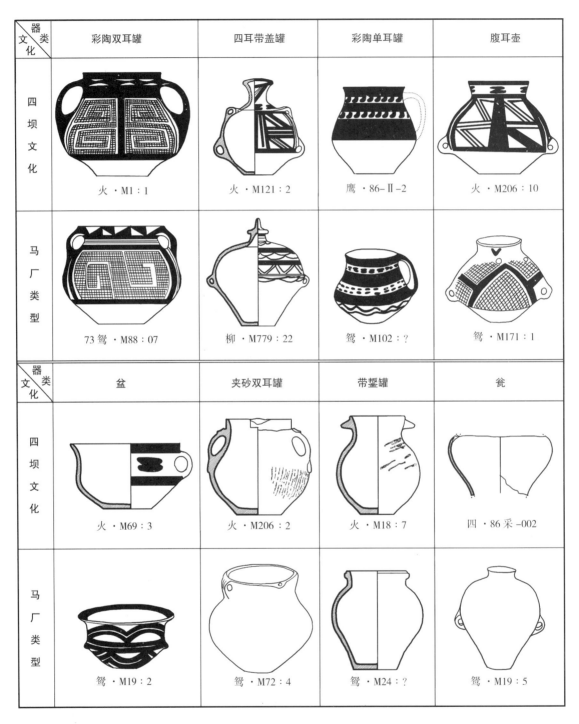

图九　四坝文化与河西马厂类型陶器比较

注：火 = 火烧沟，鸳 = 鸳鸯池，鹰 = 鹰窝树，柳 = 柳湾，四 = 四坝滩

此地马厂墓流行竖穴土坑墓，也有少量偏洞室墓。墓向呈东西排列，墓主头朝东或稍偏南。葬式大多为仰身直肢，还有侧身屈肢及少量二次葬，随葬品一般放置于头部周围或上肢两侧。以上种种习俗与四坝文化葬俗有很大的共性。还有，鸳鸯池墓地也发现有割体葬俗和在填土中随葬陶罐的现象，这在火烧沟、干骨崖均有相同的例证。

但是，现有材料表明马厂与四坝之间还存在缺环，甚至在有些方面还有较大的差距。如四坝文化陶器普遍粗糙、彩陶施彩浓稠，石器以打制的手斧和盘状器为主等。看来，二者之间还缺少一个过渡的中间环节。再有，就是四坝文化的经济生活方式有可能发生了一定程度的变化。这也导致二者的文化面貌可能在短期内拉大了距离。

2. 四坝文化与齐家文化的关系

在四坝文化中确实夹杂着一部分来自齐家的文化因素。以火烧沟墓地为例，这里的双大耳彩陶罐、陶豆和夹砂绳纹罐即是（图一〇）。

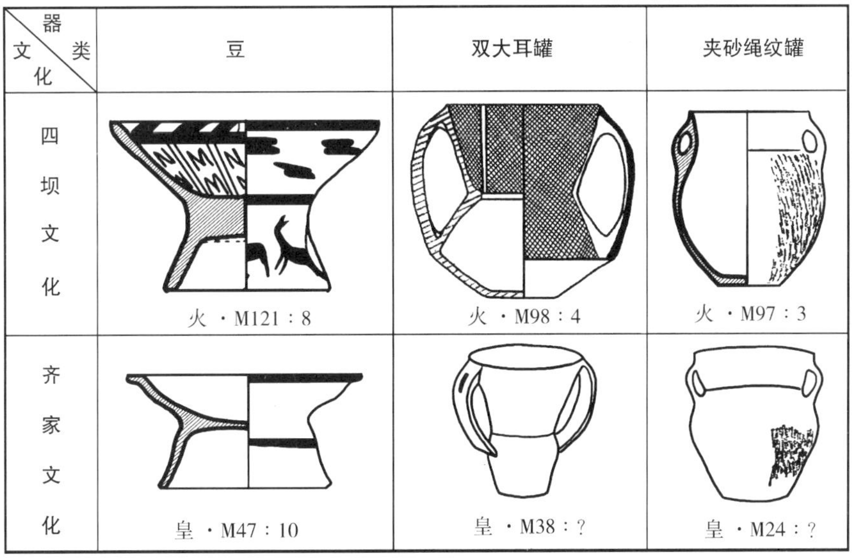

器类 文化	豆	双大耳罐	夹砂绳纹罐
四坝文化	火·M121∶8	火·M98∶4	火·M97∶3
齐家文化	皇·M47∶10	皇·M38∶？	皇·M24∶？

图一〇　四坝文化中的齐家文化因素

火＝火烧沟，皇＝皇娘娘台

双大耳罐可谓齐家文化的标志物。四坝文化中的同类器只能来自齐家文化，但已经过某些改造。这表现在形态上有所变化，而且器表内外绘有繁缛的花纹，陶质也粗糙得多。陶豆在河西的马厂遗址中尚未发现，河湟地区有少量出土，但形态与四坝文化的豆判然有别。武威皇娘娘台齐家文化墓地①所出Ⅱ式豆的形态特征比较接近四坝文化早期

———————

① 甘肃省博物馆：《甘肃武威皇娘娘台遗址发掘报告》，《考古学报》1960 年第 2 期第 53～71 页；又《武威皇娘娘台遗址第四次发掘》，《考古学报》1978 年第 4 期第 421～448 页。

的 I 式豆，如较浅的豆盘、宽大的圈足等。再如绳纹装饰，在河西马厂类型的陶器上基本不见，但在齐家文化中却很常见。总之，四坝文化中此类因素应来自齐家文化。此外，在火烧沟墓地出土有一件典型方格纹大口瓮，在干骨崖墓地的墓葬填土中也发现少量的方格纹陶片，此类纹样不仅马厂类型不见，河西乃至河湟地区的齐家文化中也不见。看来，应考虑四坝文化在其形成过程中可能受到来自北方地区（如鄂尔多斯高原至宁夏一线）某些文化因素的渗透。

再看齐家文化的葬俗，武威皇娘娘台墓地流行长方形竖穴土坑葬，墓葬排列大多为西北向，墓主头向西北。随葬品一般集中放置在墓主足下，偶尔在合葬墓中，有的墓主在头前摆放一些随葬品。不难看出，上述特征与四坝文化的丧葬习俗迥异。如果从文化分布考察，据目前资料所知，齐家文化的西界在武威、永昌一线，四坝文化东界可确切至山丹，二者基本上处于分离不搭界状态。鉴于四坝文化中含有少量齐家文化的因素，我们认为，它们之间存在相互交流、影响的关系，甚至在某一时期，这种交往和影响还比较强烈。但却没有直接的承继关系。

3. 过渡类型遗存的确立及其与四坝文化的关系

（1）过渡类型遗存的性质和内涵

1986 年，在河西史前考古调查中，我们识别出一种新的文化遗存，这类遗存既有别于马厂，也不同于齐家和四坝文化，可是又与这三种文化（类型）有某种联系，鉴于它所具有的这种中介性质，本文暂称之为过渡类型遗存。

目前，发现带有这种过渡型遗存的遗址有山丹四坝滩，民乐东灰山，金塔砖沙窝、二道梁、缸缸洼、酒泉西河滩和干骨崖。其分布面与四坝文化大致相同。所见陶器以夹细砂红陶为主，有部分泥质红陶和夹砂褐陶，器表一般都经过打磨。彩陶比较习见，大多施红衣或红褐衣，绘黑彩，也有极少数绘棕红彩者。花纹母题全部为几何形，但各部位的图案比较有规律，如颈部多为菱形网格纹，腹部绘斜线、横线、竖线并夹杂网格组成的几何图形。彩陶涂料给人以厚重感，但不浓稠。所见器形大多为双耳罐，也有单耳罐、四耳罐和双耳盆等。有的罐腹部饰乳突，彩陶罐颈部和双耳上常戳印一种圆形凹窝（图一一）。

过渡型遗存中大量的双耳罐形态与马厂类型同类器相近，有的甚至很难区分。彩陶的特征也颇多一致，但在花纹母题上二者有所不同。此外，河西马厂的陶器上也常见到腹部饰乳突，颈、耳处压印凹窝者。考古发现还证实，过渡型遗存与马厂类型往往共存于同一个遗址，如四坝滩遗址发现有过渡型遗物，也发现有马厂陶器；酒泉西河滩的采集品中有过渡型遗存的陶片，也有典型的马厂式八卦纹彩盆片。干骨崖 T14 的层位关系证明，过渡型遗存早于该址的四坝文化。

根据目前掌握的资料，我们初步认为，过渡型遗存是马厂类型文化在河西走廊进一

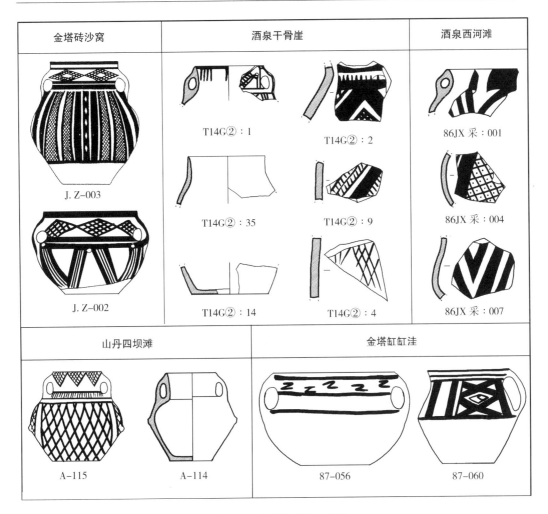

图一一　过渡类型遗存陶器

步衍化的产物，相对于河西的马厂类型，过渡型遗存已发生一定程度的变异，其相对年代应介于马厂类型与四坝文化之间。

（2）皇娘娘台乙类彩陶的性质及归属

1987年在发掘酒泉干骨崖墓地时，在T14内我们发现一条沟，沟内包含物不多，可分为上下两层，上层陶片属四坝文化，下层陶片经初步比较，有不少与武威皇娘娘台所出黑彩陶器图案一致，包括陶器质地、颜色及双耳罐的形态等（图一一、一二）。这一发现对于重新识别皇娘娘台的黑彩陶器具有重要意义。

严格讲，齐家文化所含彩陶因素极少，这极少的因素指的是在齐家文化的一些遗址中发现有少量绘红彩或棕红彩的陶器，图案比较简练，有倒三角纹、网格纹和蝶形纹等，一般绘在双大耳罐腹部，这在河湟地区和武威皇娘娘台遗址都有少量出土。为便于

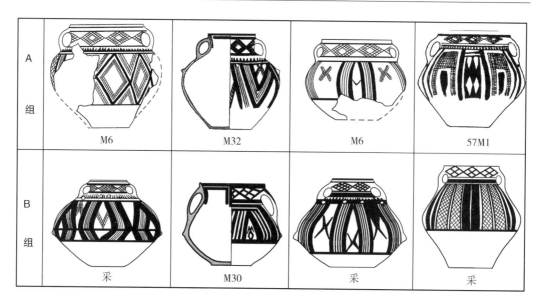

图一二　武威皇娘娘台乙类彩陶

区分，本文将此类彩陶称之为甲类，而将皇娘娘台的黑彩陶器称之为乙类。迄今为止，乙类彩陶仅见于河西走廊的武威，所见器形主要是双耳罐和少量陶豆（图一二、一三）。

　　乙类彩陶均系泥质红陶，器表略打磨，施红衣或红褐衣，绘黑彩，涂料稍显厚重。一般在颈部绘菱形网格纹，腹部绘斜折线纹、网格纹以及粗细线搭配的菱形纹。陶豆绘内彩、用十字花分割盘面，周边为菱形棋盘格，空白处填蜥蜴纹。特别是在罐的颈部、耳面及豆盘周边戳印有圆形凹窝，部分陶罐腹部饰乳突。经初步排比，乙类彩陶大致可分两类，一类器物形态接近河西马厂类型，但花纹、器形有其独到之处；另一类器形、花纹明显具有四坝文化早期的陶器风格。缘此，我们把前者称之为 A 组，后者为 B 组，按照逻辑序列，A 组早于 B 组。参照张忠培对皇娘娘台墓地的分期研究①，在皇娘娘台第四次发掘中出有乙类彩陶的墓有 M30、M31、M32、M47 四座，其中 M30、M32 被归入皇娘娘台晚期第四段的 M27 组，M31 未定组，但该墓所出黑彩双耳罐与 M30 的形态接近，亦应归入 M27 组。M47 出黑彩 Ⅱ 式陶豆，张文将之归入第二段的 M29 组。但总的来看，乙类彩陶在皇娘娘台墓地大都属于最晚阶段的遗存。

　　以往，由于四坝文化研究的薄弱，无法认识到乙类 B 组彩陶明显接近四坝文化这一事实，一般都把乙类彩陶视为马厂过渡到齐家的证据。现在看来，比较合理的解释是，乙类彩陶根本就不是齐家的文化因素。而是齐家文化进驻武威后，与当时分布在河

---

① 张忠培：《齐家文化研究》，《考古学报》1987 年第 1、2 期。

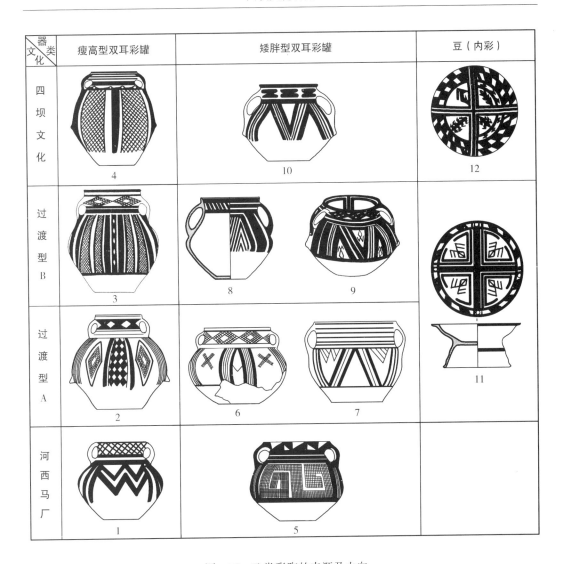

类型 文化	瘦高型双耳彩罐	矮胖型双耳彩罐		豆（内彩）
四坝文化	4	10		12
过渡型B	3	8	9	1
过渡型A	2	6	7	11
河西马厂	1	5		

图一三 乙类彩陶的来源及去向

1. 鸳·M28 2. 皇·57M9 3. 金塔砖沙窝 J. Z—003 4. 火·M306：2 5. 鸳·73YYM88：07 6. 皇·57M6
7. 金塔二道梁采 J. E－047 8. 皇·75M31 9. 皇·75M30 10. 火·M208：1 11. 皇·75M47 12. 火·M178：1
（注：火＝火烧沟，皇＝皇娘娘台，鸳＝永昌鸳鸯池）

西走廊的马厂类型文化后裔——过渡型遗存发生交往并受到后者影响、渗透的产物。正因为如此，乙类彩陶仅见于河西走廊武威一带的齐家文化之中，而绝不见于其他地区。鉴于此，乙类彩陶应归属过渡类型遗存。

（3）过渡类型的前因后果

已知乙类彩陶属过渡型遗存因素。假定其A、B两组的逻辑顺序成立，它们应分别代表着过渡型遗存早、晚两个阶段。下面我们将过渡型遗存中最常见的双耳罐分为瘦高和矮胖两型，分别追寻其来龙去脉（图一三）。

瘦高型　属 B 组 2 件。一件出于皇娘娘台，原配有斗笠状器盖①，另一件出自金塔（藏酒泉博物馆）（图一三，3）。它们与火烧沟 M306 所出的一件彩陶双耳罐（图一三，4）极为相像，包括彩陶花纹亦然，特别是金塔所出那件的口沿内彩已是典型的四坝式样。B 组的前身为 A 组，如武威皇娘娘台 1957 年 M9 所出的小口双耳罐（图一三，2）。同样，A 组的前身也只能在河西马厂类型中寻找，如永昌鸳鸯池 M28 的 III 式彩陶双耳罐（图一三，1）。

矮胖型　属于 B 组的几件出自武威（图一三，8、9），在金塔县近年也有发现。其形态、花纹已十分接近火烧沟早期的 A 型 I 式彩陶双耳罐（图一三，10），皇娘娘台 75M30 所出的一件与火烧沟 M208 所出同类器几乎难以区分。如果说有差别，仅仅体现在颈部外侧的花纹略有不同。属 A 组的器物在武威、金塔均有发现，此时该器表现为大口，双耳稍小，但腹部彩陶花纹已显露出四坝文化的雏形了（图一三，6、7），此类器的前身为永昌鸳鸯池的 IV 式彩陶双耳罐（图一三，5）。另外，皇娘娘台 75M47 所出 II 式豆（图一三，11）与火烧沟 M178 所出陶豆的内彩花纹（图一三，12）也几乎如出一辙。

总之，过渡型遗存的 A、B 两组分别与马厂和四坝文化有演变关系，从整体看，它具有承上启下作用。但我们也注意到，乙类彩陶的 A、B 两组之间似还存在缺环。

4. 小结

通过过渡型遗存这把钥匙，我们了解到四坝文化是由河西马厂类型演变为过渡型遗存再发展变化而来的，河西马厂类型与四坝文化有直接的血缘承继关系。齐家文化仅仅构成四坝文化的旁系，受其影响，四坝文化从齐家文化中汲取了一定的养分。过渡类型遗存彩陶共存于齐家文化墓地之中，表明它们也曾有过密切的交往。

四坝文化生成后，除保留和继承马厂、齐家的某些文化因素外，迅速发展成一支具有自己独特风格的区域文化，创造出一组具有鲜明特征的陶器、铜器和石器，一种有别于其他任何考古学文化的彩陶涂料和一批独特的花纹图案。由于四坝文化分布在河西走廊这样一个重要的东西交通要道上，独特的地理环境、经济生活的若干变化以及整个大北方文化交往的频繁，各种文化因素的冲击、碰撞，无疑加快了四坝文化这些独特风格形成的速度。

最后附带谈一下四坝文化与卡约文化的关系问题。火烧沟墓地曾出土一件腹耳小口壶（图一四，1）和一件折耳彩陶罐（图一四，2），前者腹中部以上及器口内遍施紫红色陶衣，腹部前后各有一枚乳突，此二器形态、风格与青海大通上孙家寨墓地所出的腹

①　甘肃省博物馆：《甘肃古文化遗存》，《考古学报》1960 年第 2 期第 11～52 页。

耳壶（图一四，3）和一件双耳折成
三角形的罐（图一四，4）相似。这
或许表明四坝文化与卡约文化曾有
过接触。联想到卡约文化有相当一
部分土坑偏洞墓、流行"二次扰乱
葬"，并有殉牲之习俗。其陶器常施
很浓的紫红色陶衣，有的施黄白色
陶衣，不少器物的腹部和双耳上饰
乳突①，这些特征与四坝文化有一定
的相似性。已知西宁各地是卡约文
化的一个重要分布区，由此向北，
沿湟水支流北川河上溯至海北藏族
自治州，越过祁连山扁都口可直达
河西重镇张掖（见图八）。四坝文化
的重要遗址东灰山、西灰山便在此
通道所经过的民乐县境内。据研究，
上孙家寨卡约文化第一期的年代为

器　类文化	腹耳小口壶	双折耳罐
四坝文化（火烧沟遗址）	1	2
卡约文化（上孙家寨遗址）	3	4

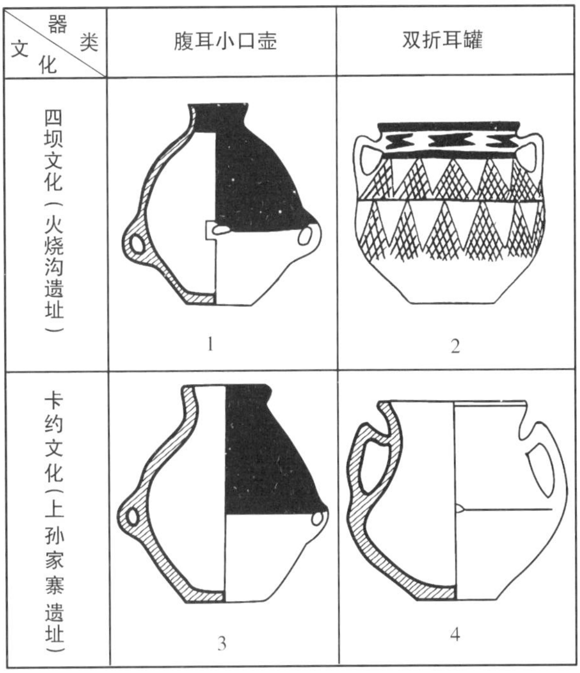

图一四　四坝文化与卡约文化陶器比较
1. 火·M143：2　2. 火·M45：2　3. 上·M13：1　4. 上·?

距今3800～3600年②。看来，从地理和年代上考虑，当年分布在祁连山南北麓的两支
文化有发生交往的客观条件。当然也会有另一种可能，即两种文化有着大致相同的经济
发展水平，并处在类似的自然条件下，从而产生出某种相似的文化因素。

（二）四坝文化去向之蠡测

河西境内青铜时代的文化，还有沙井文化和骟马类型文化。沙井文化主要分布在走
廊东部偏北的民勤、永昌一带，再向西则至今未见③。目前已确知该文化的年代与四坝
文化相去甚远④，文化面貌差距甚大，可以断言，二者之间不可能有什么关系。

① 青海省文物管理处考古队：《青海省文物考古工作三十年》，《文物考古工作三十年（1949～1979）》第160～168页，文物出版社，1979年；赵生琛等：《青海古代文化》，青海人民出版社，1985年。
② 俞伟超：《关于"卡约文化"和"唐汪文化"的新认识》，《先秦两汉考古学论集》第193～201页，文物出版社，1985年。
③ 甘肃省博物馆：《甘肃古文化遗存》，《考古学报》1960年第2期第11～52页。
④ 中国社会科学院考古研究所：《中国考古学中碳十四年代数据集（1965～1981）》，文物出版社，1983年。

　　骟马类型文化①仅见于走廊西部的玉门、安西。其陶器以夹砂灰褐陶、夹砂灰黑陶为主，也有少量红褐陶，但不见彩陶，陶器中以一种腹部正反两面饰高翘乳突、双耳饰波折状刻划纹的双耳罐为代表。亦发现有一些铜器小件。此外，在安西、敦煌和内蒙古额济那旗的黑城附近还发现一种含鬲的文化遗存②，此类遗址中曾发现骟马类型陶器，但目前尚不清楚二者之间的关系，根据所出残破的陶鬲形态观察，其相对年代肯定晚于四坝文化。总的来看，无论骟马类型文化还是含鬲文化遗存，与四坝文化之间还有相当的距离。但它们的分布均未超出四坝文化的范围，特别是在火烧沟墓地还发现有骟马类型叠压在四坝文化之上的地层关系③。看来，在考虑四坝文化的去向时，对此类文化应予以充分的注意。总之，现有材料尚无法判断四坝文化在河西地区的流向。

　　近年来，有人认为，新疆东部含有彩陶因素的古文化曾受到甘青地区的影响，也有人明确指出是受到河西地区沙井文化或四坝文化的影响④。这里有必要就此简要的谈点看法。

　　新疆东部与河西毗邻，自然地理环境大致相同。东疆地区含彩陶因素的原始文化延续时间是很长的，区域色彩也极浓厚。考察这类遗址的年代，大体相当于中原地区西周初年至战国阶段，甚至更晚⑤。从这一点看，这类遗存与四坝文化在年代上还有不小的空白，尚缺乏比较的基本点。一般强调传播影响者，多注意的是彩陶因素，却又并没有进行实物的具体比较研究。实际上，四坝文化那种浓稠的彩陶涂料在东疆一带至今不见，而且彩陶花纹图案也有很大不同。但这并不是说，这两个地区处于一种文化隔绝状态，反之，地域的相邻必然会导致文化交往、相互影响乃至文化渗透。现在关键问题在于，东疆地区已有的材料在年代上无法同四坝文化比较，我们寄希望于在东疆地区能找到年代更早一些，也就是说至少在年代上接近四坝文化晚期阶段的考古遗存，这样才能得到更准确的认识。我们在前面论述四坝文化的分布时，认为该文化有可能已渗透到安西县以西的疏勒河下游，如果说四坝文化有能力越过星星峡而殖民东疆的话，那么哈密

---

①　甘肃省博物馆：《甘肃古文化遗存》，《考古学报》1960 年第 2 期第 193 ~ 201 页。

②　甘肃省文物考古研究所、北京大学考古学系：《河西走廊史前考古调查报告》，文物出版社，待刊。

③　甘肃省博物馆：《甘肃省文物考古工作三十年》注㊴，《文物考古工作三十年（1949 ~ 1979）》第 152 页，文物出版社，1979 年。

④　参阅下列文章：新疆社会科学院考古研究所编：《新疆考古三十年》，新疆人民出版社，1983 年；陈戈：《略论新疆的彩陶》，《新疆社会科学》1982 年第 2 期第 72 ~ 103 页；张玉忠：《新疆阿拉沟考古考察与研究》，《西北史地》1987 年第 3 期第 106 ~ 116 页；新疆维吾尔自治区文管会：《新疆木垒县四道沟遗址》，《考古》1982 年第 2 期第 113 ~ 130 页。

⑤　中国社会科学院考古研究所：《中国考古学中碳十四年代数据集（1965 ~ 1981）》，文物出版社，1983 年。

绿洲将是它的第一个落脚点。所以我们期待着东疆地区的新发现。另外，已有的人种学资料表明，从公元前二千纪中叶起，东疆地区便有典型的高加索人种分布，这在阿拉沟、孔雀河下游及哈密均有反映①。但河西地区至今尚未见到典型的白色人种分布②。之所以提到这一点，旨在说明，人种的差异必然影响到文化的传统和结构，现有的考古资料也表明，东疆地区有着强烈的区域文化色彩，在考虑四坝文化流向时，我们应该充分注意到这一点。

六　四坝文化的总考察

（一）四坝文化的经济形态

人类生活的地球表面一个最显著的特点，就是它的自然现象和人文现象空间分布的不均一性。古往今来，不同的自然地理环境往往制约着人类的经济活动方式。尤其是在生产力不发达的史前时代，人类的地域经济活动（指物质资料的生产）几乎是唯一的活动。鉴于此，我们在考察四坝文化的经济形态之前，首先必须熟悉河西走廊的自然环境。

1. 河西走廊的现代自然地理环境

介于青藏高原和蒙古高原之间的河西走廊为南北两山之间的一条狭长地带，东西长达千余公里，南北宽数十公里，习惯上以东迄乌鞘岭，西至星星峡为其东西两端的起点和终点。这里自古即为重要的中西交通孔道，又因其位于黄河以西，故名（见图八）。

河西地区的河流均为源于祁连山的内陆水系，主要有石羊河、黑河和疏勒河三大水系。区域内雨量稀疏，热量丰实，干燥度大，全属干旱地区。据研究，这种气候格局早在更新世晚期就已形成。地带性土壤在河西大部地区相应以灰色棕荒漠土、棕色荒漠土和灰钙土为主，一般剖面发育不佳，土层薄、质粗，水分和有机质缺乏；而盐分，特别是碳酸钙和石膏含量丰富。地带性植被亦相应为荒漠植被和荒漠草原（图一五）。由于自然环境差异较大，还可根据水、热、土壤和植被等自然条件划分出以下四个地区。

①走廊东南部：行政区划包括武威、永昌、民勤。海拔 1500～2500 米，年降雨量 150～200 毫米，干燥度 2.5～4，土壤系灰钙土，可种植旱地农作物，如春小麦、糜子、谷子等温带农作物，一年一熟。但若无灌溉，收获极不稳定。

②走廊中部：行政区划包括民乐、山丹至玉门镇一线。海拔 1200～1600 米，年降

① 韩康信：《新疆古代居民种族人类学的初步研究》，《新疆社会科学》1986 年第 4 期第 61～71 页。

② 韩康信、潘其风：《古代中国人种成分研究》，《考古学报》1984 年第 2 期第 245～263 页。

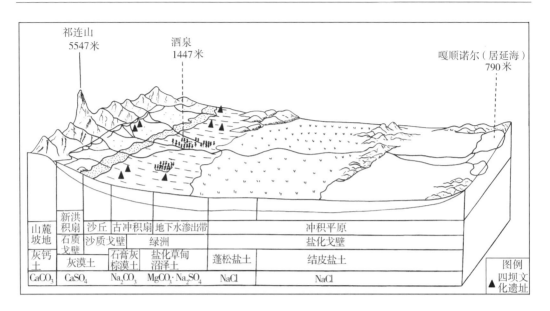

图一五　祁连山—嘎顺诺尔自然景观剖面及已知四坝文化遗址分布示意图

（本图取自《中国自然地理集》第 200 页"祁连山—嘎顺诺尔自然景观剖面"一图（中国地图出版社，1998 年第 2 版），并略作增改）

雨量 40～150 毫米，干燥度 4～15。地带性土壤为灰棕荒漠土，农业必须灌溉，如有水的保障，温带作物一年一熟。

③走廊西北部：行政区划包括安西、敦煌。平均海拔 1000～1500 米，年降雨量 40 毫米以下，干燥度 15 以上。地带性土壤为棕色荒漠土，农业绝对仰仗灌溉。

④祁连山—阿尔金山地，自然植被呈垂直分布，水分条件好，热量丰富，适于草木生长，但不宜农业①。

按照上述标准，已知的四坝文化遗址仅见于走廊中部和西北地区的东半部，据本文分析，该文化在走廊东部地区的西半部和安西西北部也可能有分布。这一地带正好是河西三大水系的中上游地段，也是今天主要的农业种植区，但均需要灌溉（见图八、一五）。

2. 四坝文化经济形态的初步论证

四坝文化遗址中发现的生产工具有如下一些：石手斧、石盘状器、穿孔石刀、石磨盘、石磨棒、石臼、环状穿孔石器、铜斧、铜镰等。其功能有的用于垦殖，有的用于收割，有的用于谷物加工。这些实物说明，四坝文化中农业经济是普遍存在的。

———————————

① 任美锷主编：《中国自然地理纲要》（修订版）第十三章第二节，商务印书馆，1982 年；赵松乔：《河西走廊综合自然区划》（草案），1962 年，中国科学院地理研究所藏。

我们知道，农作物的固有特性要求与外在的客观环境相适应。农业所需的气候要素很多，但最重要、影响最大的不外乎水、光热及灾害性气候。总之，自然环境对农业生产有很大的制约。如此看来，有些四坝文化的遗址在今天看是无法同农业经济挂钩的。如玉门沙锅梁、民乐西灰山这些遗址已沦为戈壁或严重沙化的荒滩，周围没有任何水源分布，且不谈农业栽培，即便是人类本身的生存也极其困难。但就在这样的遗址又确实出土有与农业生产相关的工具。这种自然环境与人文现象的巨大反差提示我们，3000多年来，河西走廊从更新世晚期以来形成的地理格局处在不断恶化之中。我们有理由推测，在四坝文化时期，河西地区的自然环境远比今日要好，这表现在土壤沙化的程度和范围明显小于今天，河流的数量、水流量较今日为大，流程长，且相对稳定。由于环境不断恶化，使得这一带人类的生存空间不断被侵蚀，上述遗址的现状就是恶性循环造成的结果。当然，确切的解释还有赖于对该区域内古气候和环境变化等有关自然科学方面的深入研究。

经初步分析，四坝文化的遗址大致分为两类。一类以火烧沟墓地和玉门沙锅梁遗址为代表，主要分布在走廊西半部偏北一线。这里死者普遍殉牲，种类有羊、牛、马、狗和猪，尤以羊骨发现为最，包括大小不一、成对的羊角、羊腿和羊肩胛骨等[1]。再有，细石器使用比较普遍。另一类以干骨崖遗址为代表，其分布范围大致在祁连山北麓的山前地带。干骨崖墓地仅有极少的墓随葬动物头骨和兽角，细石器的使用也很有限。根据对干骨崖遗址的规模和堆积分析，在山前地带，四坝文化的分布相对比较密集，文化堆积也较厚，这当是定居生活相对稳定的写照。由于山前一带土壤发育较好，水源丰实，有利于发展农业。现在这一带仍然是河西重要的产粮区和人口密集区。一个重要的农业地带的形成不仅与自然环境密切相关，也是历史传统不断延续的结果。

以火烧沟为代表的遗址反映出畜牧经济占有突出地位。这与其所处的地理位置和生态环境是相适应的。然而，这种畜牧经济并不等于"逐水草，居无常处"的游牧性质。它有一个以定居点为中心的活动半径，而且也经营一定比例的农业经济。故其居民的生活相对稳定，此类遗址往往存在一定厚度的文化堆积也为此推测做了注脚。

这里我们总的可以把四坝文化的经济类型概括为半农半牧式，但具体又因其所处地理位置的不同以及生态环境的差异，分为两类。一类偏重于农业，并兼营畜养、狩猎和采集，这类遗址集中于山前地带。另一类偏重于畜牧业，但也兼营少量的农业，此类遗址多处于今日的荒漠地带。

考虑到气候环境不仅直接影响农作物的生长发育，而且对作物种类有所选择。对于

---

[1] 甘肃省博物馆：《甘肃省文物考古工作三十年》，《文物考古工作三十年（1949～1979）》第139～153页，文物出版社，1979年。

气候干旱的河西地区，宜于种植的农作物种类应为粟、稷一类耐旱作物。火烧沟墓地曾发现有贮存粟米的大陶罐①，可以为证。另据新的考古资料，在东灰山遗址发现有炭化的小麦，看来当时人们已掌握了栽培小麦的技术②。

（二）四坝文化的社会发展阶段

如果简单地用四坝文化的石器、陶器来衡量其生产力水平，难免会产生困惑。那些打制的手斧、盘状器以及质地粗糙的陶器甚至无法同年代早于它的马厂类型和齐家文化相比。确实，在这两项生产部门，四坝文化大大地落后于它的前辈。但是该文化最引人注目的、也最能代表其生产力发展水平的，是它比较广泛地使用了铜制的生产工具、兵器、礼仪用具和装饰品，其中包括金银装饰品。仅就目前所发现的铜器种类和数量而言，四坝文化同这一时期其他诸考古学文化相比，堪称佼佼者。在所有已知的四坝文化遗址都有铜器发现，金耳环也相当普及。这表明四坝文化对金属的认识及冶炼的能力已经脱离了萌发阶段，而步入一个新的发展时期。据北京钢铁学院的初步鉴定，火烧沟经检测的 45 件铜器中有 32 件为青铜，其中对 5 件不同类型的铜器进行了激光微区光谱分析，青铜器就有 4 件③。这足以证明四坝文化已跻身于青铜时代。

四坝文化的铜器以模铸为主，火烧沟墓地曾发现铸造铜镞的石范④。据童恩正研究，在我国，从东北经西北再折向西南有一条半月形文化传播带，该地带的铸造技术循另一传统，即简单的工具、兵器用石范铸造，而比较复杂的容器或装饰品用失蜡法铸造。而石范的长期普遍使用，为这一边地民族文化的特征之一⑤。应该说这一推论符合该区域的实际情况。根据四坝文化出土的铜器形态分析，其中绝大多数使用简单的双范模铸法即可完成。但像火烧沟墓地所出的四羊首权标，其工艺要求相当复杂，反映出当

---

①　甘肃省博物馆：《甘肃省文物考古工作三十年》，《文物考古工作三十年（1949～1979）》第 139～153 页，文物出版社，1979 年。

②　据吉林大学考古系许永杰同志见告，1987 年在发掘东灰山墓地时，在遗址地层中发现有炭化小麦标本。在此之前，中国科学院遗传研究所研究员李璠曾在《新华社新闻稿》（第 6497 期）发表了他在该址的发现。此后，中国科学院古脊椎动物与古人类研究所贾兰坡先生在《考古与文物》1988 年第 3 期撰文《略谈小麦的起源》，再次报道了李璠的发现，但他们所发的消息称，标本的 ^{14}C 测定结果为距今 5000±159 年（校正值），这与四坝文化的实际年代不符。特此说明。

③　北京钢铁学院冶金史组：《中国早期铜器的初步研究》，《考古学报》1981 年第 3 期第 287～302 页。

④　同①。

⑤　童恩正：《试论我国从东北至西南的边地半月形文化传播带》，《文物与考古论文集》第 17～43 页，文物出版社，1987 年。

时四坝文化内部生产部门的分工进一步细化。经过长期的实践，已产生出一批技术熟练的专业工匠，以适应从采矿、冶炼、制范到铸造等一系列比较复杂的工艺流程。

在干骨崖、火烧沟和鹰窝树等遗址出土有原产我国南海一带的海贝。火烧沟还发现将海贝放置在墓主口中和贮藏于随葬陶器之内的现象①。干骨崖遗址出土一枚蚌贝，它们或许已被赋予了货币的职能，这表明当时商品交换的规模进一步扩大。随着金属工具的逐步普及，反过来又刺激了农业、畜养和手工业的发展。

迄今为止，已正式发掘了火烧沟、东灰山和干骨崖三处四坝文化的葬地，共清理墓葬近 700 座。四坝文化的这种公共墓地一般被规划在生活聚落区附近，有统一的布局，排列密集、紧凑，在一个大致稳定的时期内，所有墓葬的排列方向一致。表明他们有着共同的宗教信仰，并遵守着共同的风俗习惯。根据干骨崖墓地的统计，每墓随葬陶器约 2.5 件，如以单人葬计，最多者为 5 件（不包括器盖）。如果排除人为和自然力对该墓地的破坏因素，完全无随葬品的墓并不太多。东灰山、鹰窝树墓地一般随葬陶器 3 件上下，火烧沟墓地还没有这方面的统计资料，但完全无随葬品的墓例似也不多见。但是从随葬品数量的多寡、质量的优劣及铜器、金银装饰品、玉石器的有无、殉牲的多少有无等方面，反映出当时已经存在着贫富分化的社会现象，这在有的墓地表现的还比较突出。如火烧沟墓地，随葬品少者仅一两件，多者仅陶器就有十二三件，还常伴出铜器、金银装饰品、玉器和绿松石、玛瑙珠、海贝等，同时还大量殉牲②。可是这种反差现象在东灰山和干骨崖墓地就表现的相对隐蔽。除去随葬品所显示的差别外，上述墓地在墓葬形制、规格以及埋葬方式诸方面并无明显的等级差别。以干骨崖墓地为例，除少数墓葬有极简单的木质葬具外，墓葬尺寸大小一般因人数多少而定，比较自然，尚未发现人为地制造出某种等级差别的现象。此外，干骨崖墓地有一部分乱骨葬，一般具有二次迁葬性质，也有较规整的墓穴和相应的随葬品，对此类墓葬还有待进一步分析。但尚看不出乱骨葬者与非乱骨葬有明显的高下尊卑之分。目前，由于尚未对干骨崖墓地的人骨进行系统检测，还无法深入探讨当时的社会组织结构及其他相关问题。但总的观察结果是，四坝文化带有浓厚的父权家长奴隶制的色彩。据火烧沟墓地资料，这里发现有 20 余座人殉或人祭的墓葬③。可见，由于贫富分化的加剧，在四坝文化内部已孕育出凌驾于一般氏族成员之上的权力集团。这类死者的墓中往往拥有丰富的随葬品、大量殉牲，有的还拥有铜或玉石制作的权标，表明他们聚敛了一定的社会财富，有着相当的经济实

---

① 甘肃省博物馆：《甘肃省文物考古工作三十年》，《文物考古工作三十年（1949～1979）》第 139～153 页，文物出版社，1979 年。

② 同①。

③ 同①。

力，他们是氏族和部落内的贵族和首领，掌握着军事指挥权并支配役使其他的氏族成员，对少数地位低下者和战俘则握有生杀大权。

通过墓葬显示的一系列事实表明，尽管四坝文化的生产力发展水平已跨入青铜时代，但由于受到河西走廊这一封闭环境的制约，加上半农半牧的经济生活方式，其社会发展阶段仍处在军事民主制时代。以四坝文化为代表的这种现象在我国相对于中原腹地的边境地区诸青铜文化中具有一定的典型意义。大致从公元前 2000 年开始，边境地区的诸青铜文化受地理因素和经济形态的制约以及华夷对峙局面的影响，一直未能走上文明的封邦建国之路，有的甚至从未形成统一的部落联盟，直至后来随着汉民族的扩张将其征服、融合为止。

（三）四坝文化居民的族属

通过火烧沟墓地的发掘，发现这里的墓葬中普遍随葬羊角和其他部位的羊骨，足以证实当时的养羊业十分发达，加上椎发用具和"鼻环"（更多地应系耳环）的出土，有学者认为这正与文献记载中的"若夫文身鼻饮缓耳之主、椎结左衽镂锅之君"[1] 相合。加上火烧沟所处的地理位置正处于西北，凡此种种，西方牧羊人则非他莫属了。另一看法是，我国西部一带的古代文化自石岭下阶段到马家窑，以至后来的半山、马厂、齐家诸文化（类型）均已属于羌人的前驱范畴。四坝文化无疑是此前驱的延续[2]。据马长寿研究，氐羌源于西方，活动于我国西部和西南部，地域较大，至先秦时，羌族分布在河西走廊之南，洮岷二州之西，其中心在青海东部之"河曲"及以西以北各地[3]。以下文献依据均出自《后汉书·西羌传》：

"河关之西南羌地是也。滨于赐之，至乎河首，绵地千里。"

"（西羌）南接蜀，汉徼外蛮夷，西北（接）鄯善、车师诸国。所居无常，依随水草。地少五谷，以产牧为业。"

考古发现证实，"河曲"一带自马厂、齐家始，与后来该区域内的卡约、辛店、寺洼诸文化呈现一种既有联系，又相互脱节的复杂文化现象，至今尚未建立出完整的文化谱系。但在把上述诸文化归入古羌人文化这一点上，诸家意见并无歧义。在此前提下，分布于祁连山北麓河西走廊的四坝文化，无疑应纳入"羌人文化"系统。属古代羌人西部的一支。

---

① 语出《后汉书·杜笃传》。
② 俞伟超：《古代"西戎"和"羌"、"胡"考古学文化归属问题的探讨》，《先秦两汉考古学论集》第 180～192 页，文物出版社，1985 年。
③ 马长寿：《氐与羌》，上海人民出版社，1984 年。

《汉书·地理志》涉及河西一带羌人的记载有如下几条：

"张掖郡觻得……羌谷水出羌中，东北至居延入海，过郡二，行二千一百里。"

又"酒泉郡禄福：呼蚕水出南羌中，东北至会水入羌谷。"

又"敦煌郡冥安：南籍端水出南羌中，西北入其泽，溉民田。"

据顾颉刚先生考证，以上之羌谷水，即今之黑河；呼蚕水，今名洮赖河；南籍端水即今之疏勒河，它们均发源于祁连山。而"羌中"、"南羌中"、"羌谷"这类地名皆因羌人居住而得之。由此可见，从酒泉至玉门沿祁连山一线，汉代时仍为羌人所居①。总之，羌人居住河西是有着久远的历史。

此外，人种学的资料表明，甘肃河西地区自新石器时代至青铜时代，为东亚蒙古人种的分布区，与河湟地区的古代人种分布也是一致的。

另据文献记载，羌人有一重要习俗——火葬。《荀子·大略篇》记："氐羌之虏也，不忧其系垒（累）也，而忧其不焚也。"杨倞注："氐羌之俗，死则焚其尸，今不忧虏获而忧不焚，是愚也。"《吕氏春秋·孝行览·义赏篇》也有相同的记载。前面谈到，四坝文化中仅鹰窝树墓地不见人骨，怀疑有火葬之可能，若能进一步证实，将是很有意义的。但据目前所掌握的资料，属羌人范围内的诸考古学文化（类型）中仅有极少数的墓被认定是火葬。可见，在先秦乃至更早的古羌人系统中，火葬并非其主流文化现象。

1988 年初稿、1990 年定稿于北京大学 46 楼

（原载《考古学文化论集（三）》第 80～121 页，文物出版社，1993 年）

---

① 顾颉刚：《从古籍中探索我国的西部民族》，《社会科学战线》1980 年第 1 期第 117～152 页。

论董家台类型及相关问题

1983 年，北京大学考古学系与甘肃省博物馆文物工作队联合发掘了甘肃省甘谷县毛家坪遗址。在该遗址的生活聚落区、即 T1 东部 4B 层下发现一座圆角长方形土坑墓（编号 83GTM7），墓主经鉴定为一成年女性，葬式为仰身屈肢，头部前端随葬一件彩陶钵。发掘者认为，"该彩陶钵与以前甘陕地区已发现的诸文化均不同，它可能代表着甘肃东部一种新的古文化遗存"[①]。

毛家坪 83GTM7 出土的陶钵为手制的夹细砂橙黄陶，器口较大，口沿微内敛，双小耳，腹较深，圜底。通体绘红褐彩，从上到下的图案依次为，两组间隔以横条的连续菱格纹，器腹绘一圈呈下垂状的细长三角条纹，底部饰浅细的绳纹（图一，6）。该器造型与彩绘花纹确实别具一格，很有特色。但此类陶器在甘肃并非首见，而且也不仅仅局限于甘肃东部地区，现将以往所见收录如下。

1953 年，当兰新铁路修筑至甘肃省天祝藏族自治县时，在该县的董家台遗址发现一批古墓葬，在当时被抢救出的部分遗物中，有一件夹细砂的橙黄彩陶罐。该器小口，长颈，圜底，颈肩处有双小耳，器口缘外和颈基处绘两组红褐彩菱格条带纹，颈部、腹部绘两组并列下垂的细长三角条纹，肩部绘上下相对的等边三角纹、细线网格纹，器底印有疏浅的细绳纹（图一，1）。当时，在该址出土的还有几件单耳圜底绳纹罐（图一，2、5）。遗憾的是，由于历史原因，有关这批墓葬的形制、葬式、随葬品组合等细节均已无从查考。特别是由于缺乏对比资料，长时期以来，这批陶器一直被误断为沙井文化的典型器[②]。实际上，它们与毛家坪 83GTM7 陶钵应属同类性质遗存。

1970 年，在甘肃省武山县洛门镇发现一件夹细砂橙黄陶腹耳彩陶壶。该器小口长颈，卵圆腹，圜底，器表绘红褐彩花纹，图案与董家台的彩陶罐几乎如出一辙。器耳上绘有竖列的菱格纹，器底拍印疏浅的细绳纹[③]（图一，9）。

---

① 甘肃省文物工作队、北京大学考古学系：《甘肃甘谷毛家坪遗址发掘报告》，《考古学报》1987 年第 3 期第 359 ~ 396 页。

② 甘肃省博物馆：《甘肃古文化遗存》，《考古学报》1960 年第 2 期第 11 ~ 52 页。

③ 伊藤道治：《图说中国的历史》1，1976 年，日本讲谈社，东京（该书首次刊载了武山出土的彩陶壶）。

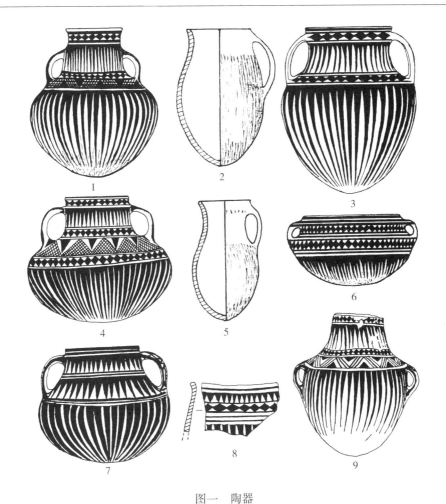

图一 陶器

1、2、5. 天祝董家台 3. 榆中朱家沟 4. 榆中白崖沟 6. 甘谷毛家坪 83GTM7

7. 榆中黄家庄 8. 民勤芨芨槽 9. 武山洛门镇

　　1976 年，榆中县朱家沟出土一件夹细砂橙红陶双耳彩陶罐。该器口部较大，圜底，器形较高胖，通体绘红褐彩菱格条带和并列下垂的细长三角条纹①（图一，3）。

　　1978 年，甘肃榆中县和平村白崖沟出土一件夹细砂橙红陶双耳彩陶罐。该器小口、长颈，圜底，器形矮胖。通体绘红褐彩花纹，图案与董家台彩陶罐大同小异②（图一，4）。

　　1979 年，榆中县黄家庄出土一件夹细砂橙黄陶双耳彩陶罐，通体绘红褐彩花纹，图案为三组上下叠置的下垂三角条纹③（图一，7）。

---

① 张朋川：《中国彩陶图谱》图 1251，文物出版社，1990 年。

② 张朋川：《中国彩陶图谱》图 1252，文物出版社，1990 年。

③ 张朋川：《中国彩陶图谱》图 1253，文物出版社，1990 年。

　　1986年，北京大学考古学系与甘肃省文物考古研究所在甘肃省民勤县进行考古调查时，在当地文管所收藏的标本中发现一件绘红褐彩花纹的陶器口沿残片，其图案风格与上述所列诸器完全一致，应属同类遗存。查记录得知，该陶片出自民勤县芨芨槽一带[①]（图一，8）。

　　以上所列诸器具有如下几点共同特征，即它们全部为手制的夹细砂橙黄（或橙红）陶；器高一般在15～20厘米之间；均为圜底器；均绘红褐彩；都以菱格条带和并列下垂的细长三角条为母题；花纹排列程式化，构图富有规律。器底处均印有疏浅的细绳纹。总之，这批陶器形态独特，特别是彩陶花纹新颖别致，判然有别于甘青地区以往所见的任何一支含彩陶因素的文化（或类型）。尽管这些陶器多数为采集品，但它们所拥有的独特风格已具备了构成一种新的考古学文化类型的条件。鉴于天祝董家台遗址发现的时间最早，且彩陶、素陶具备，有一定的代表性，建议暂将这组陶器以该址为代表命名为董家台类型遗存。

　　检索这批陶器的出土地点，其分布范围局限在一条由东南向西北走向的狭窄地域内，东界可明确到天水左近，由此沿渭河上溯，经兰州，再向北跨越黄河进入河西走廊东侧的民勤县，两端直线距离约500公里（图二）。

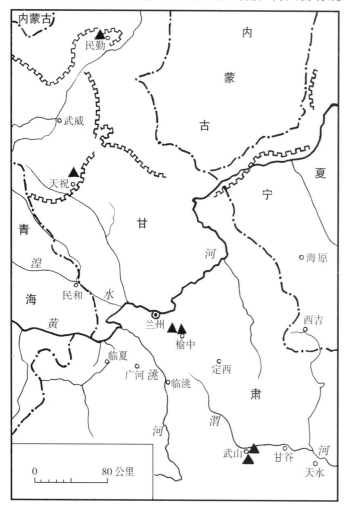

图二　董家台类型陶器出土地点示意图

　　①　甘肃省文物考古研究所、北京大学考古学系：《河西走廊史前考古调查报告》，文物出版社，待刊。

甘谷毛家坪遗址的层位关系证明，以 83GTM7 为代表的董家台类型遗存晚于该址新石器时代晚期的石岭下阶段地层，早于该址 A 组陶器群为代表的西周地层。已知石岭下阶段的绝对年代不超过公元前 3500 年[①]，毛家坪 A 组的年代上限为西周时期（即公元前 1000 年）[②]。如此，83GTM7 的年代应介于石岭下阶段与西周之间，但这一相对年代的时间跨度过大，据此难以把握 83GTM7 的真实年代。有关董家台类型的年代和性质等问题，尚需通过与其他相关文化的比较研究来把握。

目前，有一种观点认为，董家台类型的性质应属齐家文化的一部分。根据之一是董家台类型的红褐彩陶器与甘肃广河齐家坪墓地所出的圜底类彩陶有相近的器形、陶质和彩绘颜色。根据之二是据说榆中朱家沟遗址所出的彩陶罐（图一，3）与具有齐家文化特点的薄胎双大耳高领罐共出[③]。经查证，1976 年，榆中县朱家沟村民曾向甘肃省博物馆交售一批陶器，这其中既有董家台类型的彩陶罐，也有齐家文化的双大耳罐。但这批遗物并非科学发掘所得，至于当时是如何发现的？它们是否出于同一单位，是否共存等细节问题今天已无法核实。但如果换个角度看，迄今为止，齐家文化的遗址墓葬已发现了相当一批，尚未见到一例董家台类型的陶器与齐家文化遗物共存的证据。缘此，我们只能得出这样的推测，即朱家沟所出遗物应是当地村民在不同地点发现后集中交售的，并由此造成所谓共出的假象。既然共存之说无据，将董家台类型划归齐家文化的看法也就失去了根基。为能进一步澄清这个问题，这里有必要介绍一下齐家坪圜底类彩陶器的情况。

齐家坪遗址位于甘肃省广河县，这里是著名的齐家文化命名地。1975 年，甘肃省博物馆文物工作队在该址发掘了一批齐家文化的墓葬，出土的随葬品中有两件夹细砂橙黄陶圜底彩陶罐，其中 M111 所出的一件器形瘦高，通体绘红褐彩，口沿内外图案为倒三角网格纹，腹部正面是由密集斜线构成的三角折线纹，侧腹部绘上下相曲的回形纹，内填细线网格，双耳绘竖列的连续 "S" 纹（图三，1）。这是在齐家文化遗址中首次发现此类因素的圜底彩陶器[④]。

继广河之后，1976 年，在兰州市八里窑崖头遗址又发现一件彩陶圜底罐，其陶质、器形、彩绘图案与齐家坪 M111 的彩陶罐大同小异（图三，2）。1982 年，甘肃省临夏

①　中国社会科学院考古研究所：《中国考古学中碳十四年代数据集（1965～1991）》，文物出版社，1992 年。
②　甘肃省文物工作队、北京大学考古学系：《甘肃甘谷毛家坪遗址发掘报告》，《考古学报》1987 年第 3 期第 359～396 页；赵化成：《甘肃东部秦和羌戎文化的考古学探索》，《考古类型学的理论与实践》第 145～176 页，文物出版社，1989 年。
③　张朋川：《中国彩陶图谱·研究篇》图 1251，文物出版社，1990 年。
④　张朋川：《中国彩陶图谱》图 1217～1220，文物出版社，1990 年。

图三　双耳圜底彩陶罐

1. 广河齐家坪 M111　2. 兰州崖头采　3、4. 民和山家头（M14∶1、M5∶2）　5. 榆中采　6. 临夏瓦窑头采

市枹罕乡瓦窑头遗址出土一件夹细砂橙黄陶圜底罐，该器的彩陶花纹较特殊。颈部为红褐彩连续回形纹、"S"纹，腹部用六列双梯格纹分隔，再以不同形状的几何花纹补白（图三，6）。最近，在甘肃省榆中县博物馆的藏品中又捡选出一件夹细砂橘红陶彩罐。该器表面施黄白色陶衣，绘红褐彩。器形、彩绘图案与齐家坪、八里窑所出雷同，区别仅为口沿内外绘一周并列的短竖线，肩部绘一圈水波曲线和短竖线组成的花纹带（图三，5）。此外，同类的彩陶器在青海省民和县山家头遗址也有发现（图三，3、4）。

　　由于齐家坪墓地的材料尚未公开发表，有关此类圜底彩陶器的共存关系等细节还不十分清楚，这对于深入探讨这批彩陶器的归属造成了一定的障碍。但是，我们注意到这样一个现象，即这批彩陶器在齐家文化中出现的比较突兀，分布范围和数量都很有限，包括齐家坪墓地的出现率也相当低。以至于有同志断言，它不可能是西北地区任何一支考古学文化所能孕育的，应属外来因素①。也有的同志将民和山家头（M5、M14）和临夏瓦窑头所出的圜底彩陶罐归入辛店文化系统②，对上述看法我们不敢苟同。尽管此类因素在齐家文化中确实出现的比较突然，但它们不可能是无源之水，无本之木。况且在没有任何传播迹象的前提下，轻易否定其土著性是难以让人接受的。从文化表征看，它们除去形态、花纹较特殊外，其质地、色泽和彩绘颜料均带有浓郁的齐家文化色彩，何况它们本身又是出自齐家文化墓中的随葬品。缘此，我们认为，这批彩陶的性质属齐家文化是可以肯定的，估计它们极有可能是齐家文化较晚阶段滋生出的一种新因素，其分布范围比较窄，仅仅局限于甘肃省的广河、临夏、榆中、兰州、永靖和青海省的民和一带。

从表面看，齐家坪类圜底彩陶器与董家台类型有着相似的成分，这特别表现在陶器的色泽、质地、器形和彩绘颜料等方面。但若深入一步观察便不难看出它们的差异。以二者共有的双耳罐为例，齐家坪类均为外侈口，短颈，双耳上端几与器口近平齐，腹最大径下垂靠近底部，圜底略显平缓；董家台类型则全部为直口，长颈，双耳上端与口沿往往有一定距离，腹最大径偏上靠近肩部，圜底显得较尖锐。再看彩陶图案，齐家坪类流行在口沿内外绘倒三角网格纹，腹部以折线纹、回形纹为母题。董家台类型则以菱格条带和并列下垂的窄三角条纹组成固定的模式。二者的差异还反映在器类组合上，齐家坪类彩陶仅见双耳圜底罐和平底罐；董家台类型除双耳圜底罐外，还有圜底钵、圜底壶和单耳圜底罐。凡此种种，表明董家台类型与齐家文化应隶属不同的考古学文化。确认这一点很重要，它将有助于我们进一步理顺董家台类型的绝对年代。根据甘青地区已知的史前文化序列，董家台类型绝不可能与齐家文化以前的任何一支考古学文化发生联系，加之它本身又与齐家文化性质有别，缘此，其出现时间最有可能是在齐家文化以后的某一时期。联想到毛家坪遗址提供的层位关系，其相对年代可卡在齐家文化以后至西周以前这一时间范围内。即公元前 1900 年至公元前 1000 年之间。

最近，一种新的看法认为，毛家坪 83GTM7 彩陶钵与辛店文化山家头墓地出土的圜底钵形态接近，二者应属同一文化③。对此我们也有不同的看法。首先，我们认为，在

① 许永杰：《河湟青铜文化的谱系》，《考古学文化论集（三）》第 166～203 页，文物出版社，1993 年。

② 许永杰：《河湟青铜文化的谱系》，《考古学文化论集（三）》第 166～203 页，文物出版社，1993 年；张学正、水涛、韩翀飞：《辛店文化研究》，《考古学文化论集（三）》第 122～152 页，文物出版社，1993 年；青海省文物管理处：《青海民和核桃庄山家头墓地清理简报》，《文物》1992 年第 11 期第 26～31 页；南玉泉：《辛店文化序列及其与卡约、寺洼文化的关系》，《考古类型学的理论与实践》第 73～109 页，文物出版社，1989 年。

③ 张学正、水涛、韩翀飞：《辛店文化研究》，《考古学文化论集（三）》第 122～152 页，文物出版社，1993 年。

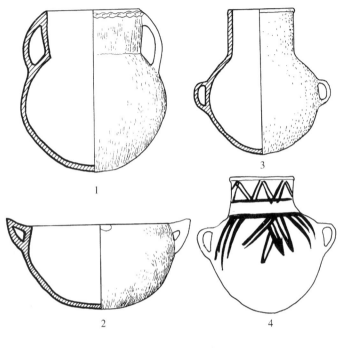

山家头墓地中有少量齐家文化的内容（如 M4、M5、M14 等即是）。如果将这些齐家文化的因素删除，正宗的山家头类型陶器几乎全部由手制的夹砂陶组成，胎体以红褐色为主，器表色泽不匀，外观较粗糙，流行装饰密集规整的细绳纹作风。彩陶不多，一般构图比较简洁、疏朗，绘黑色单彩，流行竖条纹、交叉"T"字纹、双勾纹、斜线三角网格纹等。器类组合有双耳罐、钵、腹耳壶和少量的单耳罐（图四）①。上述特征与董家台类型的陶器有着较大的距离。这突出表现在二者陶器的质地、形态

图四　陶器

1. 双耳罐（山家头 M32：1）　2. 双耳钵（山家头 M32：3）
3. 腹耳壶（莲花台）　4. 腹耳壶（民和东大坡）

和彩陶图案的编排等方面。此外，二者的空间分布也呈现交错的格局。已知辛店文化的分布面基本西不逾洮河，北不过黄河。山家头类型属辛店文化的早期阶段，其中心位置在甘青两省交界的民和县与永靖县一带。而董家台类型的分布区恰恰处于已知辛店文化分布区的外围。总之，二者应属分布地域不同、性质有别的两个文化类型。在肯定上述结论的基础上，也应看到董家台与山家头两类型之间有着某些相似的文化因素，如器类的基本组合、流行圜底、陶器的作风等。我们认为这些文化面貌上的共性是由于它们所处的时代相近、分布地域相邻、相互间产生文化影响所造成的。这或许从另一个方面间接证实了董家台类型的绝对年代应与山家头类型大体同时，即大致相当于中原地区的商代早期阶段。

有关董家台类型的来源，目前尚无明确线索。但有一个迹象，齐家文化圜底类彩陶的形态、质地和彩绘颜料与董家台类型陶器有一定的相似因素，加之二者的年代前后相序，分布范围重叠，不排除它们之间存在某种渊源关系的可能。但仅就目前掌握的材料，

---

①　青海省文物管理处：《青海民和核桃庄山家头墓地清理简报》，《文物》1992 年第 11 期第 26～31 页。

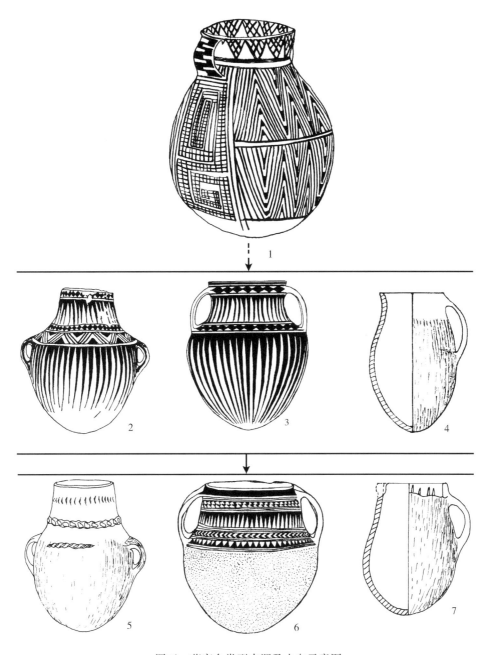

图五 董家台类型来源及去向示意图

上．齐家文化：1. 双耳彩陶圈底罐（甘肃广河齐家坪 M111）

中．董家台类型：2. 腹耳圈底彩陶罐（甘肃武山洛门镇） 3. 双耳圈底彩陶罐（甘肃榆中朱家沟）

4. 单耳圈底绳纹罐（甘肃天祝董家台）

下．沙井文化：5. 腹耳圈底罐（甘肃民勤沙井采） 6. 双耳圈底彩陶罐（甘肃民勤沙井 K5998）

7. 单耳圈底罐（MSL－A013，甘肃民勤沙井采）

二者之间还有缺环待弥补。董家台类型的走向分为东西两支，渭河上游左近为其东支，也是该类型的主流。后来这一支沿渭河、陇山向东扩展，至宝鸡地区逐渐发展成为以刘家文化为代表的姜姓羌族部落集团，后与那里的姬周民族合为一股①。该类型的西支则越过黄河、乌鞘岭，进入河西走廊东侧，逐渐融入到当地的土著文化之中，在沙井文化的分布中心——民勤县曾发现董家台类型的彩陶残片，而沙井文化早期阶段的圜底彩陶器又明显带有董家台类型陶器的遗风（图五）②，可充分说明这一点。

　　　　　　　　　　　　　　　　　　1996 年夏定稿于北京大学蔚秀园寓所

　　　　　（原载《考古学研究（三）》第 95～102 页，科学出版社，1997 年）

---

① 李水城：《刘家文化来源的新线索》，《远望集——陕西省考古研究所华诞四十周年纪念文集》（上）第 193～199 页，陕西人民美术出版社，1998 年。

② 李水城：《沙井文化研究》，《国学研究（第二卷）》第 493～524 页，北京大学出版社，1994 年。

公元前 1 千纪的河西走廊西部

　　河西走廊位于我国甘肃省的西北部,又名甘肃走廊。这里地处祁连山与北山之间,地势狭长,东起天祝藏族自治县的乌鞘岭,西止于敦煌以西、疏勒河下游的哈拉诺尔沼泽地,与新疆东部的罗布泊终端沼泽为邻,东西绵延逾 1000 公里。本文中的走廊西部特指黑河以远地区,包括高台、肃南、酒泉、嘉峪关、玉门、安西、敦煌、肃北、阿克塞等县市。鉴于在黑河下游内蒙古自治区额济纳旗一带曾发现与走廊西部接近的文化遗存,也是出于宏观上的考虑,该地区也被纳入本文讨论的地理范畴(图一)。

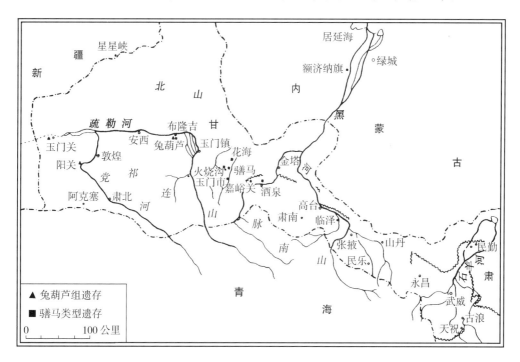

图一　河西走廊西部骟马类型、兔葫芦类型遗址分布示意图

　　本文限定的时间跨度主要在公元前 1 千纪以内,但其上下年限也可延伸到四坝文化消亡以后至汉武帝建河西四郡之前这一期间。

　　中国西北地区,特别是河西走廊及其以西地区,汉以前无明确的历史记载,仅有部分传说资料，以及汉代史学家的一些追记。因此，有学者指出："大部边疆地区在战国与西汉以前无史。边疆地区在战国与西汉以前人类文化史是当地的史前史，以考古学的遗物遗迹为主要的史料"[①]。从这个意义上说，公元前 1 千纪的河西走廊大部分仍处在实际上的史前时期。

河西走廊西部气候干旱，植被稀疏，环境恶劣。根据目前掌握的考古资料推测，史前至先秦时期这一地域内人口密度一直很低，最初开发的时间也稍晚于走廊东部[②]。大致在公元前 2 千纪中叶，即四坝文化逐渐衰落以后，该区域呈现一段较大的文化断层。这里的断层有两个层面的含义：一是古遗址点的分布非常之稀疏、文化堆积甚薄，人类活动规模减弱；二是所见遗物无论是在文化面貌上、还是在绝对年代上都还无法与早前一段的文化遗存相衔接。

20 世纪 50 年代，在甘肃玉门发现一批极富特征的陶器，使考古界第一次了解到河西走廊西部的土著文化遗留。这批陶器全部为手制夹砂褐陶，质地较粗，部分器物表面遗留烟炱，器表多素面，尤以双耳施刻划纹、器腹上部正中捏塑乳突的罐为数最多，也最具特色（图二，1、2）。其他还有少量的敞口杯、碗、侈口罐和双小耳罐等（图二，3~8）。鉴于这些陶器首次发现在玉门市骟马城[③]附近，遂命名为"骟马式"遗存。据最初的报道，在该遗址内曾发现灰层、墓葬和陶片等遗迹、遗物，推测这可能是汉代以前、新石器时代以后活动于该地区的古代民族部落的遗存，它们或许与甘肃众多古代民族的历史渊源有一定关系[④]。

此次发现纯属偶然[⑤]，由于出土遗物有限，对其时代及性质还缺乏了解，因此未能引起学术界的更多关注。

1979 年，《甘肃省文物考古工作三十年》一文再次提及"骟马式"遗存。首先是将"骟马式"遗存改为"骟马类型文化"；其次，指出该文化的分布范围在酒泉、玉门一带，其年代晚于火烧沟类型（即四坝文化）[⑥]；再次，新发现了骟马类型的长方形土

---

① 张光直：《考古学上所见汉代以前的西北》，《中央研究院历史语言研究所集刊》第四十二本第一分第 81 页，1970 年，台北。
② 李水城：《河西地区新见马家窑文化遗存及相关问题》，《苏秉琦与当代中国考古学》第 121~135 页，科学出版社，2001 年。
③ 《肃州旧志》："骟马城，在回回墓西四十里，赤金堡东四十五里"。明代，骟马城一带为赤金蒙古卫辖地，是蒙古族部落放牧之地，也是嘉峪关外一处交纳差马、骟马，以马易茶的官市。清代逐渐荒废，俗称"骟马城"。今地名作骟马城。
④ 甘肃省博物馆：《甘肃古文化遗存》，《考古学报》1960 年第 2 期第 11~52 页。
⑤ 系 1956 年修筑兰新铁路时偶然发现。
⑥ 甘肃省博物馆：《甘肃省文物考古工作三十年》之注㉞，《文物考古工作三十年（1949~1979）》第 152 页，文物出版社，1979 年。

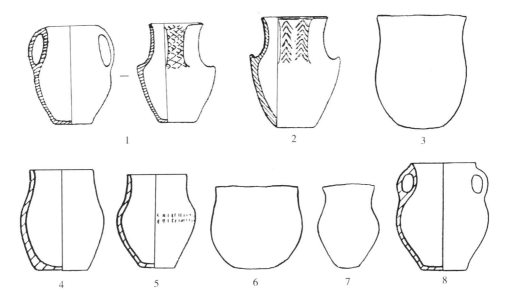

图二　骟马类型陶器（甘肃省博物馆藏）

坑墓，有木棺葬具，随葬夹砂红陶小罐①。

　　20 世纪 70 年代初，酒泉地区博物馆文物普查小分队在安西县城以东约 60 公里的布隆吉乡兔葫芦一带发现一处古遗址，先后在当地征购、采集一批文物，后他们将这些遗物定性为新石器时代晚期②。

　　1986 年秋，北京大学与甘肃省文物考古研究所在河西走廊进行考古调查，在安西县博物馆库房内发现 1 件据说是出自兔葫芦遗址的典型骟马式夹砂黑陶双大耳罐（图三，1），与此器同时征购的还有另外 5 件陶器（图三）。依此可以确认，骟马式遗存在玉门以西的疏勒河流域也有分布。

　　为进一步搞清楚骟马式遗存的性质、时代及分布，我们曾先后两次在玉门境内寻找该遗址的确切位置。第一次是在 1986 年 10 月 8 日，当我们结束对火烧沟遗址的复查，从清泉乡返回酒泉，途中沿兰新公路北侧干涸的白杨河道北行至骟马城故址。城址附近及河道两岸为低矮的丘陵地貌，地表几乎无任何植被，生态环境极差。河两岸断崖不甚高，未见文化层分布。城北墙外不远处有一侵蚀冲沟，沟对面坡地上暴露 2 座被掘开的古墓。墓穴长方形，开口于表土层下，距现地表很浅。墓坑内及周围地面散落有人骨和

---

①　1976 年，他们曾在骟马城附近发现长方形竖穴土坑墓。后根据空间位置将这些墓葬归入骟马类型。

②　安西县文化馆：《甘肃安西县发现一处新石器时代遗址》，《考古》1987 年第 1 期第 91、96 页。

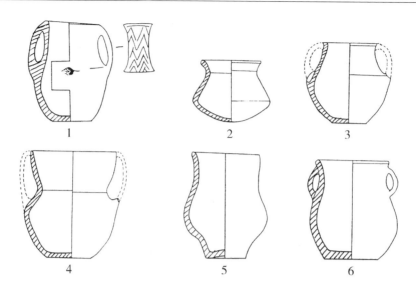

图三　兔葫芦遗址采集陶器（安西县博物馆藏）

棺木残件，包括直径约 10 厘米的圆木和宽约 20 厘米的棺板，墓坑周围散落少量极破碎的夹砂红陶片。据同行的酒泉市博物馆冯明义先生介绍，1976 年，甘肃省博物馆文物工作队在发掘火烧沟墓地期间，曾到这一带做过调查，并进行试掘，但具体方位及所获遗物不详。此间，与我们一起调查的吉林大学教师许永杰先生在南侧冲沟内发现一块被遗弃的棺板，上面清晰地保留有墨笔描绘的牛车、穹庐、人物、狩猎图案，弥足珍贵。从绘画风格初步判断，年代偏晚，大概是汉魏时期的作品。此棺板与坡地上墓内所见葬具尺寸、色泽一致，属同类葬具，由此可证这两座墓不太可能属于骟马类型遗存[①]。

　　同年 10 月 15 日，我们从玉门昌马盆地调查回返途中，沿白杨河故道向南调查至兰新铁路北侧。这里河床下切很深，西岸断崖尤为陡峭，高 10 余米，其自然景观与《甘

---

① 此棺板经北京大学考古学系年代学实验室检测，数据如下：

　　标本号：BK89027 距今 1620±60 年（未校正年代）

　　　　　　　　　　距今 1555±41 年（树轮校正年代）

　　　　另据甘肃省文物考古研究所周广济先生见告，1976 年甘肃省博物馆文物工作队曾在骟马城附近发现长方形竖穴土坑墓，墓内随葬夹砂红陶小罐，后根据空间位置将这批墓葬归入骟马类型。周广济先生还向我出示了该墓所出的 1 件夹砂红陶小罐，通高 9.8 厘米，方唇，束颈，弧腹，平底略内凹。若以此器观之，实难辨其文化属性。另据 1986 年我们在骟马城所获棺板（残件）分析，其画风比较接近酒泉—嘉峪关一带魏晋墓中之砖画，结合此墓棺板的 [14]C 数据（见上），初步认定这批墓葬应属于汉至魏晋时期活动于该区域的某些少数民族遗留。很难看出它们与骟马类型文化有什么关系。

肃古文化遗存》的记载相符①。我们除在断崖上发现一些暴露的汉魏时期墓葬外，依旧没能找到骟马时期的文化堆积，也未见任何相关的遗物。估计遗址最初发现地应在这一带，但在修筑兰新铁路时已被破坏殆尽。

令我们意外的是，在玉门镇文化馆收藏的文物中有一批骟马式遗物，包括陶器和部分罕见的铜器小件。这批陶器均系手制夹砂黑陶或黑褐陶，胎体较厚，通高 10～14 厘米。多数为典型的骟马式双大耳乳突罐（图四，1、2），器耳刻划连续人字折线纹或交错斜线纹，器腹上部正中前后捏塑一对高翘的乳突，最高达 1 厘米余。其他还有少量的侈口罐、高领罐或束颈罐（图四，3～5）。

铜器包括工具、日用器和装饰小件几种。工具（武器）类有管銎铜斧 1 件，援部呈长条状，较厚重，援前端略尖，无边刃，正中横贯一突脊，横截面近长方形。后部为銎，较刃部稍宽，秘孔为椭圆形。銎后有一锥形内，细长，尖端圆钝（图四，6）。日用杂器有铜镜（阳燧）残件，正面微凹，背部凸弧，有桥形穿纽（图四，13）。其余大多为镶缀于衣物、器具上的饰件，如铜牌、铜泡和铜扣等。其中，1 件鹰形牌饰造型奇特，器长约 15 厘米，上部造型宛若一只展翅的苍鹰，顶端为鹰首，两侧为舒展的羽翼；下部为凹边长条牌身，底端平齐，圆钝无刃。牌正面铸花纹，在鹰首、两翼、牌身周边突起部位铸细线纹，羽翼下局部穿插突起的短条和 V 形纹；牌中部有突起的三个倒"V"形和一个横带，将牌面分割为五组，每组内铸若干不对称分布的小圆饼，牌面上下边角有八个穿孔，分四组，两两相伴。牌背面素面无纹（图四，14）。推测此器有可能是镶嵌用饰件。另有喇叭状小铜铃 1 件，顶部有环形纽，铃体有四组三角镂空纹，无舌（图四，9）。其他还有圆角长方形联珠纹铜牌（图四，12）、螺旋纹铜管（图四，11）和龟形、圆形、椭圆形铜扣（图四，7、8、10）等。

在河西走廊西部，另发现一类与骟马类型面貌完全不同的文化遗存。

1986 年，我们在安西县布隆吉乡双塔村南的兔葫芦遗址调查时，采集一批遗物②。陶器主要是夹砂红褐、灰褐陶，也有少量泥质陶。部分器表饰附加堆纹、刻划纹、压印纹，器类有小口壶、双耳瓮、鬲、纺轮等。据采集的陶鬲残件可将其复原为大口，直领（或稍内收），乳状袋足，下有少许实足根。鬲颈下至袋足上部普遍施一股附加堆纹，有的在附加堆纹部位设双耳。石器类有磨盘、磨棒、半月形穿孔刀、长方形穿孔刀、斧和打制尖状器等。铜器均为小件，有凿、泡、镞、山字形饰件、联珠饰、耳环等（图五）。

---

① 据《甘肃古文化遗存》一文记，骟马遗址位于骟马故城南侧、骟马城河西岸台地上，遗址距河面高 10～15 米。调查时曾发现较薄的灰土层，厚 0.1～0.15 米，遗址范围东西大约 100 米。详见甘肃省博物馆：《甘肃古文化遗存》，《考古学报》1960 年第 2 期第 11～52 页。
② 甘肃省文物考古研究所、北京大学考古学系：《河西走廊史前考古调查报告》，文物出版社，待刊。

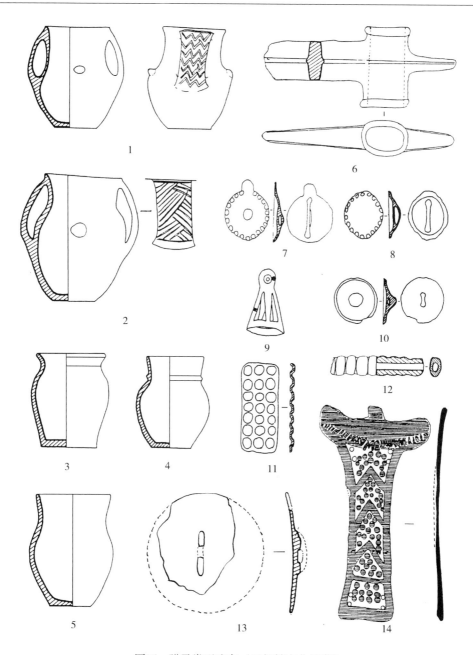

图四　骟马类型遗存（玉门镇文化馆藏）

　　随着疏勒河流域自然环境的不断恶化，兔葫芦遗址逐渐沦为荒漠，遗址的空间范围很难划定。从采集品分析，这座遗址内涵比较复杂，除上面介绍的含陶鬲类遗存外，这里也发现过骟马式遗存的典型器及个别的彩陶片，后者极有可能是四坝文化的后续子遗。但迄今未见新石器时代遗存。

　　类似兔葫芦遗址的含鬲类遗
存在走廊西部其他地点也有所见。
如敦煌南湖阳关烽燧附近的古董
滩遗址曾发现个别陶鬲残片①；在
黑河下游内蒙古额济纳旗黑城附
近的瑙高苏木遗址曾采集到鬲足、
鬲裆和彩陶片等②。这些发现提供
了目前所知中国境内陶鬲分布位
置最西的几个点。不同的是，河
西走廊西部发现的陶鬲以灰褐陶
为主，额济纳旗一带的陶鬲基本
为红色陶，二者存在一定差异。

　　在敦煌以西、玉门关小方盘
城西 10 余公里的马圈湾汉代烽燧
附近也曾发现少量先秦时期遗物，
所见陶片以夹砂灰褐陶为主，器
表饰刻划折线纹、网格纹、附加
堆纹等，完整器仅见单把杯一
例③。

　　以上介绍的遗存大致可分为
两组：一组以玉门镇文化馆所藏
遗物为代表，包括 1956 年骟马遗
址的出土物及安西兔葫芦遗址个
别采集品，暂称骟马组。另一组

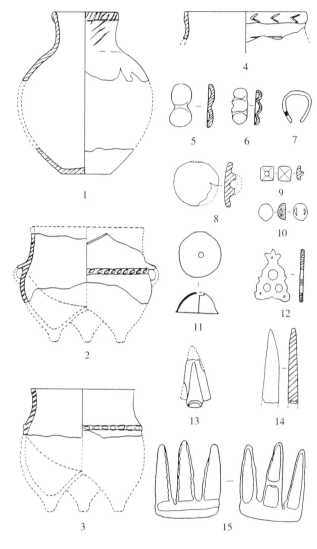

图五　兔葫芦遗址采集遗物

①　甘肃省文物考古研究所、北京大学考古学系：《河西走廊史前考古调查报告》，文物出版社，
　　待刊。
②　20 世纪 70 年代，甘肃省文物考古研究所岳邦湖先生等曾赴额济纳旗一带调查汉代烽燧遗址。
　　其间，在瑙高苏木西南约 500 米的红柳丛中采集一批陶片。后岳邦湖先生将这批陶片转交给
　　我们，在此谨向岳先生表示感谢！详见甘肃省文物工作队：《额济纳河下游汉代烽燧遗址调
　　查报告》，《汉简研究文集》第 62～84 页，甘肃人民出版社，1984 年。
　　补记：内蒙古自治区文物考古研究所魏坚先生见告，“瑙高苏木”即蒙古语“绿城”之意。
③　敦煌市博物馆藏。参见敦煌市博物馆编：《敦煌文物》第 31～32 页，甘肃人民美术出版社，
　　2002 年。

以安西兔葫芦遗址含鬲遗存为代表，包括敦煌古董滩等遗址，暂称兔葫芦组。此外，1985 年安西县博物馆征购的 6 件陶器（图三）中，除 1 件属于骟马式遗存的典型器外，其余由于难以确认其出土地点，性质待查，暂不归入以上任何一组①。再者，内蒙古额济纳旗发现的含鬲遗存或许与兔葫芦组遗存有关，由于可比材料甚少，它们之间的关系还有待于进一步的研究。

以陶器观之，骟马组与兔葫芦组在器类、质地和器形风格上存在明显差异。前者均为夹砂黑陶、黑褐陶，器类单纯，以双大耳乳突罐为代表。兔葫芦组则以夹砂红褐陶为主，也有夹砂红陶、灰陶和灰白陶及部分泥质陶。器类相对复杂，典型器有陶鬲、小口壶等，特点是罐、瓮类器口多叠卷加厚。以陶器纹样论，骟马组仅在双大耳乳突罐器耳上刻划连续人字折线纹、编织斜线纹；兔葫芦组则流行在器口外侧刻划连续横人字、短斜线或 "X" 纹，陶鬲袋足上施附加堆纹。二者的铜器和石器数量少，难以进行比较。

囿于资料，本文还难以廓清骟马组与兔葫芦组的确切年代及相互关系。初步推测存在两种可能。其一，二者属于同类性质遗存，主要考虑到在兔葫芦遗址曾发现骟马类型典型的双大耳乳突罐。鉴于目前所见骟马式陶器几乎全部为完整器，其作为随葬用具的可能性极大。反之，兔葫芦组遗物全部为废弃的日常生活用具。它们是否代表着同一文化中两种不同使用功能的器皿？如是，则说明其居民在日用器和随葬器上使用两套不同的器皿，这一现象在中国北方其他地区的考古学文化中是有例可寻的。其二，它们分属于不同性质的文化遗存，二者之间无文化源流关系。目前，我们暂倾向于后一认识。

有关骟马类型的时代，最初被推定在汉代以前、新石器时代以后这一大的时间跨度内。1976 年，在玉门火烧沟墓地发现了骟马类型与四坝文化的地层叠压关系，可证骟马类型的相对年代晚于四坝文化。已知四坝文化的年代下限为公元前 2 千纪中叶②，由此可大致锁定骟马类型的年代上限。

骟马类型文化面貌独特，在河西走廊及邻近地区尚未发现任何与之类似的遗存。该类型的铜器具有明显的北方草原文化特征，以玉门镇文化馆所藏管銎铜斧为例，其形态与商周时期中国北方地区所见管銎啄（或管銎啄戈）接近，此类器具在河南安阳殷墟

---

① 1998 年，安西县博物馆李宏伟同志来信告之，这 6 件陶器是 1985 年秋他与李春元在桥子乡北桥子村从农民手中征集所得。据提供者介绍，它们是村民在放牧时分别在兔葫芦、鹰窝树及羊圈湾等不同地点被发现的。

② 四坝文化的绝对年代为公元前 1950 ~ 前 1550 年。参见李水城：《四坝文化研究》，《考古学文化论集（三）》第 80 ~ 121 页，文物出版社，1993 年。

武官村大墓①、大司空村 M24②、甘肃灵台白草坡 M1③等地有发现；与陕西绥德林遮峪④等地出土的管銎斧也有近似之处。相比较而言，与骟马式管銎铜斧形态最为接近的是宁夏中卫县狼窝子坑墓地所出的 3 件"铜戈"和 1 件"鹤嘴锄"，不同的是后者援部断面呈菱形，有上下边刃。狼窝子坑墓地年代被认为不晚于春秋时期⑤。有学者推测："（管銎啄戈）可能是长方形具銎铜斧与戈头的混合体"⑥。还有学者指出："啄戈虽很像戈，但一律均有很高的中脊，不便最大限度地发挥边刃的钩割功能，主要作用仍在于啄"⑦。此类风格的工具（武器）主要发现于中国北方长城沿线、俄罗斯南西伯利亚的米奴辛斯克盆地和外贝加尔地区，是北方系铜器中特征突出的器类，时代从商代晚期一直延续到春秋时期。骟马类型的管銎铜斧在功能上可能与管銎啄戈类似，时代亦应接近。骟马类型的鹰形铜牌，造型奇特，与之类似的器物还从未见过。唯一能作比较的是，1961 年在内蒙古宁城县南山根 4 号墓出土的 17 件铜鸟饰件，后者造型与前者上部鹰鸟类似。南山根 4 号墓属夏家店上层文化，年代跨度在西周至春秋时期⑧。

通过上述比较，我们或许可将骟马类型的年代下限定位在西周至春秋时期。此前也有学者将骟马类型的年代（下限）划到战国⑨。甚至有学者认为它是秦汉之际或更晚阶段的文化遗存⑩。

兔葫芦组遗存中最富特色的器皿当属陶鬲，其造型与河西走廊东段沙井文化的同类

① 郭宝钧：《一九五〇年春殷墟发掘报告》，《中国考古学报》第五册第 1~62 页，1951 年。
② 马得志等：《一九五三年安阳大司空村发掘报告》，《考古学报》第 9 册第 25~90 页，1955 年。
③ 甘肃省博物馆文物队：《甘肃灵台白草坡西周墓》，《考古学报》1977 年第 2 期第 99~130 页。
④ 吴振录：《保德县新发现的殷代青铜器》，《文物》1972 年第 4 期第 62~66 页。
⑤ 周兴华：《宁夏中卫县狼窝子坑青铜短剑墓群》，《考古》1989 年第 11 期第 971~980 页。
⑥ 高去寻：《殷代的一面铜镜及其相关之问题》，《中央研究院历史语言研究所集刊》第二十九本（下）第 685 页，1957 年，台北。
⑦ 林沄：《商文化青铜器与北方地区青铜器关系之再研究》，《考古学文化论集（一）》第 129~155 页，文物出版社，1987 年。
⑧ 参见中国社会科学院考古研究所编：《中国考古学中碳十四年代数据集（1965~1991）》，文物出版社，1991 年；朱永刚：《夏家店上层文化的初步研究》，《考古学文化论集（一）》第 58~78 页，文物出版社，1987 年；郭大顺：《试论魏营子类型》，《考古学文化论集（一）》第 79~98 页，文物出版社，1987 年。
⑨ 俞伟超先生指出："这个时期（战国），河西走廊的西部已被面貌类似的骟马文化所占领，无论是沙井或骟马，其文化面貌都不能说是辛店、唐汪或当地其他原有文化的直接继续。"他还提到："张学正同志告诉我，沙井很像是大月氏人的遗存。这个推测是很有道理的"。详见俞伟超：《关于"卡约文化"和"唐汪文化"的新认识》，《先秦两汉考古学论集》第 193~210 页，文物出版社，1985 年。
⑩ 赵建龙：《关于月氏族文化的初探》，《西北史地》1992 年第 1 期第 67~74 页。

器相似，包括袋足上部的施纹作风。此外，沙井文化的陶器中也有将器口叠卷加厚、饰短竖条刻划纹的现象①，这些类似因素一方面表明二者年代靠近，另一方面也暗示二者可能存在的文化联系。兔葫芦组铜器发现不多，但明显具有公元前1千纪北方草原文化的风格，如联珠饰、扣饰、耳环及其他小件饰品等。再就是这里发现有三角形甬脊铜镞，双翼较宽，后锋不明显，与四坝文化的同类器相比，似更具进步性。以上信息显示，兔葫芦组遗存的年代也应在公元前1千纪范围内。

现有考古资料显示，河西走廊的史前文化大致以永昌为界，分为东西两大块。在走廊东部，约公元前4千纪末，马家窑文化进入，其后继者为半山—马厂文化和齐家文化。在走廊西部，马家窑文化于公元前3千纪上半叶零星进入，但迄今那里未见半山时期的遗存。马厂时期文化有充分的扩展。目前，已有充分的证据，马厂末期的部分文化因素已进入新疆东部地区②。公元前2000年以降，走廊东西部差异有进一步拉大的迹象。东部地区在齐家文化后出现了一支被冠之以董家台类型的文化遗存，年代约当公元前2千纪后半叶③。再后来，沙井文化兴起于民勤—永昌盆地，并一直延续到春秋晚期④。在走廊西部，尽管不断有一些来自东部的文化影响，但齐家文化似乎一直未能逾越永昌一线⑤。四坝文化一枝独秀地占据着西部广大地区，并不断向新疆哈密一带渗透⑥。再以后，西部出现了骟马类型遗存和兔葫芦组遗存。为什么在河西走廊会形成这种东西对峙的文化格局，目前还不便作更多的解释。

另一文化现象是，走廊西部在四坝文化后表现出的文化断裂。骟马类型的分布空间落在四坝文化范围内，但二者之间的缺环是显而易见的⑦。在骟马类型陶器中，目前，仅有1956年发现的1件双耳罐（图二，8）与四坝文化同类器相似，但仅此个别因素

---

① 李水城：《沙井文化研究》，《国学研究（第二卷）》第493~524页，北京大学出版社，1994年。

② 新疆维吾尔自治区文物事业管理局等：《中国新疆文物古迹大观》第112页，新疆美术摄影出版社，1999年。

③ 李水城：《论董家台类型及相关问题》，《考古学研究（三）》第95~102页，科学出版社，1997年。

④ 同①。

⑤ 北京大学、甘肃省文物考古研究所：《河西走廊史前考古调查报告》（文物出版社，待刊），永昌以西未见齐家文化遗址。

⑥ Li Shuicheng. 2000. Interaction between Northwest China and Central Asia during the Second Millennium B. C. : An Archaeological Perspective. *Ancient Interactions: East and West in Eurasian*, pp. 171 –182. edited by Katie Boyle, Colin Renfrew & Marsha Levine. McDonald Institute Monographs, University of Cambridge, UK. 哈密地区文物管理所、博物馆编：《哈密古代文明》第36~39页，新疆美术摄影出版社，1997年。

⑦ 李水城：《四坝文化研究》，《考古学文化论集（三）》第80~121页，文物出版社，1993年。

尚不足以证明骟马类型源于四坝文化。反之，四坝文化有着发达的彩陶，其比例达陶器总量的 25% ~ 50%①，但在骟马类型中至今未见彩陶痕迹。而骟马类型盛行的夹砂黑陶、黑灰陶则是四坝文化所奇缺的。总之，从陶器形态、器类、装饰等要素上我们尚看不到二者之间有丝毫的联系。

新疆东部的考古新发现证实，自马厂文化末期已开始向哈密一带殖民，这一迁徙浪潮持续到四坝文化及更晚的历史时期。我们很难想象走廊西部的四坝文化居民会举族西迁，那么，滞留在当地的四坝文化居民到哪里去了？他们在当地的后续文化是什么？目前还缺乏这一方面的文化发展线索。同样令人困惑的是，四坝文化与兔葫芦组遗存也无法衔接。但是，考虑到后者保留有个别的彩陶因素，暗示二者之间可能存在某种文化传承关系。但陶鬲这类文化特质则毫无疑问地来自东方。尽管目前我们还不能确定陶鬲西传的孔道，但从兔葫芦组陶鬲的形态观察，不排除它有来自东部沙井文化的可能。

20 世纪 50 年代末，在河西走廊西部发现的赵家水磨遗址或许能为探讨骟马类型的来源提供一些帮助。这座遗址位于酒泉市大北河沿岸，最初被定性为马厂文化②。后有学者指出，该遗址实际上包含有马厂、四坝和骟马三类不同的因素③。1986 年，我们在该址采集到一批夹砂褐陶片，陶胎内羼加云母末，有些表皮泛红，内胎灰色或黑褐色；有的表皮泛灰，内壁砖红色。可辨器类有鸡冠耳罐、双耳罐、敞口钵等；以素面居多，少量施压印、刻划折线、斜线纹（图六），其花纹装饰与骟马类型十分接近。目前，我们还不清楚赵家水磨遗址的真实年代，但此类遗存的浮现对探讨骟马类型的来源提供了一个有价值的线索。

曾有学者根据汉代文献记载并结合考古发现指出，先秦时，月氏、乌孙曾经活动在河西走廊，沙井文化和骟马类型恰恰分布于走廊东西两端，进而推测这两支文化分别属于大月氏和乌孙两个古代民族④。目前，这种观点在学术界已产生相当的影响⑤。

《史记·大宛列传》记："始月氏居敦煌、祁连间，及为匈奴所败，乃远去，过宛，西击大夏而臣之，遂都妫水北，为王庭"。《汉书·张骞李广利传》还有"乌孙与月氏俱在敦煌、祁连间"的记载。有关这两个民族始居地的讨论至今仍是学术界持续不断的笔墨官司。多数学者倾向于乌孙在西、月氏在东，即乌孙居住在酒泉、敦煌一带，月氏活动于张掖以东地区。日本学者白鸟库吉更是明确指出："至于乌孙住地，史无明

①　李水城：《四坝文化研究》，《考古学文化论集（三）》第 80 ~ 121 页，文物出版社，1993 年。
②　甘肃省博物馆：《甘肃古文化遗存》，《考古学报》1960 年第 2 期第 11 ~ 52 页。
③　1988 年张学正先生告之。
④　同②。
⑤　戴春阳：《月氏文化族属、族源刍议》，《草原丝绸之路与中亚文明》第 110 ~ 124 页，新疆美术摄影出版社，1994 年。

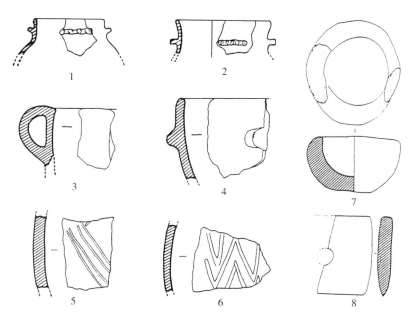

图六　赵家水磨遗址采集遗物

文。我以为当在大月氏之西，即敦煌与肃州之间的党河和布隆吉尔河流域"[1]。

乌孙既是族名、也是国名。其族属有匈奴说、突厥说或东伊朗语族说等。《汉书·西域传》记："乌孙……不田作种树，随畜逐水草与匈奴同俗。"先秦时，乌孙原居敦煌—祁连间，后与匈奴交恶，并受到匈奴的强烈打击，被迫西迁伊犁河流域和伊塞克湖一带。20 世纪 60 年代以来，新疆的考古工作者在伊犁地区发掘出一批战国至西汉时期的大型土墩墓，根据文献记载和出土文物认定，它们属于乌孙或塞种的遗留[2]。体质人类学家对其中 13 具成人头骨进行了检测，有 11 具、约 85% 可归入欧洲人种支系，尤其是男性头骨的欧洲人种特征强烈，与中亚其他地区的塞人、乌孙时期的人类学材料对

① 〔日〕白鸟库吉著、黄镇华译：《乌孙考》，《新疆和中亚考古译文集》（新疆考古资料之五）第 1～9 页，1985 年。

② 详见中国科学院新疆分院民族研究所考古组：《昭苏县古代墓葬试掘简报》，《文物》1962 年第 7～8 期第 98～102 页；新疆社会科学院考古研究所：《新疆新源巩乃斯种羊场石棺墓》，《考古与文物》1985 年第 2 期第 21～26 页；新疆维吾尔自治区博物馆文物队：《新源县七十一团一连渔塘遗址》，《新疆文物》1987 年第 3 期第 16～23 页；新疆维吾尔自治区博物馆：《尼勒克县哈拉图拜乌孙墓发掘报告》，《新疆文物》1988 年第 2 期第 17～18 页；新疆文物考古研究所：《察布查尔县索墩布拉克古墓葬发掘简报》，《新疆文物》1988 年第 2 期第 17～26 页；新疆文物考古研究所：《察布查尔县索墩布拉克古墓群》，《新疆文物》1995 年第 2 期第 1～19 页；新疆文物考古研究所：《1995 年乌苏县巴音沟牧场安集海村古墓葬发掘报告》，《新疆文物》1996 年第 4 期第 41～56 页。

比，他们之间的差异不大①。反观之，伊犁地区乌孙墓出土的物质遗留与骟马式遗存则有着相当大的距离，乃至于毫无共性可言。新疆的学者也看到了这一点，指出"它们同甘青地区古文化的联系是微弱的"②。迄今尚未在走廊西部发现骟马类型墓葬，还无法进行体质人类学方面的比较，加之年代和地域上的空缺，还不宜将骟马式遗存与伊犁一带的乌孙墓作直接类比。正是出于以上几点考虑，我们认为，仅仅凭借现有资料，任何一种对骟马类型族属的指认都还只能是停留在假说层面的附会。

　　骟马式遗存和兔葫芦组遗存的发现，对填补河西走廊西部考古学文化的空白有重要价值，这些新材料进一步充实了先秦时期这一地区古文化的发展脉络，为西北地区青铜时代和早期铁器时代文化增添了新内容，也为探索该区域内古代民族和早期东西方文化的交流提供了新线索。最后，需要指出的是，本文仅为初步的研究，其中一些推测性的认识还有待于新的考古发现予以补充和更订。

　　（与水涛教授联名发表，原载《宿白先生八秩华诞纪念文集》（上）第 63 ~ 75 页，文物出版社，2002 年）

---

① 韩康信：《丝绸之路古代居民种族人类学研究》，新疆人民出版社，1994 年。
② 新疆文物考古研究所：《察布查尔县索墩布拉克古墓葬发掘简报》，《新疆文物》1988 年第 2 期第 17 ~ 18 页。

沙井文化研究

一 沙井文化的发现与研究

1923 年春，经中国北洋政府农商部矿政司和地质调查所批准，在瑞典科学研究会资助下，瑞典地质学家、考古学家安特生博士（J. G. Andersson）赴中国西北进行考察。抵达兰州后，他派助手白万玉（地质调查所采集员）去河西走廊收集资料。此人到凉州府（今武威）后得知镇番（今民勤）县城附近有古物发现，遂前往，结果在县城西南一个名叫沙井子的小村庄买到了 6 件铜器（图一，11、12、17、18）。循此线索，他在沙井村东约 3 公里处找到一座墓地，并采集到一些陶器、石器和小件铜器。

1924 年 8 月，安特生亲自来到民勤，在沙井村南调查并发掘了柳湖墩遗址和一处墓地。其中柳湖墩为一直径约 50 米的圆形聚落遗址，四周有用泥土堆筑的围墙。整个遗址高出周围地表约 1.5 米，围墙以内地势呈中央低四周高的锅底状（图二，1），在西侧墙基内表土以下 1.7 米处发现有黑土文化层及陶鬲、豆、碗及石器、铜刀、金耳环、骨针等遗物（图一，上）。沙井南墓地位于柳湖墩西约 260 米，面积近 2 万平方米。安特生等人在此发现了 44 座古墓（编号 M11～M53）。据平面图可知，大多数墓集中在墓地东部和南侧，形成明显的两群，墓穴一律南北向布局，墓主头朝北，全部为竖穴土坑墓，流行单人仰身直肢葬，个别侧身屈肢（图三，上）。据后来发表的资料统计，约 50% 的墓葬有随葬品，约 1/3 有陶器，余者皆为小件铜器、装饰品等（图四）。在个别墓中发现有在墓主头部撒放赤色矿物颜料的现象。

此行安特生等人还调查了民勤县黄蒿井西北 1.5 公里的一处遗址和永昌三角城遗址[①]。

1925 年，经初步研究，安特生将他在沙井周围所获文物作为中国西北地区史前文化的最后一期——沙井期。此期是为中国彩陶文化的最后阶段，属青铜时代，其年代估计为

公元前 2000 ~ 前 1700 年①。40 年代，安特生又将此年代修正为公元前 700 ~ 前 500 年②。

1948 年夏，当时的经济部中央地质调查所组成西北地质调查队赴甘肃、青海考察。在河西走廊，裴文中博士再次调查了民勤柳湖墩、沙井东、沙井南几处遗址，采集了一些遗物。在民勤黄蒿井裴文中新发现两处遗址，在村南约 1 公里（编号 K108）发现一座与柳湖墩构造相若的遗址，有用泥土堆筑的围墙，直径约 38 米，在墙基处发现有半月形石刀、陶片、玛瑙片和大理石坠。由此向北约 500 米处，

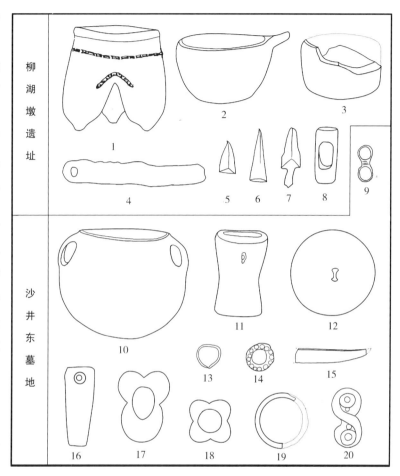

图一　柳湖墩遗址、沙井东墓地出土器物

1. A 型陶鬲（K6559）　2. B 型陶碗（K6557）　3. 石碗（K2457：4）　4. 铜刀（K2327：1）　5、6. 骨镞（K2348：4、K2327：3）　7. C 型铜镞（K2327：4）　8. 穿孔骨器（K2327：13）　9. 铜双联珠（K2321：106）　10. A 型Ⅰ式陶双耳圜底罐（K6176）　11. 铜斧（K4106：2）　12. 铜镜（K4106：1）　13. 金耳环（K4104：7）　14. 铜扣（K2313：12）　15. 铜刀（K2321：26）　16. 条形穿孔石器（K2309：3）　17、18. 花瓣形铜牌饰（K4106、K4106：6）　19. 铜环（K2321：2a）　20. 小铜牌饰（K2321：12）

地表散落有陶片和人骨，估计应为墓地所在。另一遗址位于村南约 2 公里，在地面上发现有石刀、陶鬲足和长方形的房基址。该址西南约 500 米为墓地，经试掘的几座墓中出土有绘鸟形花纹的典型沙井文化陶器。裴文中在民勤发现的第三处遗址位于县城

---

① 安特生著，乐森珥译：《甘肃考古记》，《地质专报》甲种第五号，1925 年，北京。
② Andersson, J. G. (1943), Researches into the Prehistory of the Chinese, *BMFEA*. No. 15. Stockholm.

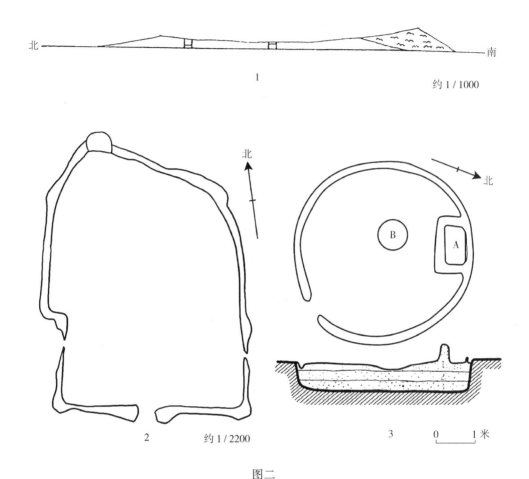

图二
1. 柳湖墩遗址剖面图　2. 金昌三角城平面图　3. 三角城 F4

西北 45 公里、红沙梁乡小东村西 5 公里的沙丘中。这里有一个由大块岩石砌成的高台，名曰三角城①。台子南侧有一些石砌的圆形、方形墙址，周围散见有兽骨、陶片和灰烬。台子东南约 500 米的沙丘下发现有墓葬和完整的陶器。在发表的少量陶器残片中，可辨器形有沙井文化的豆盘、鬲足、彩陶片、罐口沿等，采集的工具类有石斧、长方形石刀、石磨盘等。在后来撰写的报告中，裴文中首次使用了沙井文化的命名。他认为，沙井文化可能是由马厂期发展而来，但新增加了三种因素：一是以鬲为代表的原始中国文化；二是铜器；三是彩绘的鸟形花纹。对于后者，他认为可能代

---

① 裴文中认为三角城之高台可能初建于史前时期，至汉唐仍沿用。近年的研究表明，此高台应为汉初建造的由姑臧至休屠泽塞向东北伸出的一座城障旧城。见吴礽骧：《河西汉塞》，《文物》1990 年第 12 期第 45 ~ 60 页。

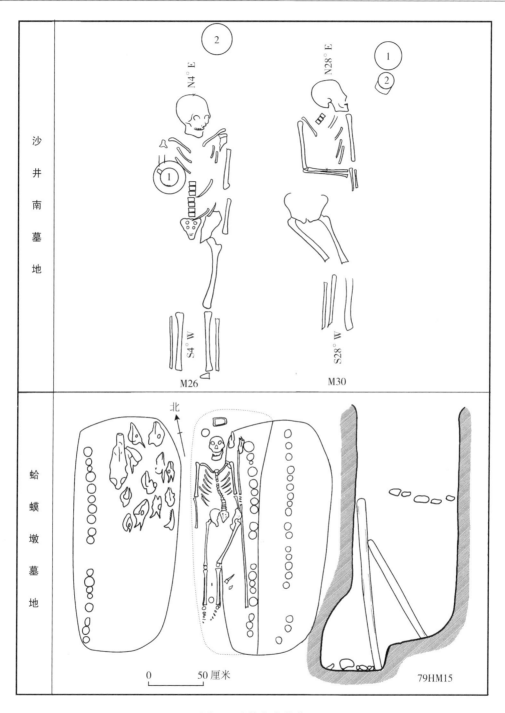

图三　沙井文化墓葬

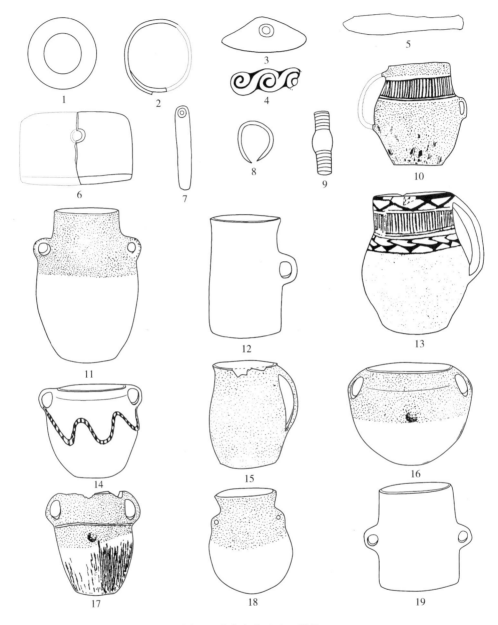

图四　沙井南墓地出土器物

1. 石瑗（K2349∶12）　2. 铜环（K4103∶127）　3、7. 穿孔磨石（K2304∶2、K2313∶7）　4. 铜牌（K2349∶
142）　5. 铜刀（K2296）　6. 石刀（K4103∶159）　8. 金耳环（K4103∶131）　9. 铜管（K2349∶144）
10、13、15. A 型Ⅰ式宽柄大单耳陶杯（1948 年采、K5591、K5524）　11. C 型陶双耳平底罐（K5596）　12. B
型陶单耳杯（K6211）　14. A 型陶双耳平底罐（K5588）　16. A 型Ⅰ式陶双耳圜底罐（K5597）　17. B 型陶双
耳平底罐（选自《甘肃考古记》）　18. B 型陶双耳圜底罐（K6087）　19. 陶双耳杯（K5432）

表一种由中亚一带传播而来的艺术①。

1979 年，甘肃省文物工作队正式发掘了永昌（现划归金昌市）三角城的部分遗址和蛤蟆墩、上土沟岗两处墓地。

三角城是一座占地面积达 2 万余平方米的城堡废墟，平面形状不规则，西北角向外凸出略呈三角形，故名（图二，2）。今四周城墙保存尚好，最高达 4 米左右。经发掘可知，此城系利用天然地势用黄土垒筑而成，城门设在南墙正中，宽仅 2.6 米。墙基厚 8 米上下。城西有一古河道。在城内西北角发现房屋基址 4 座，窖穴 14 个及大批遗物（图五）。据城内灰坑中采集的木炭经测试，此城建于春秋时期②。

蛤蟆墩墓地位于三角城以西约 1400 米，共清理墓葬 20 座（编号 79HM1 ～ 79HM20）。墓穴方向基本为 0°～40°，墓主头朝北或略偏东。墓葬形制分竖穴偏洞室和竖穴土坑两种，流行单人仰身直肢葬。这里的偏洞室墓很有特点，其营造程序是：在已挖好的竖穴土坑底部再向西向下掏挖一长方形墓室，以放置尸体。如此往往会在墓底东侧形成二层台。下葬后，洞口用木棍封堵，为牢固起见，再用木棍斜顶住封堵墓室的圆木，最后覆盖芨芨草或草席，以免填土涌入墓室（图三，下）。每座墓都有随葬品，但陶器甚少，多为小件铜器、装饰品，还有少量木器、毛麻纺织物残件、皮革制品和铁器（图六）。蛤蟆墩墓地的丧葬习俗也很有特色，一般在墓底铺垫石灰和草席，墓主身上盖芨芨草席，或芦苇席，也有的用草席将头、脚包裹起来，脚下一般用硬土块填塞。还有的在头骨周围撒赤色矿物颜料，或口含绿松石珠，或在双目上遮盖缀铜泡的皮眼罩。特别是用火烧尸的现象在它处极为罕见，如 79HM6 墓主下颌骨被火烧黑；79HM15、79HM19 墓主骨骼亦被火烧烤呈黑色。这里还流行殉牲习俗，一般将牲畜杀死肢解后埋在距墓口有一定距离的填土之中，并集中在墓主头部一侧。牲畜吻部一律朝前，额顶向上，很有规律。出土时有的牲畜头骨上还残留皮毛，可见当时是专门用于杀殉特意埋入的。经鉴定，种类有羊、马、牛等的头骨和蹄骨（图三，下）③。

① 裴文中：《中国西北甘肃走廊和青海地区的考古调查》，《裴文中史前考古学论文集》第265 ～ 273 页，文物出版社，1987 年。

② 甘肃省博物馆文物工作队、武威地区展览馆：《甘肃永昌三角城沙井文化遗址调查》，《考古》1984 年第 7 期第 598 ～ 601 页；甘肃省文物考古研究所：《永昌三角城与蛤蟆墩沙井文化遗存》，《考古学报》1990 年第 2 期第 205 ～ 237 页。

③ 同②。

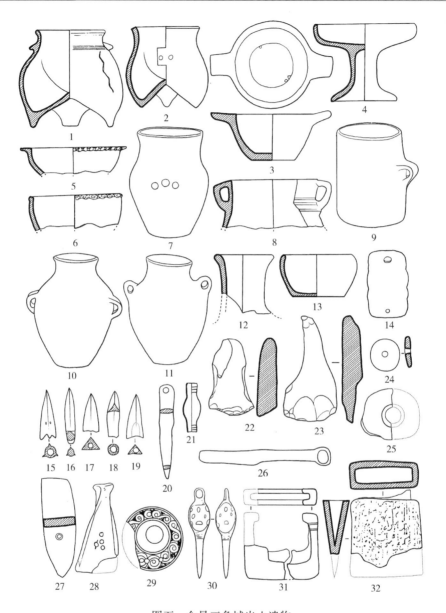

图五　金昌三角城出土遗物

1. D 型陶鬲（F1∶1）　2. B 型陶鬲（T1②∶4）　3. B 型陶碗（T1②∶6）　4. 陶豆（T1②∶3）　5、6. 陶盆
（86 年采）　7. 陶小罐（T1②∶5）　8. 陶双耳罐（86 年采）　9. B 型陶单耳杯（采02）　10、11. 陶双耳壶
（采01、79 年采）　12. 陶瓶口（H1）　13. A 型陶碗（T5②）　14. 骨牌（T4②∶2）　15、17. B 型铜镞（T5
②∶2、采017）　16、18. A 型铜镞（采06、T5②∶3）　19. 骨镞（T5②∶1）　20. 骨匕（T6②∶2）　21. 铜管
（采011）　22、23. 石斧（86 年采）　24. 陶纺轮（H4∶8）　25. 环形石器（F3∶3）　26. A 型铜刀（79 年
采）　27. 石圭（T5②∶2）　28. 卜骨（T4③∶4）　29. 刻花骨牌（79 年采）　30. 铜锥（F2∶4）　31. 铁甬
（79 年采）　32. 铁铲（H1∶1）

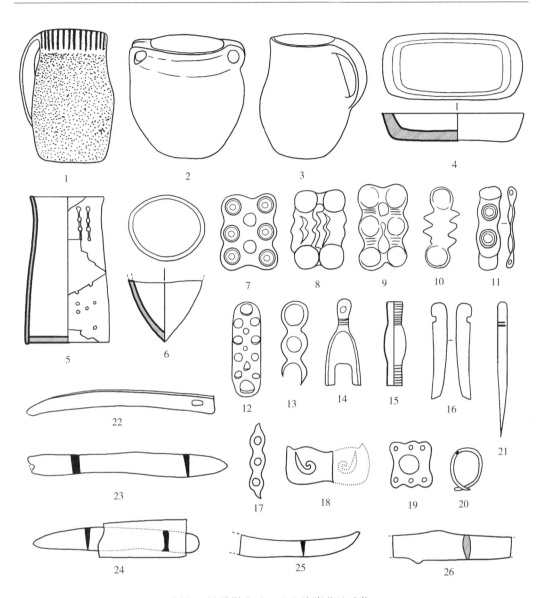

图六 蛤蟆墩墓地、上土沟岗墓地遗物

1. A 型 II 式陶宽柄大单耳杯（79HM 采:01）   2. A 型陶双耳罐（79HM16:3）   3. A 型 I 式陶宽柄大
单耳杯（79STM2:1）   4. 木盘（79HM18:2）   5. 木筒（79HM15:2）   6. 陶鬲足（79HM18:1）
7～11. 铜联珠饰（79HM12:5、79STM4:1、79HM 采、79HM6:4、79HM10:2）   12. 铜牌饰（79HM
采）   13、17. 铜连环饰（79HM 采）   14. 铜铃（79HM5:6）   15. 铜管（79HM4:2）   16. 骨弓弭
（79HM18:7）   18、19. 铜牌饰（79HM11:3、79STM4:2）   20. 铜耳环（79HM6:3）   21. 铜锥
（79STM1:1）   22. B 型铜刀（79HM 采）   23. D 型铜刀（79HM14:6）   24. C 型铜刀（79HM15:6）
25. E 型铜刀（79STM5:1）   26. 铁刀（79HM9:1）（H＝蛤蟆墩，S＝上土沟岗）

　　另在三角城以东约 1.5 公里的上土沟岗清理了 5 座墓葬（编号 79STM1 ~ 79STM5）。这些古墓仅残存墓底，形制已不可辨，出土的随葬品与蛤蟆墩墓地基本一致①。

　　1980 年，甘肃省文物工作队在三角城东 300 米的西岗发掘了 447 座墓葬，据发掘者见告，该墓地的 M164、M199、M227 各出铁刀 1 件，M223 出一铁器（不辨器形）。

　　1981 年，他们又在三角城东北约 700 米的柴湾岗发掘墓葬 113 座，约占整个墓地的 1/4。在墓地上层清理房屋基址 2 座，灰坑 2 个。据发掘者透露，M103 出铁剑一柄。

　　上两座墓地的墓葬形制有偏洞室墓、土坑墓和竖井土洞墓三种，后者较少，分双竖井和单竖井两种，前一种在地表先向下挖两个直径约 1 米的圆坑，深 1.5 米，再将两坑从底部贯通，形成一过洞，作为墓室。后一种是只挖一竖坑，底部掏出土洞墓室。此外，这两座墓地还发现少量的合葬墓②。

　　三角城遗址周围的一系列工作大大丰富了沙井文化的内涵，并测定了一批 ^{14}C 数据，大体明确了这部分遗址的绝对年代。

　　1986 年 12 月，北京大学考古学系与甘肃省文物考古研究所重新考察了民勤至金昌一线的沙井文化遗址，并对新发现的民勤县东北约 50 公里的火石滩遗址进行了调查③。近年来，在民勤县境内又陆续新发现一些沙井文化遗址，如昌宁乡四方墩、沙岗墩、泉山镇小井子、大滩乡古城和西渠镇端字号柴湾等。

　　历年来，在民勤沙井子一带收集到一批沙井文化的陶器、石器，现分别藏于甘肃省博物馆和民勤县博物馆（图七）。

二　沙井文化的基本特征

（一）陶器

　　沙井文化的陶器全部为夹砂陶，羼和料较粗，少部分胎质细腻者也掺有细砂。特别是在陶土中普遍羼有一种名为蛭石的矿物质，该矿物微粒可发出类似云母的金或银色光泽，显然这与当地陶土中夹杂的自然矿物成分有关。陶器的颜色以红、褐（红褐、灰褐）和橙黄为主，灰色很少。由于火候不匀，有些器表夹杂有灰黑色斑块。所有陶器均为手制，工艺较粗，陶胎普遍较厚。素面陶器为主，装饰类纹样主要有附加堆纹、刻划纹、乳丁纹及少量绳

①　甘肃省博物馆文物工作队、武威地区展览馆：《甘肃永昌三角城沙井文化遗址调查》，《考古》1984 年第 7 期第 598 ~ 601 页；甘肃省文物考古研究所：《永昌三角城与蛤蟆墩沙井文化遗存》，《考古学报》1990 年第 2 期第 205 ~ 237 页。

②　蒲朝绂：《试论沙井文化》，《西北史地》1989 年第 4 期第 1 ~ 12 页。

③　甘肃省文物考古研究所、北京大学考古学系：《河西走廊史前考古调查报告》，文物出版社，待刊。

纹。尤为流行在陶器表面施紫红色陶衣。彩陶全部为红彩，花纹图案大致分两类，一类为几何形，如用横竖短线、三角、网格、水波等组成花纹带；另一类为动物纹与几何纹相搭配，绝大多数为鸟纹组成的花纹带，也发现极个别的人物形象，弥足珍贵（图八、九）。经观察，陶器上的红色陶衣与红彩应系同一种矿物颜料。在金昌三角城遗址曾发现一件内装红色颜料的单耳杯，经鉴定，颜料的化学成分主要是三氧化二铁和少量的氧化亚铁。此类物质在当地有广泛的分布，沙井文化的彩陶颜料显然就是用这种东西调制的。

图七　沙井子一带采集遗物

1. 单耳圜底陶罐（民勤藏）　2. C 型双耳圜底陶罐（甘博藏）　3、5. B 型宽柄大单耳陶杯（民勤藏、甘博藏）　4. 绳纹陶罐（民勤藏）　6. A 型I式宽柄大单耳陶杯（甘博藏）　7. 石锄（甘博藏，后转酒泉市博物馆）　8、9、12. 石斧（民勤藏）　10、11. 石刀（民勤藏）（"甘博"指甘肃省博物馆，"民勤"指民勤县博物馆）

　　沙井文化陶器的种类比较简单，缺少变化。从形态看，以平底器为主，三足器次之，圈足器和圜底器很少。现将其归纳为以下几类分别介绍。

　　杯　沙井文化中最为常见且特征最突出的器类，分单耳、双耳两种。

　　宽柄大单耳杯　器身一侧从口缘至腹下置宽柄大耳，约占器身的 2/3，个别还在单耳另一侧捏塑一鋬突或增设一小耳，有彩陶和素面之分。据形态差异，该器可分两型。

　　A 型　直口，圆鼓腹或弧腹，平底。可分两式。

　　I 式　直口，圆鼓腹，平底，整体形态矮胖，如标本 K6179（图八，4）。

　　II 式　腹部瘦削，整体形态瘦高，如标本 79HM 采:01（图六，1）。

　　B 型　呈直筒状，口底大小相若，如标本沙井采集品（图七，5）。

　　单耳杯　器身一侧置环形小耳，因器耳位置不同，分两型。

图八　沙井文化彩陶器

1. A 型 Ⅱ 式双耳圈底罐（K5598）　2. A 型单耳杯（K5470）　3～6、8. A 型 Ⅰ 式宽柄大单耳杯（K5471、K6179、K5603、K5468、甘博藏）　7. B 型双耳平底罐（西岗 M162：1）　9、12. 彩陶壶（柴湾岗 M4：1、西岗 M125：1）　10. A 型单耳杯（西岗 M218：1）　11. 细颈瓶（西岗 M55：1）

A 型　侈口，圆鼓腹，单耳置口缘与上腹之间，标本如西岗 M218：1，在单耳另一侧饰乳突一枚（图八，10）。

B 型　口底大小相若，直筒形，单耳置腹中部，如标本 K6211（图四，12）。

双耳杯　口略小于底，近直筒形，腹中部置双小耳，如标本 K5432（图四，19）。

罐　沙井文化陶器中之大宗，形态种类甚多，依据完整器可分平底、圜底两类。

圜底罐　分单耳、双耳两种。

单耳圜底罐　直口，卵圆腹，小耳，口缘外侧有的贴一周泥片，腹部饰绳纹。标本如沙井采集品（图七，1）。

双耳圜底罐　分三型。

A 型　分两式。

Ⅰ式　整体形态近扁方形，大口，浅腹，腹部正中饰乳突，如标本 K5597（图四，16）。

Ⅱ式　整体形态近正方形，口较Ⅰ式略小，深腹，如标本 K5598（图八，1）。

B 型　喇叭口，束颈，双小耳置肩部，球形圆腹，如标本 K6087（图四，18）。

C 型　整体形态瘦高，小口，长颈，球形圆腹，双腹耳，器表饰绳纹、附加堆纹、指甲压纹，标本如沙井采集品（图七，2）。

双耳平底罐　完整器分三型。

A 型　大口，双小耳，形体矮胖，如标本 K5588，腹部饰波浪形附加堆纹（图四，14）。

B 型　较 A 型瘦高，腹部正中饰乳突，器表饰绳纹，标本如西岗 M162：1（图八，7）。

C 型　瘦高，小口，双耳置肩部，长颈，如标本 K5596（图四，11）。

鬲　完整器分四型。

A 型　形体硕大，高 56.5 厘米，大口，高裆，乳状大袋足，有短小的实足根，器表饰附加堆纹，如标本 K6559（图一，1）。

B 型　矮小，高仅 10 余厘米，大口，矮裆，袋足无实足根，标本如三角城 T1②：4（图五，2）。

C 型　高约 15 厘米，大口，单小耳，矮裆，有短实足根，标本如西岗 M334：2。

D 型　高 31.5 厘米，微侈口，肩颈处置半月形鋬手，袋足肥大，矮裆，扁铲形实足根较高。标本如三角城 F1：1（图五，1）。

豆　浅盘　细柄中空，喇叭形圈足。标本如三角城 T1②：3（图五，4）。

壶　小口，圆鼓腹，肩或腹部置双小耳，偶见四耳者，标本如三角城采 01（图五，10）。亦有个别彩陶，标本如西岗 M125：1（图八，12）。

细颈瓶　形态瘦高，喇叭口，长颈，腹部置双小耳，标本如西岗 M55：1（图八，11）。

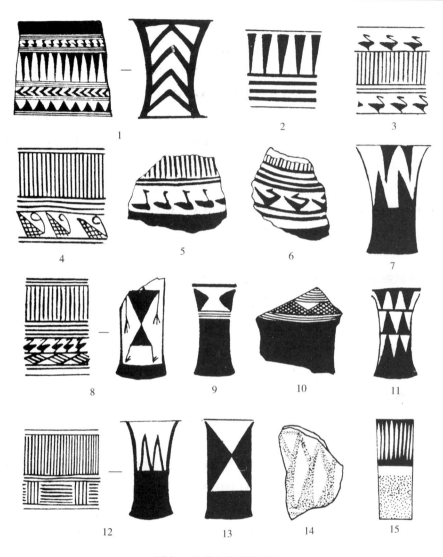

图九　沙井文化彩陶图案

1. 双耳圜底罐（K5598）　2. 单耳杯（K5590）　3. 单耳杯（K5602）　4. 单耳罐（K2349：151）　5. 彩陶片（沙井东墓地）　6. 彩陶片（沙井）　7. 单耳杯（K5603）　8. 单耳杯（K3209）　9. 单耳杯（K5468）　10. 彩陶片（民勤三角城采）　11. 单耳杯（K5471）　12. 单耳杯（K6209）　13. 单耳杯（K5591）　14. 彩陶片（金昌三角城采）　15. 单耳杯（甘博藏）

碗　分两型。

A 型　微敛口，浅腹，平底，标本如三角城 T5②（图五，13）。

B 型　与 A 型大致相同，只是在口缘处置一或两个鋬手。如标本 K6557（图一，2），再如三角城 T1②：6（图五，3）。

盆　未见完整器。三角城采集的盆口缘外均饰一周花边状附加堆纹，腹部也似有深浅之分（图五，5、6）。

（二）木器

仅在蛤蟆墩墓地有少量发现，种类有盘和筒两种。盘为长方形浅盘、胎很厚，系用整块木板凿挖而成，标本如79HM18：2（图六，4）。筒用薄木板卷制，底部镶套圆木板，深腹，口略小于底，如标本79HM15：2（图六，5）。

（三）石器

石器在沙井文化中是主要的生产工具。分打制、磨制两种。据裴文中报道在黄蒿井发现有细石器[①]，但是否属沙井文化还有疑问，因在其他沙井文化遗址中还从未见到细石器。

打制石器主要有手斧和环形穿孔石器，在金昌三角城遗址发现甚多。石斧大多利用天然的条形砾石打出刃部，其余部分保留石皮原貌，往往有便于捉握的手柄，标本如三角城86采：038（图五，22）。环形穿孔石器大者直径近20厘米，小者10厘米余。中央对钻一大孔，周边刃部打制或磨制，有些刃部加工不很明显，标本如三角城F3：3（图五，25）。

磨制石器有刀、磨石、斧等。刀的形状有长方形和半月形，分单孔、双孔，磨制大多不精（图四，6；图七，10、11）。磨石的形状有条形、三角形、梯形、圭形，一端有孔，无刃，在沙井南墓地均用于随葬，估计这是一种用来磨骨器和铜器的磨石，一端有孔，便于携带。标本如K2309：3、K2304：2、K2313：7（图一，16；图四，3、7）。沙井南墓地还出土有磨制精良的石瑗，如标本K2349：12（图四，1）。另在沙井一带还采集有磨制较精的石器，种类有斧、锄（图七，7、8、9、12）。

其他石器还有石磨盘、石杵、石臼、石球及个别的石制容器——碗（图一，3）。

（四）骨角器

按种类和功能分为兵器、工具、装饰品和占卜用具。兵器有镞和弓弭，镞为三角形，剖面亦为三角，平底或微凹底，底部向内钻挖一孔以插箭杆（图一，5、6；图五，19）。骨弓弭用动物长骨劈成两半再磨，一侧平齐，另一侧弧鼓，两半相合，顶端有一缺口，均两两成双与骨镞搭伴而出，估计此物是与弓矢配套使用的器具（图六，16）。工具类有针、匕、锥及角觿。装饰物有骨珠、骨牌。三角城曾采集到一件刻有繁缛花纹

---

① 裴文中：《中国西北甘肃走廊和青海地区的考古调查》，《裴文中史前考古学论文集》第256～273页，文物出版社，1987年。

的圆形骨牌（图五，29）。卜骨均用羊肩胛制成，表面留有钻、灼和钻灼兼施三种形式，如标本三角城 T4③：4（图五，28）。

（五）金属器

分铜器、金器和铁器三类。其中铜器均为小件，无容器，分下列几种。

1. 工具武器类

有刀、锥、斧、镞。

刀　分为五型。

A 型　环首，直背直刃，有较明显的细柄，标本如三角城 79 年采集品（图五，26）。

B 型　弧背，凹刃，刃与柄无明显分界，如标本 79HM 采（图六，22）。

C 型　弧背，直刃，直柄较刃部细，标本如 79HM15：6（图六，24）。

D 型　柳叶形刃，直柄较刃部细，标本如 79HM14：6（图六，23）。

E 型　凹背，弧刃，刀尖上翘，柄残缺，如标本 79STM5：1（图六，25）。

锥　有两种，一般为锥体剖面四棱形，末端插入木柄，如标本 79STM1：1（图六，21）。另一种锥体为圆锥形，末端连着中空的銮铃，顶部有一穿系，如标本三角城 F2：4（图五，30）。

斧　长方形，亚腰，上部有装柄的銎孔，一侧有用于加固斧柄的穿。如标本 K4106：2（图一，11）。

镞　分三型。

A 型　柳叶形，无翼，剖面三棱状，关部圆柱状，下有箭，标本如三角城 T5②：3（图五，18）。

B 型　平剖面均为三角形，有双翼和不明显的后锋，翼部有浅凹槽，关部有箭，标本如三角城 T5②：2（图五，15）。

C 型　平剖面均为三角形，有双翼，关后有圆柱状铤。标本如 K2327：4（图一，7）。

2. 装饰类小件

装饰类小件占沙井文化铜器的很大比重，其中一部分是用于人体装饰的，如耳环之属。大量的小铃、扣、环、牌、管等为缀于衣物革带或马具上的饰件。沙井东墓地发现的花瓣形铜牌饰，有可能为马面部的饰件（图一，17、18）。较复杂的还有铜鞭形器（79HM5：5），系将各种形状的铜器小件用皮条穿系组合而成。

金器　仅见耳环一种，制作很简单，用金丝弯成环状即可，如标本 K4103：131（图四，8）。

铁器　分为工具和武器。前者有耒和铲，均出于三角城遗址。耒平面凹字形，刃宽

8 厘米（图五，31）。铲平面正方形，剖面楔形，上有长条形銎孔，内残存朽木（图五，32）。武器类有刀和剑，均锈蚀残损，刃宽大约 2 厘米，标本如 79HM9：1（图六，26）。

（六）聚落

沙井文化的聚落分为三个层次。最高一级为金昌三角城城堡。它傍河而建，有高大的城墙，以小家庭为生活单位的居址建于城堡之内。显然具有防御外敌、保护生活安全的功能。尽管城堡的面积并不很大（2 万余平方米），城内的布局和设施也不十分清楚，但它在沙井文化之中无疑占有十分突出的位置（图二，2）。第二级指柳湖墩、黄蒿井 K108 点为代表的居地，四周建有环形土墙，直径 40～50 米，虽然对其内部的布局还不了解，但推测当时小规模的氏族群体就生活在这种或可称之为土围子的聚落内，四周建有围墙同样是出于对安全的考虑，也有利于畜群的管理（图二，1）。第三个层次为个体家庭。已知沙井文化的房屋有圆形和椭圆形两种，均平地起建。如三角城 F4 建于城堡内，平面圆形，直径 4.5 米，门朝东南。室内中心设一圆形锅底状灶坑，北墙处另设一长方形火塘。居住面分三层铺垫砸实，经火烘烤呈红色，平整坚硬。房屋四周有宽20、深18 厘米的沟槽，沟内两侧填塞石块陶片，未发现柱洞，根据平面结构和室内出土的墙皮，这种房屋应是在沟槽内斜立木柱，至中心相交捆绑，顶部呈圆锥形的窝棚式建筑（图二，3）[1]。柴湾岗 F1 是一座平面椭圆，面积达 40 余平方米的建筑，门朝东，室内中部有圆形灶坑，坑侧有火种穴，坑北为取暖用的火塘。室内西部有储藏谷物的小窖穴。房屋四周和屋内共分布 22 个柱洞，北面、西面还有沟槽，其构造似较三角城 F4 进步，年代也更晚一些[2]。在三角城内还发现一批窖穴，大都位于房屋四周，间距 2～3 米，大部分为圆筒状，直径 1.2～1.3、深 1.4 米。坑壁加工规整，有的还挖出供上下的阶梯，个别坑内残存有谷物痕迹[3]。

沙井文化的葬地一般选在地势略高的慢坡土岗上，距生活聚落 250～500 米。一些墓地的墓葬数量多达四五百座，足见延续时间相当长。各墓地的墓葬排列有序，基本为南北布局，墓主头朝北，流行单人仰身直肢葬，也有少量的侧身屈肢葬、乱骨葬、二次迁葬及合葬。一般都有随葬品，多寡不等，也有的一无所有。联想到有些墓的填土中曾发现无头骨架、或单独的头骨、肢骨，以及殉牲数目的多少有无，表明沙井文化中不仅

① 甘肃省博物馆文物工作队、武威地区展览馆：《甘肃永昌三角城沙井文化遗址调查》，《考古》1984 年第 7 期第 598～601 页；甘肃省文物考古研究所：《永昌三角城与蛤蟆墩沙井文化遗存》，《考古学报》1990 年第 2 期第 205～237 页。
② 蒲朝绂：《试论沙井文化》，《西北史地》1989 年第 4 期第 1～12 页。
③ 同①。

存在贫富分化，甚至已出现杀殉一类残酷的阶级压迫现象①。总之，沙井文化的偏洞墓、土洞墓、殉牲、墓内铺石灰、铺盖草席、足蹬土块及火烧尸骨等埋葬习俗很有特色。儿童葬俗与成人大致相同，只是大多无随葬品或墓穴较浅较小。

三　沙井文化的分布

40 年代末，裴文中曾得出"沙井文化仅广泛地分布在蒙古沙漠的边缘上"的认识②。后来，在一些研究文章、教科书乃至大型的专业工具书中，均将沙井文化的分布划在东起兰州、西抵张掖这一广阔的地域范围内③。近年来，随着研究的深入，逐渐发觉上述看法与实际情况出入很大，同时也识别出一些本不属于沙井文化的遗址和遗物。如 40 年代裴文中在张掖黑水国城址附近发现的遗物就不属于沙井文化。那儿采集的黑彩陶片在沙井文化中从未见过，而打制的手斧却是四坝文化的典型式样，故该址应属四坝文化④。再如山丹四坝滩遗址所谓丙组遗存曾被划归沙井文化⑤，实际上该址并无沙井文化的内容，这已被多次的调查所证实。再看一直作为沙井文化典型遗存的天祝董家台遗址，该址所出的圜底彩陶罐和单耳绳纹罐很有特点（图一○，3、4）⑥。可是此类风格的器物在沙井文化中至今尚未发现，反之却在兰州左近的榆中、甘谷、武山等地出土了一批。初步研究表明，以董家台遗址为代表的遗存应属于一种新的文化类型，若将之纳入沙井文化体系显然不妥⑦。另外，永登县榆树沟古墓曾被定为沙井文化，主要根据是发现了 7 块表皮施橙黄陶衣的夹砂陶片和一件与沙井文化陶器相似的残器耳⑧。该墓出土的 6 件圆雕铜鹿、4 件圆雕鹰首、34 件火焰纹卧犬铜牌、3 件涡纹铜牌及兽首车軎等器物在沙井文化中绝对不见。但在鄂尔多斯高原至宁夏固原、中卫一线则屡有发现。显

---

①　蒲朝绂：《试论沙井文化》，《西北史地》1989 年第 4 期第 1～12 页。

②　裴文中：《中国西北甘肃走廊和青海地区的考古调查》，《裴文中史前考古学论文集》第 256～273 页，文物出版社，1987 年。

③　甘肃省博物馆文物工作队、武威地区展览馆：《甘肃永昌三角城沙井文化遗址调查》，《考古》1984 年第 7 期第 598～601 页；甘肃省文物考古研究所：《永昌三角城与蛤蟆墩沙井文化遗存》，《考古学报》1990 年第 2 期第 205～237 页；蒲朝绂：《试论沙井文化》，《西北史地》1989 年第 4 期第 1～12 页；《中国大百科全书·考古卷》"沙井文化"条第 432 页，中国大百科全书出版社，1986 年。

④　同②。

⑤　安志敏：《甘肃山丹四坝滩新石器时代遗址》，《考古学报》1959 年第 3 期第 7～16 页。

⑥　甘肃省博物馆：《甘肃古文化遗存》，《考古学报》1960 年第 2 期第 11～52 页。

⑦　李水城：《论董家台类型及相关问题》，《考古学研究（三）》第 95～102 页，科学出版社，1997 年。

⑧　甘肃省博物馆文物工作队：《甘肃永登榆树沟的沙井墓葬》，《考古与文物》1981 年第 4 期第 34～36 页。

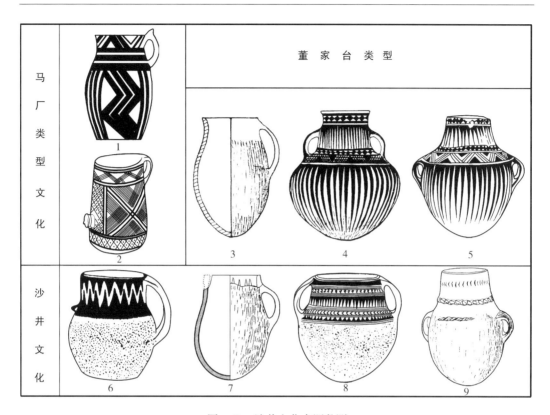

图一〇 沙井文化来源蠡测

1、2. 单耳彩陶杯（永昌鸳鸯池 M15、M87∶1） 3. 陶单耳圜底罐（天祝董家台） 4. 双耳彩陶圜底罐（天祝董家台） 5. 腹耳彩陶圜底罐（武山洛门镇采） 6. 陶宽柄大单耳杯（民勤沙井 K5603） 7. 陶单耳圜底罐（民勤藏） 8. 双耳圜底彩陶罐（民勤沙井 K5598） 9. 陶腹耳圜底罐（甘肃省博物馆藏）

然，榆树沟这批北方草原文化气息甚浓的文物应为战国时匈奴人向西北一线渗透时的遗留，特别是匈奴所使用的陶器中有一部分正是器表施橙黄陶衣的夹砂红陶罐①。榆树沟古墓应从沙井文化中剔除。最后，所谓在兰州发现沙井文化遗址的说法由于缺乏实物的支持亦难成立②。综上所述，沙井文化的分布范围并未到达张掖、武威、山丹、天祝、古浪、永登和兰州这些地区。

考古发现证明，沙井文化的分布区未能越出民勤、金昌、永昌三县市。已确定的遗址点集中在巴丹吉林沙漠与腾格里沙漠之间的民勤绿洲和永昌盆地之间，地理坐标大致为北纬38°20′～39°，东经102°15′～103°45′。民勤沙井子至金昌三角城一线为该文化的中心区（图一一）。

---

① 罗丰等：《宁夏固原近年发现的北方系青铜器》，《考古》1990 年第 5 期第 403～518 页。
② 蒲朝绂：《试论沙井文化》，《西北史地》1989 年第 4 期第 1～12 页。

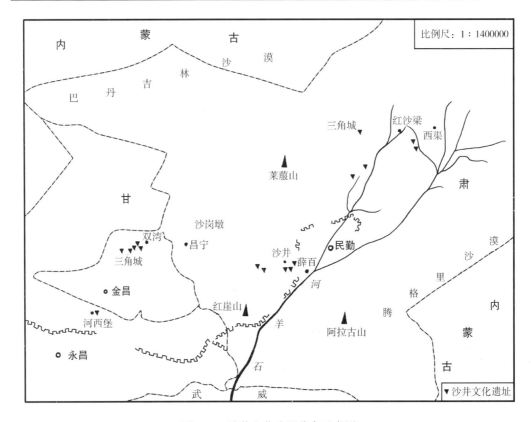

图一一　沙井文化遗址分布示意图

　　民勤盆地位于祁连山内陆水系下游的沙漠终端湖地带，河西走廊东端北部。从地图上看，这里犹同伸向内蒙古沙漠的一支触角。受环境因素的影响，当地的气候、植被等自然环境与其南侧武威一带的山前倾斜平原有很大差异，并因此形成不同的经济文化区。或许正是这一地理格局限制了沙井文化很难向南侧的农业文化区拓展，尽管当时并无关河之险。据河流的走向分析，沙井文化的遗址主要分布在石羊河、金川河下游沿岸和湖沼沿岸的绿洲上，耐人寻味的是，这里正好位于后来历史时期修建的长城以北地区。

四　文化分期与年代

　　沙井文化的遗址一般堆积较薄，包含物少，加上墓中随葬陶器比例不高，缺乏组合关系，这些给分期工作造成很大困难。可是当我们换个角度，从遗址的空间分布着手比较，逐步认识到，民勤沙井周围的遗址与金昌三角城为中心的遗址之间在文化面貌上存在若干差异，而这种差异很可能是时间不同造成的（为便于行文，下面将沙井周围的遗址称为甲组，将三角城一带的遗址称为乙组），试比较。

　　1. 在丧葬习俗方面

① 甲组全部为竖穴土坑墓；乙组除竖穴土坑墓外，主要为竖穴偏洞墓。

② 甲组殉牲习俗不明显；乙组则盛行。

③ 甲组随葬陶器者占墓葬总数的 1/3 强；乙组仅达 1/4～1/6 或更少。

2. 在器类形态方面

甲组基本不见乙组遗址中大量使用的 D 型铲足鬲；乙组亦不见甲组的 A 型大口乳状袋足鬲。甲组有部分圜底器；乙组无。甲组陶器以 A 型宽柄大单耳杯为主（A 型 I 式）；乙组此类器皿甚少且形态有变化（A 型 II 式）。再有，乙组的双耳壶、花边口沿盆、细颈瓶等器类为甲组所不见。

3. 在彩陶方面

甲组比例远高于乙组，达 50% 左右，而且构图规范，格式化，花纹较繁缛，流行鸟纹母题；乙组彩陶数量很少，且图案简化，不见鸟纹。

4. 其他

乙组发现一批铁器、木器、皮革制品和毛麻纺织品；甲组不见。

从空间看，甲乙两组的中心点仅相距 60 公里，其间并无天然屏障阻隔，所以绝无产生同一文化两个地域类型的可能。在肯定甲乙两组隶属同一考古学文化的前提下，上述差异只能解释为时代不同的结果。我们认为甲组早于乙组。证据如下：第一，铁器的产生是较晚一阶段的事实，乙组各遗址点均有铁器发现，而甲组则不见，此为其一。第二，甲组彩陶数量多且花纹规范繁缛；乙组彩陶数量少，花纹简洁乃至草率，显示出该文化彩陶因素由盛至衰的一般过程。第三，甲组中的少量圜底陶器形态接近董家台类型遗存，表明甲组中某些圜底类因素的时代接近董家台类型。据研究，董家台类型的年代大致相当于商代①。已知乙组年代在西周末至春秋，如此可间接证明甲组早于乙组。反之，乙组中大批铲足鬲因素与渭水上游的毛家坪 B 组遗存类似，后者年代为春秋时期②，正与乙组年代相合。第四，在三角城遗址曾发现部分轮制的泥质灰陶片，器表饰断绳纹、方格纹和水波纹，此类陶片与沙井文化陶器质地风格迥异③，却与渭水中上游一带某些春秋战国时期的灰色陶器一致，从另一角度再次佐证了乙组的年代下限。

① 李水城：《论董家台类型及相关问题》，《考古学研究（三）》第 95～102 页，科学出版社，1997 年。

② 甘肃省文物工作队、北京大学考古学系：《甘肃甘谷毛家坪遗址发掘报告》，《考古学报》1987 年第 3 期第 395～396 页。

③ 甘肃省博物馆文物工作队、武威地区展览馆：《甘肃永昌三角城沙井文化遗址调查》，《考古》1984 年第 7 期第 598～601 页；甘肃省文物考古研究所：《永昌三角城与蛤蟆墩沙井文化遗存》，《考古学报》1990 年第 2 期第 205～237 页。

综上述分析，沙井文化初步分为早晚两期。早期以民勤沙井子为代表，典型陶器为
A 型鬲、圜底罐、A 型 I 式宽柄大单耳杯等。早期彩陶比例较高，花纹繁缛，流行鸟
纹。墓葬形制为竖穴土坑。晚期以三角城为代表，典型陶器为 D 型鬲、双耳壶、花边
盆、细颈瓶等。彩陶衰退，花纹草率，鸟纹匿迹。墓葬流行竖穴偏洞形式，殉牲普遍，
出现铁器。

有一点需要说明，迄今为止，在三角城左近尚未见到属于甲组的早期因素，但在甲
组范围内已发现少量晚期的乙组因素。总而言之，甲乙两地似不应存在截然的时间
对立。

有关沙井文化的 ^{14}C 数据有如下一批（见表）[1]：

沙井文化的 ^{14}C 数据表

实验室编号	遗址单位（标本）	^{14}C 年代（距今）	树轮校正年代（公元前）（高精度表）
BK79065	HM15（朽木棒）	2950 ±160	1310 ~ 840
BK79066	HM18（朽木棒）	2850 ±90	1022 ~ 828
BK79062	HM5（朽木棒）	2730 ±95	900 ~ 789
BK79063	HM11（朽木棒）	2680 ±125	894 ~ 453
BK79064	HM14（朽木棒）	2570 ±90	796 ~ 412
ZK – 0789	HM14（朽木棒）	2540 ±80	789 ~ 409
ZK – 0739	SH（木炭）	2675 ±100	888 ~ 595
BK – 79030	SH（木炭）	2600 ±90	802 ~ 435
ZK – 0792	XM26（朽木）	2700 ±90	891 ~ 663

上述所测年代经校正后落在公元前 1310 ~ 前 840 年至公元前 789 ~ 前 409 年之间，
其中 HM15、HM18 两墓所选标本系下葬前曾用过的废弃木料，上面还留有凿出的旧卯
眼[2]，显然这两组数据偏早，若舍弃，其余年代便落在公元前 900 ~ 前 789 年至公元前
789 ~ 前 409 年之间。它大致相当于中原地区西周晚期至春秋晚期。这些标本采自三个
遗址点，均属于乙组，它们应代表沙井文化晚期的绝对年代。目前尚缺乏沙井文化甲组
的绝对年代，若根据晚期的已知年代上推，早期的年代应在公元前 1000 年左右，即相

---

① 中国社会科学院考古研究所：《中国考古学中碳十四年代数据集（1965 ~ 1991）》，文物出版
　　社，1992 年。

② 蒲朝绂：《试论沙井文化》，《西北史地》1989 年第 4 期第 1 ~ 12 页。

当于中原地区西周早期阶段。

五 生态环境的复原及经济形态的考察

民勤绿洲的地理方位在红崖山—阿拉古山一线以北，其地质构造属于阿拉善台块的边缘凹陷，为中国内地典型的荒漠绿洲。民勤的东北被腾格里沙漠包围，西北毗邻巴丹吉林沙漠，中部为石羊河、金川河下游冲积成狭长而平坦的绿洲带，今天的地貌形态表现为岛山、残丘、古湖泊、古河道及阶地，为典型的大陆性干燥气候区。远在史前时期，该绿洲基本随着古石羊河和古金川河及终端湖的自然变迁而移动。进入历史时期后，随着人类生产活动的日益频繁和扩大，这里的河湖面积迅速改变并缩小，这种人为促进水系演变、干预绿洲发育的因素，愈趋晚近、愈演愈烈。以至于到了今天，有相当一部分沙井文化的遗址已沦落在不毛之地的沙漠之中（见图一一）。

据地理学的研究，早在白垩纪至第三系，民勤盆地似已成为一座内陆湖盆。第四纪以来，盆地大都在缓慢沉降和风沙与流水堆积过程中。依照更新世湖积层砂质黏土及砂泥质交互层的厚度及分布范围，古石羊河和古金川河形成的终端湖东西长达 120 余公里，湖滨地貌表现为沙碛草原。这座庞大的终端湖就是成书于战国时期的《禹贡》中所记载的"猪野泽"①。不过，到了战国时，它的面积已较史前时期大为缩小，沿岸形成了广阔的沼泽平原和绿洲，这从早期河流冲积层的范围和文献记载可得到印证。总之，在战国以前，民勤盆地的河湖演变和绿洲发育完全循自然景观的发展，很少受人类活动的影响，属自然水系时代②。沙井文化恰好处在这一时期，而且沙井文化的分布范围也正好是东西长 120 公里。这并非偶然的巧合，已知的沙井文化各遗址点均分布在河西走廊北山余脉以北，腾格里沙漠东缘残丘以东的一条弧状地带上，这一范围应该就是"猪野泽"的南岸。特别是在河湖相交的三角洲上，沙井文化的遗址分布更为集中，如三角城一带是古金川河入"猪野泽"的河口地带，沙井和黄蒿井则为古石羊河两支岔河入"猪野泽"的河口③。在自然水系时代，水源十分充足，在河流主干的冲击下，"猪野泽"南岸发育出较宽阔的冲积扇和湖滨三角洲，沙井时期的居民无疑会很自然地占领这样一些水草肥美的绿洲繁衍生存。这一发现不仅对于复原沙井时期的生态环境提供了重要线索，也为阐释该文化居民的经济生活奠定了基础，反之又能从人文的角度为更加准确地界定战国以前"猪野泽"的方位和范围提供了可靠的实物数据，在古地理

---

① 《丛书集成》："禹贡图注"云："'黑水西河惟雍州……原隰底绩，至于猪野。'广平曰原，下湿曰隰，猪野泽名。"

② 冯绳武：《民勤绿洲的水系演变》，《地理学报》第 29 卷第 3 期第 241～249 页，1963 年。

③ 同②。

学研究上也具有重要意义。

通过考古发现的实物遗存亦可进一步说明当时这里的生态环境。1924 年，安特生在柳湖墩遗址北部曾发现大量淡水类贝壳[1]，表明在历史上这里曾有丰富的水资源。再有，沙井文化的彩陶器中有相当一部分绘有鸟类图案，仔细揣摩这些飞禽，不难发现他们都是与水相依为命，在水边繁衍生存的涉禽。其种属有天鹅（图九，4）、大雁（图九，5）、鹤鹳类（图九，3、8）、野鸭类（图九，1）。彩陶画面中的水鸟有的遨游于湖面之上（图九，1、4、5），有的站立在岸边芦苇丛中（图九，3、5），或垂首小憩，或引颈长鸣，有的写实，有的已趋于图案化，但件件生动自然、飘逸传神，显露出高超的绘画水平。艺术源于生活，沙井文化的居民能留下如此传神的作品，一个重要的先决条件就是有大量的、种类繁多的鸟类曾与他们生活在同一片蓝天下，长期的耳濡目染造就出沙井人的艺术，这些珍贵画面从另一个侧面再现了当时人们生活在水肥草美的湖沼岸边的景象。

沙井文化是一支以经营畜牧业为主的部落群体。他们豢养的牲畜主要有羊、马、牛及个别的驴、骆驼（后两类尚不排除野生的可能）。在蛤蟆墩有一墓（M15）殉羊头24、马头 1[2]，这个数字反映出当时畜牧业经济的规模。考虑到该文化居民有比较稳固的聚落，晚期甚至建有相当规模的城堡，说明他们所经营的畜牧业并非纯粹的逐水草而居、来去无定的游牧形式，而是采取一种以较为固定的聚落为中心，循一定的半径活动的驻牧形式。正因为有着相对稳定的生活环境，沙井文化的居民也从事一定规模的农业生产。这从考古发现的农业生产工具（石铲、石刀、铁臿、铁锄）、粮食加工工具（石臼、石杵、石磨盘、石磨棒）和在一些遗迹单位中发现的粮食朽灰可以得到充分的证明。麻类纺织品的出土说明当时还种植一定的经济作物。箭镞、骨弓弭及大量石球说明狩猎活动仍然是一种重要的生产活动。此外，该文化还拥有烧造陶器、冶炼金属（铜、铁）、纺织毛和麻、编织（草席、苇席）等原始手工业的实力。在沙井文化中曾发现一批海贝，如沙井南墓地的 M17、M33、M35 均随葬数枚海贝[3]。1986 年我们在三角城内城垣下发现一件器底有一穿孔的陶罐，内装海贝一百余枚[4]，其性质颇似今天的扑满。所有海贝均将背部磨通以利串系，这些从遥远的海边辗转交换而

---

① 　J. G. Andersson(1943)，Researches into the Prehistory of the Chinese，*BMFEA*. No. 15，Stockholm.

② 　甘肃省博物馆文物工作队、武威地区展览馆：《甘肃永昌三角城沙井文化遗址调查》，《考古》1984 年第 7 期第 598 ~ 601 页；甘肃省文物考古研究所：《永昌三角城与蛤蟆墩沙井文化遗存》，《考古学报》1990 年第 2 期第 205 ~ 237 页。

③ 　同①。

④ 　甘肃省文物考古研究所、北京大学考古学系：《河西走廊史前考古调查报告》，文物出版社，待刊。

来的宝贝显然已具有等价物的功能，暗示出沙井文化已存在较为原始的商品贸易活动。

六　文化源流与族属

对于沙井文化的来源，有人认为它是在本地史前文化的基础上发展起来的[1]；也有人持相反意见，认为它是从别处迁徙过来的[2]。上述推测大都仅仅是建立在相对年代早晚的排比上，缺乏实质性的内容，难免带有盲目色彩。我们认为，沙井文化是河西地区东侧的一支土著文化，该文化中有相当一部分文化因素来源于当地的原始文化。以陶器为例，沙井文化早期阶段的宽柄大单耳杯和圜底类陶器就分别来自河西地区的马厂类型和兰州左近的董家台类型（图一〇）。单耳杯最早是马厂类型文化向河西走廊拓展时因经济生活发生变化而创造的新器型，很可能与畜牧业比重的增加有关。如牛羊一类牲畜均可产奶，奶制品的出现必然促使人们的食物构成发生变化，这类筒状的单耳杯无疑是一种最适宜食用和制作奶制品的器具。这一因素后来被以畜养业为主要经济的沙井文化继承下来，并发展成为该文化中具有鲜明特征的典型器。由于马厂类型与沙井文化在年代上缺环甚大，上述结论还有赖于中间过渡环节的支持。董家台类型的圜底陶器与沙井文化早期阶段的 A 型 Ⅱ 式、C 型双耳圜底罐及单耳圜底罐在形态上具有显而易见的传承关系，特别是在民勤芨芨槽一带曾发现董家台类型的彩陶片[3]，暗示二者曾有接触。董家台类型是分布在渭河上游至天祝一线青铜时代早期的一种文化类型，其年代大致相当于商代阶段，沙井文化早期的圜底系陶器应是受它的影响而产生的。再有，沙井文化的偏洞室墓及某些上肢扰乱葬的习俗均可在河西走廊西段的四坝文化中找到来源，如四坝文化的火烧沟墓地便流行偏洞室墓[4]，其形制与蛤蟆墩等墓地的偏洞墓相同。四坝文化的干骨崖墓地存在相当数量的上肢扰乱葬现象[5]，这些都可能传播并影响到后来的沙井文化葬俗。此外，沙井文化也曾受到北方草原文化的影响，并汲取了他们的若干文化因素，这突出地反映在该文化的铜器小件方面。在沙井文化的晚期阶段，它还与渭河上游的某些土著文化有所接触，铲足鬲和少量轮制的泥质灰陶器可作为这种交往的见证。或许正是在这种既偏安一隅，又多方进行文化交流的进程中，使沙井文化逐渐孕育成一支

① 裴文中：《中国西北甘肃走廊和青海地区的考古调查》，《裴文中史前考古学论文集》第 256～273 页，文物出版社，1987 年；甘肃省博物馆：《甘肃古文化遗存》，《考古学报》1960 年第 2 期第 11～52 页。

② 戴春阳：《月氏文化族属、族源刍议》，《西北史地》1991 年第 1 期第 101～124 页。

③ 甘肃省文物考古研究所、北京大学考古学系：《河西走廊史前考古调查报告》，文物出版社，待刊。

④ 甘肃省博物馆：《甘肃省文物考古工作三十年》，《文物考古工作三十年（1949～1979）》第 139～153 页，文物出版社，1979 年。

⑤ 李水城、水涛：《酒泉县丰乐乡干骨崖遗址》，《中国考古学年鉴（1987）》第 271 页，文物出版社，1988 年。

风格颇为独特的青铜时代文化。

沙井文化的去向目前尚无明确的踪迹。若从年代下限考虑，它的消失很可能与北方匈奴部族的崛起与扩张有直接关系。果如此，其走向不外有二，第一，在匈奴的征服过程中，沙井文化像中国北方许多与华夏为邻的少数民族一样，在这一历史大潮中归顺到匈奴单于的麾下，从此转入居无常处的游牧生活，金戈铁马，来去无踪。1985 年，在宁夏同心县倒墩子发现了一批匈奴墓葬，其中有 6 座竖穴偏洞室墓，其形制、葬俗乃至殉牲的位置方向，随葬陶器的摆放与沙井文化晚期的同类墓可谓如出一辙。此类墓葬在以往发现的匈奴墓中绝无仅有，显然这是匈奴从西北地区引进的文化因素，或许正是沙井文化融于匈奴的写照。经考证，倒墩子墓地属西汉时期投降汉人的一批匈奴，后被安置在当地①。第二种可能是，在匈奴向南向西大举扩张的压力下，沙井文化的居民不愿被其吞并，但南有农业民族的控制，北有茫茫大漠阻隔，只能向西流窜迁徙。曾有人指出，新疆东部一些相当于战国时期的古代遗存与沙井文化有影响关系②。有人甚至认为鄯善苏巴什的偏洞墓就是沙井文化影响的结果③。这推测正与所谓河西大月氏人西迁的记载暗合④。但以上解释尚停留在假说阶段，沙井文化是否西迁，还有待新的考古发现来证明。据研究，早在商代，从鄂尔多斯高原经阿拉善台地至新疆一线已存在一条通道⑤，沙井文化若西迁，必然会留下蛛丝马迹。如此，加强北方这条草原之路的考古工作将有助于这一问题的解决。

关于沙井文化居民的族属，多数研究者倾向于大月氏人西迁以前的遗留⑥。近来又有人主乌孙之说⑦。对这些猜测，本文不准备进行评论。中国西北地区在历史上从很早起就是个民族杂居之地，但其主体应是羌戎系统。从文化源头追溯，沙井文化的血脉中积淀有相当浓稠的羌戎血统，这是讨论沙井文化居民族属不能脱离的根基。因此，我们

① 中国社会科学院考古所宁夏考古组、同心县文物管理所：《宁夏同心倒墩子匈奴墓地》，《考古学报》1988 年第 3 期第 333～356 页。
② 新疆维吾尔自治区文管会：《新疆木垒四道沟遗址》，《考古》1982 年第 2 期第 113～130 页；张玉忠：《天山阿拉沟考古考察与研究》，《西北史地》1987 年第 3 期第 106～116 页。
③ 吐鲁番地区文管所：《新疆鄯善苏巴什古墓葬》，《考古》1984 年第 1 期第 41～50 页。
④ 《史记·大宛列传》："始月氏居敦煌、祁连间，及为匈奴所败，乃远去，过宛，西击大夏而臣之，遂都妫水北，为王庭。"
⑤ 林梅村：《开拓丝绸之路的先驱——吐火罗人》，《文物》1989 年第 1 期第 72～74 页。
⑥ 甘肃省博物馆文物工作队、武威地区展览馆：《甘肃永昌三角城沙井文化遗址调查》，《考古》1984 年第 7 期第 598～601 页；甘肃省文物考古研究所：《永昌三角城与蛤蟆墩沙井文化遗存》，《考古学报》1990 年第 2 期第 205～237 页；蒲朝绂：《试论沙井文化》，《西北史地》1989 年第 4 期第 1～12 页。
⑦ 赵建龙：《关于月氏族文化的初探》，《西北史地》1992 年第 1 期第 62～74 页。

认为沙井文化应属西北地区羌戎体系中的一支。也可能后来他们归顺了匈奴，或自号月氏而西遁，但那已是较晚一段的事，已超出本文讨论的范畴，不赘。

1992 年 6 月二稿于北京大学 46 楼

（原载《国学研究（第二卷）》第 493～523 页，北京大学出版社，1994 年）

刘家文化来源的新线索

一

在论及主题之前，有必要回顾一下刘家文化的发现及命名。

1981年11月，在陕西扶风县法门乡刘家村西南发现一处墓地，经清理发掘的50余座墓包括战国墓、西周墓和所谓的"姜戎墓"三类。其中，"姜戎墓"在墓葬形制、葬俗和出土遗物几方面有着强烈的自身特征，发掘者遂提出"刘家文化"的命名①。本文所指的"刘家文化"即这批"姜戎墓"遗存。

刘家墓地共发现"姜戎墓"20座，除4座被毁、1座为竖穴土坑墓外，余15座均为竖穴土坑偏洞室墓，墓室内壁一般经过修整，多数墓内有无底无盖的长方形木棺。可辨明葬式者仅一座为屈肢葬，余皆仰身直肢。随葬品包括日用陶器和装饰小件两大类，计有小铜泡、铜铃、铜管、骨串珠、海贝、蛤蜊壳及陶高领乳状袋足鬲、腹耳壶、双耳罐、单耳罐、折肩罐等。除M49外，墓中随葬陶器流行在器口压盖扁平石块。此外，刘家"姜戎墓"还有一个特殊葬俗，即普遍在墓内随葬砾石②。

刘家墓地清理的西周早、中期墓和"姜戎墓"全部开口于第三文化层下，有些西周墓打破或叠压在"姜戎墓"之上③，"姜戎墓"之间未见叠压打破关系，各墓间隔3米左右，显而易见，刘家"姜戎墓"年代早于西周，属先周时期遗存。发掘者将这批墓葬分为6期，并推断第1期年代与齐家文化和客省庄二期文化相近；第2期至第5期处在二里岗下层至斗鸡台瓦鬲墓初期之间，下限不晚于周人迁岐；第6期周文化因素加强，年代当在西周文武之际。其中，1、2两期和5、6两期之间存在一定缺环④。

据简报发表资料，刘家"姜戎墓"特征可归纳如下：

（1）流行偏洞室结构的墓穴形制。

---

① 陕西周原考古队：《扶风刘家姜戎墓葬发掘简报》，《文物》1984年第7期第16~29页。
② 同①。
③ 同①。
④ 尹盛平、任周芳：《先周文化的初步研究》，《文物》1984年第7期第42~49页。

（2）以仰身直肢葬为主，个别行屈肢葬，下肢蜷曲较舒缓。

（3）随葬陶器全部放在墓主头前棺外，很有规律，平均每墓五六件。

（4）随葬陶器分泥质、夹砂两系，夹砂灰陶居多，少量红褐色或灰褐色；器表颜色斑驳，器内壁多为红褐色；泥质陶主要为灰色，也有少量红陶和黑皮陶。器类有高领袋足鬲、腹耳壶、双耳罐、单耳罐、折肩罐；基本组合为鬲、壶、罐。陶鬲形态均为高领、乳状袋足、分裆、流行双耳，少数带鋬；腹耳壶、单、双耳罐均为直口、长颈，分平底、圜底两类；折肩罐为外侈小口、矮领。

（5）陶器表面流行装饰竖列绳纹，鬲、壶、罐类器口外多贴塑加厚一周，上饰压印纹；带耳器器耳较宽，耳面流行"X"刻划纹和三角、椭圆形戳印纹。

（6）随葬陶器口部流行压盖扁平石块。

（7）普遍随葬砾石石块，数量不等，少则1块，多则5块，一般放在墓主左侧棺外，或棺外头前、足后，个别放在棺内头前。

（8）墓主头向均朝东北，方向10°～80°之间，以40°～50°为多。

二

以高领袋足鬲为代表的遗存早在20世纪30年代就已有发现[①]。70～80年代，在宝鸡渭水流域的金河公社、石嘴头、晁峪、姬家店等地相继发现一批以高领双耳乳状袋足鬲、双耳罐、单耳罐、腹耳壶为代表的遗存，多为夹砂红褐陶，器表颜色斑驳，罐、壶类器流行直口、长颈、圜底造型；鬲、罐类器足、裆部和底部常遗留烟炱痕迹；器口外常贴塑一周泥片，上饰压印纹；器表流行竖列细绳纹，有些陶鬲、罐在绳纹上贴塑细泥条折线、小泥饼构成的蛇形堆纹；器耳耳面戳印三角、椭圆形纹、刻划"X"纹（图一）。因当时尚未发现刘家墓地，此类遗存一度被纳入辛店文化[②]，后改称晁峪。石嘴头类型遗存，或归入刘家文化。

刘家"姜戎墓"发现后，极大地活跃了有关先周文化的讨论。其重要性还在于，它将以往各遗址点发现的刘家文化遗存有机的串联起来。与此同时，有关刘家文化来源及族属等相关问题的探索也自然而然地提了出来，促使先周文化的讨论不断走向深入。在刘家墓地简报及同时发表的《先周文化初步研究》一文中，发掘者就上述问题提出了下列看法。

（1）刘家文化的洞室墓、陶胎内掺杂碎陶末、陶鬲、罐的形态与甘青地区青铜文

---

① 苏秉琦：《斗鸡台沟东区墓葬》，1948年，北平；苏秉琦：《斗鸡台沟东区墓葬图说》，中国科学院出版，1954年。

② 刘宝爱：《宝鸡发现辛店文化陶器》，《考古》1985年第9期第850～852页。

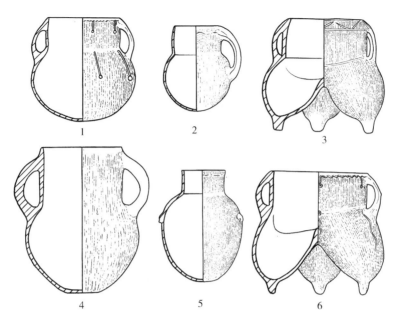

图一　刘家文化典型陶器

1. 双耳圜底罐（宝鸡馆藏:4）　2. 单耳圜底罐（宝鸡馆藏:6）　3. 双耳乳状袋足鬲
（石嘴头:1）　4. 双耳罐（晁峪:1）　5. 小口圜底壶（宝鸡馆藏:5）　6. 双耳乳状
袋足鬲（宝鸡馆藏:1）

化有很多共同点，特别是与辛店文化有很大的相似性，但这种相似仅相对于辛店文化晚期而言。刘家文化早于辛店文化，后者有可能是刘家文化的一个晚期类型。

（2）刘家文化盛行单耳、双耳器和高领造型，这与齐家文化特征相同，鬲的制法也与齐家文化完全一样，而与客省庄二期文化不同。特别是刘家文化的双大耳罐、一期的双耳罐均可在齐家文化中找到类似的器物。因此，刘家文化应是在齐家文化的基础上发展起来的。

（3）刘家"姜戎墓"的发现证明，宝鸡斗鸡台、姬家店、晁峪等地出土的高领袋足鬲均属刘家文化。

（4）根据高领袋足鬲的分布可确定刘家文化的分布区域是以宝鸡地区为中心，西部已达陇东地区。

（5）刘家文化墓葬普遍随葬石块，可能反映的正是羌人对白石的崇拜；刘家文化墓主头部出土的双连小铜泡发卡可能与羌人的披发习俗有关。凡此，加之其他一些证据表明，刘家文化的族属应为羌戎[①]。

_____

① 陕西周原考古队：《扶风刘家姜戎墓葬发掘简报》，《文物》1984 年第 7 期第 16～29 页。

以上几点成为后来探索刘家文化来源及族属时集中的几个问题。随着加入讨论的学者增多，涉及内容也更为具体。其中与本文关系密切、涉及刘家文化来源的看法有如下一批：

（1）"先周文化第一种类型即姬家店、石嘴头、晁峪—刘家—斗鸡台类型的母体可能是辛店文化姬家川类型或辛店文化其它更早的类型。继齐家文化之后，活动在甘肃中部洮河、大夏河流域属于辛店文化姬家川类型的一些部族，确曾较大规模地向东游动，在陕甘交界处，造就和形成了先周文化姬家店、石嘴头、晁峪类型遗存"①。

（2）刘家墓地属于先周文化。刘家墓地的袋足鬲与碾子坡相同，因而年代相近，在文化性质和族属上属于一个谱系。刘家文化的陶鬲上承碾子坡而来，单耳罐则来自寺洼文化②。

（3）"把姬家店、石嘴头、晁峪、刘家这类遗存作为辛店文化的一个新的类型也许是合适的……在对这类遗存没有更多的了解之前，很难和齐家文化比较研究并做出判断"③。

（4）"齐家文化后期，东西形成两支新文化：西部以山家头④类型为代表，其后形成卡约、辛店等文化；东部发展成为刘家文化一期。但西、东部过渡形态目前尚未出现，期待着以后的考古发现能弥补这一缺环"⑤。

（5）"我们主张将刘家墓地归入晁峪·石嘴头类型之中，这一类型当有自身的发展进程和文化传统……与晁峪·石嘴头类型关系最密切的是辛店文化"⑥。

（6）"刘家文化是与先周文化并存于关中西部的一支土著文化，可能代表了姜姓羌族的文化，也就是所谓的"姜戎文化"。……姜戎文化来源于齐家文化，不过，二者之间尚有缺环"⑦。

（7）"就目前发现的材料来看，先周文化的来源问题，不能从甘肃东部的辛店、寺洼和客省庄二期文化等类遗存中获得解决答案。进一步说，所谓'姜戎文化'的代

① 卢连成：《先周文化与周边地区的青铜文化》，《考古学研究》第257页，三秦出版社，1993年。

② 胡谦盈：《试谈先周文化及相关问题》，《中国考古学研究——夏鼐先生考古五十年纪念文集（二）》第64~80页，科学出版社，1986年。

③ 张长寿、梁星彭：《关中先周文化的类型与周文化的渊源》，《考古学报》1989年第1期第21~22页。

④ 苏生秀、洪海：《青海民和核桃庄山家头墓地发掘简报》，《青海文物（5）》第10~15页，1990年；青海省文物管理处：《青海民和核桃庄山家头墓地清理简报》，《文物》1992年第11期第26~31页。

⑤ 张天恩：《高领袋足鬲的研究》，《文物》1991年第3期第33~43页。

⑥ 李峰：《先周文化的内涵及其渊源探讨》，《考古学报》1991年第3期第277页。

⑦ 刘军社：《郑家坡文化与刘家文化的分期及其性质》，《考古学报》1993年第1期第60页。

表——刘家墓地遗存也不来源于辛店文化的姬家川类遗存"①。

（8）"刘家类型遗存的兴起，目前也难以追溯其源。但如就二里岗阶段之后整个西北地区的历史背景来看，或许同关中西侧陇东等地相继有寺洼和辛店等文化的兴起或东进的事件不无联系"②。

以上诸家观点可作如下归纳：

① 刘家文化是在齐家文化基础上发展起来的（或认为二者间有缺环）。

② 刘家文化与辛店文化关系密切，后者应为前者之源。

③ 刘家文化是辛店文化一个类型，或反之。

④ 刘家文化源于陕西长武碾子坡遗存③，二者文化性质、族属相同。

⑤ 刘家文化与辛店文化为东西并存的两支文化，二者之间不存在源流关系。

三

根据现有的考古资料，刘家文化不可能来源于关中地区的任何一支考古学文化，从该文化的发展走向推测，其祖源当在宝鸡以西地区。

首先，我们否认刘家文化源于辛店文化。其实，这是不难理解的问题。从辛店文化的空间分布看，其东界基本不逾洮河，如果刘家文化来自辛店文化，那么在宝鸡至洮河一线有着长达 300 公里的空白地带，此范围内没有辛店文化的遗存分布，这一现象如何解释？显然，辛店文化不可能从洮河谷地跨越这一空间进入宝鸡地区发展成刘家文化。如此，在不具备文化传播孔道的前提下，仅仅凭借某些陶器形态上的相似便指认辛店文化为刘家文化祖源的看法难以成立。但是，也有学者指出，在甘肃庄浪县曾发现辛店文化彩陶④。对此，已有学者指出，（这几件彩陶）"无疑是传到寺洼文化中的外来品"⑤。

①　水涛：《甘青地区青铜时代的文化结构和经济形态研究》第 43 页，北京大学博士研究生毕业论文，1993 年 12 月打印稿。

②　张忠培、朱延平、乔梁：《陕晋高原及关中地区商代考古学文化结构分析》，《内蒙古文物考古文集》第 288 页，中国大百科全书出版社，1994 年。

③　中国社会科学院考古研究所泾渭工作队：《陕西长武碾子坡先周文化遗址发掘纪略》，《考古学集刊（6）》第 123～142 页，中国社会科学出版社，1989 年。

④　有的学者在论述刘家文化的来源时，提到在甘肃天水、庄浪、平凉等地发现辛店文化姬家川类型的陶器（见卢连成：《先周文化与周边地区的青铜文化》，《考古学研究》第 255 页，三秦出版社，1993 年）。目前我们仅在庄浪县博物馆发现 3 件彩陶，是为姬家川类型晚段的器形。庄浪县的同志在报道这几件陶器时误将其认为是寺洼文化的遗物（详见丁广学：《庄浪出土的彩陶器》，《平凉文博》1984 年第 1 期第 40～42 页）。

⑤　南玉泉：《辛店文化序列及其与卡约、寺洼文化的关系》，《考古类型学的理论与实践》第 73～109 页，文物出版社，1989 年。

现有考古发现证明，辛店文化的势力一直未能进入陇东地区。另一个问题是，以往在进行文化因素的比较时，有存在各取所需的倾向，比如将刘家文化的圜底罐与辛店文化山家头阶段的同类器相比、拿刘家文化的高领袋足鬲与辛店文化姬家川阶段的同类器相比，以此证实刘家文化与辛店文化存在渊源关系。其实，辛店文化山家头、姬家川属于两个不同时段的文化类型[1]，如此类比显然缺乏科学性，结果自然可想而知。

同样，将刘家文化与齐家文化进行类比时也存在类似弊病。关于齐家文化的年代还是比较清楚的，其下限大致截止于距今 3900 年左右[2]，但刘家文化，特别是刘家墓地的年代上限无论如何也提不到这么早，二者之间的年代真空过大，不宜直接类比。这一点已有不少学者意识到，或挑明二者之间存在缺环、或寄希望于将来新的发现、或言在缺乏更多了解之前，二者难于比较并做出判断。

其次，寺洼文化也不可能成为刘家文化的源头。寺洼文化分布在甘肃东部，西面最远至洮河沿岸与辛店文化略有交错，两支文化基本是以洮河为天然边界。粗略划分，寺洼文化可分为东北、西南两块，西南一片主要分布在渭河以南的天水至洮河东部一线；东北一片集中在渭河以北的陇山两侧至平凉、合水一带。尽管东北片的寺洼文化与先周文化的分布区毗邻或重合[3]，但其文化面貌与刘家文化相去甚远，年代差距也甚大，二者绝无亲缘关系。

那么，刘家文化的源头到底在哪里呢？1990 年夏，我们在葫芦河流域进行环境考古作业时，在甘肃庄浪县博物馆发现一批以夹细砂红褐陶、橙黄陶为特征的陶器，器类有双耳乳状袋足鬲、单耳罐、双耳罐、长颈圜底罐、腹耳壶和钵等。这批陶器造型比较特殊，流行直口、长颈、圜底或凹底造型，器口外周常贴敷一周附加泥片加厚，上饰压印纹；器表装饰纤细的竖绳纹，排列十分规整；有的在细绳纹上贴塑细折线、小泥饼构成的蛇形堆纹；器耳耳面较宽，流行三角、椭圆形戳印纹、"X"刻划纹（图二）。这批陶器绝大多数为采集品，从保存完好这一点分析，大部分应系墓中随葬品。总之，这批陶器无论是在质地、造型，还是在器类、组合及纹样装饰等方面均与刘家文化，特别是宝鸡一带的晁峪·石嘴头类型显示出强烈的一致。

我们认为，甘肃庄浪发现的这批遗物与分布在渭河上游至兰州左近的董家台类型遗

① 据 ^{14}C 测定，辛店文化姬家川类型的年代相当于商代晚期至西周初期，山家头类型的年代早于姬家川类型，大致可定在齐家文化以后至商代晚期之前这一范围之内。参见中国社会科学院考古研究所编：《中国考古学中碳十四年代数据集（1965~1991）》，文物出版社，1992 年。

② 据 ^{14}C 测定，齐家文化的年代下限大致为距今 3900 年左右。参见中国社会科学院考古研究所编：《中国考古学中碳十四年代数据集（1965~1991）》，文物出版社，1992 年。

③ 卢连成：《先周文化与周边地区的青铜文化》，《考古学研究》第 257 页，三秦出版社，1993 年。

存关系甚密。所谓"董家台类型"是
1986 年我们在河西走廊进行考古调查
时，根据一些新线索、并结合以往在
兰州附近的发现识别出来的，该类型
遗物多系未经科学发掘的采集品，以
彩陶为多（图三）。尽管当时我们对
与"董家台类型"彩陶共存的其他遗
存还缺乏了解，但已感觉到它与刘家
文化之间存在一定联系①。

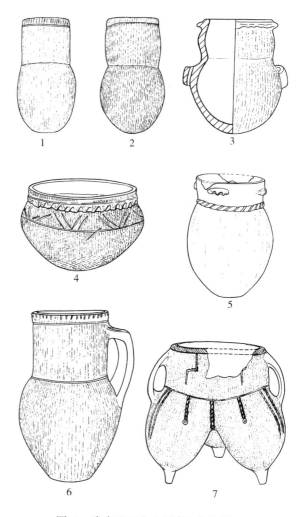

图二　陇东地区出土刘家文化陶器
1、2. 长颈圜底罐（庄浪南湖寺沟门）　3. 贯耳圜底罐
（庄浪柳梁陈家阳注）　4. 盆（庄浪良邑大源地）
5. 鋬纽深腹罐（庄浪：地点不详）　6. 单耳罐（庄浪南
坪刘堡坪）　7. 双耳乳状袋足鬲（庄浪水洛羊把式坡）

在甘肃甘谷毛家坪遗址曾发现一
座董家台类型的墓葬（编号 83GTM7），
形制为圆角长方形竖穴土坑墓，无葬
具。墓主系一成年女性，仰身屈肢，
下肢蜷曲舒缓，头向东，面朝上，方
向 50°。墓主头前随葬 1 件双耳圜底
彩陶钵，左肱骨处随葬砾石 1 块②。
该墓的发现使我们了解到董家台类型
的埋葬习俗。由于此墓上部破坏过多
（残深仅 0.24 米），已无法证实其原
本是否为偏洞室结构。即便如此，也
不难看出，毛家坪 83GTM7 的埋葬习
俗与扶风刘家墓地有相当大的共性。

董家台类型与刘家文化也存在一
些差异，这主要表现在前者陶器中有
部分彩陶，器类有双耳圜底罐、腹耳
圜底壶、双耳钵，器表绘红褐彩，流
行菱格条带和下垂的三角垂带纹，构
图相当的程式化并富有规律，器底多饰疏浅的细绳纹。陶器全部为手制，以夹细砂橙黄

①　李水城：《论董家台类型及相关问题》，《考古学研究（三）》第 95～102 页，科学出版社，
　　1997 年。
②　甘肃省文物工作队、北京大学考古学系：《甘肃甘谷毛家坪遗址发掘报告》，《考古学报》
　　1987 年第 3 期第 359～396 页。

（或橙红）陶最多，目前在渭河上游地区尚未发现这种彩陶与素陶共存的单位，暂时还无法说明董家台类型彩陶与庄浪发现的素面陶之间的关系，但很可能二者属于同一文化类型的遗存。

据目前掌握的线索，董家台类型遗物主要发现在陇山西侧的庄浪、武山、甘谷、天水、会宁、榆中等地。在兰州以西也有少量发现①，此空间范围恰好处在辛店文化与寺洼文化的夹缝之间，这一带应是董家台类型的活动中心。经初步研究，董家台类型是继齐家文化之后在渭水上游一带形成的一支有着全新内容的文化

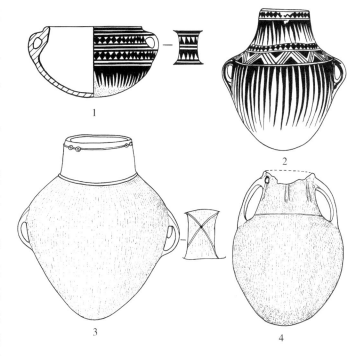

图三　董家台类型陶器

1. 彩陶双耳盆（甘肃甘谷毛家坪83GTM7）　2. 双耳彩陶壶（甘肃武山文管所藏）　3. 双腹耳壶（甘肃会宁张城堡）　4. 单耳圈底罐（甘肃榆中文管所藏）

遗存，甘谷毛家坪83GTM7提供的层位关系表明，其绝对年代恰好处在齐家文化之后至西周纪年之前。通过与齐家文化、辛店文化的比较，可大致确定董家台类型与齐家文化圈底系彩陶——蛇纹双耳罐一类遗存有密切亲缘关系。最近报道的在庄浪新发现的齐家文化的双耳蛇纹罐和陶鬲，其双耳罐造型与广河齐家坪遗址出土的同类器完全相同②，进一步印证了我们的推测。同时，董家台类型与辛店文化山家头类型也有某些相似成分，对此我们认为这是二者年代接近、分布地域相邻、互有影响的结果。已知齐家文化的年代下限已进入夏纪年，辛店文化姬家川类型的年代范围处在商代晚期至西周初期，山家头类型早于姬家川类型，其年代大致处在齐家以后至商代晚期之间③，据此我们认为董

① 李水城：《论董家台类型及相关问题》，《考古学研究（三）》第95~102页，科学出版社，1997年。
② 程小钟：《甘肃省庄浪县出土的高领袋足鬲》，《华夏考古》1996年第2期第90~92页。
③ 据14C测定，辛店文化姬家川类型的年代相当于商代晚期至西周初期，山家头类型的年代早于姬家川类型，大致可定在齐家文化以后至商代晚期之前这一范围之内。参见中国社会科学院考古研究所编：《中国考古学中碳十四年代数据集（1965~1991）》，文物出版社，1991年。

家台类型的绝对年代与姬家川类型大致相同，有理由将二者视为同一阶段的遗存。

四

据研究，刘家文化高领袋足鬲的演变规律为：器口从较直到逐渐外侈，袋足剖面从扁椭圆到椭圆、再变为圆形；实足根由鸭嘴形变为扁锥形、再变为圆锥形；器表绳纹从细到粗、施纹由多渐少。据此可将刘家文化分为五期①。这一分析基本符合刘家文化陶鬲发展变化的实际。宝鸡纸坊头遗址的层位关系也证实，扁锥形实足根确实早于圆锥形②。参照上述分期结果，庄浪所见董家台类型的陶鬲明显具备刘家文化早期的特征，在推论董家台类型为刘家文化源头的基点上，我们就刘家文化的编年试作新的整合，对以往分期结论作适当的调整。

刘家文化应分为四期：

第一期，陶器以夹砂橙黄陶、夹砂红褐陶为主，器表颜色斑驳。陶鬲、罐、壶均作略向内敛的直口，器颈中部稍向外弧；罐、壶类器流行圜底、内凹底造型；陶鬲仅见双耳鬲一种，袋足横断面呈椭圆形，实足根作典型鸭嘴状；器表一律装饰排列规整的细绳纹，流行在绳纹上加饰细泥条、小泥饼组成的蛇纹堆纹；尚保留部分彩陶器。本期以渭水上游的董家台类型遗存为代表，为刘家文化初期，其年代大致处在齐家文化以后至商代早期之间。

第二期，部分保留上一期特征，以夹砂红褐陶、夹砂红陶为主，器表颜色斑驳。部分陶鬲、罐、壶的器口变直，不向内敛；壶、罐类器仍流行圜底造型。开始出现平底器；除双耳鬲外，出现带鋬鬲，袋足横断面多呈椭圆形，实足根以鸭嘴形居多；器表所饰绳纹与早期风格接近，有略变粗的迹象，仍流行在绳纹上堆塑蛇纹，彩陶消失。本期以宝鸡晁峪、石嘴头、姬家店等遗址出土的遗存为代表，为刘家文化早期，其年代大致处在商代早期至商代中期。

第三期，陶器一变以夹砂灰陶为主，少量红褐色或灰褐色，器表颜色斑驳，内壁多红褐色；泥质陶主要为灰色，少量红陶、黑皮陶。罐、壶类器流行直口，除少量保留圜底造型外，多数变为平底器；带鋬鬲的数量明显增加，开始出现无耳无鋬鬲；另一变化是鬲口部渐向外侈，袋足横断面呈圆形，实足根变为扁锥形；器表纹样变为略粗的绳纹，不见蛇形堆纹；罐类器素面陶比重增加；新出现小口折肩罐。本期以扶风刘家墓地为代表，为刘家文化中期，其年代大致处在商代晚期。

第四期，陶器以夹砂灰陶为主，罐、壶类器皿基本为平底造型；双耳鬲、带鋬鬲数

---

① 张天恩：《高领袋足鬲的研究》，《文物》1991 年第 3 期第 33 ~ 43 页。

② 宝鸡市考古队：《宝鸡市纸坊头遗址试掘简报》，《文物》1989 年第 5 期第 47 ~ 55 页。

量锐减，无耳无鋬鬲成为主流。陶鬲器口外侈明显，鬲裆底部多拍印粗大的麻点，袋足横断面为圆形，实足根变为圆锥形；器表装饰一律变为粗绳纹；罐、壶类素面陶器数量更多。本期以宝鸡纸坊头遗址4层、斗鸡台墓地为代表，为刘家文化晚期，其年代大致处在商代末年，即西周文武之际。

通过上述梳理不难看出，以董家台类型为代表的刘家文化初期遗存和晁峪·石嘴头为代表的刘家文化早期遗存有着较多的共性；以刘家墓地为代表的中期遗存变异较大。据此或可将刘家文化整合为三大期，即将董家台类型和晁峪·石嘴头类型合并为刘家文化早期，刘家墓地是为中期，纸坊头、斗鸡台等遗址为该文化晚期。

<h2 style="text-align:center">五</h2>

综上所述，刘家文化应来源于渭水上游的董家台类型，此类遗存在渭水上游一带生成后，其主体沿渭水、陇山一线向东扩展，至关中西部的宝鸡地区，逐渐演变为以晁峪·石嘴头为代表的遗存①。以宝鸡为根据地，继续向东渗透，至岐邑一带，刘家墓地为这一阶段的代表。由此再往东，至沣、镐附近基本被姬周文化融会，张家坡等地零星所见的高领袋足鬲、偏洞室墓是为刘家文化的强弩之末。但在关中西部的宝鸡地区，刘家文化仍保持部分余威，斗鸡台墓地是为刘家文化晚期的遗存。上述时空架构的建立大致勾勒出刘家文化自西而东、日渐衰微、最终与姬周部族融为一体的历史进程。

刘家文化所代表的来自西土的"羌人"一度势力相当强盛，在其向东发展的历史进程中对遏制殷商部族的西进、协助姬周东进灭商等一系列历史事件中扮演了重要角色。我们认为刘家墓地是在较短时间内形成的一座墓地。将其视为同一时期的遗存比较符合实际。再有一点是，尽管学术界对刘家墓地的性质及归属等问题还有不同意见，但在将其族属制定为（姜）戎这一点上诸家并无歧义，本文亦赞成此说。

1998 年岁首定稿于北京大学蔚秀园寓所

（原载《远望集——陕西省考古研究所成立四十周年纪念文集》（上）第193～199 页，陕西人民美术出版社，1998 年）

---

① 李水城：《论董家台类型及相关问题》，《考古学研究（三）》第 95～102 页，科学出版社，1997 年。

中国北方地带的蛇纹器研究

　　30 年前，苏联学者奥克拉德尼科夫（А. П. Окладников）报道了在贝加尔湖东南一侧 30 余处遗址所发现的三足陶器，并详细介绍了几件器形较完整的陶鬲。其中在鄂嫩河流域阿钦村的茹恩—库索奇谷地、色楞格河右岸以及乌兰—乌德市西南郊的小托洛果伊山发现的 3 件陶鬲除器形相似外，还有一个最鲜明的共同特征，即在器口外侧、肩部和袋足上装饰一种几何形状的细泥条附加堆纹（图一），奥克拉德尼科夫将此类装饰称为"蛇形带子"、"蛇形的泥条堆纹"①。后来的所谓"蛇纹"一词便由此而来。

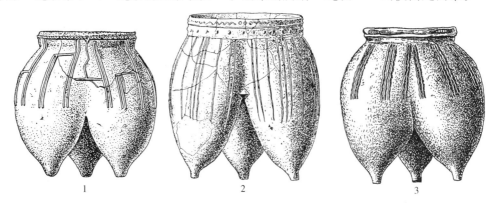

图一　俄罗斯外贝加尔地区出土的蛇纹陶鬲

1. 阿钦村出土　2. 色楞格河右岸出土　3. 小托洛果伊山出土

　　其实早在 1924 年，瑞典学者安特生（J. G. Andersson）在中国西北洮河谷地的齐家坪遗址就曾发现一批蛇纹陶罐的残片，只是一直没有引起注意②。1931 年，由日本考古学家江上波夫和其他学科的学者组成的东亚考古学会蒙古调查班，在察哈尔省（今内蒙古锡林郭勒盟）的西拉诺尔湖畔一处遗址中采集到一件蛇纹鬲残片。该器胎很薄，为夹细砂黑褐陶，器表以细绳纹为地，其上再饰以细泥条状蛇纹。据称与此相似的陶片

---

　　①　А. П. Окладников（1959），Триподы за Байкалом，Советская Археология，（3）：114 – 132.

　　②　Andersson, J. G.（1943）：Researches into the Prehistory of the Chinese, *BMFEA*. No. 15, Stockholm.

在富尔·察干诺尔西北遗址也有发现①。到了 60 年代初期，在内蒙古自治区的准格尔旗及清水河县等地也相继发现了蛇纹器的踪迹②。但是，直到对内蒙古中南部地区开展了一系列工作，特别是正式发掘了朱开沟遗址后，考古界才真正注意到蛇纹陶器这一独特的文化因素。

所谓"蛇纹器"，是泛指一种在器表贴塑细泥条附加堆纹的陶器。这种泥条的横截面呈三角形，宽仅 0.4 厘米左右。由于这种花纹大多弯曲如爬行的蛇，故"蛇纹"这一名称遂被学术界所接受。据我们观察，一些蛇纹器在装饰之前，先在器表刻出浅浅的图案基槽，然后在基槽上塑出蛇纹。一般不对这类泥条再进行第二步加工，但有的也在泥条的峰脊上轻轻压切，使之呈锯齿状。还有一类蛇纹器仅在器表贴塑短竖线或短折线细泥条，并在泥条的上方或下方接一枚圆形乳丁。从陶质看，蛇纹器大多为夹细砂的褐色（红褐、灰褐）陶，也有少量为砖灰色、橙黄色和黑色。陶胎均较薄，且多在器表蛇纹下装饰细密规整的绳纹。所见蛇纹器的种类有鬲、罐及少量的甗和瓮。需要指出的是，装饰蛇纹的鬲最为多见，故以往多有学者直呼这种鬲为"蛇纹鬲"。蛇纹器还有一个特征，就是在器口缘外侧多对称地设置錾纽、乳突或锯齿形花边堆纹。此外，也发现有青铜质的蛇纹器。据目前掌握的资料，蛇纹器主要见于我国北方的长城沿线和前苏联的外贝加尔地区。其分布范围大致在北纬 34°～52°，东经 98°～121° 之间（图二）。本文根据蛇纹器的分布地域和文化上的差异，将国内部分划为以下四区。

A 区：

中心位于内蒙古自治区的河口至山西省河曲一线的黄河两岸及内蒙古凉城县的岱海西侧。重要遗址有伊金霍洛旗朱开沟（图三，3、5）③，准格尔旗吕家坡、寨子上、沙崄圪旦、二里半等（图三，4）④，清水河县白泥窑子（图三，1）⑤，凉城县马鞍桥山

① 〔日〕江上波夫：《新石器时代的东南蒙古》，《中国考古学研究论文集》，香港东方书店，1990 年。
② 汪宇平：《内蒙古清水河县白泥窑子村的新石器时代遗址》，《文物》1961 年第 9 期第 10～13 页；塞·文都素：《内蒙古出土文物》，《民族画报》1962 年第 10 期第 23～25 页；内蒙古历史研究所：《内蒙古清水河县白泥窑子遗址复查》，《考古》1966 年第 3 期第 115～121、146 页；崔璇、斯琴：《内蒙古中南部新石器至青铜时代文化初探》，《中国考古学会第四次年会论文集》第 173～184 页，文物出版社，1985 年。
③ 内蒙古文物考古研究所：《内蒙古朱开沟遗址》，《考古学报》1988 年第 3 期第 301～332 页。
④ 崔璇、斯琴：《内蒙古中南部新石器至青铜时代文化初探》，《中国考古学会第四次年会论文集》第 173～184 页，文物出版社，1985 年。
⑤ 汪宇平：《内蒙古清水河县白泥窑子村的新石器时代遗址》，《文物》1961 年第 9 期第 10～13 页；内蒙古历史研究所：《内蒙古清水河县白泥窑子遗址复查》，《考古》1966 年第 3 期第 115～121 页。

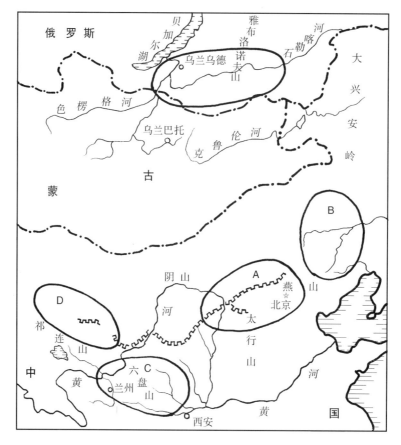

图二　蛇纹器分布示意图

（图三，2）、杨厂沟、板城等①和山西偏关老牛湾②。以上遗址所出蛇纹器的年代跨度为夏至早商阶段，文化面貌也显示出很大的一致性，无疑应属同一个大的文化圈。近年来，在河北省宣化县李大人庄③和北京市昌平县张营④两处夏商时期遗址中也相继发现了蛇纹鬲，其形态风格与 A 区所见一致。此外，在河北易县、涞水一带也有类似的发现⑤。这表明 A 区的东界已达太行山东麓、长城以南的拒马河上游地段。

---

①　乌盟文物站凉城文物普查队：《内蒙古凉城县岱海周围古遗址调查》，《考古》1989 年第 2 期第 97～102 页。

②　北京大学考古系、山西省考古研究所：《河曲偏关等地考古试掘资料》（北京大学考古系资料室藏）。

③　张家口市文管所等：《河北宣化李大人庄遗址试掘报告》，《考古》1990 年第 5 期第 398～402 页。

④　王武钰：《昌平张营发现一处商代遗址》，《北京考古信息》1990 年第 1 期。

⑤　卜工：《涞水、易县新石器时代至西周遗址》，《中国考古学年鉴（1986）》第 86～87 页，文物出版社，1988 年。

A 区所见年代最晚的蛇纹器为 1980 年在凉城县毛庆沟遗址出土的一件陶鬲(H3:1) (图三，6)①,¹⁴C 数据显示，其年代相当于春秋晚期至战国初年。

B 区:

指燕山、滦河的东北一带，以西拉木伦河、老哈河、教来河为中心。该区的蛇纹器材料零散，已知地点有敖汉旗大甸子、喀拉沁旗上瓦房(图四，5)、翁牛特

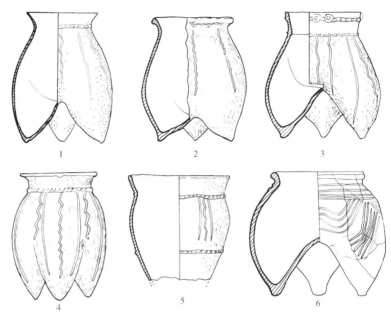

图三　A 区蛇纹器

1. 白泥窑子出土　2. 马鞍桥山出土　3. 朱开沟 M1064:1
4. 准格尔旗东郊出土　5. 朱开沟 QH78:1　6. 毛庆沟 H3:1

旗五分地（图四，3)②和奈曼旗福盛泉（图四，1、2)③等遗址。B 区的东界大致应在奈曼旗左近，其北界尚不十分明确，但在科尔沁右翼中旗的白音和硕以北、霍林河左岸曾发现蛇纹鬲的残片（图四，4)④。B 区的蛇纹器以往均被划归夏家店下层文化，它们的年代大都处于夏至早商时期，个别器物的年代可能还要晚一些。

这里有必要谈谈福盛泉遗址。在奈曼旗所在地大沁他拉以北有一条弧状的沙丘带，沿此沙丘带南缘分布有一组遗址，福盛泉即其中之一。由于自然条件恶化，遗址文化层遭到严重破坏，遗物大都暴露于地表。原调查报告认为这组遗存均属红山文化。实际上福盛泉遗址并非那么单纯，它是这组遗存中采集遗物最多的一个，经分析遗址内涵包括

---

① 内蒙古文物工作队等:《毛庆沟墓地》,《鄂尔多斯式青铜器》第 227～315 页，文物出版社，1986 年。

② 刘观民:《试析夏家店下层文化的陶鬲》,《中国考古学研究》第 94～100 页，文物出版社，1986 年。

③ 朱凤瀚:《吉林奈曼旗大沁他拉新石器时代遗址调查》,《考古》1979 年第 3 期第 209～222 页。

④ 刘观民:《苏联外贝加尔地区所出几件陶鬲的分析》,《中国原始文化论集》第 371～377 页，文物出版社，1989 年。

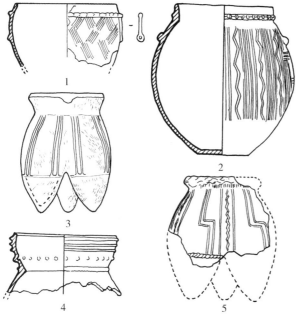

图四　B区蛇纹器

1、2. 奈曼旗福盛泉出土　3. 翁牛特旗五分地出土

4. 科右中旗巴扎拉嘎出土　5. 喀拉沁旗上瓦房出土

两套内容：一类以红顶碗和"之"字纹筒形罐为代表，与新石器时代晚期的红山文化比较接近；另一类以蛇纹小口罐、深腹盆为代表，这些器形不见于新石器时代分布在这里的红山文化和富河文化，估计其年代大致与夏家店下层文化相当，即不会早于公元前2000年。从其分布范围看，似应归入夏家店下层文化系统。

C区：

分布于东起宝鸡、西抵兰州的陕甘宁一线。大体以渭河为南界，北至宁夏南部山区。

1975年，甘肃省广河县齐家坪墓地出土一批完整的蛇纹罐（图五，1）。这里是一处齐家文化的墓地，距今4000年左右[1]。近来，在甘肃省永登县庙儿坪遗址也发现这一时期的蛇纹器残片[2]。

1988年，在宁夏固原北渠梁遗址征集的一批陶器中，有一件单耳蛇纹罐（88：151）[3]。此罐颈下饰一周贴塑的乳丁，腹部饰曲折状蛇纹（图五，2）。完全相同的蛇纹罐在固原店河遗址[4]和海原关桥M1[5]也有出土。在店河遗址的墓葬中还伴出典型的半山时期彩陶罐。缘此，可证固原所出这几件蛇纹罐的年代应在公元前三千纪末。

1972年，陕西省宝鸡市在渭河沿岸的金河公社征集到一批陶器，内有两件双耳蛇纹鬲，一件圜底蛇纹罐（图五，3）[6]。最初，这批陶器的属性被纳入辛店文化，实际上它们应属于该区域内高领袋足鬲系统的早期阶段。其年代大约在公元前15世纪或稍晚。

① 甘肃省博物馆文物工作队1976年广河齐家坪发掘资料，据《甘肃省文物考古工作三十年》，《文物考古工作三十年（1949~1979）》第139~153页，文物出版社，1979年。

② 甘肃省兰州市永登县考古调查资料。

③ 宁夏回族自治区固原县博物馆征集材料。

④ 宁夏文物考古研究所：《宁夏固原店河齐家文化墓葬清理简报》，《考古》1987年第8期第673~677页。又：该址出土的单耳蛇纹罐现陈列于固原地区博物馆。

⑤ 宁夏回族自治区博物馆：《宁夏回族自治区文物考古工作的主要收获》，《文物》1978年第8期第54~59、11页。

⑥ 刘宝爱：《宝鸡发现辛店文化陶器》，《考古》1985年第9期第850~852、858页。

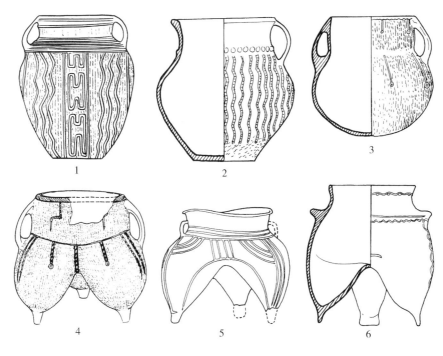

图五　C 区蛇纹器

1. 双耳蛇纹陶罐（广河齐家坪 M58∶3）　　2. 单耳蛇纹陶罐（固原出土）　　3. 双耳蛇纹圜底陶罐（宝鸡馆藏:4）

4. 双耳蛇纹陶鬲（庄浪水洛羊把式坡）　　5. 双耳蛇纹铜鬲（庆阳采集）　　6. 双錾耳蛇纹陶鬲（庄浪北洛采）

与此相似的器物也少量见于陇东渭河支流葫芦河水系。甘肃省庄浪县博物馆藏有一件双耳蛇纹鬲（图五，4）①，应与宝鸡所出属同一文化范畴。

　　C 区蛇纹器的延续时间也比较长。1984 年，甘肃庆阳博物馆曾征集到一件双耳蛇纹铜鬲（图五，5）②，此器器形肥矮，袋足下为铲形实足根，似完全模仿这一时期的同类陶器形制，因为与它形态相同的陶鬲在甘肃省静宁县大庄遗址和长坪遗址也有发现③。此外，庄浪县博物馆还藏有一件双錾耳蛇纹铲足鬲（图五，6）④。参考甘肃甘谷毛家坪遗址的发掘资料，上述年代较晚的蛇纹鬲形态，特别是扁铲状实足根这一特征，与毛家坪 B 组遗存相近，这表明它们的年代大致相若。如毛家坪 M4 所出陶鬲，器表装饰的花边附加堆纹就带有明显的蛇纹装饰风格⑤。可见，C 区内蛇纹器使用的年代下限

---

①　庄浪县博物馆馆藏资料。

②　许俊臣、刘得桢：《介绍一件春秋战国铲足铜鬲》，《考古》1988 年第 3 期第 230 页。

③　静宁县博物馆馆藏资料，1990 年调查所见。

④　庄浪县博物馆馆藏资料，1990 年调查所见。

⑤　甘肃省文物工作队：《甘肃甘谷毛家坪遗址发掘报告》，《考古学报》1987 年第 3 期第 359 ~
　　396 页。

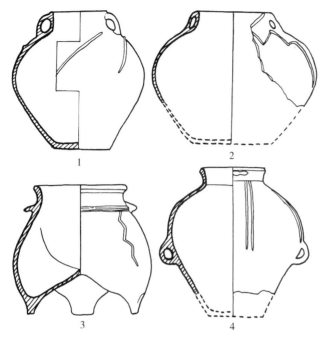

图六　D区蛇纹陶器

1、2. 双耳罐（酒泉西高圪瘩滩 JJXG – I – 016、永昌风垄庄 86YF – 002）　　3. 双鋬耳鬲（金昌三角城 F1：1）　　4. 腹耳瓮（永昌风垄庄 86YF – 001）

亦在春秋末年到战国初年。

D 区：

其分布范围在甘肃西部的河西走廊一线。

1986 年，在甘肃永昌风垄庄遗址发现 2 件蛇纹罐和 1 件蛇纹瓮，均残（图六，2、4）。从共出的其他遗物分析，此遗址性质属马厂类型[①]。

同年，在武威磨嘴子遗址采集到数件蛇纹罐残件（图七，9)[②]，其时代亦相当于马厂阶段。同类陶片在腾格里沙漠西缘的武威驼骆骆墩遗址也有发现[③]。

1987 年，在酒泉市西高圪瘩滩遗址发现 1 件蛇纹罐及少量残片（图六，1)[④]。该遗址的文化性质与马厂类型接近或在年代上稍晚。同年，还在酒泉的照壁滩和高苜蓿地两遗址发现马厂时期的蛇纹罐残片[⑤]。

1986 年，在甘肃省民乐县东灰山遗址采集到一块蛇纹陶片（图七，10)[⑥]。1987 年在该遗址墓地出土一件蛇纹罐[⑦]。东灰山遗址性质属四坝文化，^{14}C 测定的年代证明它与中原地区的夏代基本同时。

---

① 甘肃省文物考古研究所、北京大学考古学系：《河西走廊史前考古调查报告》，文物出版社，待刊。

② 同①。

③ 同①。

④ 同①。

⑤ 同①。

⑥ 同①。

⑦ 甘肃省文物考古研究所、吉林大学北方考古研究室：《民乐东灰山考古——四坝文化墓地的揭示与研究》第 75 页图五八，12，科学出版社，1998 年。

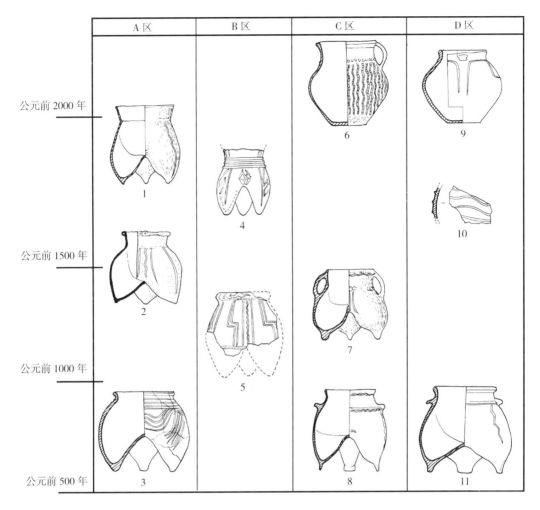

图七 蛇纹器演变示意图

1. 朱开沟 W2004∶2 2. 朱开沟 M1084∶2 3. 毛庆沟 H3∶1 4. 大甸子 M653∶2 5. 上瓦房出土

6. 固原出土 7. 宝鸡采集 8. 庄浪水洛采 9. 武威磨嘴子 86WM－006 10. 民乐东灰山 86MD－

014 11. 三角城 F1∶1

1976 年，永昌县（今属金昌市）三角城遗址出土一件蛇纹鬲（图六，3）[①]。此器有双鋬耳，铲形实足根。三角城为一座沙井文化的城址，年代在春秋至战国时期。据我们 1986 年调查，这类陶鬲在此城址中曾大量使用。

以上是截至目前我们所了解到的有关蛇纹器的全部线索。我们将已确知年代和文化

---

① 甘肃省文物考古研究所：《永昌三角城与蛤蟆墩沙井文化遗存》，《考古学报》1990 年第 2 期第 205～237 页。

归属的蛇纹器按区域进行了排列（图七）①。显而易见，蛇纹器的分布面极广，并且渗入到不同时期的若干考古学文化之中。那么它最初是产生于哪个地区？又是在怎样一种文化背景下传播、延续的呢？在回答这个问题之前，需要检索一下以往关于蛇纹器起源地的观点，兹录之如下。

（1）（蛇纹鬲）在内蒙古西部是突然发生的，又倏乎而灭，它应是从其他文化中传入的因素。这种细线堆纹，看来是外贝加尔地区青铜文化的特点，也许其源头就在遥远的北方森林地带②。

把外贝加尔的三足器同雅库特的木质器皿对比时，这种纹饰（即蛇纹）的起源就变得很清楚了，在雅库特的木器"却龙"上一模一样地从围绕器身的绳上悬挂着同样的毛绳③。

（2）（蛇纹鬲）是不同文化中共有的因素。在内蒙古长城地带的东段，它是夏家店下层文化的内容，在西段则是另一种文化器物群中的内容④。

（3）在探讨蛇纹的起源时，应该在这种器物分布比较密集的地区寻求。……它出现的年代，大约在龙山晚期前后，经过夏至早商，在内蒙古中南部地区达到鼎盛阶段⑤。

看来把外贝加尔作为蛇纹器的故乡是有问题的。根据图七不难看出，蛇纹器中鬲的演变有一个大致的趋势，如器形由高渐矮，袋足日趋肥硕，领部由高变低，实足根从不明显到比较明显，西北一带甚至演变为铲形实足根。依此规律，外贝加尔地区出土的蛇纹鬲只能排在公元前 1000 年上下这一阶段。这一点与奥克拉德尼科夫当年的推断也是吻合的⑥。况且陶鬲这一器种很早便被中外学者视为"中国古代文明的象征"或中国古代文化的"专门因素"⑦。它们出现在遥远的外贝加尔恰恰证明黄河流域的文明曾一度辐射到该地区。至于奥克拉德尼科夫认为蛇纹是模仿雅库特人的木器一说，我们只能看

---

①　根据刘观民先生介绍（见《试论夏家店下层文化的陶鬲》，《中国考古学研究》第 94 ~ 100 页，文物出版社，1986 年），上瓦房所出蛇纹鬲出土于夏家店下层文化遗址堆积中，但此鬲形态显然较晚，与外贝加尔所出同类器相近，故在图七中我们把它排在公元前 1000 年以前这一段。

②　俞伟超：《内蒙古西部地区原始文化座谈会发言辑录》，《内蒙古文物考古》第 4 辑第 6 ~ 10 页，1986 年。

③　А. П. Окладников（1959），Триподы за Байкалом，Советская Археология，(3)：114 – 132.

④　刘观民：《试析夏家店下层文化的陶鬲》，《中国考古学研究》第 94 ~ 100 页，文物出版社，1986 年。

⑤　田广金等：《鄂尔多斯式青铜器的起源》，《考古学报》1988 年第 3 期第 257 ~ 275 页。

⑥　同③。

⑦　Andersson，J. G.（1934），*Children of the Yellow Earth*，London.

作是一种带有启发性的推测。因为从中亚到中国北方草原的辽阔地带是最早使用毛织品的地区之一，但蛇纹是否出自对毛织物的模仿，也许是个永远无法破解的谜。

第二种看法已意识到蛇纹器是内蒙古长城地带不同文化中的共有因素。同时这种看法又将 B 区的蛇纹器判定为夏家店下层文化器物群的一部分，并排除了偶然的外来因素的可能。对此我们有不同看法，我们认为 B 区的蛇纹器应是从 A 区引进的，或者说，它是受 A 区的影响而产生的。近年在冀北洋河水系的宣化、怀安等地的夏商时期遗址中常发现并存有两套遗物：一套为夹砂褐陶，器种包括蛇纹鬲和蛋形三足瓮，这与内蒙古中南部一带夏商时期的遗存相同；另一套则以泥质灰陶、灰褐陶为代表，器种有尊、簋和大口罐等，显然与冀北的夏家店下层文化一致①。这个现象反映出内蒙古中南部地区早期青铜文化向东扩展时与这一带夏家店下层文化发生碰撞的史实。正是通过这种频繁接触，蛇纹因素逐渐渗入到夏家店下层文化之中。再者，蛇纹器在 B 区的出现率很低，也暗示它不可能是该地区的原生因素。正是基于上述考虑，我们才将 A 区的东界划到了太行山东侧夏家店下层文化的分布范围内。

第三种观点的潜台词是，内蒙古中南部才是蛇纹的故乡。根据目前的考古发现，这一带无疑是蛇纹器分布最密集的地区，而且年代也较早，因此我们以为 A 区应是追寻蛇纹器渊源的重要地区之一。

此外，我们不能忽视西北地区的重要性，因为 C、D 两区所见蛇纹器的年代并不晚于 A 区，甚至更早。如马厂、齐家的年代均在公元前 2000 年前后。再有，西北地区蛇纹器的地方色彩较浓，特别是在马厂、齐家阶段，这里的蛇纹器多为双耳罐而不见鬲，马厂阶段的蛇纹器基本不见以细绳纹为地的作风。这些差异当是不同区域循着不同的文化传统造成的。如陶鬲最早可能产生于内蒙古中南部至晋中一带，自然便在那里占了上风；西北地区自仰韶文化以后素以罐类为炊具，这一差别也很自然地反映到蛇纹器上。我们还注意到，在内蒙古阿拉善旗白音浩特镇的鹿图山曾两次出土齐家文化的陶器②；在朱开沟遗址第二、三两段的遗存中夹杂一定数量的齐家文化因素③。可见在这一时期，地处西北的齐家文化曾有一股东进的势头，并冲击到内蒙古中南部地区。当然，文化上的影响往往是相互作用的，近年在河西走廊青铜时代早期的四坝文化遗址中，就发现少量典型的方格纹陶器（片），这个因素无疑应来自东方，最有可能的传播源应在内蒙古中南部一带。看来，加强对北部这条"通道"沿线的考古工作，对于寻找蛇纹器

① 张家口市文管所等：《河北宣化李大人庄遗址试掘报告》，《考古》1990 年第 5 期第 398～402 页。
② 齐永贺：《内蒙古白音浩特发现的齐家文化遗物》，《考古》1962 年第 1 期第 22 页。
③ 内蒙古文物考古研究所：《内蒙古朱开沟遗址》，《考古学报》1988 年第 3 期第 301～332 页。

的起源和传播，以及古文化的交流和影响，是有积极意义的。

以往由于缺乏对与蛇纹器伴出器物的了解，往往难于考察其归属。近年来一些新的发现证实它与北方草原民族有着千丝万缕的联系。

1980 年，内蒙古凉城县毛庆沟遗址 H3 出土一件蛇纹鬲①，其文化性质与附近一处春秋战国时期的墓地一致，据研究，它们应属当时活动在这里的北狄、楼烦系统的遗存。

甘肃省静宁县大庄遗址的蛇纹鬲与北方系青铜器共出②，其年代大致与毛庆沟 H3 同时，其族属应为当时驰骋在陇山左近的西戎部族。

甘肃省永昌县三角城沙井文化遗址出土的蛇纹鬲，属于西周至战国时期游弋于河西走廊东段的一支北方系民族，有人推测它与先秦时的月氏人有密切关系③。

陕西宝鸡所出蛇纹器应归属于先周时期活动于渭水一带的姜姓羌族部落。

我们还发现，在一些北方系青铜器上装饰有蛇纹风格的纹样，如准格尔旗西沟畔 M3 所出铜剑、铜刀柄部饰阴刻的蛇纹④。宁夏固原撒门村 M3 所出铜剑柄部两面均铸有凸起的蛇纹⑤。再如，鄂尔多斯一带出土的青铜鍑，有的器表还保留蛇纹装饰的遗风⑥。

基于上述分析，我们初步得出这样一个结论，即在公元前 2000 年前后，饰有蛇形纹样的陶器在中国西北至鄂尔多斯一线渐次生成，并迅速在长城沿线蔓延开来，向东进入冀北、辽西的夏家店下层文化中，向北经大兴安岭和蒙古戈壁进入前苏联外贝加尔的卡拉苏克文化内，约持续到公元前 5 世纪才渐趋消亡。也正是在这个时候，一个强大的匈奴帝国在这一广阔的地域内悄然崛起，这一起一落纯属巧合，还是有着某种内在联系呢?

从地理环境看，在受海洋暖流控制的温暖湿润带和欧亚大陆深处的干燥带之间，夹着一条弧状的中间过渡带。它包括大兴安岭、长城沿线和甘青地区，这里恰恰是蛇纹器的分布范围。这里的自然植被是高原灌丛与草原相结合。有学者曾作过统计，证明这一区域在海拔高程、日照、气温、湿度、降雨量、无霜期和土壤植被等方面有着相当大的

---

① 内蒙古文物工作队等:《毛庆沟墓地》,《鄂尔多斯式青铜器》第 227 ~ 315 页，文物出版社，1986 年。

② 静宁县博物馆馆藏资料，1990 年调查所见。

③ 甘肃省文物考古研究所:《永昌三角城与蛤蟆墩沙井文化遗存》,《考古学报》1990 年第 2 期第 205 ~ 237 页。

④ 伊克昭盟文物工作站等:《西沟畔战国墓》,《鄂尔多斯式青铜器》第 351 ~ 365 页，文物出版社，1986 年。

⑤ 罗丰等:《宁夏固原近年发现的北方系青铜器》,《考古》1990 年第 5 期第 403 ~ 418 页。

⑥ 田广金等:《鄂尔多斯式青铜器研究》,《鄂尔多斯式青铜器》第 146 ~ 147 页，文物出版社，1986 年。

一致性①。自新石器时代末期以降，这里就成了诸多北方民族的繁衍生息之地。受环境和社会政治诸因素的影响，生活在这里的各民族在生活方式和精神观念上产生了强烈的趋同意识，而气候、环境的变化也使得这些最初以农业为生计的民族逐渐向着半农半牧甚至游牧类型的经济形态演变，最终导致产生了一个将游牧民族与农业民族相隔离的中间地带，其风俗文化与黄河流域为代表的华夏文明渐渐拉大了距离。另一方面，流动性的生活方式也促进了这一地段诸多民族间的频繁接触和相互交往，使他们在文化面貌上孕育出越来越多的相似成分。蛇纹陶器可谓其中一个具体体现，它与北方系统的青铜器、野兽动物纹一样具有浓厚的草原民族文化气息。

令人困惑的是，蛇纹器在任何一个遗址中所占的比重都很有限，即便像朱开沟这样规模较大的遗址，蛇纹器所占的比例也不大，在更多的遗址中仅仅是零星个别地出现。可是它却在中国北方如此广阔的地域内连续出现了 1500 年之久，足见其生命力之顽强。或许，这种像蛇一样的装饰纹样在粗犷的北方民族的精神观念中有着深层的意蕴，有待我们去捕捉。

　　　　　　　　　　　　　　　　　　　1991 年初稿定于北京大学 46 楼

　　　　　　　　　　　　　　　　（原载《文物》1992 年第 1 期第 50~57 页）

---

① 童恩正：《试论我国从东北至西南的边地半月形文化传播带》，《文物与考古论集》第 17~43 页，文物出版社，1986 年。

华夏边缘与文化互动：

以长城沿线西段的陶鬲为例

　　1934 年，瑞典学者安特生（J. G. Andersson）在《黄土的儿女》这部书中写道："在中国，鬲与其他生活器皿相比或许有着复杂而怪异的造型，成为中国整个文化发展进程中的一个象征。我们早在仰韶时期的遗存中就见过众多形态的鬲……在古老的青铜时代，鬲依旧是一种重要器类，它的三足被制成牛乳的形状，明显属于一种农业的丰产巫术，这似乎成了中国青铜时代的一个强烈主题。"[①] 安特生对鬲的这段解说可谓颇富想象力。尤其是他将鬲视为中国远古文化发展进程一个象征的表述，足以反映其学术目光的敏锐。无独有偶，安氏的上述认识与我国老一辈考古学家对鬲的认识可谓殊途同归。苏秉琦先生早年曾将瓦鬲视为中国古文化中一种具"代表性的化石"[②]。裴文中先生也认为："余觉我国古代之陶鬲，其形式之异同，随时代而变化，颇有趣味，与我国古代文化之演变关系甚大"[③]。

　　从某种意义上我们甚至可以说，鬲这一文化特质是把握和理解中国本土早期文化（晚新石器时代—青铜时代）的一把钥匙。也正因为如此，对鬲的研究历来就是中国考古界的一个热点。早在 20 世纪前半叶，老一辈考古学家就十分关注此类器皿，他们所研究的内容包括：鬲的源流变化、区域特征、制作工艺及各含鬲考古学文化之间的关系等。特别是最近几年，张忠培先生对中国北方地区的空三足器作了深入的研究和阐发[④]。他们在这一领域的开拓性工作为后来者的研究奠定了根基，对于本文的写作也是启发良多，这是特别需要指出的。

　　之所以选择陶鬲作为探讨华夏文明与周边诸族群文化互动的切入点，这主要是出于

---

① Andersson, J. G. (1934), *Children of the Yellow Earth.* p. 221, London.

② 苏秉琦：《陕西省宝鸡县斗鸡台发掘所得瓦鬲的研究》（节选），《苏秉琦考古学论述选集》第 95 页，文物出版社，1984 年。

③ 裴文中：《中国古代陶鬲及陶鼎之研究》，《裴文中史前考古学论文集》第 108 页，文物出版社，1987 年。

④ 张忠培、杨晶：《客省庄与三里桥的单把鬲及其相关问题》，《宿白先生八秩华诞纪念之集》（上）第 1~50 页，文物出版社，2002 年。

以下几点考虑：首先，基于鬲这类空三足器是华夏文明诸要素中的一个重要内涵；再者，希望透过鬲这把钥匙，梳理并阐述黄河文明的扩张途径及其与周边诸考古学文化之关系。本文将研究的空间范围锁定在华夏文明的边缘地区，即中国北方长城沿线及以外地区。这里既是边缘地带，也是华夏民族与周边诸族群接触与交往的孔道和重要场所，同时也是文化与环境产生交互作用的敏感地带。但是，这一地带的空间范围极其广阔，涉及考古学文化众多，如果面面俱到的话不仅在篇幅上难以控制，在资料上也比较难于驾驭。因此，有些方面也只能点到为止。尽管如此，我依旧认定这是一个非常恰当的切入点，并寄希望于通过对鬲这一蕴涵华夏文明原创精神的文化特质的追踪与思考，观察华夏民族是如何在其发展壮大的过程中对周边地区施加文化影响，又是如何与周边众多族群发生交互作用的。

在进入正题前，有几点说明：1）在空间上，本文涉及材料基本局限于长城沿线及以北地区；2）在时间上，将限定在晚新石器—铁器时代早期（即公元前 2500～前 221 年间）；3）鉴于长城沿线地理范围辽阔，含鬲因素的考古学文化众多，本文对它们的阐述（年代及相互关系等）只能是粗线条、宏观的。基于以上三点，本文在论述时将根据需要将这一区域再划分为若干亚区、乃至于将某一亚区再切割成若干小区来介绍①。

一　长城地带西段含鬲因素的考古学文化

长城地带西段指甘、青、宁及陕西宝鸡以西、内蒙古阿拉善以西地区。

（一）陇东地区

这里所指的陇东地区西起陕西宝鸡、东至六盘山迤西渭河上游段，亦包括宁夏南部西（吉）、海（原）、固（原）地区及陕西泾河流域上游段。

早在距今 7000 年以前的老官台文化时期，由于地域和水系的关系，陇东黄土高原与关中盆地存在着千丝万缕的文化联系。关中地区是仰韶文化的起源地，也是空三足器的早期形态——釜形斝最早出现的地区之一。地域的毗邻使得陇东地区不断接受来自关中的强烈影响，使得两地在文化面貌上长期保持了较大的相似性。从现有资料看，在龙山时代以前，陇东地区尚不见任何空三足器的踪迹。

1. 客省庄文化

进入龙山时代以后，陇东大部分地区成为客省庄文化（有学者称齐家文化）扩散和影响的外围区。在龙山早期，这里已出现了以单把罐形斝式鬲为特征的空三足器，其特点是：形体瘦高，腹腔作深腹罐的造型，有高矮不等的器领，一侧置单耳，下附瘦高

---

① 本文仅涉及中国西北地区，即长城地带西段。特此说明。

袋足，无明显实足根，足尖多向内聚拢。此类鬲的最显著特征是裆部悬垂，呈"M"形宽裆。在甘肃灵台桥村①、天水师赵与西山坪②、宁夏隆德页河子③、海原林子梁④等遗址均有出土。在甘肃宁县王湾南庄、合水牛头山等遗址有一些采集品。另在甘肃崇信梁坡⑤、天水师赵、庆阳、宁县石岭子、渭源及宁夏海原林子梁等地或出土或采集有这一阶段的鋬耳罐形斝。上述空三足器均系夹砂红褐陶、夹砂红陶，器表通体饰绳纹、篮纹（横向或斜向），个别饰方格纹，甚至有极个别的彩陶，如甘肃宁县采集 1 件鋬耳浅腹罐形斝，腹部绘宽带对三角纹，尚保留仰韶时代的遗风⑥（图一，上）。

龙山晚期，陇东迅速成为空三足器的发达地区。其种类与前一阶段大致相若，依旧流行单把鬲，也有部分双耳或无耳鬲，共生的其他空三足器有带双耳（或单耳）、鋬手的斝、甗等。鬲的形态变化较大，常见领部高直或外侈领的单把鬲，袋足较前一段略低，足尖一般呈等距离垂直状，无明显实足根，鬲裆一变为"∧"形分裆。在装饰上，除器领部素面外，体表装饰绳纹（图一，下）。

总体看，陇东地区空三足器的整体风格、演化进程都与关中平原近似，后者也以单把鬲为主，并往往与双耳或无耳罐形斝共出⑦。这种局面一直延续到相当于中原地区的夏纪年时期。

2. 刘家文化

进入商代，陇东地区的土著遗存以刘家文化⑧为代表。该文化的分布主要局限于渭水、泾河流域，西起甘肃庄浪县，向东辐集于陕西宝鸡地区。其典型器组合为高领袋足鬲和双耳（或单耳）罐。鬲普遍为夹砂红褐陶、夹砂灰褐陶，其造型又分双耳鬲、鋬手鬲、无耳鬲三类，特点是普遍有着较高的器领（早期直立，晚期外侈），口缘部外卷加厚，有的饰花边泥条堆纹，下附乳状肥袋足，有明显的短圆锥形或椭圆形实足根（早期足尖垂直，晚期略向外撇），"∧"形分裆；通体饰绳纹（早期绳纹偏细，晚期为粗绳纹）；也有部分陶鬲在绳纹上加饰曲折状细泥条堆纹（即蛇纹），或在领部及袋足上贴塑圆形铆钉（图二）。除陶鬲外，刘家文化不见其他种类的空三足器。

---

① 甘肃省博物馆考古队：《甘肃灵台桥村齐家文化遗址试掘简报》，《考古与文物》1980 年第 3 期第 22～24 页。
② 中国社会科学院考古研究所：《师赵村与西山坪》，中国大百科全书出版社，1999 年。
③ 北京大学考古实习队、固原博物馆：《隆德页河子新石器时代遗址发掘报告》，《考古学研究（三）》第 158～195 页，科学出版社，1997 年。
④ 宁夏文物考古研究所、中国历史博物馆考古部：《宁夏菜园——新石器时代遗址、墓葬发掘报告》，科学出版社，2003 年。
⑤ 陶荣：《甘肃崇信古文化遗址调查》，《考古》1995 年第 1 期第 5～12 页。
⑥ 以上凡采集品均藏当地文管所。
⑦ 秦小丽：《试论客省庄文化的分期》，《考古》1995 年第 3 期第 238～255 页。
⑧ 陕西周原考古队：《扶风刘家姜戎墓葬发掘简报》，《文物》1984 年第 7 期第 16～29 页。

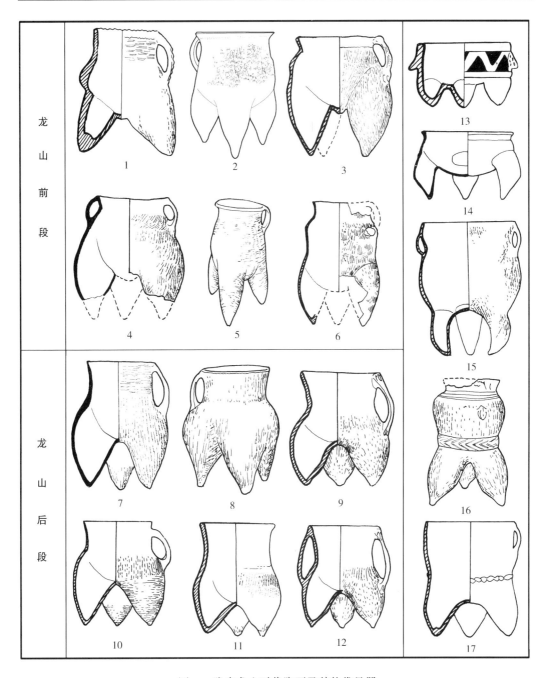

图一 陇东龙山时代陶鬲及其他袋足器

1~3、5~10. 单把鬲（合水牛头山采、宁夏隆德藏、天水师赵 T317②：10、灵台乔村 H4：23、天水师赵 T382F19：1、崇信赤城水么采、西吉兴隆采、天水西山坪 T49③：13、隆德页河子 T103⑥：27） 4、12. 双耳鬲（天水师赵 T383F19：3、天水西山坪 T48H18：18） 11. 鬲（天水西山坪 T16③：4） 13~17. 斝（庆阳石岭子采、天水师赵 T353②：4、渭源采、庄浪采、宁县王湾南庄采）

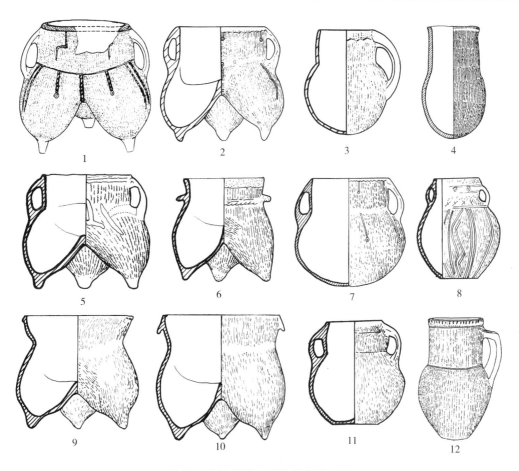

图二 刘家文化陶鬲及其他典型器

1、2、5. 双耳鬲（庄浪水洛羊把式坡、宝鸡馆藏:1、长武碾子坡 M662:1） 3、12. 单耳罐（宝鸡馆藏:6、庄浪南坪刘堡坪采） 4. 长颈圜底罐（天水师赵采:17） 6、9、10. 双耳鏊鬲（长武碾子坡 M109:1，宝鸡 3666. ICI. 82、3665. ICI. 82） 7、8、11. 双耳罐（宝鸡馆藏:4、庄浪南坪刘堡坪、宝鸡刘家 M8:3）

一般认为，刘家文化的年代上限可达商代早期，西周初年逐渐融入姬周文化。

3. 寺洼文化

寺洼文化发现于 1924 年[①]。随着 20 世纪对甘肃庄浪徐家碾[②]、西和栏桥[③]、合水九

① Andersson, J. G. (1943), Researches into the Prehistory of the Chinese. *BMFEA*. No. 15, Stockholm.

② 胡谦盈:《甘肃庄浪县徐家碾寺洼文化墓葬发掘纪要》,《考古》1982 年第 6 期第 584～590 页。

③ 甘肃省文物工作队、北京大学考古系:《甘肃西和栏桥寺洼文化墓葬》,《考古》1987 年第 8 期第 678～691 页。

站①等遗址的发掘，了解到该文化在甘肃境内有着很大的分布面。西起洮河中上游段至兰州附近，东界最远及于陕西宝鸡、凤县，南界止于陇南白龙江水系，北至陇东子午岭。

寺洼文化的空三足器主要为单把鬲和双耳鬲，也有部分无耳鬲及个别鋬手鬲。单把鬲常见于陇东地区，特点是领部外侈，下附乳状袋足，有少许实足根，大多数为"∧"形分裆，个别"∩"形联裆，器表素面不着装饰。即便有装饰，也仅仅是贴塑简单的泥条附加堆纹、乳丁或饰刻划纹，前者常饰于口缘外侧、颈部或裆窝；后者多刻划在袋足上部。在甘肃庄浪徐家碾等地曾发现个别饰绳纹的单耳鬲。双耳鬲主要流行于洮河流域（见河湟流域一节），在陇东仅有零星发现（图三，上）。与刘家文化一样，除陶鬲外，寺洼文化不见其他种类的空三足器。

寺洼文化的相对年代相当于商周时期。

4. 铲形实足根鬲

东周时期，陇东地区广泛出现一种以铲形实足根鬲（以下简称"铲足鬲"）为代表的土著遗存。其分布面东抵陕西西部，最远逼近西安②，西至兰州左近③，但其影响范围远不止于此。铲足鬲以夹砂红褐陶和夹砂灰陶为主，器表色泽不匀。鬲的形态比较杂，以双耳、双鋬手鬲为数最多，也有少量单把鬲或无耳鬲。其显著特征是：实足根呈侧扁状（扁凿形）。据甘肃甘谷毛家坪遗址④发掘资料，铲足鬲的形态演变大致表现为：偏早阶段的铲足特征尚不明显，有的足根甚至作圆柱或椭圆柱形；偏晚阶段，实足根演变为明显的扁凿形。无论何种形态的铲足鬲，其造型大致表现为器领较高、较直或略向外侈（也有无领者），下接乳状袋足，实足根高矮不等，低矮者或呈乳头状，或作侧扁形；高者绝大多数为明显的侧扁状；"∧"形分裆为主，部分"∩"形联裆；器表多数素面无纹，少量除器领外，通体饰绳纹。亦流行在器口外侧、颈部或裆部饰带状附加堆纹，还有的在袋足上饰泥条附加堆纹。在甘肃庆阳曾采集 1 件铲足铜鬲⑤，采用了泥条蛇纹风格的装饰（图四）。

目前，对铲足鬲的绝对年代还有一些不同的认识。据甘谷毛家坪遗址的发掘及分期研究，该址 B 组为铲足鬲遗存，年代被定在春秋晚期到战国。若考虑到其他地点的发

---

① 王占奎、水涛：《甘肃合水九站发掘报告》，《考古学研究（三）》第300～477页，科学出版社，1997年。

② 在陕西咸阳塔儿坡墓地出有铲足鬲。见咸阳市文物考古所编著：《塔儿坡秦墓》，三秦出版社，1998年。

③ 甘肃榆中文化馆有此类遗物收藏。

④ 甘肃省文物工作队、北京大学考古学系：《甘肃甘谷毛家坪遗址发掘报告》，《考古学报》1987年第3期第359～396页。

⑤ 许俊臣、刘得祯：《介绍一件春秋战国铲足铜鬲》，《考古》1988年第3期第230页。

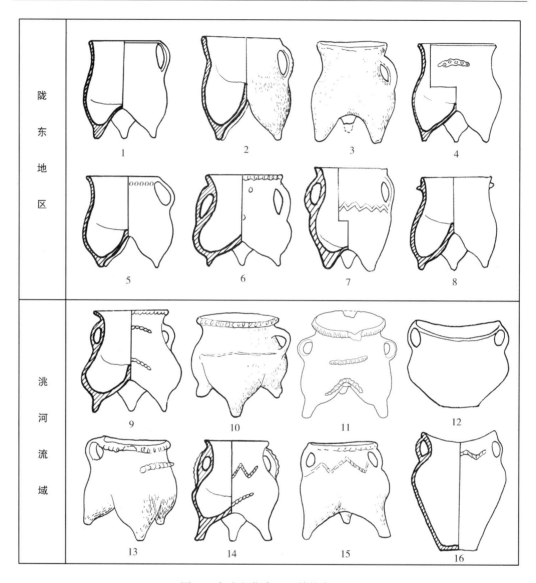

图三　寺洼文化陶鬲及其他典型器

1~3、5、10、13. 单耳鬲（合水九站 M60：9、庄浪徐家碾 M12：9、庄浪徐家碾 M77：50、合水九站 M60：2、临洮灰嘴 K6163、临洮寺洼山 K6153）　4. 鬲（合水九站 M38：1）　6、7、9、11、14、15. 双耳鬲（79 庄浪徐家碾、西和栏桥 M6：5、临洮寺洼山出土、康乐花格梁采、临洮采、临洮寺洼山 K6134）　8. 双鋬鬲（合水九站 M3：14）　12、16. 马鞍口双耳罐（临洮寺洼山 S. W. I. 4、S. W. I. 15）

现，其上限有可能会覆盖整个春秋时期①。至于铲足鬲在形态上表现出的一些差异，如

----

①　赵化成：《甘肃东部秦和羌戎文化的考古学探索》，《考古类型学的理论与实践》第 145~176 页，文物出版社，1989 年。

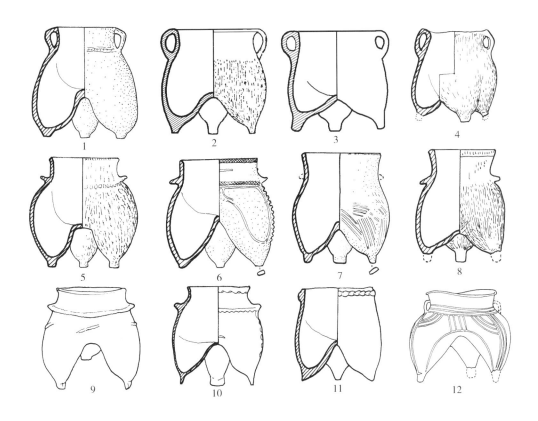

图四　铲形袋足鬲

1～4. 双耳铲足陶鬲（甘谷毛家坪 LM11：1、甘谷新兴中学采、宁夏固原藏、秦安县藏）　　5～8、10. 双鋬耳铲
足陶鬲（甘谷毛家坪 LM12：1、甘谷毛家坪 LM4：1、甘谷毛家坪 LM8：1、武山付家门、庄浪北洛采）　　9、11.
铲足陶鬲（会宁县藏、甘谷尚家山）　　12. 双耳铲足铜鬲（庆阳征集）

双耳和双鋬、柱状足和扁铲足、低足根和高足根、绳纹和素面等是否为不同年代的反
映，还有待更多的发现证实。

铲足鬲主要分布在陇东一带，但其影响力却相当之强。向西抵达河西走廊东段；向
东已深入到陕北、鄂尔多斯高原及河套地区。在铲足鬲一类遗存中基本不见其他种类的
空三足器。

（二）河湟地区

河湟地区的地理范围包括甘肃与青海两省交界的黄河上游段及湟水流域。该区域内
目前所知最早的史前文化为仰韶晚期遗存。公元前三千纪前后，这里迅速成为马家窑文
化的核心分布区，并一直延续到龙山时代的半山—马厂文化阶段。此后，这一文化系统

被西进的齐家文化所取代。迄今为止，在马家窑文化系统内尚不见空三足器①。

1. 齐家文化

齐家文化得名于甘肃广河齐家坪遗址②。目前，在齐家文化的认识上还有一些分歧。其中之一是如何看待陇东地区一些以往被认作是齐家文化的遗存；其二，齐家文化的来源问题。根据现有资料，齐家文化可以肯定是客省庄文化西迁过程中不断地方化的产物③，该文化流行单把鬲及罐形斝也暗示了这一点。

随着齐家文化的西进，首次将空三足器引进到河湟地区。甘肃永靖秦魏家齐家文化遗址④ H1 曾出土 1 件"罐形高袋足鬲"，其造型非常接近陇东龙山文化早段的"罐形斝式鬲"，此器有可能是河湟地区年代最早的空三足器标本。所不同的是，秦魏家陶鬲裆部呈"∧"形，这表明其绝对年代稍晚于陇东龙山文化早段的"M"形宽裆鬲（图五，上左一）。类似形态的鬲在河湟地区十分罕见，这恰好提供了空三足器在该地区初始化的证据。

河湟地区这一阶段流行单把鬲。特点是器领较高、外侈，罐形腹，下接乳状袋足，一般无明显的实足根，普遍"∧"形分裆。其质地主要为夹砂红褐陶，器表流行绳纹装饰。这一区域也曾发现个别器形变异的素面单把鬲和双耳鬲，如青海乐都柳湾遗址⑤所出的 2 件双耳鬲，其袋足叉的很开，器表素面无纹。永靖秦魏家墓地随葬的单把鬲，器形瘦高，有明显实足根（图五，上）。除鬲和斝外，河湟地区的齐家文化还发现有鬹、甗、盉等三足器⑥。

河湟地区齐家文化的年代估计在距今 4200～3800 年。

2. 寺洼文化

在河湟地区，寺洼文化仅见于洮河流域，其南界沿洮河上溯至甘南藏族自治州的临潭、卓尼一带，北面大致接近兰州⑦，范围并不很大。这里的寺洼文化在陶系上均为夹砂红褐陶，所见空三足器主要为双耳乳状袋足鬲，有部分单耳者。特征突出，均作外

---

① 1986 年，甘肃省文物考古研究所的张学正先生告诉我，在某地一处被盗掘的马厂墓葬内随葬有陶鬲和金耳环，但当时遗物已全部流失，此说尚有待证实。不过，即便在马厂阶段出现个把陶鬲也并不奇怪。

② Andersson, J. G. (1943), Researches into the Prehistory of the Chinese, *BMFEA*. No. 15, Stockholm.

③ 李水城：《半山与马厂彩陶研究》，北京大学出版社，1998 年。

④ 中国科学院考古研究所甘肃队：《甘肃永靖秦魏家齐家文化墓地》，《考古学报》1975 年第 2 期第 57～96 页。

⑤ 青海省文物考古队、中国社会科学院考古研究所：《青海柳湾》，文物出版社，1984 年。

⑥ 在与严文明先生聊天时，他提到当年在兰州整理武威皇娘娘台遗址的资料时，发现一些与客省庄文化完全相同的袋足器，如鬹、盉等，可惜后来该遗址的这些资料未能悉数发表。

⑦ 水涛：《中国西北地区青铜时代考古论集》，科学出版社，2001 年。

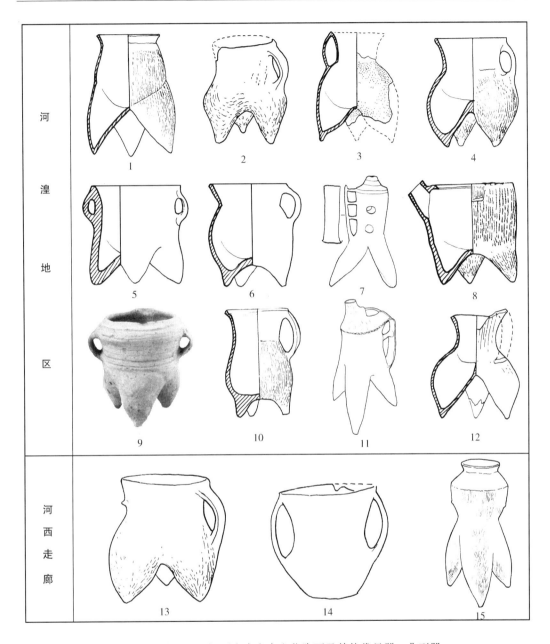

图五　河湟地区、河西走廊齐家文化陶鬲及其他袋足器、典型器

1. 罐形鬲（永靖秦魏家 H1：1）　2~4、6、10、13. 单把鬲（榆中王堡营采、兰州中堡采、永靖采、
永靖秦魏家 M36：1、永靖秦魏家 M129：2、内蒙古白音浩特鹿图山采）　5. 双耳鬲（青海柳湾 M771：
2）　7、12. 鬶（和政县藏、临洮瓦家坪 K825）　8. 带嘴罐形盉（青海柳湾 M1006：12）　9. 双耳
斝（积石山新庄坪采）　11. 封口盉（广河县藏）　14. 双大耳罐（内蒙古白音浩特鹿图山采）　15.
甗（武威皇娘娘台采）

佟领，下附乳状袋足，有明显的圆锥或圆柱状实足根，部分足尖外撇，"∧"形分裆为主，部分"∩"形联裆；器表一般素面无纹，有相当一部分口缘部分翻卷加厚，或在口沿外捏塑附加堆纹，呈花边状；再就是流行在器颈、裆窝处堆塑"N"、"Ψ"、"⌒"形泥条堆纹，或加饰乳丁，个别可见抹压稀疏绳纹者（图三，下）。此类形态的鬲在洮河流域的辛店文化中也有所见，临洮寺洼山曾发现典型的辛店文化姬家川类型彩陶单把鬲，可见两种文化在洮河流域犬牙交错、互有影响。总的来说，这种足尖外撇、素面无纹的双耳鬲是洮河流域寺洼文化的一大特色，但同样的鬲在陇东仅有零星发现。

与陇东的寺洼文化一样，洮河流域寺洼文化的空三足器仅有鬲一种。

3. 辛店文化

辛店文化得名于甘肃临洮辛店遗址[①]。其分布范围大致在兰州左近至洮河、大夏河流域和青海东部的黄河、湟水流域。对该文化的源头学术界还有不同看法，但一般倾向于齐家文化。辛店文化的陶器主要为夹砂红褐陶。在辛店早期的山家头[②]阶段发现少量陶鬲，如临夏黑头嘴遗址（山家头晚期）出土的双耳鬲，器形为直口，高领，桥形双耳，下附乳状袋足，有较高的圆柱实足根，足尖外撇，"∧"形分裆；器领下满饰绳纹。辛店中期的姬家川[③]阶段，鬲的造型明显多样化，大致可分四类：第一类为山家头阶段高领袋足鬲的延续。第二类为单耳彩陶鬲，这是辛店文化的独创，其特点是腹径大于比高，形态肥矮敦实，矮领普遍外侈（有个别高领者），器口偏大，一侧置桥形单耳，下接肥矮的乳状袋足，足尖多外撇，"∧"形分裆；通体绘彩，花纹为辛店文化常见的"螺旋纹"、"几何线条纹"、"折线三角纹"、"双勾纹"等。在甘肃永靖马路塬辛店文化聚落遗址曾出土1件形体巨大的彩陶鬲（残），腹径达60~70厘米[④]。此类彩陶鬲的分布，南界可达洮河流域的康乐县[⑤]。第三类为鋬手鬲。数量不多。20世纪20年代，安特生在兰州曾收购1件[⑥]，无领，内敛口，斜腹，鸡冠状鋬手，乳状袋足，有明显实足根，足尖外撇，"∧"

---

① Andersson, J. G. (1943), Researches into the Prehistory of the Chinese, *BMFEA*. No. 15, Stockholm.

② 苏生秀、陈洪海：《青海民和核桃庄山家头墓地清理简报》，《文物》1992年第11期第26~31页。

③ 中国社会科学院考古研究所甘肃工作队：《甘肃永靖张家咀与姬家川遗址的发掘》，《考古学报》1980年第2期第187~220页。

④ 系北京大学与甘肃省文物考古研究所合作发掘，资料未发表。标本现藏甘肃省文物考古研究所库房内，1986年作者参观时所见。

⑤ 在甘肃康乐县鹞子沟遗址曾发现辛店文化的彩陶鬲。见张朋川：《甘肃彩陶图谱》图1351，文物出版社，1990年。

⑥ Andersson, J. G. (1943), Researches into the Prehistory of the Chinese, *BMFEA*. No. 15, Stockholm. 安特生将此鬲定为寺洼期，但其特征显然更为接近辛店文化。

形分裆；在置鋬手的水平位置捏塑泥条附加堆纹。第四类为双耳乳状袋足鬲，与洮河中游段寺洼文化的双耳鬲形态一致。辛店晚期为张家咀类型。此时，鬲的数量骤减，前一段流行的双耳鬲、彩陶鬲基本绝迹。甘肃永靖张家咀遗址①出土的几件陶鬲分为两类，形态反差甚大。一类为无耳肥足鬲，直口，短颈，口缘部分加厚，下附乳状大袋足，有少许实足根（残），"∧"形分裆，素面无纹。另一类为瘦袋足鬲，或加鋬手，外侈口，束颈，瘦袋足，有较明显的实足根，"∧"形分裆；颈部或裆窝处捏塑附加堆纹，或在袋足上饰少量绳纹（图六）。除陶鬲外，辛店文化不见其他种类的空三足器。

辛店文化的年代大致始于夏末商初，止于周。

4. 卡约文化

卡约文化得名于青海湟中县卡约遗址②。该文化的分布基本限于青海境内，在黄河两岸及湟水流域分布相当密集，西界越过青海湖，东界止于甘肃永靖县。对卡约文化的来源有几种不同意见，一种认为来自齐家文化；第二认为源于马厂文化；第三认为马厂文化和齐家文化同为卡约文化之祖源。如果从该文化拥有陶鬲这一文化特质看，显然齐家文化的可能性更大一些。

卡约文化的陶鬲数量大大降低，其比例大概与辛店文化晚期相当。在已发掘的卡约文化遗址中，大多不见陶鬲。即便有，也仅发现个别的鬲足残件③。在青海西宁大堡子乡鲍家寨西山根④卡约文化墓地曾出土一件青铜鬲，此器口沿铸一对半圆形立耳，直口，直领，袋足下有较高的圆锥形实足根，"∧"形分裆；颈部饰两股凸弦纹，裆部饰简约的双线人字纹，其造型、花纹与商代二里岗上层同类器接近。卡约文化的陶鬲均为夹砂红褐陶，依形态差异分为三类，第一类造型酷似辛店文化鋬手鬲，数量略占优，但所见多为鬲足。湟源县莫不拉遗址⑤出有此类陶鬲的下半部，为乳状袋足，有明显实足根，足尖外撇，"∧"形分裆；器表素面无纹。目前对此类鬲是否带鋬手这一点还不甚明了。第二类为束颈鬲。大通上孙家寨墓地出1件，外侈口，束颈，乳状袋足，无实足根，"∧"形分裆；器表素面无纹，唯在颈下捏塑乳突一对。第三类为鬶形鬲，器领外侈，一侧置宽大单手柄，柄上方高出口缘，形成一正方形鋬突，袋足低矮肥浅，有甚高

①　中国社会科学院考古研究所甘肃工作队：《甘肃永靖张家咀与姬家川遗址的发掘》，《考古学报》1980 年第 2 期第 187～220 页。

②　Andersson, J. G. (1943), Researches into the Prehistory of the Chinese, BMFEA. No. 15, Stockholm.

③　目前已发掘的多为卡约文化墓地，对聚落遗址中陶鬲的具体比例了解尚有限，但从湟源县莫布拉遗址的发掘看，鬲的数量并不多。

④　青海省文物处、青海省考古研究所：《青海文物》图 65，文物出版社，1994 年。

⑤　高东陆、许淑珍：《青海湟源县莫布拉卡约文化遗址发掘简报》，《考古》1990 年第 11 期第 1012～1016 页。

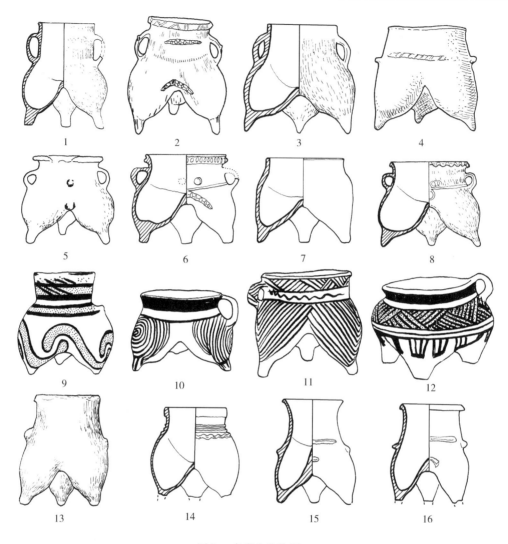

图六　辛店文化陶鬲

1～3、5、6、8. 双耳鬲（永靖黑头嘴 H163：8、临洮辛店采、永靖王家坡村采、民和马厂垣 K5700、永靖姬家
川 H13：2、永靖姬家川 H13：3）　　4、13、15、16. 双鋬耳鬲（临洮寺洼山 K5964、青海乐都采、永靖张家咀
T66：2、永靖瓦渣嘴 T23：5）　　7、14. 鬲（永靖张家咀 T65：3、永靖张家咀 H18：3）　　9～12. 单耳彩陶鬲
（临洮灰嘴 K5906、临洮寺洼山 K5671、临洮寺洼山 K5987、临洮四时定 K5725）

的圆柱状实足根，足尖外撇，"∩"形联裆；器表素面。另在大通县庙台子①遗址发现
有圆锥形高实足根袋足鬲残件，类似残件也见于其他卡约遗址，这说明卡约文化中还有
一种高实足根鬲（图七，上），但具体形态不明，难以归类或另立新的一类。除鬲外，

───────────────

① 青海省文物考古研究所：《青海大通县文物普查简报》，《考古》1994 年第 4 期第 320～329 页。

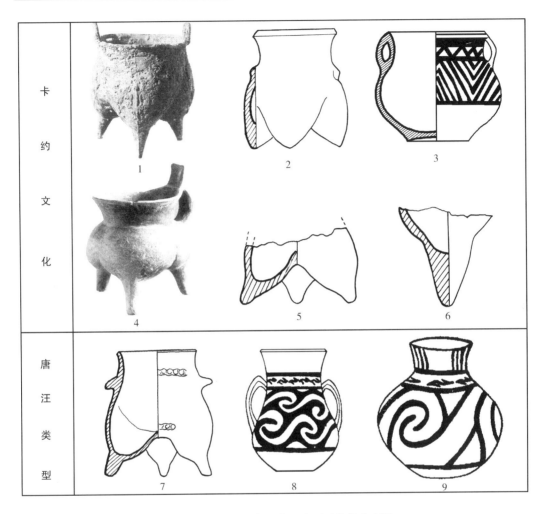

图七　卡约文化、唐汪类型陶鬲及其他典型器

1. 铜鬲（西宁大堡子鲍家寨西山根）　2、5、6. 陶鬲（大通上孙家寨 M283 出、湟源县莫不拉 T2：2（F1）、大通庙台子采）　3. 双耳彩陶罐（循化阿哈特拉 M179：1）　4. 鬶形鬲（湟中县大源出土）　7. 双錾耳鬲（民和核桃庄拱北台 H1：8）　8、9. 彩陶罐（循化阿哈特拉 M138：1、东乡唐汪川 KM12：03）

卡约文化亦不见其他种类的空三足器。

　　卡约文化的年代上限大致与辛店文化相当，其下限延续甚久，最晚已进入汉代。

　　5. 唐汪类型遗存

　　唐汪类型得名于甘肃省东乡族自治县唐汪川遗址[①]。此类遗存的分布夹杂于辛店文化与卡约文化之间，范围大致在兰州以西至青海东部的黄河及湟水流域。正因为它处在

①　安志敏：《略论甘肃东乡自治县唐汪川的陶器》，《考古学报》1957 年第 2 期第 23～31 页。

两种文化之间，因此学术界对其归属一直有着比较对立的看法，有的将其并入辛店文化晚期；有的认为属于卡约文化，甚至有人视其为独立的文化。

唐汪类型的陶器基本为夹砂红陶或红褐陶，明确属于该文化的陶鬲仅有 1 件，出土于青海民和拱北台遗址①，其造型非常接近辛店文化中期姬家川阶段的鋬耳鬲，领部外侈，微束颈，双鋬耳，袋足下有较高的圆柱实足根，足尖外撇，"∧"形分裆；颈部和裆窝处各捏塑一段泥条附加堆纹（图七，下）。与前述诸考古学文化一样，唐汪类型也仅见鬲一种空三足器。

唐汪类型遗存的年代应在西周时期。

（三）河西走廊及内蒙古西部地区

本区的地理范围覆盖了甘肃河西走廊及内蒙古自治区巴彦淖尔盟的阿拉善旗以西地区。这里地域广阔，但自然条件与资源环境较差。本区内横亘着跨越两个省区的巴丹吉林、腾格里大沙漠，周边还有一些零星的沙地及大片戈壁，仅在一些内流河沿岸绿洲地带有人类活动踪迹。据考古发现，该区域的史前文化序列依次有马家窑文化、半山—马厂文化和暂称作"过渡类型"的遗存。齐家文化仅局限在走廊东段及内蒙古自治区的阿拉善旗一带。进入青铜时代以后，这一地区出现了四坝文化、沙井文化及其他一些考古学文化遗存。在齐家文化以前，本区不见空三足器踪迹。

1. 齐家文化

约公元前二千纪末，有部分齐家文化西进至河西走廊地区的武威一带。目前，仅在武威皇娘娘台齐家文化遗址②出土过 11 件鬲足，上饰绳纹、或素面（均未发表，不明形态）。另有 2 件陶甗，其形态及装饰颇似秦魏家遗址 H1 的"罐形高袋足鬲"，估计二者的年代比较接近。另在内蒙古巴彦淖尔盟阿拉善旗白音浩特的鹿图山遗址③出土过单把鬲、双大耳罐和夹砂罐等典型的齐家文化遗物。鬲为灰陶，特征为：领部外侈，一侧置单环耳，下附袋足，无明显的实足根，"∧"形分裆；器领以下饰粗绳纹（图五，下）。

2. 绿城遗存

20 世纪 70 年代，甘肃省文物工作队在黑河下游左岸、内蒙古自治区额济纳旗（曾一度划归甘肃省管辖）黑城附近的瑙高苏木（蒙语：绿城之意）采集一批遗物，包括

---

① 格桑本：《青海民和核桃庄拱北台路西一号灰坑出土的唐汪类型陶器》，《青海考古学会会刊（5）》第 22～26 页，1983 年。

② 甘肃省博物馆：《武威皇娘娘台遗址第四次发掘》，《考古学报》1978 年第 4 期第 421～448 页。

③ 齐永贺：《内蒙古白音浩特发现的齐家文化遗物》，《考古》1962 年第 1 期第 22 页。

鬲足、鬲裆和彩陶片等①。2000 年以来，内蒙古自治区文物考古研究所曾数次在绿城一带进行调查、发掘。在绿城遗址的土围子内试掘一座土坯墓、一座土坯房屋基址，出土大批陶器（残片）②。其中，有相当一部分为陶鬲残件。这批鬲的质地为夹砂红陶或红褐陶，有少量灰褐陶，形态以鋬手鬲为主。经复原的一件为高直领略向外侈，领下置鸡冠形双鋬耳，袋足高而瘦，无明显的实足根（在陶片中还发现部分鬲足带有或长或短的柱状实足根），"∧"形分裆；器表基本为素面，或在口沿下饰附加堆纹，或在袋足上压印连续捺印纹（图八）。除鬲外，未见其他空三足器。

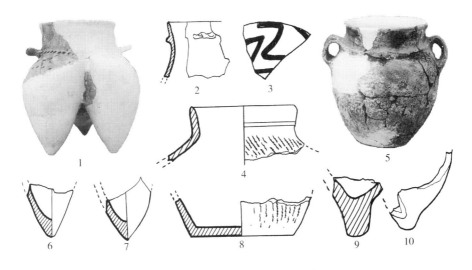

图八　绿城遗址出土陶鬲及其他陶器

1. 双鋬耳鬲（编号不详）　2、4、8. 陶罐残件（76EL–001、002、005）　3. 彩陶片（编号不详）

5. 双耳罐（编号不详）　6、7、9、10. 鬲足（76EL–010、009，9、10 编号不详）

目前，尚不清楚绿城一类遗存的分布范围和年代，从与陶鬲共出的彩陶片分析，它们与河西走廊青铜时代早期四坝文化的彩陶比较接近，或许二者存在某种亲缘关系。但四坝文化是一种不含陶鬲的文化，绿城遗址已出现陶鬲，年代显然较四坝文化为晚。初步推断，绿城遗址的年代已进入晚商至西周初期。

值得一提的是，绿城遗址是目前中国境内所见陶鬲分布最为西北的地点。

---

① 甘肃省文物工作队：《额济纳河下游汉代烽燧遗址调查报告》，《汉简研究文集》第 62～84 页，甘肃人民出版社，1984 年。

② 应内蒙古自治区文物考古研究所魏坚先生邀请，2001 年 10 月我曾赴绿城遗址考察，并参观了 2001 年"绿城"发掘现场。在此之前，同年 8 月，经魏坚先生同意，我与陕西省考古研究所曹玮等一行在内蒙古自治区文物考古研究所曹建恩先生陪同下，赴内蒙古察右前旗庙子沟工作站观摩了 2000 年"绿城"的发掘资料。在此一并致谢！

3. 兔葫芦类型遗存

1986 年，北京大学考古学系与甘肃省文物考古研究所在安西县布隆吉乡调查了兔葫芦遗址①。在采集的遗物中包括有部分陶鬲残件，其质地为夹砂灰褐陶。经复原处理，知其形态为：大而直立的器口（或微外侈），短领，下接乳状大袋足，有少许圆柱状实足根，"∧"形分裆；器表素面无纹，流行在器口外下侧及袋足上捏塑 1～2 股泥条附加堆纹，或在捏塑附加堆纹部位置桥形双耳（图九）。除陶鬲外，该址未见其他空三足器。

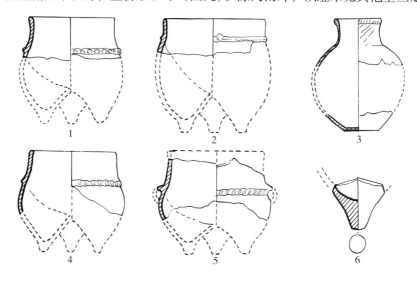

图九　兔葫芦遗址陶鬲及其他陶器

1、2、4、5. 陶鬲（86AT－004、002、017、012）　3. 长颈罐（86AT－001）　6. 鬲足（86AT－016）

兔葫芦类遗存的分布范围大致在河西走廊的安西至敦煌一线，推测其年代可能在西周时期或稍晚。这是目前我国境内所见陶鬲类空三足器分布位置最西的地点。

4. 沙井文化

沙井文化得名于甘肃省民勤县沙井柳湖墩遗址②。其分布范围仅限于河西走廊东段的民勤、永昌、金昌、武威等县市。沙井文化陶鬲较多，形态也较杂，其质地主要为砖红色夹砂陶，部分夹砂灰褐陶，依形态大致分四类：一类为大口乳状肥足鬲。20 世纪 20 年代，瑞典学者安特生在民勤沙井柳湖墩遗址土围子内发掘 3 件（均藏瑞典远东古物博物馆），后修复发表 1 件。此器形体高大，口径48、高56厘米。特征是有大而敞的直口，口唇部位加厚，斜直腹壁，垂乳状大袋足，有少许乳头状实足根，"∧"形分

①　甘肃省文物考古研究所、北京大学考古学系：《河西走廊史前考古调查报告》，文物出版社，待刊。

②　Andersson,J. G. (1943),Researches into the Prehistory of the Chinese,*BMFEA*. No. 15,Stockholm.

档较高；器表素面无纹，在器口下捏塑泥条附加堆纹，档窝处捏塑"⌒"弧线泥条堆纹。另2件未发表。类似的鬲在武威也有所见，不同的是口沿下肩部附加半月形錾手，捏塑泥条附加堆纹。第二类为无耳鬲，矮领，外侈口，束颈，袋足下无明显实足根，"∧"形分档；器表素面，档窝上部捏塑乳丁。第三类为单把鬲，仅在永昌西岗墓地出土1件，器形小，大口，无领，斜弧腹，一侧置环形单耳，矮瘦袋足，有少许乳头状实足根，"∧"形分档，素面，在环耳位置水平捏塑泥条附加堆纹。第四类为铲足鬲，在永昌三角城遗址所见多为此类鬲的残件，有些足根甚宽大，也有的足根呈舌形。经复原1件为：外侈口，矮领，口缘部分翻卷加厚，两侧安置半月形（或鸡冠形）錾手，乳状大袋足，扁铲状实足根，"∧"形分档；器表素面，流行在口缘及錾耳部位捏塑附加堆纹，个别在袋足饰细泥条附加堆纹（即蛇纹）。另在永昌三角城城址内还发现无明显实足根的绳纹鬲、圆柱状实足根鬲残件，以及在半月形錾手上部加置桥形耳的陶鬲残件①（图一〇）。

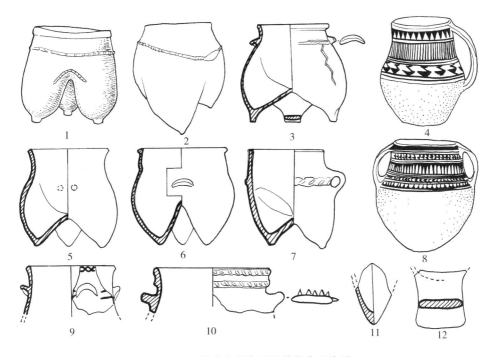

图一〇　沙井文化陶鬲及其他典型陶器

1、2. 肥足鬲（沙井 K6559、武威市藏）　3. 铲形袋足鬲（金昌三角城 F1：1）　4、8. 彩陶罐（沙井 K6179、K5598）　5、6. 无耳鬲（金昌三角城 T1②：4、采：3）　7. 单耳鬲（金昌西岗 M334：2）　9、10. 双錾耳鬲（86JS－012、014）　11、12. 鬲足（86JS－031、030）

① 蒲朝绂、庞跃先：《永昌三角城与蛤蟆墩沙井文化遗址》，《考古学报》1990年第2期第1～12页。

上述不同形态的陶鬲当有早晚之别，其中，第一类鬲的年代略早，约当西周时期；后三类年代偏晚，估计已进入东周纪年。除鬲外，沙井文化不见其他种类的空三足器。

二　长城地带西段考古学古文化的演进与互动

大约从新石器时代中期始，陇东黄土高原与关中平原就一直保持着千丝万缕的文化联系，这种关系一直维系到历史时期。关中是仰韶文化的发源地，也是空三足器最早出现的地区之一，这些都强烈地影响到陇东黄土高原及更远的地方。

距今 7000 年前，在渭水和西汉水流域形成了老官台文化圈。在渭河流域，其西界维持在天水一带。目前，尚无线索显示老官台文化的策源地确切是在那里，但其沿渭水中下游向上游发展的可能性很大，也就是说，该文化的源头可能就在关中地区。在老官台文化之后，仰韶文化半坡类型持续向西扩展，但其西界大体亦止步于天水左近。庙底沟阶段，中国的史前文化出现了第一次大扩张。在长城地带西段，庙底沟以晚的遗存已西进至河湟地区[①]，并由此向南扩散到四川境内川西北的岷江流域和大渡河流域[②]。这次文化扩张的结果是催化了陇山以西地区马家窑文化的出现，这一股新的"地方势力"迅速崛起并向西发展，并不断地拉大与东部仰韶文化的差距，也从此建构了史前时期西北河湟地带与陇东和关中地区的文化对峙局面。

约当公元前三千纪上半叶的庙底沟二期文化阶段，在与陇东咫尺之遥的陕西武功一带出现了初始形态的空三足器——釜形斝[③]。截至目前，在陇东地区尚未见此类器的踪迹，但并不能因此排除陇东首先成为接纳这一新的文化特质的区域。进入龙山时代后，随着客省庄文化的不断西进，其原始形态的"斝式鬲"迅速被陇东地区所吸纳。

公元前三千纪末，陇东的客省庄文化（或称齐家文化）继续向河湟地区、甚至更为边远的河西走廊扩张，空三足器也随之被引入这些地区。但在地理位置上更偏西，年代大体相若的四坝文化、诺木洪文化[④]却一直没有接受这一文化特质。此外，有两个现象值得关注。第一，在洮河中游段和青海黄河上游段有些齐家文化的遗址不见陶鬲，如甘肃广河齐家坪、青海贵南尕马台等著名的齐家文化遗址。根据目前掌握的资料，迄今

---

①　青海省地方志编纂委员会：《青海省志·文物志（六十九）》第 23 页，青海人民出版社，2001 年。

②　成都市文物考古研究所等：《四川茂县营盘山遗址试掘报告》，《成都考古发现（2000）》第 1~77 页，科学出版社，2002 年；大渡河中游考古队：《四川汉源县 2001 年度的调查与试掘》，《成都考古发现（2001）》第 306~383 页，科学出版社，2003 年。

③　张忠培、杨晶：《客省庄与三里桥的单把鬲及其相关问题》，《宿白先生八秩华诞纪念文集》（上）第 1~50 页，文物出版社，2002 年。

④　青海省文物管理委员会、中国科学院考古研究所：《青海都兰县诺木洪搭里他里哈遗址调查与试掘》第 17~44 页，《考古学报》1963 年第 1 期。

为止，在洮河流域见到的齐家文化空三足器仅有如下几例：1947 年裴文中先生试掘临洮瓦家坪遗址①时，在一座残破的齐家文化白灰面房屋内出土 1 件陶鬶形器（图五，12），临夏州博物馆收藏 1 件在和政县采集的宽柄鬶形器（图五，7）、广河县博物馆和临夏州博物馆各藏 1 件朝天管状流盉（图五，11）②，临夏州博物馆收藏 2 件③双耳斝（图五，9）。第二，兰州至河湟地区的齐家文化也大致分为两类，一类基本不见空三足器，如青海互助总寨总遗址；另一类有少量的空三足器，如永靖大何庄、秦魏家、乐都柳湾等。但即便是后者，空三足器的出现率也比较低，以柳湾齐家文化随葬的陶器为例，此地共出土陶器 1618 件，仅 2 件双耳鬲、2 件陶盉；秦魏家遗址出土完整陶器 400 余件，仅 3 件完整陶鬲、2 件鬲足；大何庄遗址④也仅见 3 件鬲足；武威皇娘娘台遗址复原陶器 260 余件，仅 11 件鬲足。以上情况显示，一方面可能是由于这一地区正式发掘的齐家文化遗址很少，所见到的空三足器数量也就相对有限。另一方面也暗示出，河湟地区（含河西走廊）的齐家文化似乎在逐步地淡化使用空三足器的传统。此外，在鬲的数量减少的同时，其制作工艺也在偏离传统，有些陶鬲在形态上已显得很不规范。

夏商周三代，中原华夏系统的文化一直在持续不断地向西北地区施加影响。如二里头文化特有的兽面铜牌出现在甘肃天水⑤，二里头文化典型的单把半封口管状流盉已深入到渭河上游、甚至更远的洮河流域⑥。

在中国历史上，商代前期的二里岗上层文化开始了更大规模的文化扩张趋势。一般认为，此次扩张对西部的影响面仅达陕西关中地区。但在西宁的卡约文化墓葬中却发现了典型的商代二里岗上层文化风格的铜鬲，假如它确为早商遗物，为何会现身于遥远的湟水上游？如果它属于卡约文化，则其造型又与当地流行的陶鬲形态相去甚远。特别是截至目前，在卡约文化中尚未发现有任何铜容器的征兆。对此，我们只能理解为二里岗文化曾一度影响波及湟水流域；联想到二里岗时期的文化扩张，这显然不是一个孤立事件。

大约与长城地带西段盛行双耳陶器有关，双耳造型的鬲最早应起源于这个地区。商以后，陇东地区特别流行双耳、单耳鬲，这在刘家文化、寺洼文化都表现得很充分。后

---

① 裴文中：《甘肃史前考古报告》，《裴文中史前考古学论文集》第 208～255 页，文物出版社，1987 年。
② 此二器出土于甘肃广河县和东乡县河滩乡。
③ 其中 1 件出土于积石山县新庄坪遗址。
④ 中国科学院考古研究所甘肃工作队：《甘肃永靖大何庄遗址发掘报告》，《考古学报》1974 年第 2 期第 29～62 页。
⑤ 张天恩：《天水出土的兽面铜牌饰及有关问题》，《中原文物》2002 年第 1 期第 43～46 页。
⑥ 在甘肃天水、广河、东乡等地均有发现。

来，这一特点又延伸至河湟地区。

有关刘家文化的来源至今仍是困扰学术界的难题。据我们观察，该文化的主体应是在陇山左近一带被孕育的①，其使用者或许就是客省庄文化或齐家文化的后续族群。近年，在甘肃庄浪的葫芦河流域陆续发现饰有蛇纹的鬲或双耳罐②，后者又与甘肃广河齐家坪遗址所出同类器一致，证明二者确实存在密切的亲缘关系。但在刘家文化中也有一些錾手鬲，此类文化特质最早出现在晋中盆地，因此也不排除刘家文化的錾手鬲曾受到来自晋中地区的影响。对此已有学者指出，其影响的途径是通过长城地带中段鄂尔多斯高原为中介而实现的③。

寺洼文化的双耳鬲直接秉承于刘家文化，但素面不加装饰的风格则为其所特有。张忠培先生经过研究指出，该文化的单把鬲来源于关中地区④。由于地缘毗邻，陇东的寺洼族群与姬周族群一直保持着密切接触，并受到后者的强烈影响，在庄浪徐家碾、合水九站等遗址，这两支文化共存于一个遗址可以为证。

春秋时期，陇东地区流行铲足鬲，对此类遗存的谱系源流还缺乏了解，若从地望考察，它很难摆脱与前一阶段活跃于此的寺洼文化（也包括刘家文化）有某种承继关系。

总之，两周时期，姬周族群的上层从未放弃对陇东这个后院的觊觎，并不断地在文化上予以渗透。这一时期，周秦文化的遗留向西已越过陇山，进抵陇西⑤。地方土著文化与姬周文化时进时退、犬牙交错，或许是导致该地区文化格局长期较为混杂的根源所在。

随着周秦势力进抵陇西，逼近兰州，这股来势凶猛的强大的政治压力迫使洮河流域的辛店文化逐步退守。有迹象表明，自辛店文化中期（姬家川阶段）开始，其居民已开始向湟水流域的纵深地带迁徙，这一过程持续到张家嘴时期。唐汪类型的出现应是在这一文化背景下的又一个副产品。随着辛店文化的族群涌入卡约文化的势力范围，最终导致它融入当地土著的卡约文化，从此形成了以东部周秦文化为代表的华夏族群和与西部卡约文化为代表的羌戎部族对峙的局面。东周时期，原来被辛店文化所占据的洮河、大夏河流域甚至沦为考古学文化接触的一个边缘地带。

周秦文化对西北的征服欲望并未到此为止，其文化影响力甚至波及更为遥远的河

① 李水城：《刘家文化来源的新线索》，《远望集——陕西省考古研究所成立四十周年纪念文集》第 193～199 页，陕西人民美术出版社，1998 年。

② 程小钟：《甘肃省庄浪县出土的高领袋足鬲》，《华夏考古》1996 年第 2 期第 90～92 页。

③ 韩建业：《先周文化的起源与发展阶段》，《考古与文物》2002 年增刊第 212～218 页。

④ 张忠培、杨晶：《客省庄与三里桥的单把鬲及其相关问题》，《宿白先生八秩华诞纪念文集》（上）第 1～50 页，文物出版社，2002 年。

⑤ 甘肃省博物馆：《甘肃古文化遗存》，《考古学报》1960 年第 2 期第 11～52 页。

西走廊。在沙井文化偏晚阶段，大量铲足鬲的出现是陇东此类遗存渗入河西的证据。另在沙井文化中还发现少量的轮制泥质灰陶（残片），质地坚硬，火候甚高，与本地沙井文化流行的红色陶器泾渭分明。这些陶片表面装饰竖列绳纹（或经抹压处理）、拍印细方格纹、刻划水波纹等，有些绳纹被横弦纹分割为断绳纹，它们具有东周时期中原一带盛行的灰陶器的典型特征，显然不是沙井文化居民力所能及的。此类陶器出现在河西走廊，证明沙井文化曾与周秦族群有过某种接触①。

河西走廊西部以兔葫芦为代表的遗存使用陶鬲，或许是受到沙井文化乳状大袋足鬲的影响。这表现在双方的陶鬲均有着大口、口缘加厚、器口下装饰泥条附加堆纹的特征。唯一不同的是，沙井文化的鬲基本为砖红色，而兔葫芦一类遗存则为灰褐色。

目前，内蒙古额济纳旗绿城遗址发现的素面鋬手鬲的来源比较令人困惑。从修复的1件看，除实足根的形态外，其总体特征很像陇东地区的铲足鬲，但绿城遗存的年代应早于后者。另一方面，绿城遗址与鬲共存的双耳罐、斗笠状器盖和彩陶片等，显然更为接近四坝文化的陶器，唯鬲为四坝文化所不见，此类遗存应与四坝文化有着某种联系，其年代大概在商末周初。目前，属于这一年代范围的遗存在河西走廊地区极为罕见。总之，对绿城遗址的性质和源头，还有待于新的考古发现予以解释。这里需要再次重申：要特别重视北方长城沿线这一通道在东西文化互动方面曾扮演过的重要角色②。

文化影响的方式表现在互动上。当我们强调华夏文明对西部地区施加影响的同时，也要看到，西部诸考古学文化并非一味被动、单方面地接受东部的影响。一旦有机会，它们也常常会努力地向陇山以东地区施加影响，尽管这种努力有时显得比较微弱。在马家窑文化阶段，其影响力一直在陇山两侧，但向东已经渗透到陕西周原地区③。半山—马厂文化时，西部对东部的反作用仍维系在陇山左近，在宁夏海原菜园遗址等地常常伴出有半山—马厂的彩陶④。齐家文化占据河湟地区后，在将当地原有土著文化向更为边远的西部挤压的同时，也从未停止向东部的渗透，在关中西部仍能见到零星的齐家文化因素⑤。齐家文化以后，随着夏商王朝的崛起，西部对东部的影响力大为削弱，仅在陇

① 甘肃省文物考古研究所：《永昌三角城与蛤蟆墩沙井文化遗址》，《考古学报》1990年第2期第205~237页。
② 李水城：《中国北方地带的蛇纹器研究》，《文物》1992年第1期第50~57页。
③ 西安半坡博物馆：《陕西岐山王家嘴遗址的调查与试掘》，《史前研究》1984年第3期第78~90页。
④ 宁夏文物考古研究所、中国历史博物馆考古部：《宁夏菜园——新石器时代遗址、墓葬发掘报告》，科学出版社，2003年。
⑤ 王世和、钱耀鹏：《渭北三原、长武等地考古调查》，《考古与文物》1996年第1期第1~23页。

山左近的葫芦河水系发现零星的辛店文化遗存[①]。从此，西部文化呈现出不断弱化的趋势。

三　小结

（1）通过对长城地带西段陶鬲发展轨迹的观察，可以看出，关中平原、乃至豫西、中原一带的考古学文化从很早起就在不断地向西部地区持续地施加文化影响。

（2）这种文化影响的表现形式为：自东而西、由近及远、随时间的推移，在空间上首先作用于陇东，既而以陇东为跳板深入到河湟地区及河西走廊。这期间，有些影响是直接的、强势的，有些影响是间接的、弱势的。从影响的力度看，总体表现为自东而西的逐步弱化。

（3）陶鬲的传播过程大致分为两个步骤：第一阶段，在龙山时代，表现为直接的输入。如陇东、甚至包括河湟及河西走廊的某些空三足器即是，直接的证据是来自关中的单耳鬲和来自北方的鋬手鬲。第二阶段，三代时期，西部地区的土著族群在接受陶鬲这一文化特质的同时，开始发挥各自的能动性，改进或创造了具有地方特色的空三足器，并与舶来的陶鬲交互作用。

（4）长城沿线西段诸考古学文化在接受华夏系统文化影响的同时，也努力地向东部施加影响，但在自东而来的强大文化冲击面前，这一努力及其影响往往显得微弱、乃至于有些力不从心。

（5）在西部地区，空三足器逐步被淘汰的过程在时间上呈现明显的阶段性。陇东地区大致在东周以后，与关中地区基本保持同步。河湟地区则从齐家文化晚期开始减少，至辛店文化和卡约文化晚期已被冷落。究其根源，或许与鬲这一器型与农业经济活动存在某种必然联系有关。可以说，凡使用陶鬲的考古学文化大都以经营农业为其基本的生业方式，鉴于此，我们或许可以将陶鬲的多少和有无作为衡量一个考古学文化农业经济比重的指标。联想到西部河湟地区在齐家文化以后鬲的迅速衰落现象，很可能与这一地区由于气候波动导致农业经济向牧业经济转变的过程有关。至少，这一现象绝非偶然的巧合。

（6）中原文明与长城沿线西段诸考古学文化交互作用的阶段性还表现在空三足器的门类组合上。距今4000年前的龙山时代，长城地带西段的空三足器门类还较为齐备，除鬲之外，也有一定的斝、甗及鬶、盉等器类，从它们的形态也不难分辨出其源头出自华夏系统。距今4000年以降，西部地区的空三足器仅余陶鬲一种，而且开始出现比较

---

① 南玉泉：《辛店文化序列及其与卡约、寺洼文化的关系》，《考古类型学的理论与实践》第73～109页，文物出版社，1989年。

稳定的"鬲—罐"组合,这与长城沿线其他地区的空三足器组合有很大不同。特别是西北地区从很早就放弃使用陶鬲的文化现象,暗示长城地带西段的族群在其生活方式上,与长城地带中—东段仍维系"鬲—甗"组合的族群已出现某种程度的游离,联想到其他一些相关的发现,这或许与西部地区在农业经济构成,或农作物品种等方面出现的变化有着直接的关联。

2002 年夏定稿于北京蓝旗营寓所

(原载《新世纪的考古学:文化、区位、生态的多元互动》第 292～313 页,紫禁城出版社,2006 年)

从考古发现看公元前二千纪东西方文化的碰撞与交流

　　从 19 世纪下半叶至 20 世纪初，不断有外国学者、探险家涌入中国西部旅行、探险、考察。这期间，不乏一些重要的考古发现，也有相当一大批珍贵的历史文物被盗掘、流失海外。上述活动在某种程度上刺激了"丝绸之路"和东西文化交流的研究，并使该领域迅速成为考古学、历史学、语言学、体质人类学乃至汉学研究的热点。以往受资料限制，该领域研究的范围多限于张骞通西域以后的历史时期。那么，在先秦、乃至更早的史前——青铜时代，东西方之间是否有过接触？发生最初文化碰撞的地点在哪里？交流方式如何？学术界对此鲜有论及。本文根据近十余年来新的考古发现，就上述问题作一追溯和梳理。

一

　　1921 年，以河南渑池仰韶村的发掘为标志，现代意义上的考古学被引入中国，这一发现使中国没有石器时代的缪说不攻自破，也由此引发了有关东西文化交流、传播方向的讨论。最初，主持仰韶村发掘的安特生博士（J. G. Andersson）将仰韶村遗址作为"中华远古文化"的代表，但最终在中国史前文化到底是土著的、还是外来影响的这个问题上，安特生陷入一个怪圈。他在将仰韶遗址出土的彩陶与东南欧特利波里（Tripolje）、中亚安诺（Anau）等遗址出土的同类遗物比较后认为："然以河南与安诺之器相较，其图形相似之点即多且切，实令吾人不能不起同出一源之感想，两地艺术彼此流传未可知也。诚知河南距安诺道里极远，然两地之间实不乏交通孔道"①。为证实上述推论，安特生前往中国西北地区进行了一次大范围、长时间的考察，旋即作出下列结论："彩色陶器之故乡乃近东诸部，为一般学者所承认者也。著者深觉精美陶器之有彩纹者，其制作之术，首抵甘肃，次及河南，此说固属无疑"②。与此同时，有的外国学

---

　　① 安特生著，袁复礼译：《中华远古之文化》，《地质汇报》第五号第一册第 23～24 页，北京京华印书局承印，1923 年。

　　② 安特生著，乐森玙译：《甘肃考古记》，《地质专报》甲种第五号第 42 页，1925 年，北京。

者甚至提出"河南彩色陶器，其陶质形式花纹与近东石铜器时代过渡期者同为一族"①的武断结论。这些看法助长了"中国文化西来"的错误认识。

当仰韶文化彩陶"西来说"的理论刚一出笼，就遭到年轻的中国考古学家的怀疑和反对。1926 年，李济先生指出："考较现在我们所有的材料，还没得到十分可靠的证据，使我们断定在中国所找到的带彩陶器确发源于西方"②。1946 年，裴文中先生表示："欲明了中国彩陶文化之起源，必先对世界上其他地域之彩陶文化详加研究。同时对中国之彩陶文化当再作进一步的研究，推知其绝对年代。若中国之彩陶文化较它处之绝对年代为古，则彩陶文化起源于中国，然后传布至他处；反之，则中国之彩陶文化由他处传播而来。在此项研究未完成之前，而加推测，实属言之过早"③。

要回答中国史前文化到底是土著的、还是播化的，新疆无疑是个最为关键的地区。安特生在 1924 年曾讲过这样一段话："由地理环境上之分析，确示新疆为吾人最后解决仰韶问题之地。因吾人于此可以识别一种蒙古利亚民族（即黄色人种）当新石器时代曾受西方之影响，生息繁衍，渐至务农，文明因而大进，是为中国历史文化之始。然此种文化（指仰韶文化）确实之发源地，非于新疆详加研究，不能判定。但就河南采集所得，颇觉此种文化之行程，实可由中亚细亚经南山及北山间之孔道东南而达于黄河河谷，以至现代甘肃之兰州"④。后来，安特生等人筹划的以新疆为对象的中亚考古计划搁浅，安特生最终没能找到仰韶文化的来源。

40 年代前期，裴文中先生曾就新疆采集的少量彩陶发表了如下看法："安特生等谓中国之彩陶文化来自西方，但李济等则谓此彩陶文化发源于中国之中原（豫、陕、甘），当为土著文化，并非由外界传布而来。若就现在所知，新疆彩陶文化分布及产物而论，李氏之说，似较近于事实，其理由有二：（1）新疆之彩陶，似为中国本部之彩陶文化期之晚期。（2）彩陶文化同时发现于天山南北，似由哈密而分南北二支，故其传布之途径，按地理而论，似由甘肃而来，至于哈密后，为天山所阻，而分向南北。反之，若此种文化由西而来，则由地理上观之，或只限于天山北路，未必能至天山南路"⑤。由此裴先生断言："新疆之彩陶文化，实较黄河流域为晚，故由亚细亚传布而来之说法似有修正之必要"⑥。

---

① 安特生著，乐森玙译：《甘肃考古记》，《地质专报》甲种第五号第 35 页，1925 年，北京。
② 李济：《西阴村史前遗址》第 28~29 页，清华学校研究院丛书第三种，1927 年。
③ 裴文中：《中国之彩陶文化》，《历史与考古》（第一号）第 9 页，沈阳博物馆专刊，1946 年。
④ 安特生著，乐森玙译：《甘肃考古记》，《地质专报》甲种第五号第 36~37 页，1925 年，北京。
⑤ 裴文中：《新疆之史前考古》，《中央亚细亚》（创刊号）第 1 卷第 1 期第 37 页，1942 年。
⑥ 裴文中：《中国之彩陶文化》，《历史与考古》（第一号）第 9 页，沈阳博物馆专刊，1946 年。

严文明先生曾说过："在仰韶村遗址发掘之前，有些外国学者或传教士一直宣扬所谓中国文化西来说，认为中国没有自己的史前文化，没有自己的石器时代，后来的中国文化乃至人种都是从西方传播过来的。由于有仰韶村遗址的发掘，无可辩驳地证明了中国不但有石器时代的遗存，而且还是相当发达的"①。历史地看，"中国文化西来说"在西方学者眼中是有着广泛哲学基础的，安特生提出"中国文化西来"的说法尽管是错误的，但他面对的是一批前所未见的考古发掘资料，较之以往空洞无物的推测毕竟进了一步。日后的考古发现证明，年轻的中国考古学家确乎有先见之明。但同时也应承认，尽管这一时期对"西来说"理论提出了批评，但中国史前文化的来源和发展脉络到底怎样？并没有人能讲的清楚，彻底解决这个问题只能依赖新的考古发现及综合研究能力的提高。

二

中国地处欧亚大陆东方，地域辽阔，南北、东西自然环境差异甚大。整体看，中国内地的地形呈西北高耸、东南低平的走势，自西而东形成三个落差很大的"台阶"。第一阶为喜马拉雅山脉、青藏高原、帕米尔高原、阿尔泰山等，平均海拔 3000 ~ 4000 米；第二阶为蒙古高原、黄土高原和云贵高原，北接戈壁瀚海，东北连接大兴安岭和长白山脉，平均海拔 1000 米左右；第三阶指东北平原、华北平原、长江中下游平原及珠江三角洲，平均海拔降至 200 米以下；第三阶之东、南为浩渺的太平洋。这一特殊环境使中国内地形成一个相对封闭的地理单元。从文化地理学的角度审视，这种构造对中国古代文明的产生、形成和发展有深远的影响，致使中国古代文化形成面向海洋一侧相对开放，背向海洋一侧相对封闭的格局，土著色彩十分突出，并长期恪守独立发展的道路。

作为中国一个局部的大西北地区，地理环境更为封闭，这里恰好处在黄河文明与中亚文明的中间位置，是不同文化接触、渗透的敏感地带，也是探索东西方文化碰撞与交流的关键地区。经数十年的考古发现，中国西部地区远古文化的时空框架已初步建构，研究结果证实，所谓的"西来说"理论是站不住脚的。

早在旧石器时代中期，甘肃庆阳一带就有远古人类在活动②，旧石器时代晚期，该区域人类活动的规模扩大，在整个陇东及河套一带相继发现古人类遗址和丰富的石制工具③。

---

① 严文明：《纪念仰韶村遗址发现六十五周年》，《仰韶文化研究》第 330 页，文物出版社，1989 年。

② 谢骏义等：《甘肃庆阳地区的旧石器》，《古脊椎动物与古人类》第 15 卷第 3 期第 211 ~ 222 页，1977 年。

③ 甘肃省博物馆：《甘肃省文物考古工作三十年》，《文物考古工作三十年（1949 ~ 1979）》第 139 ~ 153 页，文物出版社，1979 年；宁夏博物馆、宁夏地质局区域地质调查队：《1980 年水洞沟遗址发掘报告》，《考古学报》1987 年第 4 期第 439 ~ 449 页。

距今 8000 年前后，在渭河上游谷地出现了目前所知最早营建的一批新石器时代聚落，发掘资料显示，分布在渭河流域的老官台文化遗址点稀疏，聚落规模小，文化堆积薄。但农业、家畜饲养已初具规模，制陶业也脱离了初始状态①，显然在此之前还应有个孕育发展阶段。在地理位置更偏西、自然条件恶劣的青海贵南县拉乙亥②和柴达木盆地小柴旦湖滨③也发现了距今 10000～6700 年的石器时代遗址，这些地点广泛使用细小石器，没有陶器，不见农业和畜养迹象。这一时期，生活在西北不同环境的人类群体为适应自然，选择了不同的生业方式。在高原地带，气候寒冷，土地贫瘠，人们经营狩猎—采集经济；在河谷盆地，土壤肥沃、四季分明，人们主要从事栽培农业并豢养家畜。

距今 7000 年以降，盘踞在陕西关中和甘肃陇东的仰韶文化逐步向西扩张，仰韶文化晚期已进入青海东部湟水谷地的民和县④和黄河上游的循化县⑤。距今 5000 年前后，迁至陇山西侧的仰韶晚期文化演变为马家窑文化，该文化以洮河—兰州—湟水为中心，其族群分布在甘肃中西部和青海东部的广大范围内。在马家窑文化时期，其分布西界已进至河西走廊西端的酒泉市⑥；马厂文化时期，河西大部已在其控制之下⑦。距今 4000 年以降，河西地区的马厂文化转变为青铜时代早期的四坝文化，该文化占据着河西走廊中西部的广大地区⑧（图一）。

体质人类学研究的结果与西北地区史前文化的发展脉络相吻合。20 世纪 20 年代，加拿大解剖学家步达生（Black Davidson）对甘肃史前人种进行研究后指出，该地区史前居民与现代华北人有许多共同的体质特征，并因此称他们为"原中国人"（Proto - Chinese）⑨。黄河上游甘、青一带的史前居民一般有着中长的头型，较高的头颅，高而

①　李非、李水城、水涛：《葫芦河流域的古文化与古环境》，《考古》1993 年第 9 期第 822～842 页。

②　盖培、王国道：《黄河上游拉乙亥中石器时代遗址》，《人类学学报》1983 年第 2 卷第 1 期第 49～59 页。

③　赵生琛等：《青海古代文化》，青海人民出版社，1985 年；青海省文物考古研究所：《青海近十年考古工作的收获》，《文物考古工作十年（1979～1989）》第 327～333 页，文物出版社，1990 年。

④　青海省文物考古队：《青海民和阳洼坡遗址试掘简报》，《考古》1984 年第 1 期第 15～20 页；青海省文物考古研究所：《青海省民和县古文化遗存调查》，《考古》1993 年第 3 期第 193～224 页。

⑤　青海省文物考古研究所：《青海化隆、循化两县考古调查简报》，《考古》1991 年第 4 期第 313～331 页。

⑥　水城：《三下河西》，《文物天地》1990 年第 6 期第 5～9 页。

⑦　李水城：《半山与马厂彩陶研究》，北京大学出版社，1998 年。

⑧　李水城：《四坝文化研究》，《考古学文化论集（三）》第 80～121 页，文物出版社，1993 年。

⑨　步达生著，李济译：《甘肃史前人种说略》，《地质专报》甲种第五号，1925 年，北京。

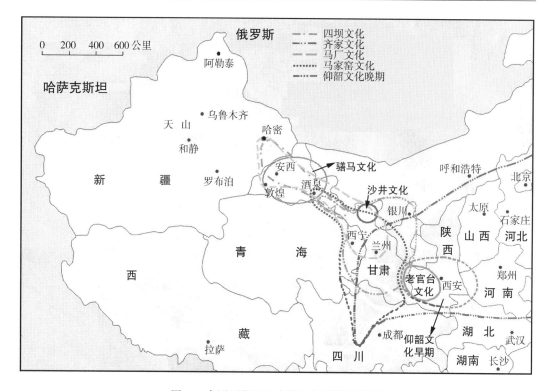

图一　中国西北地区史前文化西渐示意图

狭的面型，中眶，狭鼻及正颌等特征，在人种分类上与蒙古人种东亚类型中的华北人接近①。经对青海乐都柳湾遗址马家窑文化马厂类型和齐家文化人骨的研究，体质人类学家认为，甘、青地区史前居民的体质特征一致，在现代各蒙古人种支系中，他们和东亚种最密切②。通过对甘肃玉门火烧沟、酒泉干骨崖、民乐东灰山三个四坝文化墓地出土的人骨进行研究，证实该文化居民与步达生检测的甘肃史前组比较接近，与安阳殷墟中小墓组更为接近。③ 上述研究表明，在甘肃、青海境内，史前—青铜时代居民体质类型未发生明显变异，他们在组成现代华北居民的体质形态过程中起到了重要作用。

　　综上所述可明确以下三点：（一）中国的地理位置和地形构造决定了中国远古文化具有强烈的土著色彩；（二）中国西部的原始文化从早到晚不断向西推进、扩展；（三）

---

① 颜誾：《甘肃齐家文化墓葬中头骨的初步研究》，《考古学报》1955 年第 9 期第 193～197 页。

② 潘其风、韩康信：《柳湾墓地的人骨研究》，《青海柳湾》（附录一）第 261～303 页，文物出版社，1985 年。

③ 韩康信、潘其风：《古代中国人种成分研究》，《考古学报》1984 年第 2 期第 245～263 页；潘其风、韩康信：《我国新石器时代居民种系分布研究》，《考古与文物》1980 年第 2 期第 84～89 页；甘肃省文物考古研究所、吉林大学考古系：《甘肃民乐县东灰山遗址发掘纪要》，《考古》1995 年第 12 期第 1057～1063 页。

中国西北甘、青地区史前—青铜时代的居民体质形态属蒙古人种东亚类型。

三

　　新疆维吾尔自治区是中国地域最为辽阔的省份，其版图约占国土总面积的六分之一。由于新疆所处的特殊地理位置，早在史前—青铜时代，这里就成了东西方文化交往的重要地区，也是中国古代文化的重要组成部分。特别是新疆东部的哈密地区，北与蒙古人民共和国接壤，西北接鄯善、木垒两县，南靠若羌县，东南与甘肃河西走廊为邻；地理坐标跨越东经91°08′~96°23′，北纬40°43′~45°5′19″，这里地处东西交通要冲，是东西方文化接触的前哨。

　　新疆东部的考古可追溯至19世纪末，早期的工作几乎全部被外国探险家、旅行家所垄断。较早涉足新疆东部地区考古工作的中国学者有：1927年黄文弼先生在哈密所作的考古调查①，1933年杨钟健教授在哈密发现了七角井遗址②。1942年，裴文中先生通过对新疆东部收集彩陶的研究，指出："新疆之彩陶，似为中国本部之彩陶文化之晚期"③。这种看法一直持续到80年代左右④，此后才陆续有学者意识到，新疆东部含彩陶因素的考古遗存内涵相当复杂，年代普遍偏晚。具体表现是，不少遗址既出彩陶，也出铜器，有的甚至伴出铁器，此类遗存属于青铜时代，有些已进入早期铁器时代⑤。

　　以往学术界普遍认为，新疆东部含彩陶因素的考古遗存与甘青地区史前—青铜时代文化关系密切。有学者推测："河西走廊西端的彩陶有部分继续西进，首先在吐鲁番盆地安了家……与此同时或稍后，可能有些彩陶直接到了哈密和罗布淖尔一带，因为这两个地方距河西走廊最近"⑥。1986年，我们通过河西考古调查发掘认识到，"新疆东部与河西毗邻，自然环境大致相同，这里含彩陶因素的原始文化延续时间很长，区域色彩极浓。考察这类遗址的年代，大体相当于中原地区西周初年至战国、甚至更晚。它们与分布在河西地区的四坝文化有不小的空白，还缺乏比较的基点。但这并不等于说，两个地区处于一种文化隔绝状态。反之，地域相邻必然导致文化交往、影响乃至渗透。现在关键在于，新疆东部地区现有的考古材料在年代上还无法与四坝文化衔接，我们寄希望

---

①　哈密文物志编纂组：《哈密文物志》附录一第372页，新疆人民出版社，1993年。

②　同①。

③　裴文中：《新疆之史前考古》，《中央亚细亚》（创刊号）第1卷第1期第37页，1942年。

④　新疆东部含彩陶的遗址长期被认为是新石器时代晚期或铜石并用时代遗存。参见：新疆维吾尔自治区文物考古研究所：《新疆文物考古工作的新发展》，《文物考古工作十年（1979~1989）》第343~351页，文物出版社，1990年。

⑤　陈戈：《关于新疆新石器时代文化的新认识》，《考古》1987年第4期第343~351、322页。

⑥　陈戈：《略论新疆的彩陶》，《新疆社会科学》1982年第2期第77~103页。

于在新疆能找到年代更早些的，也就是说至少在年代上接近四坝文化晚期阶段的考古遗存，这样才能得到更准确的认识"①。

　　1995 年，新疆文物考古研究所在吐鲁番市交河故城沟西台地晚更新世地层剖面中采集到 2 件人工石制品，为新疆东部更新世地层中旧石器文化的存在提供了实物证据。它表明，在距今 1 万年前的旧石器时代晚期，这里确有古人类活动②。遗憾的是，据现有资料，我们对新疆境内距今 4000 年以前新石器时代的遗存和人种类型还缺乏实质性了解。

　　80 年代中期以后，新疆东部年代最早、含彩陶因素的遗存以焉不拉克文化为代表。该文化 1956 年发现于哈密市柳树泉农场焉不拉克村西③。1958 年，黄文弼先生在这里发掘了 14 座古墓，并发现一座约 3000 平方米的城堡④。1986 年，新疆大学对该址再次进行发掘，清理墓葬 76 座，焉不拉克文化因此而得名⑤。目前已知属于该文化、并经正式发掘的遗址有：哈密五堡水库墓地⑥、四堡拉甫乔克墓⑦、白石头乡寒气沟墓地⑧。

　　经初步整理，焉不拉克文化的墓葬可分为三类。第一类：竖穴二层台墓。二层台分生土、土坯、生土夹土坯三种。绝大多数为长方形墓圹，一般规模较大，营造较好，以多人合葬为主，部分单人葬，个别二次葬；流行右侧屈肢葬，头向东南为主。第二类：竖穴墓。规模小而简陋，墓穴多为椭圆形或长方形，少数砌有土坯墓壁或生土夹土坯墓壁。单人葬为主，少数多人合葬、二次葬；流行左侧屈肢葬，少数右侧屈肢，头向杂乱不一，无规律。第三类：土坯墓（图二）。集中于发掘区南侧，用土坯错缝垒砌长方形、方形、不规则形墓室，大小不等。流行屈肢葬，向左向右各占约一半，头向无规律。根据叠压、打破关系，发掘者认为第一类墓时代最早，第二类墓居中，第三类墓最晚。该墓地共检测^{14}C 数据 12 个，年代（经树轮校正）上限在公元前 1700 年左右的有

---

①　李水城：《四坝文化研究》，《考古学文化论集（三）》第 114 页，文物出版社，1993 年。

②　伊弟利斯·阿不都热苏勒等：《新疆吐鲁番盆地交河故城沟西台地旧石器地点》，《考古文物研究——纪念西北大学考古专业成立四十周年文集（1956～1996）》第 55～73 页，三秦出版社，1996 年。

③　李遇春：《新疆发现的彩陶》，《考古》1959 年第 3 期第 153～154 页。

④　黄文弼：《新疆考古发掘报告》，文物出版社，1983 年。

⑤　新疆维吾尔自治区文化厅文物处、新疆大学历史系文博干部专修班：《新疆哈密焉不拉克墓地》，《考古学报》1989 年第 3 期第 325～362 页。

⑥　哈密文物志编纂组：《哈密文物志》，新疆人民出版社，1993 年；哈密地区文物管理所、博物馆编：《哈密古代文明》，新疆美术摄影出版社，1997 年。

⑦　新疆考古所东疆队：《新疆哈密拉甫乔克发现新石器时代晚期墓葬》，《考古与文物》1984 年第 4 期第 105 页。

⑧　新疆文物考古研究所等：《新疆哈密寒气沟墓地发掘简报》，《考古》1997 年第 9 期第 33～38 页。

5 个，集中在公元前 1300 年的有 4 个，另有 3 个在公元前 700 年前后①。前 5 个数据被认为时代偏早，因此，焉不拉克墓地的使用年代大致落在相当于中原地区的商代晚期—春秋时期。

　　焉不拉克墓地出土物包括陶器、铜器、木器及少量铁器、金器、石器、骨器和纺织品等。陶器均系手制，以夹砂红色素面陶为主，器表流行红色陶衣，少量夹砂灰陶和黑陶，器类有带单耳的罐、杯、钵、豆以及双腹耳壶、双耳罐、碗和纺轮等。彩陶占陶器总量的 36%，器类有壶、豆、钵、杯，多数施红衣绘黑彩，个别施黄白色陶衣，流行水波曲线纹、锯齿纹、S 形纹。陶豆普遍绘内彩，构图为风格散漫的十字纹。铜器主要为小件工具、武器、装饰品，有刀、镞、锥、针、牌、镜、戒指、耳环等。木器主要有男女俑、盘、碗、勺、桶、铲、锥、纺轮、梳子等（图三）。

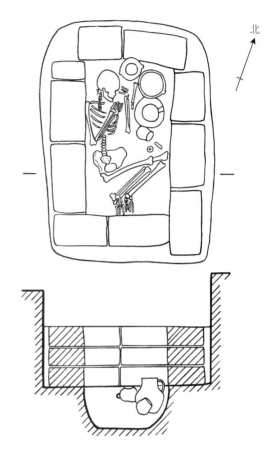

图二　焉不拉克土坯墓（M31）平、剖面图

　　焉不拉克墓地发现的价值在于，它首次证实，在这一时期（公元前 1300 年左右），有少量高加索人种，进入哈密绿洲，并与当地的东亚蒙古人种发生一定程度的融合。在焉不拉克墓地送检的 29 具头骨中，有 21 具属东亚蒙古人种（男 11、女 10），8 具属高加索人种（男性）。体质人类学家结合该墓地的分期指出，焉不拉克墓地早期居民主要由蒙古人种支系构成，欧洲人种支系占少数；焉不拉克墓地中晚期，欧洲人种支系比例似略有增加②。这一发现使我们联想到 1979 年，新疆文物考古研究所在罗布泊附近孔雀河下游北岸古墓沟发掘的 42 座古墓③。该墓地收集的 18 具头骨（男 11、女

---

①　新疆维吾尔自治区文化厅文物处、新疆大学历史系文博干部专修班：《新疆哈密焉不拉克墓地》，《考古学报》1989 年第 3 期第 325 ~ 362 页。

②　韩康信：《新疆哈密焉不拉克古墓人骨种系成分研究》，《考古学报》1990 年第 3 期第 371 ~ 390 页。

③　王炳华：《孔雀河古墓沟发掘及其初步研究》，《新疆社会科学》1983 年第 1 期第 117 ~ 128、130 页。

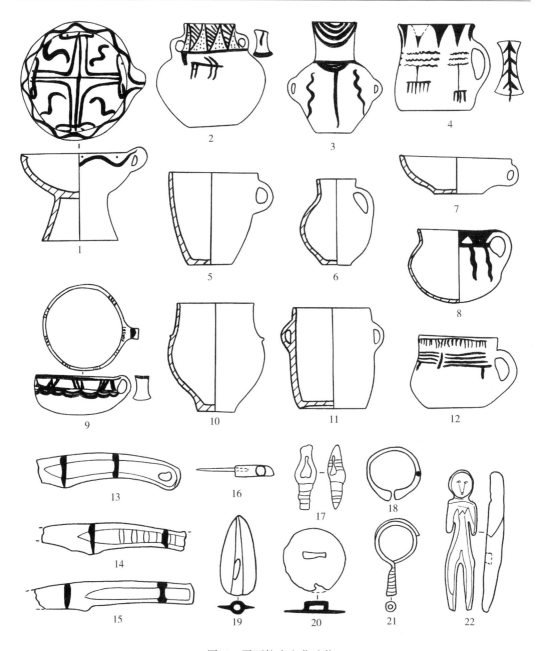

图三　焉不拉克文化遗物

1. 单耳彩陶豆（M69：5）　2. 双耳彩陶罐（C：6）　3. 腹耳彩陶壶（M75：18）　4、12. 彩陶单耳杯（T3：
1、M40：3）　5. 素陶单耳杯（M27：1）　6. 单耳长颈陶罐（M31：3）　7、9. 单耳陶钵（M63：1、T1：14）
8. 彩陶单耳罐（M40：4）　10. 夹砂陶罐（T32：2）　11. 双耳陶筒形罐（M4：2）　13～15. 铜刀（M35：2、
M33：1、M75：36）　16. 铜锥（M53：12）　17. 铜饰（M75：23）　18. 金耳环（M68：4）　19. 铜镞（M6：
2）　20. 铜镜（M45：3）　21. 铜耳环（M45：4）　22. 木俑（T10：5）

7)，经检测全部为特征明显的高加索人种。古墓沟墓地的^{14}C 数据有 8 个，绝大多数落在公元前 1710 ~ 前 1535 年之间（未经树轮校正，半衰期 5730 年）。尽管学术界对这批数据有争议，但可以说，这是迄今为止在欧亚大陆所知时代最早、分布位置最东的欧洲人种支系[1]。由于该墓地未发现陶器，埋葬习俗与焉不拉克迥异，故很难判断二者之间的文化关系。需要指出的是，古墓沟距哈密五堡的直线距离为 300 公里，焉不拉克墓地少量的高加索人种与古墓沟墓主的体质特征相同，因此不能排除二者之间可能存在某种联系。

目前，在讨论焉不拉克文化来源时，一般都将目光投向新疆以东地区，认为该文化与甘、青地区含彩陶因素的青铜时代文化关系密切，但具体源于哪支文化意见并不统一[2]。甘、青地区与焉不拉克文化年代接近的有辛店文化、卡约文化和四坝文化，前两支文化分布在甘、青交界的河湟地区，与新疆东部相隔千余公里，在未找到文化传播渠道的前提下，还不宜将它们作为焉不拉克文化的源头。后者（即四坝文化）分布在河西走廊，西与哈密为邻，两地最有可能发生文化接触。已知四坝文化的年代下限为公元前 1600 年左右，焉不拉克文化的年代上限为公元前 1300 年，二者尚有 300 年左右的时间缺环。看来，焉不拉克文化不是从河西走廊一带的四坝文化直接演变而来，这从二者的文化面貌也表现得很清楚。如在四坝文化中未发现用土坯垒砌的墓穴，也极少见屈肢葬习俗，无铁器、木器，陶器的造型、类别差异也较大。在强调两个文化差异的同时，也要看到两个文化之间有相似因素，如双方的典型陶器均以带耳罐、壶、杯类器为主，均有较高比例的彩陶，流行红衣黑彩，部分施黄白色陶衣；铜器均为小件工具、武器和装饰品；均有乱骨葬习俗等。在四坝文化遗址中也曾发现少量土坯，其厚度、宽度与焉不拉克墓地的土坯接近，仅长度差异较大[3]。以上相似因素说明，二者之间可能存在一定的源流关系，但还有待中间环节的支持。

四

1986 ~ 1987 年，在河西考古调查、发掘的基础上，我们曾推测，"如果四坝文化有能力越过星星峡而殖民东疆的话，那么哈密绿洲将是它的第一个落脚点"[4]。

1988 ~ 1989 年，在哈密火车站南约 500 米的林场办事处和雅满苏矿驻哈密采购供应站院内发现一处大型墓地（以下简称"林雅墓地"），清理墓葬 250 余座。墓葬形制

---

① 韩康信：《新疆孔雀河古墓沟墓地人骨研究》，《考古学报》1986 年第 3 期第 361 ~ 384 页。
② 陈戈：《略论新疆的彩陶》，《新疆社会科学》1982 年第 2 期第 77 ~ 103 页；水涛：《新疆青铜时代诸文化的比较研究》，《国学研究（第一卷）》第 447 ~ 490 页，北京大学传统文化研究中心，1994 年。
③ 甘肃省文物考古研究所、吉林大学考古系：《甘肃民乐县东灰山遗址发掘纪要》，《考古》1995 年第 12 期第 1057 ~ 1063 页。
④ 李水城：《四坝文化研究》，《考古学文化论集（三）》第 114 页，文物出版社，1993 年。

分为长方形竖穴土坑、竖穴土坯两类，一般长 1~2、宽 0.6~1 米，以单人侧身屈肢葬为主，头向东北或西南。随葬品有陶器、铜器、骨器、银器、金器、海贝、石珠及零星的羊骨。陶器均为手制，胎内普遍夹砂，以红陶为主，少量灰陶。器类主要为罐、杯、钵、壶，部分器表施红色、紫红色陶衣，有些施弦纹、戳印纹（图四）。彩陶占一定比例，流行黑彩，花纹有三角纹、竖条纹、折线纹、水波纹、圭形纹以及"之"字纹、植物纹、人形纹等（图五）。铜器均为小件工具和装饰品，有锛、镜、镰、扣、管、刀、锥、牌、镯、耳环等。其他还有骨牌饰，金银耳环、簪，石珠、石杵，不见铁器。墓地内发现多组叠压打破关系，延续时间较长。发掘者认为，"林雅墓地在哈密地区的青铜文化遗址中年代最早，出土陶器以双耳罐最具特征，与四坝文化中晚期同类器形态相同或相近，但器类有所不同，这可能反映了地区或文化属性上有差异"[①]。

据我们初步观察，林雅墓地的陶器可分为两组，甲组以单耳罐、双耳罐、双耳盆等器物为主，彩陶普遍，均绘黑色彩，花纹流行竖条带纹、手掌纹、折线三角纹、窄三角条带纹、水波纹、植物纹等（图五，左）。乙组仅见双贯耳罐一种，可细分为卵圆深腹罐和球形圆腹罐两类，造型特殊，口沿外普遍置双贯耳，器表通黑彩，流行横列、竖列折线纹，有的在两组折线纹间夹绘水波纹或单独绘平行水波纹（图五，右）。由于林雅墓地仅有少量出土物披露，目前尚不清楚甲、乙两组陶器是否在时间上有早晚关系。

目前根据有限的资料，我们还难以全面认识林雅墓地的属性，但至少有以下几点可以确认：首先，林雅遗存与焉不拉克文化属于性质有别、时代不同的两支文化；第二，我们注意到，林雅墓地甲组遗存与四坝文化陶器显示出诸多一致因素，不少陶器造型、花纹接近，有的如出一辙，如彩陶双耳罐、双耳素陶罐、四系罐、单把杯（或尊形器）、双耳盆等（图六）。四坝文化的绝对年代为公元前 1950~前 1550 年[②]，依据四坝

---

① 常喜恩：《哈密市雅满苏矿、林场办事处古代墓地》，《中国考古学年鉴（1989）》第 274~275 页，文物出版社，1990 年；哈密文物志编纂组：《哈密文物志》，新疆人民出版社，1993 年。
② 四坝文化各遗址的绝对年代数据有如下一批：

标本号	距今年代		达曼表校正值	
ZK-408	3300±85	B.P	1710±135	B.C
ZK-409	3485±100	B.P	1940±120	B.C
BK-77008	3245±100	B.P	1630±145	B.C
BK-77010	3350±100	B.P	1770±145	B.C
BK-87059	3350±40	B.P	1895±100	B.C
BK-87060	3490±70	B.P	1820±125	B.C
BK-87063	3300±80	B.P	1580±130	B.C
BK-89028	3220±60	B.P		
WB89-7	3490±100	B.P	1820±145	B.C

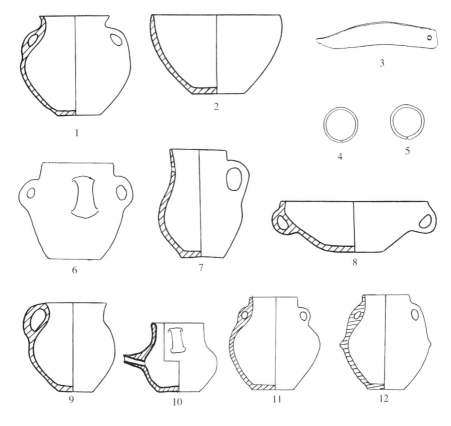

图四　林雅墓地出土器物

1、11、12. 双耳陶罐（T3、不详、不详）　2. 陶钵（T24M2 填土）　3. 铜镰（不详）　4、5. 金
耳环（M325）　6. 陶四系罐（M16）　7、9. 陶单耳罐（88T17、89T7 填土）　8. 陶双耳盆
（88M30：2）　10. 陶带嘴罐（不详）

文化的分期①，林雅墓地甲组陶器形态大多接近四坝文化中期，个别接近四坝文化晚期，估计绝对年代应在公元前 1800～前 1600 年之间。这一现象说明，河西地区有部分四坝文化居民在公元前 1800 年前后即开始西迁，穿越了 300 公里的戈壁瀚海，到达哈密绿洲。第三，二者的差异主要表现在林雅墓地的带嘴罐、双贯耳罐为四坝文化所不见，彩陶花纹也较四坝文化简单。第四，林雅墓地的发现为解决焉不拉克文化的来源提供了线索。根据哈密地区已知的文化序列，林雅墓地的年代正处在四坝文化早期与焉不拉克文化之间。具体表现是，林雅墓地、焉不拉克墓地均流行土坯墓室、屈肢葬习俗等，二者的陶器形态、质地和彩陶花纹也有相似成分。已知焉不拉克文化的年代上限为公元前 1300 年，这大体限定了林雅墓地的年限。

① 李水城：《四坝文化研究》，《考古学文化论集（三）》第 80～121 页，文物出版社，1993 年。

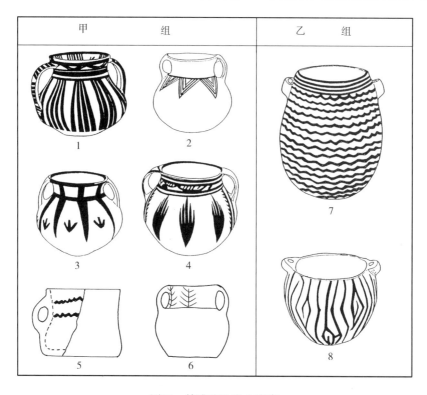

图五　林雅墓地出土彩陶

1. 双耳彩陶罐（HLBM43）　2、3. 双耳彩陶罐（不详）　4. 双耳彩陶罐（HLBM214）

5. 彩陶尊形器（89HLBM3）　6. 双耳彩陶罐（不详）　7、8. 贯耳彩陶壶（HLBM221、不详）

　　林雅墓地发现的重要意义在于：首先，该墓地是目前新疆东部地区年代最早、且文化内涵丰富的青铜时代遗存，填补了哈密地区古文化的缺环。第二，据体质人类学的研究，在河西走廊的四坝文化遗址中至今未发现高加索人种①。林雅甲组陶器具有强烈的四坝文化特征，制造和使用这些器皿的居民族属应与四坝文化相同，属蒙古人种东亚支系，其祖源应在河西走廊。第三，林雅墓地乙组陶器风格独特，此类器皿在河西地区不见，哈密附近也无迹可寻，有可能是一种外来因素。在新疆北部阿勒泰切木尔切克②文

---

　① 韩康信、潘其风：《古代中国人种成分研究》，《考古学报》1984 年第 2 期第 245～263 页；潘其风、韩康信：《我国新石器时代居民种系分布研究》，《考古与文物》1980 年第 2 期第 84～89 页；甘肃省文物考古研究所、吉林大学考古：《甘肃民乐县东灰山遗址发掘纪要》，《考古》1995 年第 12 期第 1057～1063 页。

　② 切木尔切克原译作克尔木齐，后依地名标准化译作今名。参见 1995 年新疆维吾尔自治区测绘局编制《中华人民共和国新疆维吾尔自治区地图集》。

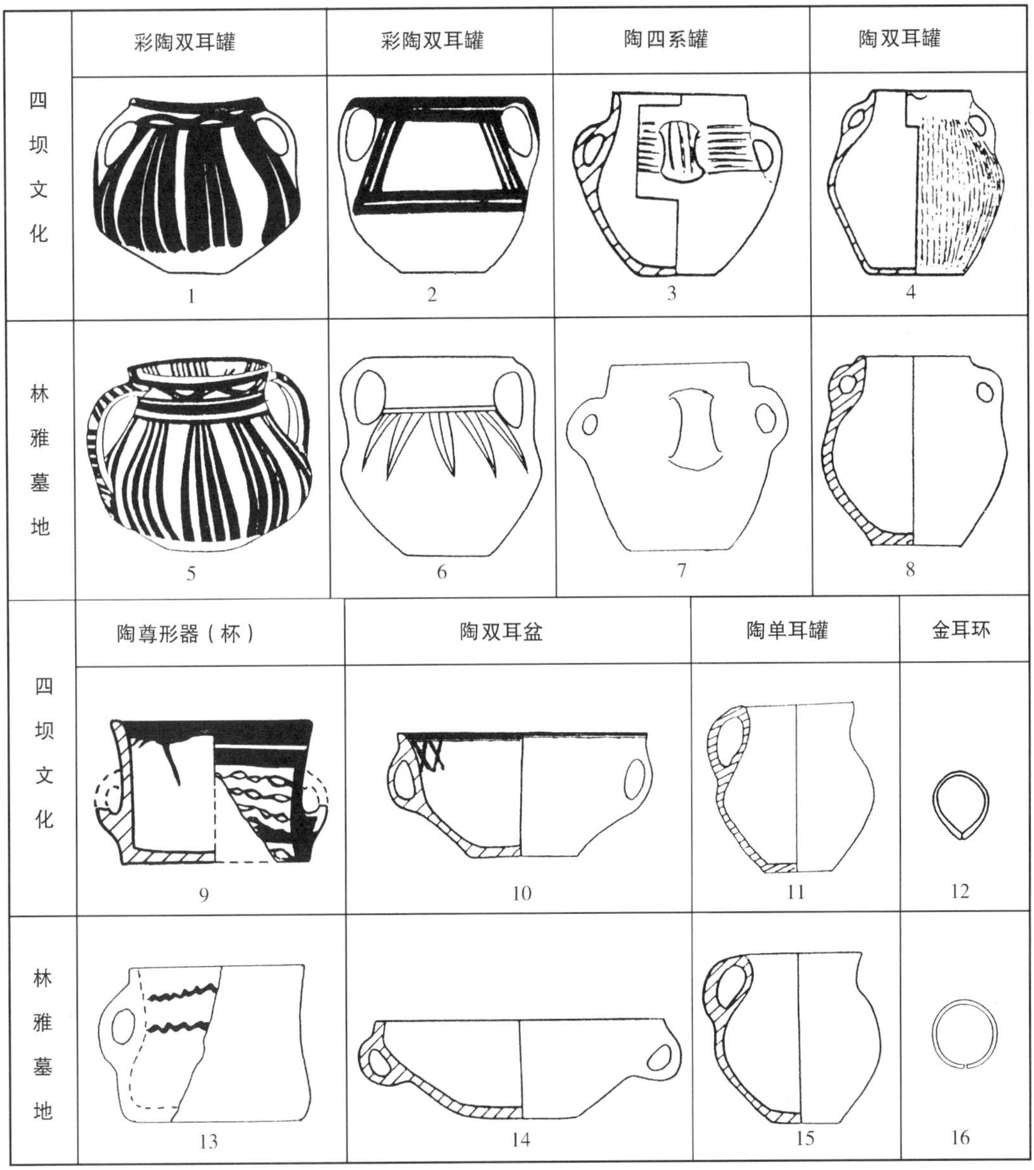

	彩陶双耳罐	彩陶双耳罐	陶四系罐	陶双耳罐
四坝文化	1	2	3	4
林雅墓地	5	6	7	8

	陶尊形器（杯）	陶双耳盆	陶单耳罐	金耳环
四坝文化	9	10	11	12
林雅墓地	13	14	15	16

图六　四坝文化与林雅墓地典型器比较

1. 山丹四坝滩（54.5.42）　2. 安西鹰窝树（86AYM1：2）　3. 玉门火烧沟（YHM153）　4. 玉门火烧沟（YHM98）　5. 哈密天山北路（HLBM43）　6. 哈密天山北路（HLBT12M2：1）　7. 哈密天山北路（HLBM16）　8. 哈密天山北路（HLBT30M30）　9. 酒泉干骨崖（M74：填土1）　10. 安西鹰窝树（86AY－Ⅰ－002）　11. 山丹四坝滩（SS－A03）　12. 安西鹰窝树（86AYM1：4）　13. 哈密天山北路（89HLBM3）　14. 哈密天山北路（88HLBM30：2）　15. 哈密天山北路（89HLBT7：填土）　16. 哈密天山北路（HLBM325）

化中曾发现有橄榄状圜底陶器和石容器①，但无绘彩者，也不见贯耳形态。有研究者指出："切木尔切克文化与南西伯利亚和蒙古西部青铜时代文化的相似性更多一些。如墓葬的地表形制、陶器器形等方面都有许多相似之处，说明文化关系更加密切，可能有着同源的因素"②。据我们观察，目前被归入切木尔切克文化的考古遗存内涵相当复杂，陶器形态、装饰也表现出明显的差异，这种差异是时间上的、还是地域上的，都还有待进一步考察、分析。与本文相关的是，我们如何解释林雅墓地与切木尔切克文化相似的乙组陶器。初步估计有两种可能，一是此类文化因素是受新疆北部草原青铜时代文化影响的产物；另一种是哈密一带的土著因素，反方向影响到北疆的阿勒泰地区，有少部分向南渗透到哈密绿洲，孔雀河古墓沟墓地的存在说明这不是一个孤立现象。如此，林雅墓地的人种构成很有可能与焉不拉克墓地相同，即并存有两个人种。甲组为蒙古人种，乙组为高加索人种。从林雅墓地乙组陶器数量偏低这一现象推测，该墓地的人种比例也是以蒙古人种为主、高加索人种为辅的格局。但无论怎么讲，以上仅仅是根据林雅墓地有限的资料所作的推论，其结果还有待体质人类学的研究证实。考虑到考古学文化与人种并非决然对立，实际上同一人种可以形成不同的考古学文化；不同人种也可以使用相同的考古学文化，这在考古发现上不乏先例。另有一个事实是，哈密地区的蒙古人种在数量上一直占优，这种格局到西周—春秋时期未有改变。

本文从一开始即强调，新疆东部是东西方文化（包括人种）最初接触和交往的关键地区。目前，对该地区距今 4000 年前新石器时代的遗存和人种体质特征尚不清楚，体质人类学家根据中亚的考古发现推测，若今后在新疆境内发现石器时代的欧洲人种学材料，将不会超出中亚石器时代地区已发现的两个类型（即高加索人种和长颅型地中海人种）。现有资料显示，新疆地区在汉代以前，蒙古人种向西的渗入一直比较零散，不如西方人种成分的东进活跃③。但是，正如我们在上面指出的，新疆东部诸遗址传达的历史信息是，在西周以前，东亚蒙古人种向西部的渗透相当活跃，至少哈密地区的考古资料是如此。孔雀河古墓沟的人骨鉴定分为两组，一组与南西伯利亚、东哈萨克斯坦一带的安德罗诺沃文化居民头骨比较接近，年代为公元前 2000～前 1000 年；另一组与分布在同一范围内的阿凡那谢沃文化居民头骨比较接近，年代为公元前 2500～前 2000 年。古墓沟墓地的层位关系恰恰是出第一组头骨的墓叠压着出第二组头骨的墓。这或许

---

① 新疆社会科学院考古研究所：《新疆克尔木齐古墓群发掘简报》，《文物》1981 年第 1 期第 23～32 页。

② 王博：《切木尔切克文化初探》，《考古文物研究——纪念西北大学考古专业成立四十周年文集（1956～1996）》第 284 页，三秦出版社，1996 年。

③ 韩康信：《新疆古代居民种族人类学研究》，《丝绸之路古代居民种族人类学研究》第 1～32 页，新疆人民出版社，1994 年。

说明，自公元前 1800 年以降，从南西伯利亚及周边地区南下的高加索人种是陆续、零散地进入新疆东部地区的①。

通过上述梳理，一幅早期中西文化交流的画卷已清晰地显露出来。大约在公元前二千纪初，居住在河西走廊西段的东亚蒙古人不满足当地狭窄的生存空间，他们中的一部分居民越过茫茫戈壁，历经磨难，进入哈密绿洲。与此同时，有部分生活在南西伯利亚及周边地区的高加索人越过阿尔泰山、或沿额尔齐斯河谷流转进入新疆阿勒泰草原，也有部分继续南下，进入新疆东部。来自两个方向的不同人种在哈密地区接触并产生文化交融。迄今为止在河西走廊西部不见高加索人种分布，反映蒙古人民共和国境内青铜时代人种的空间分布规律②，有理由推测，河西走廊东亚蒙古人种西迁哈密这一事件本身很可能在某种程度上遏制了高加索人种的东进。

考古资料还显示，进入新疆东部的东亚蒙古人并未停止西进的脚步，他们以哈密绿洲为基地，沿天山余脉南北两路继续西行，向北进入巴里坤草原，再向西沿准噶尔盆地南缘向乌鲁木齐一带渗透；向西一路进入吐（鲁番）鄯（善）托（克逊）盆地，再化作两股，一股循西北路进入天山谷地；另一股向西南进入焉耆盆地。在另一方向，有少量高加索人种在公元前 1800 年自北而南进入新疆东部，中亚一带的古地中海人迟至西周—春秋时期才自西向东跨越帕米尔高原，沿塔里木盆地南、北缘东进至罗布泊和天山东段。在这一殖民迁徙大潮中，来自河西走廊的东方文化与南下、东进的西方文化不断碰撞、融合，加速了各自文化面貌的改变，也由此造成新疆中部一带特有的文化和人种"混杂"现象，天山东段有的遗址点发现古地中海人种体质出现"淡化"的现象③，当是在这一大背景下文化交融的结果。

从公元前二千纪初叶开始的东西方文化接触为日后新疆东部众多绿洲小国的创立奠定了基石，并最终导致一条连接欧亚大陆的贸易通道正式诞生，这无疑是对世界历史产生深远影响的重大事件。安阳殷墟小屯 5 号墓随葬有用和田玉制作的玉器④、陕西周原发现典型欧洲人种形象的蚌雕作品⑤，暗示了先秦时期东西方文化、贸易的交往已相当深入，这一切为汉唐"丝绸之路"的繁荣打下了坚实基础。

---

① 韩康信：《新疆孔雀河古墓沟墓地人骨研究》，《考古学报》1986 年第 3 期第 361～384 页。

② （前苏联）马克西缅科夫：《关于米奴辛斯克盆地青铜时代分期问题的现状》，《考古学参考资料（6）》第 81～103 页，文物出版社，1983 年。

③ 韩康信：《新疆古代居民种族人类学研究》，《丝绸之路古代居民种族人类学研究》第 1～32 页，新疆人民出版社，1993 年。

④ 中国社会科学院考古研究所：《殷墟玉器》第 11～19 页，文物出版社，1982 年。

⑤ 尹盛平：《西周蚌雕人头种族探索》，《文物》1986 年第 1 期第 46～49 页。

五

在河西走廊及新疆东部还有其他一些相关的重要考古发现，足以印证东西方的接触由来久矣。

1）在甘肃民乐东灰山遗址多次发现炭化普通小麦，经检测为人工栽培作物[1]，[14]C检测年代为公元前 3000 ~ 前 2500 年[2]。考古界对这一发现比较谨慎，主要因为小麦的年代与遗址年代相矛盾[3]。从河西地区的考古发现看，马家窑文化已深入到河西走廊西端的酒泉市；在距东灰山遗址不远的武威地区曾多次发现马家窑文化遗存[4]，显然这批小麦应为马家窑文化居民的遗留。驯化地理学的研究证实，小麦原产西亚地区[5]。在我国中原地区，考古发现的小麦实物不早于公元前 2000 年（属夏代纪年范畴）[6]，而且十分罕见。因此，民乐东灰山遗址的炭化很有可能是沿中亚—新疆—甘肃这一贸易通道传播而来。小麦的发现将东西方接触往来的时间前提到公元前 3000 纪，显然，此时的新疆地区绝非文化真空地带。

2）1983 ~ 1985 年，在甘肃河西走廊东段的武威市海藏河沿岸齐家文化遗址出土一批新石器时代晚期（公元前 2000 年）玉器，种类有璧、镯、锛、凿、斧、刀及原材料、边角料、毛坯、半成品等，共 161 件。这批玉器、玉料质地均系软玉，包括白玉、青玉、碧玉等。发现者认为它们很可能是产自西域的和田玉[7]。这一发现再次将"丝绸之路"贸易通道的出现时间前提到史前时期。

---

① 李璠：《甘肃民乐县东灰山新石器遗址古农业遗存新发现》，《农业考古》1989 年第 1 期第 56 ~ 69、73 页。

② 东灰山小麦的[14]C 年代有如下几例：

    （1）（遗址黑炭土）公元前 3050 ± 159 年（树轮校正值）

    见李璠：《甘肃省民乐县东灰山新石器遗址古农业遗存新发现》，《农业考古》1989 年第 1 期第 56 ~ 69、73 页。

    （2）（炭化小麦）公元前 2280 ± 250 年（未经树轮校正），资料来源于北京大学考古学系年代学实验室。

③ 东灰山遗址（包括墓地）的性质为四坝文化，绝对年代为公元前 1820 ± 145 年，但在该遗址采集的炭化小麦绝对年代为公元前 3000 ~ 2500 年（参见李璠：《甘肃省民乐县东灰山新石器遗址古农业遗存新发现》，《农业考古》1989 年第 1 期第 56 ~ 69、73 页）。

④ 在河西走廊东部武威市的王景寨、磨嘴子、五坝山一带多次发现马家窑文化遗存。

⑤ 日知：《关于新石器革命》，《世界古代史论丛（第一集）》第 239 ~ 245 页，生活·读书·新知三联书店，1982 年。

⑥ 河南洛阳文物工作队在洛阳皂角树遗址发现小麦标本，该遗址属于二里头文化，其绝对年代相当于夏代纪年（赵春青同志提供）。

⑦ 梁晓英、刘茂德：《武威新石器时代晚期玉石器作坊遗址》，《中国文物报》1993 年 5 月 30 日第三版。

3）新疆及甘肃河西走廊已属广义的中亚范畴，这一地区是探索中国古代冶金术发展与传播的重要地区。目前，新疆东部已知最早的铜器为公元前 1800～前 1700 年[1]，时代并不很早。而甘肃中西部一带则是中国早期铜器出土最为丰富的地区，在马家窑文化早期（距今 5000 年）已能铸造青铜刀[2]，为中国境内合金青铜制品中年代最古者。在马厂文化（距今 4300～4000 年），多次发现铜刀、铜锥、铜块等[3]；齐家文化（距今 4000 年前后）时期，铜器出土量大为增加，在同时期诸考古学文化中数量最多，种类也更加丰富[4]。四坝文化（距今 3950～3550 年）时期，铜制品更为普遍，并开始制造和使用金、银装饰品，在火烧沟墓地的随葬品有铜权杖首和浇铸铜镞的石范，说明当时的铸铜工艺更加进步[5]。上述几支考古学文化均分布在甘肃中西部，暗示该地区早期冶铜业有可能受到西方影响，这是一个非常值得研究的课题。近年，在四坝文化中陆续发现一批砷青铜制品[6]，此类合金在西亚、中亚一带发现甚多，年代也普遍较早[7]。那么，河西地区的砷青铜是当地产的？还是外来的？各家意见还不一致[8]。但无论怎么讲，新疆将是解决上述问题的关键地区。

4）铁器的情况与铜器类似。新疆多次发现公元前 1000 年左右的铁器，哈密焉不拉克墓地出土的少量铁器均属该墓地第一期，这也是目前中国境内所知年代最早的铁制品[9]。有意味的是，中原地区凡是年代早到春秋早期或西周晚期的铁器，均集中发现在陕西西部—甘肃陇东地区[10]，在河西走廊东段相当于春秋时期的沙井文化墓葬中也随葬

---

① 王炳华：《孔雀河古墓沟发掘及其初步研究》，《新疆社会科学》1983 年第 1 期第 117～128、130 页。

② 甘肃东乡林家马家窑遗址年代为公元前 3208～前 2740 年，参见甘肃省博物馆文物工作队等：《甘肃东乡林家遗址发掘报告》，《考古学集刊（4）》第 111～161 页，中国社会科学出版社，1984 年。

③ 参见下列资料：孙淑云、韩汝玢：《甘肃早期铜器的发现与冶炼、制造技术的研究》，《文物》1997 年第 7 期第 75～84 页；北京钢铁学院冶金史组：《中国早期铜器的初步研究》，《考古学报》1981 年第 3 期第 287～302 页。

④ 同③。

⑤ 同③。

⑥ 同③。

⑦ Tylecote, R. F. (1976), A History of Metallurgy, The Metals Society, pp. 5～7, London.

⑧ 孙淑云、韩汝玢：《甘肃早期铜器的发现与冶炼、制造技术的研究》，《文物》1997 年第 7 期第 75～84 页；张忠培：《东灰山墓地研究》，《中国文化研究所学报》N. S. No. 6 第 288～323 页，1997 年，香港。

⑨ 新疆维吾尔自治区文化厅文物处、新疆大学历史系文博干部专修班：《新疆哈密焉不拉克墓地》，《考古学报》1989 年第 3 期第 325～362 页。

⑩ 赵化成：《公元前 5 世纪中叶以前中国人工铁器的发现及其相关问题》，《考古文物研究——纪念西北大学考古专业成立四十周年文集（1956～1996）》第 289～300 页，三秦出版社，1996 年。

有铁器①，这些现象颇为耐人寻味。

　　　　　　　　　　　1998 年北京大学百年校庆前定稿于北京大学蔚秀园寓所

　　（原载《文化的馈赠——汉学研究国际会议论文集（考古学卷）》第 256～270页，北京大学出版社，2000 年；《新疆文物》1999 年第 1 期第 53～65 页）

----

① 李水城：《沙井文化研究》，《国学研究（第二卷）》第 493～523 页，北京大学出版社，1994年。

天山北路墓地①一期遗存分析

长期以来，有关新疆史前文化②的研究相对薄弱。近年来一些新的考古发现为进一步探讨新疆的史前文化提供了可能。在切入正题之前，我们有必要对这个地区以往有关的考古发现和研究作简要的回顾。

新疆的考古工作可追溯到 19 世纪末叶。但早期的工作几乎全部被外国探险家、旅行家所垄断。直至 20 世纪二三十年代，才开始有个别中国学者涉足新疆的考古。其中，比较重要的工作有两项：一次是 1927 年，中（国）瑞（典）西北科学考察团前往新疆，考察团成员黄文弼、袁复礼、丁道衡分别在哈密、吐鲁番和天山北路一带进行调查，发现一批细石器遗址和含有彩陶的遗址③。另一次是 1933 年，杨钟健博士随中（国）法（国）科学考察团前往哈密、吐鲁番、阿克苏等地调查，沿途发现了哈密三道岭子、七角井子等遗址④。

1942 年，裴文中先生通过对上述几位学者调查资料的研究，将新疆地区的史前文化作了如下归纳：

1）细石器时代文化。可细分为两支：一支由哈密西北行至乌鲁木齐；另一支由哈密南行，经罗布淖尔至且末附近。

2）彩陶文化。其分布状况似与细石器时代文化相同。

3）砾石文化。分布于阿克苏一带，风格比较独特。

4）旧石器文化。在新疆仅发现一些似为旧石器时代的石器，但对其文化面貌毫无所知。

随后，裴先生对新疆地区的原始文化作了下面的总结："第一，安特生等谓中国之

---

① 这里的"天山北路"是指哈密市区内一条新修的道路。该墓地原名"林雅墓地"或"雅林办墓地"，地点位于哈密市火车站附近。

② 中国西北地区的史前文化有广义和狭义之分。广义的概念是将西北地区汉代以前的考古学文化统统归入史前范畴。狭义的概念则与中原地区相同，即以距今 4000 年左右作为新石器时代的下限。本文讨论的史前文化取狭义之说。

③ 裴文中：《新疆之史前考古》，《中央亚细亚》（创刊号）第 34～39 页，1942 年。

④ 同③。

彩陶文化来自西方；但李济等则谓此彩陶文化发源于中国之中原（豫、陕、甘），当为土著文化，并非由外界传布而来。若就现在所知，新疆彩陶文化分布及产物而论，李氏之说，似较近于事实，其理由有二：1）新疆之彩陶文化，当为中原彩陶文化之西支，由中原而流传至于西陲。2）彩陶文化同时发现于天山南北，似由哈密而分南北二支，故其传布之途径，按地理而论，似由甘肃而来，至哈密后，为天山所阻，而分向南北。反之，若此种文化由西而来，则由地理上观之，或只限于天山北路，未必能至天山南路。第二，关于新疆的细石器工业。在中国本部，其地域甚为鲜明，即只限于长城以北，南则为彩陶文化。……但在新疆，若布格曼（Bergman）氏之观察无误，则细石器工业与彩陶文化分布之地域，似大致略同。其解释当不出二途：1）细石器工业在内蒙古首先发达，传至新疆，因地理关系，而与彩陶文化混处一地，但不同时；或细石器工业在先，彩陶文化具后。2）细石器文化发祥于天山北路，一支由哈密而入内蒙，一支再转置天山南路"①。

裴先生的看法对日后新疆地区的史前文化研究产生了很大影响。直至 20 世纪 80 年代，国内学术界仍坚持类似的看法，即将新疆地区的"新石器时代文化"归为三类：第一类是以出土大量细石器为特征的"新石器文化"。以哈密三道岭、七角井子、吐鲁番阿斯塔那、雅尔湖、乌鲁木齐柴窝堡等遗址作为代表。第二类是以比较大型的磨制石器为主要特征的"新石器文化"。主要发现在南疆的喀什、阿克苏一带，其文化内涵表现为既有石器、也有陶器，个别地点甚至有小件红铜器。第三类是以彩陶为主要特征的"新石器文化"。此类遗存在新疆境内分布广泛，文化面貌并不单纯，其年代下限可达秦汉时期②。

20 世纪 80 年代中期前后，随着考古发现材料的增多，国内学术界开始检讨和反思新疆的史前文化及其内涵。有学者认为："新疆地区史前文化的基本面貌仍然是非常模糊不清的，基本框架亦未形成。……迄今为止，新疆境内真正像样的、准确的新石器时代文化尚未发现，但这并不等于说这里没有新石器时代文化。根据这里的青铜时代文化和其周围其它地区新石器时代文化的存在情况，可以推断，新疆地区的新石器时代文化当存在于公元前 2000 年以前，它们的发现和确定仅仅是个工作深度和时间问题"③。前不久，新疆的学者指出："根据现有的考古资料，新疆史前考古文化划分为旧石器时代、细石器时代、金属时代三个大的发展阶段，比较符合新疆考古发现的实际。总之，

① 裴文中：《新疆之史前考古》，《中央亚细亚》（创刊号）第 34~39 页，1942 年。
② 穆舜英、王明哲、王炳华：《建国以来新疆考古的主要收获》，《新疆考古三十年》第 1~24 页，新疆人民出版社，1983 年。
③ 陈戈：《新疆史前文化》，《十世纪前的丝绸之路和东西文化交流》第 291~303 页，新世界出版社，1996 年。

石器时代考古文化的发现和研究是新疆考古亟待加强的
一个薄弱环节"①。上述说法的潜台词是，尽管可以将新
疆的史前文化划分出若干不同时代，但目前还不具备实
际意义。因为，在现有的考古资料中尚未发现可以确切
认为是新石器时代的文化遗存。

图一　天山北路墓地 M550
出土的双耳彩陶罐

　　本文的重点是分析新疆东部哈密市天山北路墓地一
期遗存的文化内涵。需要说明的是，鉴于该墓地发表的
资料非常有限，本文只能在现有资料的基础上运用比较
的方法做初步的讨论。

　　1999 年，新疆文物事业管理局和自治区文物考古研
究所编辑出版了《新疆文物古迹大观》一书，披露了哈密天山北路墓地出土的部分资
料。其中，引起我巨大兴趣的是该墓地 550 号墓随葬的 1 件双耳彩陶罐。此器形态为：
斜直矮领、双大耳、折腹、平底，腹部最大径两侧对称地捏塑一对乳突；器表施黄白色
陶衣，绘黑色彩。领部绘横线对三角网格纹和短竖条带纹，腹部绘菱格条带纹，空白处
填补菱形纹、折线网格纹和竖条纹。此器另一细节特征是，在器颈部等距离戳印（自
外向内）八个圆形小凹窝②（图一）。

　　在新疆，此类风格的彩陶系首次发现，这对于探索新疆东部地区的史前文化具有重要
价值。它传递出这样几个信息：首先，它以实物证实，具有此类风格的彩陶存在于新疆东
部，其绝对年代可以早到新石器时代末叶，但这却是目前新疆所知年代最早的史前遗物；
其次，此类风格的彩陶与在甘肃河西走廊西部发现的一些文化遗存有密切的联系。

　　2001 年，吕恩国、常喜恩、王炳华三位先生联名发表了《新疆青铜时代考古文化
浅识》一文（以下简称吕文），比较全面地介绍了新疆近年来的考古新发现，特别是对
哈密天山北路墓地的出土遗物进行了分期。有意味的是，前面提到的那件双耳彩陶罐
（M550）恰恰被吕文排在天山北路墓地的第一期，也是最早的一期。吕文同时还报道了
该墓地第一期其他 12 件陶器和 7 件铜器。依照他们的判断，天山北路墓地整个都属于
青铜时代，因为从第一期到第四期都发现有铜器③。

　　鉴于吕文未能介绍他们对这座墓地分期的方法和依据，加之背景资料匮乏，我们很
难通过此文了解到该墓地更多的细节。比如：不同时段的墓葬在形制结构上是否有差

---

①　张玉忠：《新疆考古述略》，《考古》2002 年第 6 期第 5 页。

②　新疆文物事业管理局、自治区文物考古研究所等：《新疆文物古迹大观》第 112 页，图版
　　0261，新疆美术摄影出版社，1999 年。

③　吕恩国、常喜恩、王炳华：《新疆青铜时代考古文化浅识》，《苏秉琦与当代中国考古学》第
　　172 ~ 193 页，科学出版社，2001 年。

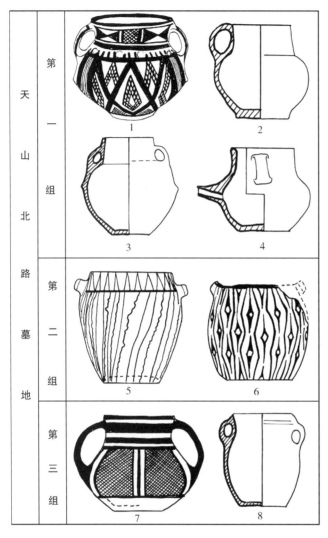

图二　天山北路第一期遗存文化因素分析

1、7. 双耳彩陶罐　2. 单耳素陶罐　3、8. 双耳素陶罐　4. 双耳带嘴陶罐　5、6. 双贯耳彩陶罐（吕文未披露遗物的出土单位，特此说明）

异？墓葬之间是否有叠压打破关系？不同时段墓葬的随葬品组合及其变化？等等。因此，本文只能在吕文披露的有限资料基础上，试对该墓地的第一期遗存做初步的分析。我们以为，天山北路墓地一期遗存的内涵并不单纯，大致可以分出三组性质不同的文化因素（图二）。

第一组：

以天山北路第一期 M550 所出彩陶双耳罐为代表（吕文图一一，3）。另外包括与此器同时期的其他几件陶器。具体有红陶双耳乳突素面罐（吕文图一一，5、8）；红陶单耳高领罐（吕文图一一，6）、双耳带嘴罐（吕文图一一，12）和另一件彩陶双耳罐（吕文图一一，7）。

将这些器物归为一组，是基于它们的质地、造型、花纹装饰等方面与甘肃河西走廊发现的"过渡类型"[①]遗存非常类似，有的甚至相同。如吕文图一一，3（M550）双耳彩陶罐（图二，1）与甘肃武威皇娘娘台墓地所出双耳彩陶罐（皇 M30：2）器形相

同[②]（图三，1），且都在折腹位置捏塑乳突一对；腹部绘制的菱形网格纹与甘肃安西潘家庄

① 有关"过渡类型"遗存请参见下列文章：李水城：《四坝文化研究》，《考古学文化论集（三）》第 80～121 页，文物出版社，1993 年；李水城：《河西地区新见马家窑文化及相关遗存》，《苏秉琦与当代中国考古学》第 121～135 页，科学出版社，2001 年。

② 甘肃省博物馆：《武威皇娘娘台遗址第四次发掘》，《考古学报》1978 年第 4 期第 421 页。

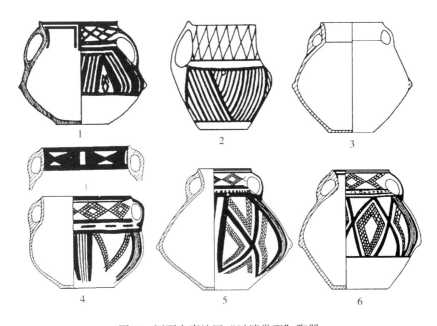

图三　河西走廊地区"过渡类型"陶器

1. 双耳彩陶罐（武威皇娘娘台 M30∶2）　　2. 单耳彩陶罐（金塔二道梁 87J．E∶048）　　3. 双
耳罐（安西潘家庄 M3∶4）　　4～6. 双耳彩陶罐（安西潘家庄 M3∶2、M2∶1、M2∶2）

墓地 M2 随葬的 2 件双耳彩陶罐（M2∶1、2）纹样基本一致①（图三，5、6）；领部纹样与潘家庄 M3 随葬双耳彩陶罐（M3∶2）口缘内彩相近，不同的是前者在每组纹样间填加了一组网格纹（图三，4）。双方的共性甚至可具体到某些细节上，如器颈部绘制的横线齿带纹和压印圆形小凹窝等。同样，吕文第一期的双耳红陶素罐（吕文图一一，5、8）器形与安西潘家庄（M3∶4）发现的同类器完全一致，包括腹部最大径位置捏塑乳突的作风（图三，3）。另有一件单耳红陶罐（吕文图一一，6）的器形与甘肃金塔二道梁采集单耳彩陶罐（87J．E∶048）接近②（图三，2）。双耳带嘴罐（吕文图一一，12）与甘肃永昌鸳鸯池墓地晚期的同类器（M168∶8）③ 形制接近，所不同的是没有彩绘。

　　"过渡类型"的遗存早在 1957 年就在甘肃武威皇娘娘台遗址④有发现。1975 年再次发掘，在 M30、M31 和 M32 等墓又有新的发现⑤。在武威及周边地区也有一些采集或发

① 　西北大学考古专业、甘肃省文物考古研究所、安西县博物馆：《甘肃安西潘家庄遗址调查试掘》，《文物》2003 年第 1 期第 65～72 页。

② 　甘肃省文物考古研究所 1987 年调查资料。

③ 　甘肃省博物馆文物工作队、武威地区文物普查队：《甘肃永昌鸳鸯池新石器时代墓地》，《考古学报》1982 年第 2 期第 199～227 页。

④ 　甘肃省博物馆：《甘肃武威皇娘娘台遗址发掘报告》，《考古学报》1960 年第 2 期第 53 页。

⑤ 　甘肃省博物馆：《武威皇娘娘台遗址第四次发掘》，《考古学报》1978 年第 4 期第 421 页。

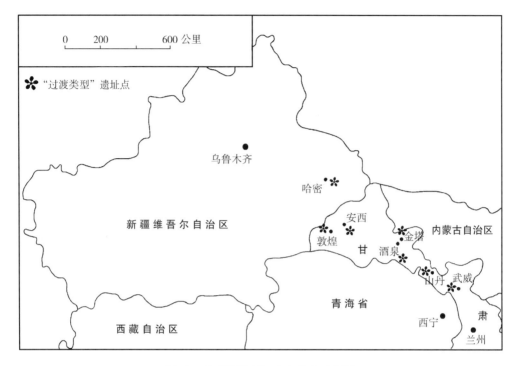

图四　"过渡类型"遗存分布示意图

掘品。据目前掌握的资料，"过渡类型"遗存主要见于甘肃河西走廊，特别是在张掖以西地区（图四）。在河西走廊东段和湟水上游一带，在齐家文化的个别墓葬内有零星发现。一般来说，河西走廊西面的"过渡类型"遗址相对比较单纯。这似乎暗示，此类遗存的分布中心在河西走廊西段，其年代应与齐家文化大致同时。

第二组：

以天山北路第一期2件绘有黑彩水波纹和折线纹的贯耳彩陶罐为代表（吕文图一一，9、11）。此类遗存以往在新疆（包括新疆以外的其他地区）从未见过。归入这组的陶器全部为造型比较独特的罐类器①。根据比高差异分为两类：一类为双贯耳罐，器耳横置在器口外两侧，或呈水平状、低于器口，或向上倾斜、双耳外端高出器口，耳孔细小、上下贯通。双贯耳罐有高低之分，高者超过15厘米，桶状造型，或器口内敛，鼓腹，平底；或为大敞口，直桶或斜直桶腹，平底。低者仅10厘米左右，敛口，鼓腹，平底。另一类为单耳罐，形态大小均接近双贯耳罐中的偏矮者，不同的是器口外一侧置桥形单耳②。目前所看到的该组陶器几乎全部绘彩，构图别致，流行通体满绘的几何形

① 已往我称之为"乙组"或"B组"彩陶（参见本文集212页）。
② 新疆文物事业管理局、自治区文物考古研究所等：《新疆文物古迹大观》第112页图版0262，1999年。

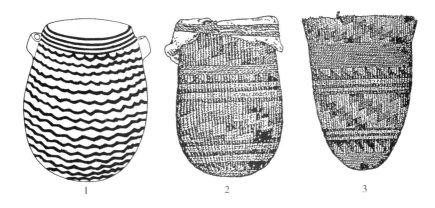

图五　天山北路墓地出土贯耳彩陶罐和小河墓地出土的草编小篓
1. 贯耳彩陶罐（天山北路 M221）　　2、3. 草编小篓（小河 MC∶22、MC∶24）

横列水波纹、竖列折线菱格纹、竖条带纹等（图二，5、6）。

除吕文外，该组彩陶在其他出版物也偶有所见。如《新疆文物古迹大观》一书发表了天山北路第 221 号墓出土的一件，筒状鼓腹，双贯耳，器口略内敛，平底，通体满绘横列水波纹，器高 16.8、口径 9.3、底径 6.6 厘米[①]（图五，1）。

目前，我们尚不清楚第二组因素在天山北路墓地第一期究竟占多大比重？它们是否与其他组别的陶器有共存？抑或全部为单一性质？再有，除彩陶外，有无共存的素面陶？其特征如何？在吕文所划分的天山北路第二期中已没有此类因素的存在，是否这组遗存全部都属于第一期？等等，有关这些细节问题还有待进一步的了解。

1998 年，我曾就这组遗存作过一些分析，认为不外乎存在两种可能：1）外来因素。并推测其源头可能在新疆北部的阿勒泰或俄罗斯南西伯利亚一带。2）本地因素。即新疆东部哈密地区的土著遗留。目前，我仍倾向于前一种看法[②]。根据是，20 世纪 70 年代以来，在阿勒泰一带曾发现个别状若橄榄的圜底深腹陶罐和形制类似的石容器，如切木尔切克 M16[③]

---

①　新疆文物事业管理局、自治区文物考古研究所等：《新疆文物古迹大观》第 112 页图版 0262，新疆美术摄影出版社，1999 年。

②　a. 李水城：《从考古发现看公元前二千纪东西方文化的碰撞与交流》，《文化的馈赠——汉学研究国际会议论文集》（考古学卷）第 256 ~ 270 页，北京大学出版社，2000 年。b. Li Shuicheng（2002），Interaction between Northwest China and Central Asia during the Second Millennium B. C：An Archaeological Perspective, *Ancient Interactions*：*East and West in Eurasian*, pp. 171 – 180. edited by KatieBoyle, Colin Renfrew & Marsha Levine. McDonald Institute Monographs, University of Cambridge, UK.

③　新疆社会科学院考古研究所：《克尔木齐古墓葬发掘简报》，《文物》1981 年第 1 期第 23 ~ 32 页。

为代表的遗存。类似遗物后来在奇台县坎儿子遗址①也有零星发现。不同的是，北面发现的这些陶器绝无绘彩者，也不见贯耳作风。

最近，新疆文物考古研究所发掘了罗布泊附近的小河墓地②，据简报发表的资料，所有的墓葬均没有陶器，大多数墓内随葬草编小篓③（图五，2、3）。有趣的是，这些草篓的造型与第二组的贯耳罐颇有几分相似，而草篓上编织的花纹样式则与分布在乌拉尔山以东的安德罗诺沃文化（Anderonovo）的陶器纹样接近。参考体质人类学家的研究成果，与小河墓地文化面貌相同的古墓沟墓地人种特征与南西伯利亚的阿凡纳谢沃（Afanacevo）文化和安德罗诺沃文化相同④。若将上述线索一一链接，天山北路墓地第二组文化因素的陶器与小河等墓地的草篓类似，古墓沟、小河墓地的居民与阿勒泰、南西伯利亚的古代居民有亲缘性，这一线性关系非常值得玩味！

需要强调的一点是，目前，有关天山北路墓地第二组文化因素的性质和来源问题还都停留在猜测阶段。

第三组：

以吕文图一一，4 网格纹双大耳彩陶罐（图二，7）和吕文图一一，10 双耳素面罐（图二，8）为代表。本组文化特征明显归属四坝文化。这件彩陶双大耳罐的造型和花纹图案有着早期四坝文化的显著特征，包括矮胖的造型、器颈部绘制的横条带纹、腹部左右对称的方块网格纹等，类似器物在玉门火烧沟墓地就有出土。类似双耳素面罐的器形在安西鹰窝树墓地也有采集品（图六）。

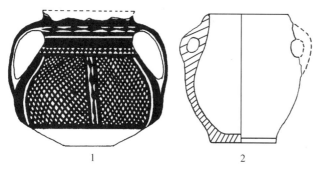

图六　四坝文化陶器

1. 双耳彩陶罐（火烧沟 M153：2）

2. 双耳素面罐（安西鹰窝树 86AY－Ⅰ－018）

除上述三组因素外，在吕文划分的第一期遗存中，剩余陶器（图二，9～13）大多可在河西

① 奇台县文化馆：《新疆奇台发现的石器时代遗址与古墓》，《考古学集刊（2）》第 22～24 页，中国社会科学出版社，1982 年。

② 新疆文物考古研究所：《2002 年小河墓地考古调查与发掘报告》，《新疆文物》2003 年第 2 期第 8～64 页。

③ 这样的草编小篓在孔雀河古墓沟墓地也有发现。见：王炳华：《孔雀河古墓沟发掘及其初步研究》，《新疆社会科学》1983 年第 1 期第 117～128 页。

④ 韩康信：《新疆古代居民种族人类学研究》，《丝绸之路古代居民种族人类学研究》第 1～32 页，新疆人民出版社，1993 年。

走廊找到对应的器类，或属于"过渡类型"遗存，或属于四坝文化。目前，由于不了解这些陶器的共存关系，暂不讨论其归属问题，但总体看，这些陶器大致不会超出以上三组文化因素的范畴。

通过上述比较分析，可得出如下几点初步认识。

1）吕文划分的天山北路墓地第一期遗存的陶器实质上包含有三种不同性质的文化因素，它们之间应该有早晚之别。

2）第一组文化因素是新疆东部目前唯一可确认属于新石器时代晚期的文化遗存，绝对年代约当公元前2000年。此类遗存与分布在甘肃河西走廊的"过渡类型"遗存一致。它们出现在新疆东部意义重大，不仅证实了新疆东部史前文化的存在，也表明这类史前遗存来自东面的河西走廊地区。循此线索，或许可进一步追踪此类遗存的分布，以及对当地古文化产生的后续影响。

3）第二组文化因素属于新内容。此类因素的来源尚不确定，它有可能是"外来"的，也有可能是"土著"。若为前者，可能会在人种体质形态上有所显露，这还有赖体质人类学家的研究证实。若为后者，目前尚未露出任何端倪。总之，第二组因素的发现对深入探索新疆东部地区的古文化，以及早期东西方文化交流、民族迁徙等一系列重要课题有重要价值。以往，我曾做过下列推测："大约在公元前二千纪初，居住在河西走廊西段的东亚蒙古人不满足当地狭窄的生存空间，他们中的一部分居民越过茫茫戈壁，历经磨难，进入哈密绿洲。与此同时，有部分生活在南西伯利亚及周边的高加索人越过阿尔泰山、或沿额尔齐斯河谷流转进入新疆阿勒泰草原，也有部分继续南下，进入新疆东部。来自两个不同方向的不同人种在哈密地区接触并产生了文化交融。迄今为止，在河西走廊西部不见高加索人种分布，反观蒙古人民共和国境内青铜时代人种空间分布的格局，有理由推测，河西走廊东亚蒙古人种西迁哈密这一事件本身很可能在某种程度上遏制了高加索人种的东进"[①]。今天回过头来再审视这个问题，看来这种来自不同方向的殖民现象不仅存在，而且出现时间可以上溯到更早的新石器时代末期。

4）第三组文化因素属于典型的四坝文化。假如我们看到哈密天山北路墓地第二期的陶器基本以四坝文化为主的事实，可进一步印证新疆东部与河西走廊的文化联系不仅密切，而且维系的时间相当久远。

以上几点中，以"过渡类型"遗存的出现最为重要。它以实物证明，从新石器时代末期始，自中原内地形成的文化扩张趋势影响深远，不仅强烈地影响到西北甘肃地区，甚至波及更为偏远的新疆东部。具体表现是，在距今4000年以前，河西走廊开始

---

① 李水城：《从考古发现看公元前二千纪东西方文化的碰撞与交流》，《文化的馈赠——汉学研究国际会议论文集（考古学卷）》第266页，北京大学出版社，2000年。

有部分土著居民向新疆东部迁徙，并将其文化植入这一地区，这一人口流动的大潮持续到日后的青铜时代，乃至更晚的历史时期。纵观整个西域的开发史，如此的民族迁徙、文化融合现象可谓历久不衰，其原因一方面与人口压力或某些天灾人祸的出现有关，另一方面也折射出人类本身所固有的开发与征服未知区域的本能和欲望。

2000 年 8 月初稿于哈佛大学

2006 年 4 月定稿于剑桥大学

补记：2007 年夏，我在乌鲁木齐幸会新疆维吾尔自治区博物馆的王博先生。他告诉我，哈密天山北路墓地的人骨经过检测，证实多数墓主为东亚蒙古人种，也有少量高加索人种。

2007 年 7 月初补记于北京蓝旗营小区

（原载《俞伟超先生纪念文集》第 193～202 页，文物出版社，2009 年）

洋海墓地新见文物引出的问题

　　新疆鄯善县洋海墓地是吐鲁番地区近年来屡遭盗墓贼光顾的一个遗址。1987 年，新疆的考古学家首次对该墓地进行发掘，起因就是盗墓猖獗。这以后，针对洋海墓地发生的盗墓活动从未停止。除 1987 年收缴回来一批文物外，1988～2002 年，当地公安部门又从盗墓贼手中收缴了大批文物，其中不乏珍贵鲜见者。2003 年初，洋海墓地再次遭到大规模盗掘，这也促使当地文物部门痛下决心，不得不对洋海墓地进行全面彻底的发掘，以绝后患。

　　2007 年，鄯善县旅游文化局撰文报道了 2002 年前洋海墓地收缴回来的一批文物，包括陶器、铜器、木器以及部分骨角器、皮器和纺织品等。这其中，有一件红陶马鞍口罐引起我的注意。此器编号 2002saym：2，手制，泥质红陶。器口呈两端高、中间低的马鞍口造型，腹部圆鼓，器口外两侧至肩部置双大耳，平底。口径 9.2、通高 13.5 厘米（图一，1）[1]。

　　这件陶器独特的马鞍口造型是寺洼文化所特有的典型器，该文化因首次发现在甘肃省临洮县寺洼山遗址而得名。1923 年，瑞典著名地质学家、考古学家安特生（J. G. Andersson）博士在寺洼山挖掘 6 座古墓，出土一批以马鞍口造型为主要特征的陶器，后安特生以这些陶器为代表称其为"寺洼期"，被排在他所提出的"六期说"中的第五期[2]。1945 年，考古学家夏鼐先生在寺洼山遗址挖掘了 6 座墓葬，同时还发现了火葬习俗，认为这是古代氐羌人的文化习俗[3]。1947 年，裴文中先生在寺洼山再次挖掘一座墓葬[4]。后来的考古学研究证实，寺洼文化主要分布在甘肃省洮河以东地区，其相对年代大致在公元前二千纪后半段至公元前一千纪前半叶，大致相当于中原地区的商代晚

---

① 鄯善县旅游文化局：《鄯善洋海墓地新发现的文物》图八，《吐鲁番学研究》2007 年第 1 期，图版二，5。

② 安特生著，乐森玙译：《甘肃考古记》，《地质专报》甲种第五号，1925 年；Andersson, J. G.（1943），Researches into the Prehistory of the Chinese, *BMFEA*. No. 15, Stockholm.

③ 夏鼐：《临洮寺洼山发掘记》，《考古学论文集》第 71～137 页，科学出版社，1961 年。

④ 裴文中、米泰恒：《甘肃史前考古报告初稿》，油印本，1948 年。

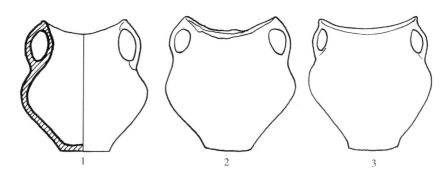

图一　洋海收缴寺洼马鞍口罐与寺洼山出土同类器的比较

1. 洋海收缴品（2002saym：2）　　2、3. 寺洼山出土（K5684-M2、K5567-M6）

期到西周时期①。后来的考古发现还证实，在与寺洼山遗址邻近地区的辛店文化中也发现有个别马鞍口造型的双耳罐，有的还绘彩，但马鞍口造型稍缓，且数量极少，应该是受寺洼文化影响的产物。寺洼文化的马鞍口双耳罐在甘肃洮河流域、西汉水流域、葫芦河流域和陇山以东的泾河流域都有发现，但与鄯善县洋海墓地收缴的这件马鞍口罐造型最接近的还是临洮寺洼山遗址出土的同类器（图一，2、3），如器形偏矮胖，均为单马鞍口造型。在洮河流域以东的寺洼文化出土马鞍口罐器形普遍瘦高，而且有不少为双马鞍口造型②。如庄浪徐家碾（M28：8）、西和栏桥（M3：27、M5：22）等。根据现有认识，洮河流域的寺洼文化年代稍早于甘肃东部的寺洼文化。

令人不解的是，此前，还从未在洮河流域以西发现过寺洼文化的马鞍口罐，更不要说遥远的新疆了。那么，寺洼文化的马鞍口罐为何会出现在洋海墓地被收缴回来的文物中？这确实是个值得深究的问题，因为这不仅仅涉及一件普通的陶罐，可能还会引申出其他一系列的问题。

这件马鞍口罐是从盗墓贼手中收缴回来的，已经脱离了出土位置，因此首先就有个去伪存真的问题。此处的"真伪"并非说这件马鞍口罐为赝品，而是说它真正的出土地点在哪里？是鄯善县的洋海墓地呢，还是来自它处（如新疆以外的甘肃某地），后经文物贩子之手与洋海墓地盗掘出土的文物混为一谈？假如是后者，这个问题也就失去了讨论的必要。若为前者，则另当别论！

我们可以肯定，这件马鞍口罐的原产地只能在甘肃，而非新疆鄯善。假如它真是出自洋海墓地，就非常之重要。第一，它以实物证实，约当公元前1000年，曾有来自甘肃的陶制品进入新疆鄯善。至于它是从甘肃长途贩运（贸易）而来，还是随同某些人

① 赵化成：《甘肃东部和羌戎文化的考古学探索》，《考古类型学的理论与实践》第145~176页，文物出版社，1989年。

② 所谓双马鞍口是指罐口正视呈马鞍形，侧视器耳上端也呈马鞍形，故名。

西迁而来？下面还要求讨论。第二，可从另一侧面印证，寺洼文化和洋海墓地的年代基本同时。

　　由此引出的问题是，为何人们要将这样一件极普通的陶罐从甘肃长途携带、或贩运（贸易）至新疆东部？众所周知，人类进行贸易活动的目的是互通有无，并从中获取经济利益。到了青铜时代，陶器已然是极其普通的大路货，各地都能制造生产，如果不是出于某种需要，完全没必要从远方输入。那么，如何解释洋海墓地的寺洼陶罐呢？推论只有一个，即公元前一千纪前半叶，曾有个别寺洼文化的居民从遥远的甘肃向西迁徙，他们随身携带了一些生活用具，包括陶器在内，并最终停留在新疆东部的鄯善一带。如此，这件普通的马鞍口罐或许记录了一段久已封存的历史事件。

　　由此可再进一步引申，史前时期，中国西部从东向西的殖民迁徙浪潮从来就没有停止过。现有考古资料显示，距今 4000 年以前，居住在河西走廊西部的族群就开始不断向西迁徙，并定居新疆东部的哈密地区。青铜时代早期，诞生在河西走廊的四坝文化土著也在哈密盆地落脚①。到了公元前二千纪中叶以降，新疆东部地区的考古学文化演变为焉不拉克文化，尽管仍保留着某些来自东方的文化因素，但区域特色已然形成。公元前 1000 年前后，河西地区的考古学文化日渐衰落，影响力也大为减弱。但在新疆吐鲁番盆地及周围地区，发展出了以苏贝希文化为代表的、发达的土著文化，洋海墓地基本就处在这个历史时期，即相当于中原地区的两周时期。也可能在这个阶段，又出现了新一轮的由东向西的文化迁移。有学者推测，从焉不拉克文化开始到苏贝希文化阶段，新疆东部地区的彩陶盛行涡纹（或卷云纹）装饰，应该是受河湟地区唐汪式彩陶影响的产物②，尽管这一说法还有待更多的资料证实。但是，假如吐鲁番收缴的这件马鞍口罐确实出自洋海墓地的话，那么，可以说是迄今为止甘青地区的陶质文物首次现身于新疆，其背后蕴含的重要性自不待言！

　　然而，以上所说的一切，都建立在这件马鞍口罐出自洋海墓地的基础上，因此，深入追查这件器物的来源也就显得愈发重要！

　　　　　　　　　　　　　　　　　2008 年 4 月定稿于北京大学蓝旗营寓所

　　　　　　　　　　　　（原载《吐鲁番学研究》2009 年第 1 期第 1～3 页）

---

①　Li Shuicheng（2002），Interaction between Northwest China and Central Asia during the Second Millennium BC：An Archaeological Perspective，*Ancient Interactions*：*East and West in Eurasian* pp. 171 - 182，edited by Katie Boyle，Colin Renfrew & Marsha Levine，McDonald Institute Monographs，University of Cambridge，UK.

②　韩建业：《新疆的青铜时代和早期铁器时代文化》，文物出版社，2007 年。

四坝文化铜器研究

四坝文化是分布在我国甘肃省河西走廊地区的一支青铜时代文化。据现有的考古发现，甘肃西部是我国发现早期铜器数量最多的地区，从新石器时代晚期的马家窑文化开始，到齐家文化和四坝文化各个时期，都不乏重要发现。这其中，尤以四坝文化出土的铜器数量最多，种类也最丰富。下面我们以近十余年来新发现的一批四坝文化铜器为对象，结合有关单位所作的测试分析结果，就我国西部地区冶金术的发生、工艺特征、历史地位及文化传播等问题提出一些初步看法，不当之处，敬希专家指正。

一 四坝文化铜器的发现、种类及特征

四坝文化于 1948 年首次发现在甘肃省山丹县的四坝滩。据后来的报道，在发现陶器、石器的同时，也有金属器（铜器和金器）发现①。1976 年，甘肃省博物馆文物工作队在玉门市清泉乡火烧沟遗址进行发掘，清理墓葬 312 座。其中，随葬铜器的墓就有 106 座，所出铜器超过 200 件②。1986 年，北京大学考古学系与甘肃省文物考古研究所合作在河西走廊进行考古调查，在安西县鹰窝树遗址清理四坝文化墓葬 3 座，获铜器 7 件，另在地表采集残器若干③。同年，在民乐西灰山遗址发现残铜器 2 件④。1987 年，甘肃省文物考古研究所与吉林大学考古系合作发掘了民乐东灰山遗址，清理四坝文化墓葬 249 座，出土铜制品 16 件⑤。与此同时，北京大学考古学系与甘肃省文物考古研究所联合发掘了酒泉干骨崖遗址，清理四坝文化墓葬 105 座，出土铜器 48 件⑥。

① 安志敏：《甘肃山丹四坝滩新石器时代遗址》，《考古学报》1957 年第 3 期第 7～16 页。
② 甘肃省博物馆：《甘肃省文物考古工作三十年》，《文物考古工作三十年（1949～1979）》第 139～153 页，文物出版社，1979 年。
③ 甘肃省文物考古研究所、北京大学考古学系：《河西走廊史前考古调查报告》，文物出版社，待刊。
④ 同③。
⑤ 甘肃省文物考古研究所、吉林大学北方考古研究室：《民乐东灰山考古——四坝文化墓地的揭示与研究》，科学出版社，1998 年。
⑥ 李水城、水涛：《酒泉县丰乐乡干骨崖遗址》，《中国考古学年鉴（1987）》第 271 页，文物出版社，1988 年。

以上遗址除四坝滩、西灰山等遗址系采集品外，其余各地点均为正式发掘资料。据不完全统计，目前已发现的四坝文化铜器达 270 余件。按其种类和功能大致分为工具、武器和装饰品几大类。

工具类分为刀、削、锥、斧等。

刀　分两系，一系为直柄，另一类为环首直柄。两类刀的刃部形态变化较多，分为弧背直刃刀、凹背弧刃刀、弧背凹刃刀等（图一，1~8）。刀一般长 10 厘米以上，有些比较大，最长者超过 20 厘米。

削　一种体形略小的有刃工具。形状为直柄，凹背弧刃，刃部较短。在东灰山遗址发现有两侧带刃的铜削，前端作三角形，一侧刃部有使用痕迹，刃中段有 1~2 个穿孔，柄部残缺（图一，12、13）。这种形体略短小的削应镶嵌有木柄或骨柄，如东灰山铜削刃部中段出现的穿孔就是用来捆绑加固器柄的。

锥　锥个体比较小，长约 6~7 厘米。前端为使用的尖锋，作圆锥状，后段横截面为圆角四棱形。在干骨崖遗址发现的铜锥有的还装在 7~8 厘米长的骨柄内（图一，10、11），估计当时有相当一部分锥装有木柄或骨柄。

透銎斧　近长方形端刃工具，刃部较直，横截面略呈凸弧状。在干骨崖遗址发现的铜斧顶部背面有一椭圆形贯通式銎（图一，9）。

在中国西部地区，直柄铜刀最早见于马家窑文化的马家窑类型[①]，年代距今 5000 年左右，在马家窑文化的马厂类型和齐家文化中，铜刀、削、锥和斧等工具均已出现，在永登、武威、永靖、临夏、广河、岷县、积石山等地的遗址中已多次有发现。比较其种类和形制，四坝文化铜器与更早一阶段的同类器物差别不是太大，但显然更为进步一些，如锥的形制相当规范，并且均为有柄复合工具。刀个体较大，形制也更加复杂。特别是环首刀、有贯通銎的斧是以往不见或罕见的，此时已属较常见之物，也代表了一种新的、更为进步的文化因素。

四坝文化的铜武器主要有矛、匕首和镞。其中，矛和匕首仅见于火烧沟墓地，因该墓地资料尚未发表，兹不赘述。镞在各遗址都有发现，最为流行的是一种双翼有銎镞，前端锋刃作三角形、柳叶形或矛头状，尾翼下端往往有尖锋，有的左右不很对称，中部起脊，尾端出铤，铤孔一般为圆形，也有的略呈椭圆。在干骨崖墓地发现的铜镞銎孔内还残留部分木制箭杆（图二，1~5）。在火烧沟墓地曾采集到 1 件砂岩质地的双连镞石范，范上的镞形状与出土实物相同，而且这件双连镞石范有多次使用痕迹。这证实，像铜镞这种消耗性很大的远程射杀武器是在当地铸造的。

---

① 甘肃省文物工作队等：《甘肃东乡林家遗址发掘报告》，《考古学集刊（4）》第 111~161 页，中国社会科学出版社，1984 年。

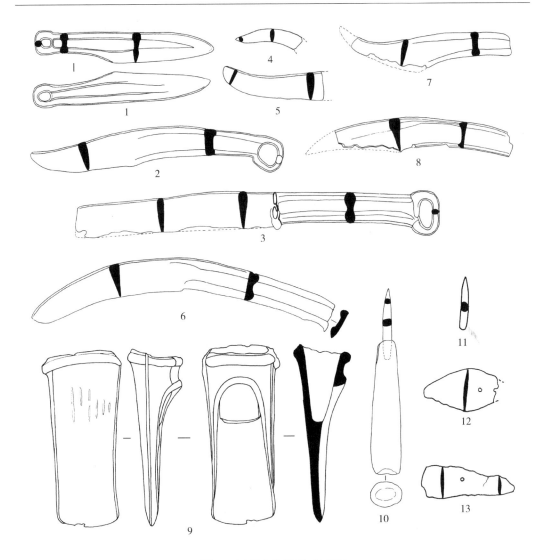

图一　四坝文化铜器（工具）

1~8. 刀（干 M94⊕:5、干 M74:7、干 M44:3、东 M205:3、干 M50:填 7、干 M26:7、干 M74:3、干
M100:2）　9. 透銎斧（干 M19:4）　10、11. 锥（干 M100:4、东 M26:10）　12、13. 削（东 M218:2、
东 M127:12）（干＝酒泉干骨崖，东＝民乐东灰山）

　　四坝文化铜器中的各类装饰品也很有特色，种类有耳环、指环、手镯、扣、泡、圆
牌饰、联珠饰等。

　　耳环　已发现几种类型。其中，第一种是将断面圆形的铜丝整体弯成桃形，再将两
端砸扁，比较规则，相互连接或重叠交错，数量最多（图二，6~8）。在火烧沟等遗址
中还发现有这种形状的金耳环和银耳环，可见其相当流行。第二种是将铜丝弯曲作
"D"字形，一端较细，断面呈圆柱状，另一端砸扁展宽，再将两端交错重叠（图二，

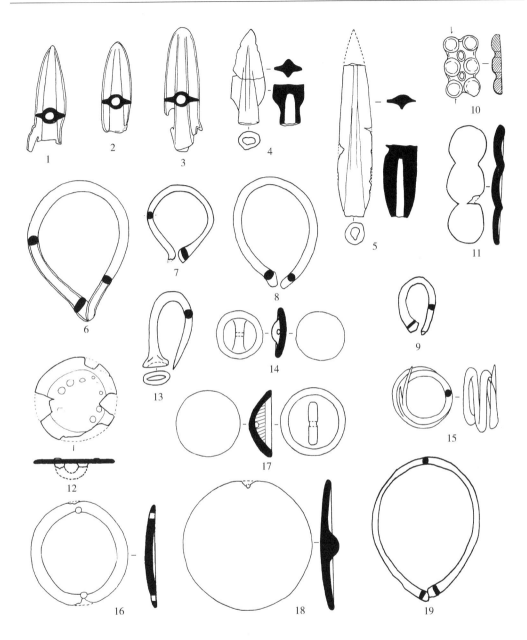

图二 四坝文化铜器（武器和装饰品）

1～5. 镞（干 M100：5、干 M100：6、干 M100：7、86AY－Ⅲ－005、86AY－Ⅲ－004） 6～9、13. 耳环
（干 M50：填9、86AYM3：5、干 M50：填8、东 M79：1、干 M73：4） 10、11. 联珠形饰（干 M50：填10、
86AYM1：13） 12、14、17. 扣饰（安 86AY－Ⅲ－009、干 M27⑤：2、干 M79：4） 15. 指环（干 M74：
11） 16、18. 泡（干 M44：4、干 M79：5） 19. 手镯（东 M21：1）（干＝干骨崖，东＝东灰山，86AY＝
鹰窝树）

9）。第三种是一端作喇叭口形，另一端为圆锥状，弯曲成尖椭圆形，两端略有间隙（图二，13）。后两种耳环发现数量不多。

指环　将较细的铜丝连续缠绕成螺旋状，一般达三圈以上（图二，15）。

手镯　状若耳环中的第一种，但个体较大，铜丝较粗，横断面圆形，整体弯卷呈椭圆状。最大长径达7厘米（图二，19）。

扣饰　一般为圆形，直径1~2厘米之间，也有的更小。顶面弧凸，背面内凹，有桥形纽，纽孔很小（图二，12、14、17）。

泡　分大小两种。小者平面圆形，断面近乎扁平状，背部无纽，外缘一般有小孔（图二，16），大者直径达5~6厘米，平面圆形，顶面微凸，背部有桥形小纽。大者或可作为小铜镜（图二，18）。

联珠形饰　有六联珠和三联珠。六联珠较小，整体长方形，两珠一排，共三排相连，中间有孔（图二，10、11）。

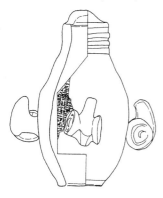

图三　四坝文化铜四羊
首权杖头

综观四坝文化铜装饰品的特点，反映出整个大北方范围内经营畜牧—游牧经济的考古学文化所共有的一些传统。这其中，除指环和外缘有小孔的铜泡见于较早的马家窑文化和齐家文化之外，其他如耳环、手镯、联珠形饰等种类为后者所不见。

在火烧沟遗址还发现一件青铜铸造的四羊首权杖头，应是昭示部落首领权力的一件特殊器物。该器制作精巧，外形极似一细颈的小壶。中空，高8、口径2.8、腹径5、底径2.4厘米。在器物下端位置饰四道凹弦纹，銎孔内残存一段木柄；在腹中部偏下对称地镶铸四个盘角的羊头，其造型和结构均比较复杂，是一件显示四坝文化铸铜工艺技术的代表作（图三）。

截至目前，在四坝文化中尚未发现有铜容器。从其工艺技术水准观察，既然能够制作出像四羊首权杖头这类结构比较复杂的物件，说明它已具备了制造一般铜容器的技术。我们认为，四坝文化没有发现铜容器大概有两个原因：一是与四坝文化所处在北方游牧—畜牧经济文化圈边缘的历史传统有关，在这一文化圈中铜容器历来不发达。二是铜器可以回炉冶炼再生利用，特别在视铜器为较贵重之物的早期阶段更是如此。这样，即使四坝文化有铜容器，如果不用于随葬，也极难保存下来。

二　四坝文化的金属铸造工艺

目前，对已出土四坝文化铜器中的相当一部分作了金相分析检测，这为我们进一步探讨该文化的冶金技术提供了可能。

　　火烧沟遗址出土的 200 多件铜器中，已检测的样本有 66 件。其中，纯铜 30 件，占 45.45%。除 4 件系锻造外，其余均为铸造。特别是四羊首权杖头还使用了比较复杂的复合范、分铸技术，代表了该文化所具有的比较高的冶铸工艺。由于火烧沟墓地的材料尚未发表，对其他全部铜器的了解还不是很清楚。而且有一点需要指出，据最初的检测结果，火烧沟所出铜器基本不含或含极微量的砷①，我们认为这一结论只能说明已检测标本的情况，对于另外那些未检测的 100 多件铜器是否如此，还是个谜。因此，我们感到，在火烧沟发掘报告正式出版时，极有必要对该址所出铜器作更多的分析检测，以增加其量化指标，这样才能深化对四坝文化铜器的认识。

　　北京科技大学古代冶金研究室对酒泉干骨崖和民乐东灰山遗址出土的 68 件铜器标本作了原子吸收光谱、扫描电镜和金相分析。表一为东灰山遗址原子吸收光谱的测试结果。

表一　东灰山遗址铜器的原子吸收光谱分析结果

标本名称 （出土地点）	成分（重量%）					
	铜（Cu）	锡（Sn）	铅（Pb）	铁（Fe）	砷（As）	总和
耳环（T7③）	93.2	0.58	0.14	<0.005	4.99	99.0
手镯（M21:1）	94.1	<0.05	<0.005	<0.005	2.95	97.5
刀（M127:12）	92.4	<0.05	<0.005	0.02	3.96	96.4
刀尖（M218:2）	91.9	0.74	0.040	0.057	5.11	97.9
耳环（M51:1）	93.1	1.76	0.22	0.038	4.67	99.8
耳环（M12:3）	93.8	0.40	0.43	0.007	5.18	99.9
耳环（M79:1）	94.3	0.12	0.025	0.005	5.47	99.9
耳环（M34）	88.2	7.95	0.11	0.012	2.62	98.9

　　注：此表转引自《民乐东灰山考古》第 192 页表二，并做局部调整。

　　表一的测试结果说明：东灰山遗址所出铜器均为砷铜，其含砷量在 2% ~6% 范围内，部分样品含锡，最高含量接近 8%。此外，用扫描电镜及 X 射线能谱仪测定东灰山遗址的 5 件铜器，结果也显示为砷铜合金制品②。

_____

① 张学正、孙淑云、韩汝玢、胡文龙：《甘肃发现的早期金属器物的研究》，第一届"金属及合金早期使用"国际学术会议论文，1981 年。转引自孙淑云：《东灰山遗址四坝文化铜器的鉴定及研究》，《民乐东灰山考古——四坝文化墓地的揭示与研究》第 191~195 页，科学出版社，1998 年。

② 孙淑云：《东灰山遗址四坝文化铜器的鉴定及研究》，《民乐东灰山考古——四坝文化墓地的揭示与研究》第 191~195 页，科学出版社，1998 年。

酒泉干骨崖遗址所出铜器的合金成分较为多样化，详见表二。

表二　干骨崖遗址铜器成分与器物类型的关系

成分＼器类	工具			武器	装饰品及其他			总计（件）
	锥	刀	其他	镞	泡饰	耳环	其他	
纯铜	1						2	3
铜－锡	2	4		3	9	3	1	22
铜－砷	2	1			3	3	1	10
铜－锡－砷	1	2			1	1		5
铜－锡－铁	1		1	1				3
铜－锡－铅		2						2
铜－锡－砷－铅							1	1

注：此表转引自孙淑云、韩汝玢：《甘肃早期铜器的发现与冶炼、制造技术的研究》，《文物》1997 年第 7 期第 75～84 页。

表二显示，干骨崖遗址铜器中铜锡合金、铜砷合金比例较高，合计约占总量的80%强。其中，砷铜合金的含砷量在 1%～6% 之间，铜锡合金的含锡量多在 2%～10%。该址不仅存在砷铜合金，而且合金比例与东灰山接近，或许两地工艺可能存在某种联系。干骨崖遗址还发现一些其他合金，如铜锡铁合金、铜锡铅合金、铜锡砷铅合金等，这可能是当时矿石中含较多杂质（少量铅、锡、铁等），但这些杂质不会使合金的性能有明显改变，因此可忽略不计。

安西鹰窝树遗址出土铜器，经检测全部为铜锡合金制品，而且多为铸件①。

表三　干骨崖遗址铜器加工工艺与器物类型关系

加工工艺＼器类	工具		武器	装饰品及其他			总计（件）
	锥	刀	镞	耳环	泡饰	其他	
锻打	3	3		6		2	14
铸造	3	2	2	1	2	3	13
铸后经冷加工	1	1	1				3

注：此表出处同表二。

---

① 孙淑云、韩汝玢：《甘肃早期铜器的发现与冶炼、制造技术的研究》，《文物》1997 年第 7 期第 75～84 页。

表三是对干骨崖遗址部分出土铜器检测所得加工工艺的统计。从表三可以看出，耳环以锻打为主，镞、泡为铸造，刀、锥则有铸有锻，镞、锥、刀这些需要锋利刃部的器物铸造后有的经过冷加工。火烧沟遗址的四羊首权杖头则采用复合范、分铸技术。金属中的冷加工技术一般指的是冷锻，其目的主要是为了提高工具、武器锋刃部位的硬度，在不同的合金条件下，人们选择的加工方式也不尽相同。除冷加工外，还有热锻、铸造等工艺。

表四　干骨崖遗址铜器合金成分与加工工艺关系

工艺	合金成分						
	纯铜	铜锡	铜砷	铜锡砷	铜锡铁	铜锡铅	铜锡砷铅
铸造	1	4	5	2			1
锻打	2	8		2	1	1	
铸后经冷加工		1	2				
总计	3	13	7	4	1	1	1

注：此表出处同表二。

表四的检测数据显示，砷铜器物多为铸造或铸后冷加工，锡青铜以锻打为主，在四坝文化晚期阶段的干骨崖墓地，最常用的加工方法仍然是热锻和铸造。

三　关于砷铜合金

80 年代以前，考古学界对砷铜合金还比较陌生。后来在有关中国早期铜器的讨论中，逐步引出这一概念[①]。近年来，随着四坝文化铜器检测结果的披露，有关砷铜的讨论逐渐引起学术界的关注，也有学者曾专门撰文就四坝文化砷铜来源问题发表了意见[②]。

砷（Arsenic），我国旧称"砒"、"砒石"。据说"砒"字源于"貔"，"貔"为中国古籍记载的一种猛兽，这多少与砷含剧毒有关。砷是一种非金属化学元素，或可归入半金属，其性质介于金属与非金属之间。砷在自然界的分布很广，但独立存在者甚少，大多以硫化物形式夹杂在铜、铅、锡、镍、钴、锌、金等矿物中。砷有黄、灰、黑三种

① 滕铭予：《中国早期铜器有关问题的再探讨》，《北方文物》1989 年第 2 期第 8～18 页。
② 张忠培：《东灰山墓地研究》，《中国文化研究所学报》N. S. No. 6 第 288～323 页，1997 年，香港。

同素异形体，其中灰色晶体具金属性，其性脆而硬，可用于制作硬质合金材料①。

光谱分析证实，几乎所有地区，砷作为一种合金成分较锡为早。这在安纳托利亚（Anatolia）、阿塞拜疆、南欧、赛克拉德斯、克里特、以色列、伊朗及印度河流域都是如此。乌尔泰姆（T. A. Wertime）认为，在公元前四千纪和三千纪，人类曾有过一段"合金试验时期"（Era of experimental alloying）。在这一期间，人类了解到将锑（Sb）、砷（As）和铋（Bi）加入到自然铜铸件或冶炼矿石中，能够让铸造或冶炼更容易进行。砷似乎是在锡应用之前常用的合金成分，其含量从 0.25% 以下到 3% 或 4%，有时甚至高达 10% ~12%。可是到了锡较广泛用来制作青铜时，砷就逐渐从铜合金中消失了。这一现象暗示人类是有意用锡取代了砷。最初，锡青铜的出现是零星的，后来逐渐取代了砷的地位，成为主要的合金成分。高砷高锡的铜合金曾在乌尔（Ur）王陵、基什（Kish）和卡发贾（khafajah）等地出现，但在叙利亚和安纳托利亚则出现较晚。至于人类为什么要这样做，乌尔泰姆认为，除了砷有剧毒之外，还想不出有更好的解释，而且锡的产量反而较砷少②。

塞里姆汉诺夫（I. R. Selimkhanov）在（前苏联）阿塞拜疆巴库（Baku）进行考古发掘中，证实了锡青铜取代砷青铜的层位关系和演进过程。在库尔泰普（Kultepe）遗址，从地层 1 到地层 2 至 3，自然铜演进为砷铜。反之，地层 3 和 4 则是铜锡合金。这一层位关系证实在近东和安纳托利亚地区确实有个如乌尔泰姆所说的"合金试验时期"，所试验的合金就是砷铜③。

据俄国学者马松（V. M. Masson）报道，在中亚地区捷詹河（Tedzhzen R.）西岸地区公元前 2300 ~前 2000 年的阿尔滕丘（Altyndepe）青铜时代遗址中，铜器主要为砷铜合金和铜铅合金，很少发现铜锡合金，其铜器种类有短剑、铜管饰、矛头、刀、镰等工具和武器④。

从矿物学的角度看，人类使用砷锑铜的这个阶段是由铜矿床的性质决定的。世界上大部分铜矿，也可能全部铜矿最初都是硫化矿，所有金属硫化物的矿床，在其靠近地表部分都要发生表生变化，使矿体结构、矿物及化学成分发生改变。在靠近地表部分形成

---

① 《中国大百科全书·矿冶卷》，中国大百科全书出版社，1984 年。

② Theodore A. Wertime（1973），The Beginning of Metallurgy：A New Look，*Science*，Vol. 182，p. 881.

③ I. R. Selimkhanov（1965），Estratto dagli Atti del VI Congresso，Internazionale dele Scienze Prestoriche e Protostoriche（Rome），Vol. 2，pp. 368 – 370.（转引自 Theodore A. Wertime（1973），The Beginning of Metallurgy：A New Look，*Science*，Vol. 182，p. 880. 附注：文中地层关系表述似有颠倒，原文如此，特此说明。）

④ V. M. Masson（1992），The Bronze Age in Khorasan and Transoxania. History of Civilizations of Central Asia.　Volume I. pp. 225 –245. UNESCO Publishing.

一层铁帽，其中包含有自然铜和一些氧化铜矿石，如孔雀石、蓝铜矿等。在铁帽之下，是一层比较薄的氧化矿层，由于地表的淋滤作用，这一层中的铜矿石含有较多的砷和锑，在还原条件下冶炼这些矿石，产品中自然会有砷或锑。氧化矿层之下是次生富集层，其中的铜矿石含铜品位很高，但均为硫化矿。采用硫化铜矿石冶炼，需事先对矿石进行焙烧，在这一过程中，矿石中的砷或锑会大量地散失。因此，尽管这一层的矿石中也含有大量的砷或锑，但冶炼出的铜含砷或锑极少。在次生富集层之下，便是原生的硫化矿床。最初，人们首先使用的是地表常与自然铜伴生的孔雀石、蓝铜矿等，用这种矿石冶炼出的铜是比较纯的自然铜。接着是开采氧化矿层中的矿石，冶炼出的铜往往含有较多的砷或锑。含砷的铜经过冷锻会很快硬化，其性能优于红铜。可是，一旦采用了硫化矿石，由于在焙烧阶段大量的砷要流失，所以炼出的铜又是较纯的铜，其硬度低于砷铜。在这种情况下，人们就需要寻找新的物质来提高铜的硬度，铜锡合金就成为生产"硬铜"的基本工艺，并最终导致锡青铜时代的到来。显然，铜器的起源、发展依红铜、砷铜、青铜的先后序列，也是由铜矿床的结构和性质所决定的[①]。

从金属冶炼的角度看，砷的氧化物沸点较低，易挥发，在还原条件下冶炼含砷的氧化铜矿石，产品中会保留一些砷，但一般不超过2%。砷的加入对合金冷加工后的硬度会产生一定影响，当砷含量低于2%时，冷加工后铜的硬度增加不明显；当砷含量达到8%～11%时，合金的硬度会增加很多，但性极脆，表面出现许多裂纹。但含砷2%～6%的合金则具有较好的延展性，冷加工时在厚度减少60%～80%的情况下都不出现裂纹，此种比例的合金硬度会随着冷加工的增加而明显提高。因此，从砷铜合金冷加工的工艺性能看，含砷量2%～6%是最理想的成分范围[②]。从前面的检测结果可知，四坝文化铜器的含砷量基本在这一理想范围之内。

砷青铜具有固熔强化、加工硬化作用，并且还有脱氧性能，可作为铜的脱氧剂，比纯铜具有更好的机械性能，而锡青铜的性能比砷青铜更优越。就铜的金属特性分析，纯铜熔点为1083.4℃，加入锡后熔点降低，硬度加大。含锡25%的青铜，熔点可降至800℃，硬度则增加若干倍。四坝文化居民通过长期的金属冶炼实践，逐步认识到砷青铜与锡青铜的不同物理性状，并最终用锡青铜取代了砷青铜。通过我们对四坝文化的分期研究，进一步推断四坝文化冶金工艺的发展大致经历了一个从纯铜→砷青铜→锡青铜的演变过程[③]。

---

① 武汉地质学院矿床教研室：《矿床学》，地质出版社，1979年。
② 孙淑云、韩汝玢：《甘肃早期铜器的发现与冶炼、制造技术的研究》，《文物》1997年第7期第75～84页。
③ 李水城：《四坝文化研究》，《考古学文化论集（三）》第80～121页，文物出版社，1993年。

四　问题与讨论

1. 关于四坝文化砷铜合金的问题

英国学者泰列克特（R. F. Tylecote）在《冶金学史》中提出，人类用铜大约始于公元前 6000 年的安纳托利亚地区。在进入真正的锡青铜时代以前，曾有很长一段时间使用红铜和砷铜合金。后来，以安纳托利亚为中心的金属文明渐渐向世界各地传播。他认为在公元前 2000 年左右，金属冶炼技术经高加索或伊朗传入中国[①]。

从目前发现看，在我国中原地区已发现的早期铜器中，还从未见有砷铜制品。在中国西部的甘青地区，年代早于四坝文化的马家窑文化、齐家文化的铜器也基本为红铜或锡青铜，不见砷青铜。因此，就目前掌握的资料可以说四坝文化的砷铜是中国境内现在所知年代最早的一批。鉴于四坝文化的铜器形态多不同于一般的中原文化器物的风格，因此有一批学者，特别是外国学者往往从其他途径寻找四坝文化铜器的来源。最近，美国学者艾玛·邦克（E. C. Bunker）在讨论火烧沟四羊首权杖头的铸造技术和造型风格时也认为，此物显示出与中亚和近东早期青铜文化的某些联系[②]。但她所列举的对比标本无论从年代、分布地域和造型风格等方面均与火烧沟遗址的标本有很大差距。我们认为，要把四坝文化中某些特殊的文化因素同远在死海附近的青铜文化联系起来，还需要一些中间环节的支持。

近年来，梅建军等人对新疆地区早期铜器作了较为系统的检测。在新疆伊犁河流域尼勒克县奴拉赛古铜矿遗址曾发现一批废弃的矿石、铜炼渣和废铜锭，经扫描电子显微镜、X 射线能谱仪、金相等技术检测，结果显示铜矿石中含少量砷，铜炼渣和铜锭可确认属砷铜制品，但却未发现锡青铜。奴拉赛铜矿使用年代大约在公元前一千纪下半叶，这个矿井所开采的矿石和冶炼铜渣证实，新疆地区的青铜文化也存在冶炼和使用砷铜的现象[③]。

总之，从四坝文化分布的中国西部到中亚西南部、再到小亚细亚和近东一带的早期青铜文化基本都经历了冶炼砷铜这样一个"合金试验时期"。从地理环境、生态状况和矿物资源分布等多种角度观察，这个幅员广大的空间范围确实存在很大的相似性。我们

---

① Tylecote, R. F. (1976), A History of Metallurgy, The Metals Society, London, p. 11.

② Emma C. Bunker (1998), Cultural Diversity in the Tarim Basin Vicinity and its Impact on Ancient Chinese Culture, *The Bronze Age and Early Iron Age Peoples of Eastern Central Asia*. Volume II. pp. 604 – 618, The Institute for the Study of Man in Collaboration with The University of Pennsylvania Museum Publications.

③ Jianjun Mei & Colin Shell (1998), Copper and Bronze Metallurgy in the Prehistoric Xinjiang, *The Bronze Age and Early Iron Age Peoples of Eastern Central Asia*. Volume II. pp. 581 – 603, The Institute for the Study of Man in Collaboration with The University of Pennsylvania Museum Publications.

不否认这一地区不同种族居民之间可能存在的文化交流，而且，存在交流的概率还非常之大，但要说明四坝文化的砷铜来自小亚细亚或中亚一带，至少目前还不具备条件，首先是要确认新疆地区是否存在联系的通道。也许，将来随着新疆地区的考古新发现，有可能发现一条从甘肃西部到中亚腹地的文化交流通道。但在目前新疆地区尚未发现明确的公元前二千纪以远文化遗存的情况下，任何结论都将是轻率的。

事实上，每一地区的文化发展都与当地的资源环境息息相关，小亚细亚和近东在公元前4000年开始出现砷铜合金，与当时当地居民获取的铜矿多为含砷的硫砷铜矿（Cu_3AsS_4）有关，此类矿石熔解后总会有部分杂质成分（如砷）残留在铜液中。四坝文化分布区的情况与小亚细亚一带比较接近，根据地质部门掌握的资料，在河西走廊境内的祁连山北麓一带，有色金属矿藏分布十分丰富，已发现有硫砷铜矿（Cu_3AsS_4）、砷黝铜矿（$CuAsS_3$）和其他种类的含砷铜矿[①]，这些矿脉不可能不被四坝文化的居民发现、认识并加以利用。据研究，冶炼砷铜矿时，砷存留于铜中的比例最高可达7%，此为铜砷共生矿冶炼砷铜的一个特征。四坝文化的砷铜含砷量低于6%，有可能是冶炼砷铜共生矿时得到的[②]。鉴于此，就目前的资料，我们倾向于四坝文化的砷铜制品是在当地获取原料并制作的，而非远距离贸易传播的结果。新疆地区的砷铜也属于这种情况，尼勒克县奴拉赛古铜矿遗址的发现证明了这一点。但是我们不否认，中国西部地区与中亚一带从很早就存在着文化交流，这在四坝文化遗存中，包括权杖头一类文化特质的存在也有所反映。限于篇幅，有关讨论我们将另文进行。

2. 四坝文化铜器的历史传统及特色

从中国西部地区的文化发展谱系追溯，四坝文化源于马家窑文化马厂类型[③]，其冶金技术自然也因袭了这一传统。在马家窑文化的马家窑期和马厂期已多次发现红铜及个别的青铜制品，特别是在酒泉干骨崖四坝文化遗址附近的马家窑遗址中发现有马厂阶段的冶炼铜块和铜锥[④]，其冶铜工艺无疑会被其后继者——四坝文化所继承。再者，分布在甘青地区的齐家文化也有丰富的铜制品，它们也会给予四坝文化一定的影响。与此同时，四坝文化在向西逐步发展的历史进程中，必然会与西北一带的游牧民族接触并产生相互间的交流，四坝文化中一些形态特殊的铜器暗示这种交流和影响有时还相当强烈。

四坝文化的铜器基本为小型工具、武器和装饰品，不见容器。铜器的总体造型风格

---

① 孙淑云、韩汝玢：《甘肃早期铜器的发现与冶炼、制造技术的研究》，《文物》1997年第7期第75~84页。

② 同①。

③ 李水城：《四坝文化研究》，《考古学文化论集（三）》第80~121页，文物出版社，1993年。

④ 甘肃省文物考古研究所、北京大学考古学系：《河西走廊史前考古调查报告》，文物出版社，待刊。

有接近北方草原文化的一面，与中原地区的早期铜器有一定差异。特别是在四坝文化铜器中有相当比例的砷铜合金，此类因素不见于中原地区。

从金属工艺观察，四坝文化的铜器大多系热锻而成，一些工具的刃部及箭头还经过冷加工处理，积累了加工硬化铜器的经验，并用于制作不同用途的铜器。具体到每个遗址也存在若干差异，如火烧沟遗址经检测的铜器多使用铸造技术；干骨崖等遗址则铸锻相当。这种技术上的差异是时间上的还是空间上的，尚有待进一步的分析研究。

目前四坝文化的铜器资料发表还不完整，但结合以往我们对四坝文化的分期研究[①]，还是能够看出其变化趋势。在四坝文化早期，红铜占较高比例，以火烧沟遗址为例，在已检测的标本中，红铜占 50%，而且是工具和武器类的红铜比例远大于青铜，装饰品和其他用具恰恰相反，鉴于火烧沟遗址材料尚未公布，对这一反常现象还难以作出解释。在时代偏早的东灰山遗址，所见铜器基本为砷铜合金；而时代偏晚的遗址（如干骨崖墓地），铜锡合金比例明显增加；时代最晚的鹰窝树遗址，已全部为锡青铜制品，而且几乎全部为铸造。若将已发现的四坝文化遗址按空间位置排序，会显示另一个有趣现象，即位置偏东的遗址，砷铜合金比例高；位置偏西的遗址，铜锡合金比例高，这是一种表象，还是历史事实，将有赖新的考古发现证实。也正是基于此，我们寄希望对火烧沟遗址的铜器作更多的检测。

3. 余论

从更大的时空范围考察，中国冶金技术的出现，是否像某些外国学者推测的那样，是从西方传入的，目前我们还看不到任何线索。四坝文化的地理位置恰好处在东西方文明之间，是中原系统古老的东方文化与西方文化接触的前哨，该文化所处的中国西部是早期铜器发现数量最多的地区，加强这一区域内考古学文化的研究和冶金技术的研究不仅显得尤为重要，而且有着特殊的含义。

与此相关的另一个问题是，有些学者根据目前的考古发现，认为中原地区的冶金技术从一开始就有可能走了一条与近东地区大相径庭的路。在仰韶文化和山东龙山文化遗址中数次发现时代更早的黄铜合金制品，此"黄铜"犹如近东之"砷铜"，也是处在"合金试验时期"的作品。这等于说，中原地区在发现铜锡合金的优势之前，曾经历了一个短暂的"锌铜试验期"[②]。还有学者指出，我国中原地区从未发现砷铜，或许与当时掌握有独特的、有别于世界其他地区的冶炼技术有关。若事实果真如此，那么中国早

---

① 李水城：《四坝文化研究》，《考古学文化论集（三）》第 80~121 页，文物出版社，1993 年。

② 万家保：《关于中国古代黄铜存在问题的商榷》，《中国科技史论文集》第 35 页，台北联经出版事业公司，1995 年。

期冶铜术应该在世界冶金发展史上占有特殊的地位①。但以上看法还仅仅限于推测，我们认为，东西方文化历来存在差异，铜器的发展亦不例外。仅就青铜时代而论，近东、中亚一带青铜容器的不发达与夏商周三代彝器的登峰造极形成了巨大反差，这该做何解释？其背后的真正原因又是什么？这些问题都要求考古学工作者能够做出合理的解释。

（与水涛联名发表，原载《文物》2000 年第 3 期第 36～44 页）

---

① 滕铭予：《中国早期铜器有关问题的再探讨》，《北方文物》1989 年第 2 期第 8～18 页。

西北与中原早期冶铜业的区域
特征及交互作用

　　有关中国早期金属文明起源的讨论是近年来学术界的一个热点，讨论的焦点一般集中在中国冶铜业到底是本土起源，还是外来影响的产物。19 世纪 70 年代，西方一位著名的冶金史专家认为，人类发现并利用铜金属始于公元前 6000 年的安纳托利亚（Anatolia）地区。在进入真正的锡青铜时代以前，曾有很长一段时间使用红铜和砷铜。后来，以安纳托利亚为中心的金属文明向各地传播，公元前 2000 年左右，金属冶炼技术经由高加索或伊朗传入中国①。但是，根据后来中国的考古发现，他的这一推论在时间上与史实还存在一定的差距②。

　　地处远东的黄河文明素以发达的青铜冶炼术著称于世。在中原内地，自夏代进入青铜时代以后，发展速度很快，到商代晚期至西周前期，黄河文明的青铜文明已发展到巅峰状态。但根据^{14}C 数据，以二里头遗址为代表的夏文化在年代上最早仅上溯至公元前 19 世纪③。向前追溯，早期的金属冶炼中心似乎并不在中原大地，而是在西北一隅的甘肃、青海和新疆地区。那里不仅发现了目前所知年代最早的合金青铜，也是早期铜器发现数量最多的地区。如此，中原与西北在文化传统上到底是什么关系？这几个地区在冶金术方面是否有着不同的渊源并拥有各自的技术系统？它们在冶金术领域是否存在互动？鉴于中国的大西北与中亚地区一直存在某种程度的接触，那么，冶金术在这中间到底扮演了何种角色？这是本文将要探讨的问题。

　　需要首先申明的是：其一，所谓"早期铜器"的概念是指新石器时代晚期（公元前三千纪前后）至青铜时代初期（公元前二千纪中叶）的遗留；其二，就新疆地区而言，本文的重点是东部地区的早期资料④，其他地区因材料零散，文化谱系不清，将不

---

　① Tylecote R. F. (1976)，A History of Metallurgy，*The Metals Society*，p. 11，London.
　② 早在马家窑文化（公元前 3000 年）时期已出现了少量的铜器。
　③ 仇士华等：《有关所谓"夏文化"的碳十四年代测定的初步报告》，《考古》1983 年第 10 期第 923 ~ 928 页。
　④ 本文所指的"东疆地区"的空间范围主要指吐鲁番以东的哈密地区，也包括东南部的罗布泊一带。

作过多涉及；其三，为便于考察早期冶铜业在其发展过程中的整体性和延续性，本文对一些年代晚于公元前 1500 年的考古学文化也有所涉及；其四，本文给出的各考古学文化年代是根据已知 ^{14}C 数据估算的年代。

一 早期铜器的发现与各区域的阶段特征

从考古发现看，中国境内所发现的早期铜器分为两部分：一部分、也是绝大部分集中在甘（肃）青（海）地区和新疆东部一带，初步统计其总量超过 1500 件；另一个集中的地点是黄河中游的豫西地区，大约 200 件。以下按地区和年代对这些发现作一概略性的介绍。

（一）甘青地区

其地理范围主要包括甘肃省兰州附近及以西地区、河西走廊、青海省的东部地区。在这一范围内，几乎所有的考古学文化都不同程度地发现有早期铜器，具体如下。

马家窑文化（公元前 3300 ~ 前 2650 年），分布中心在甘肃省西部和青海省东部。近年来的考古发现证实，该文化的西界抵达甘肃酒泉市和黄河上游的青海同德县；南界已扩散到四川西北部的岷江上游地区，甚至大渡河流域。迄今为止，仅有一处地点发现了马家窑文化的铜器，即 1977 年在甘肃东乡族自治县林家遗址出土的 1 柄铜刀（77DXL. F 20：18）和数块冶炼残留的铜渣（77DXL. H54）[1]（图一，1）。

半山—马厂文化（公元前 2650 ~ 前 2000 年），该文化是马家窑文化余脉，分布范围与马家窑文化接近。从半山时期开始，其文化南界退缩至洮河流域；马厂时期，文化东界与南界再次向北向西大幅收缩，惟西界继续扩张，最远已深入到新疆东部的哈密地区。迄今为止，尚未在半山文化中发现任何铜器。马厂文化的铜器发现 3 例，即 1975 年甘肃省文物工作队在永登连城蒋家坪遗址发掘铜刀 1 柄（残留前半段，75YJX5T47：③）[2]（图一，2）；

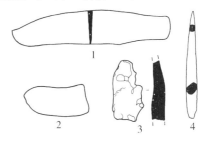

图一 马家窑文化、半山—
马厂文化铜器

1. 刀（东乡林家）　2. 刀（永登蒋家坪）
3. 冶炼铜块（酒泉高苜蓿地）　4. 锥（酒泉照壁滩）（1 为马家窑文化，余为半山—马厂文化）

---

① 甘肃省博物馆文物工作队等：《甘肃东乡林家遗址发掘报告》，《考古学集刊（4）》第 111 ~ 161 页，中国社会科学出版社，1984 年。
② 甘肃省博物馆：《甘肃省文物考古工作三十年》，《文物考古工作三十年（1949 ~ 1979）》第 139 ~ 153 页，文物出版社，1979 年。

1987 年北京大学考古学系与甘肃省文物考古研究所在酒泉丰乐照壁滩、高苜蓿地两地发现铜锥、冶炼铜块各 1 件[①]（图一，3、4）。

　　齐家文化（公元前 2200～前 1800 年），齐家文化是从陇东向西迁徙的过程中逐渐演化而成的，并最终占据了广大的河湟地区。该文化西界大致止于河西走廊东段的永昌县一带，在青海境内，其分布西界在黄河上游的同德县；该文化北界在内蒙古自治区阿拉善左旗附近。

　　齐家文化的冶铜业呈现出迅猛发展的势头，铜器数量和种类均大幅增加，冶炼技术也大大超出前一时期。目前已统计在案的齐家文化铜器超过 130 件，种类包括斧、镜、刀、匕首、矛、锥、牌、钻、泡、镯、指环和骨柄铜刀等（图二）。值得注意的是，齐

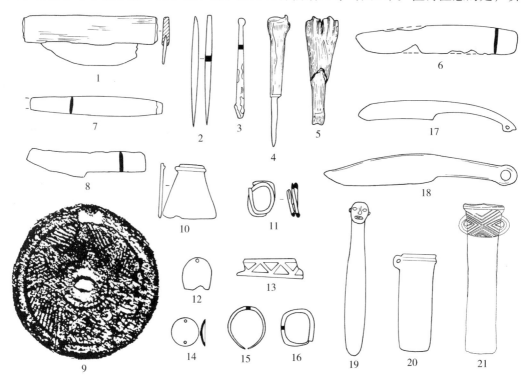

图二　齐家文化铜器

1. 骨柄铜刀（临夏魏家台子）　2、10、12. 锥、斧、铜片（永靖秦魏家）　3、13. 钻、刀柄（武威皇娘娘台）　4～7. 锥、骨柄铜刀、刀 2 件（互助总寨）　8. 刀（永靖大何庄）　9、11、16. 镜、指环、耳环（贵南尕马台）　14、15. 扣、镯（积石山新庄坪）　17、20. 刀、斧（岷县杏林）　18. 刀（康乐商罐地）　19、21. 人面匕首、双耳斧（广河齐家坪）

---

①　甘肃省文物考古研究所、北京大学考古学系：《河西走廊史前考古调查报告》，文物出版社，待刊。

家文化出土铜器的地点大幅度增加，具体有甘肃广河县齐家坪、西坪，康乐县商罐地，临夏市魏家台子，永靖县秦魏家、大何庄，岷县杏林，积石山县新庄坪，临潭县陈旗磨沟，武威市皇娘娘台、海藏寺；青海贵南县尕马台，互助县总寨，同德县宗日，西宁市沈那等遗址。

　　四坝文化（公元前1950~前1550年），四坝文化的前身是从河湟地区西迁至河西走廊的马厂文化。其分布范围基本局限在河西走廊偏西部地段，西界已进入新疆东部的哈密市。截至目前，在已发现的四坝文化遗址中，均程度不等地发现了铜器，总量达300件。重要的遗址点有：玉门市火烧沟、沙锅梁，酒泉市干骨崖，安西县鹰窝树，民乐县东灰山、西灰山等。该文化的冶铜业较之齐家文化更进了一步，种类也更加复杂丰富，包括斧（锛）、刀、锥、矛、匕首、镞、耳环、指环、手镯、扣、泡、牌、联珠饰、权杖头等（图三）。在这些铜器中新增加了一批以往所不见的新器类，如铜镞（在火烧沟墓地还发

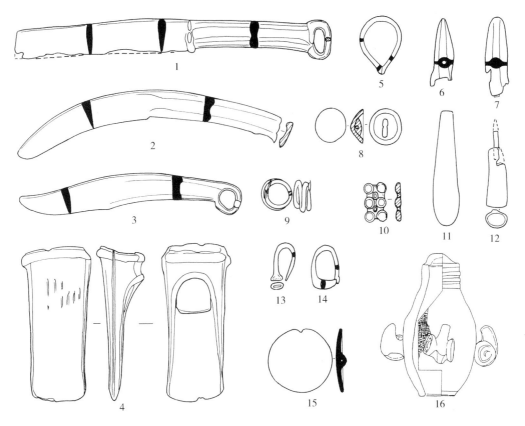

图三　四坝文化铜器

1~3. 刀　4. 管銎斧　5、13、14. 耳环　6、7. 镞　8. 扣　9. 指环　10. 联珠饰　11. 匕首

12. 骨柄铜锥　15. 牌　16. 权杖头（1~10、12~15. 干骨崖遗址，11、16. 火烧沟遗址）

现有铸造铜镞的石范）、铜权杖头等。此外，还发现有少量的金、银装饰品。

在西北地区发现的早期铜器中，东乡林家马家窑文化遗址出土的铜刀是年代最早的标本。此刀长 12.5 厘米，系铸造而成，经检测为含锡 6% ~ 10% 的锡青铜。^{14}C 检测结果显示，出土这柄铜刀的房屋（77DXL. F20）年代在公元前 3369 ~ 前 3098 年之间[1]。因此，这件铜刀也是目前国内所知年代最早的锡青铜制品。另在林家遗址的一座灰坑（77DXL. H54）内还发现有一些破碎的铜渣，经金相分析，其成分为孔雀石组成、铜铁各半的金属，内含铁橄榄石，其核心部位残留部分不规则形状的金属铜。冶金史专家认为，它们应该是铜铁共生矿冶炼不完全的产物[2]。

甘肃永登蒋家坪马厂文化遗址出土的铜刀，经激光微区光谱分析也是锡青铜[3]。酒泉照壁滩遗址出土的铜锥系热锻成型、局部经冷加工处理的红铜；高苜蓿地遗址所出铜块为铸造的红铜[4]。

上述早期铜器的发现为探索西北中国冶铜业的起源和发展提供了重要信息。它们以实物证实，在距今 5000 年前后，马家窑文化的居民已经掌握了金属冶炼技术[5]，并开始了冶炼合金青铜的最初尝试。化学检测结果证实，这一阶段的铜器中既有纯铜，也有青铜；在工艺技术上既有锻造，也有铸造，已经具备了一定的技术含量。但另一方面我们也注意到，在从马家窑文化到马厂文化近千年的时间里，冶铜业的进展速度比较缓慢，所见铜器数量的稀少也暗示了这一点。也就是说，当时的金属冶炼业尚处在最初的摸索阶段。但是，若考虑到铜金属具有再生加工利用的特殊性能，对这一阶段金属冶炼业的真实水平还有待给出实事求是的评价。目前，在国内外仍有学者对林家遗址出土的马家窑文化青铜刀表示出某种程度的怀疑[6]，但多数学者则倾向于它是在冶炼共生矿时偶然获取的合金制品[7]。对此，有学者指出，在自然界极少发现铜锡共生矿存在，甘青

①　中国社会科学院考古研究所编：《中国考古学中碳十四年代资料集（1965 ~ 1991）》，文物出版社，1992 年。

②　孙淑云等：《甘肃早期铜器的发现与冶炼、制造技术的研究》，《文物》1997 年第 7 期第 75 ~ 84 页。

③　北京钢铁学院冶金史组：《中国早期铜器的初步研究》，《考古学报》1981 年第 2 期第 287 ~ 302 页。

④　同②。

⑤　林家遗址 77DXL. F21：6 罐内出土炭化粟米，经 ^{14}C 测定年代为公元前 2882 ~ 前 2504 年。考虑到该址其他 ^{14}C 测年数据，本文将林家遗址所出铜器的年代估计在公元前 3000 年前后。

⑥　安志敏：《试论中国的早期铜器》，《考古》1993 年第 12 期第 1110 ~ 1119 页。

⑦　同②。

地区是否蕴藏此类铜矿？尚无地质学方面的资料①。假如果真如此，此铜刀只能是当时的人有意为之的合金制品。总之，在没有确凿的证据之前，还不能轻易否定马家窑文化具有冶炼合金铜的实力。联想到同一时期世界上其他文明古国在冶金术方面取得的成就，在中国西北地区发现个把青铜合金制品也并不值得大惊小怪。况且，冶金史专家在研究了林家遗址的"碎铜块"之后指出，此铜刀并非马家窑文化制造合金青铜的孤证②。

在经历了上千年的技术摸索与经验积累后，公元前三千纪末，甘青地区的金属冶炼业逐渐摆脱了相对停滞的局面，进入到一个飞跃发展的时期，齐家文化和四坝文化即为这一阶段的代表。这一时期，不仅铜器数量猛增，种类也更加多样化。齐家文化已能铸造单耳、双耳竖銎铜斧、带纽铜镜、人首铜匕、环首刀等工艺颇复杂的铜器。特别是用于人体或服饰方面的装饰器件普遍出现，极大地拓展了铜器的应用领域。在工艺方面，齐家文化铜器既有锻造，也有铸造，而且铸造比例有随时间推移逐步增加的趋势。在合金工艺上，在最初送检的 12 件齐家文化铜器中有 5 件青铜，约占 42%③。1997 年检测的 24 件铜器有 6 件青铜④，加上青海贵南尕马台遗址所出铜镜，其青铜比例大致为 30%。如果仅从这两次检测的结果分析，似乎齐家文化仍以红铜数量占优，但上述检测数字尚不足以反映齐家文化冶铜业的真实水平。以 1997 年送检的 24 件铜器为例，仅皇娘娘台遗址就占了 13 件，超过总量的一半强，而且这 13 件铜器经检测全系红铜。参照齐家文化的分期研究，皇娘娘台遗址恰恰处在该文化的早期阶段⑤。因此，上述检测结果并不代表齐家文化红铜与青铜的真实比率。如将上述统计对象改为遗址点，将会呈现完全不同的结果（表一）。从表一可知，齐家文化只出红铜的遗址有 4 处，既出红铜也出青铜的遗址 2 处，仅出青铜的遗址 5 处（未检测标本的遗址不在此列）。结果十分明显，单一出土青铜的遗址数量已超出仅出红铜的遗址，若加上二者兼而有之者，前者拥有的数量几乎超过后者一倍。

① 梅建军：《关于中国冶金起源及早期铜器研究的几个问题》，中国古代文明起源与早期发展过程学术研讨会论文，中国社会科学院古代文明研究中心，2001 年 8 月。
② 孙淑云等：《甘肃早期铜器的发现与冶炼、制造技术的研究》，《文物》1997 年第 7 期第 75 ～ 84 页。
③ 北京钢铁学院冶金史组：《中国早期铜器的初步研究》，《考古学报》1981 年第 2 期第 287 ～ 302 页。
④ 孙淑云等：《甘肃早期铜器的发现与冶炼、制造技术的研究》，《文物》1997 年第 7 期第 75 ～ 84 页。另外，永靖秦魏家遗址出土的铜尖（KG3732②: 27）原检测结果为青铜，在 1997 年表格中误为红铜。
⑤ 张忠培：《齐家文化研究》，《考古学报》1987 年第 1、2 期。

表一　部分齐家文化铜器统计表

遗　址	出土铜器	红铜	青铜	未检测
甘肃省武威皇娘娘台	30	13		17
武威海藏寺	12			12
永靖秦魏家	8	4	2	2
永靖大何庄	2	1		1
广河齐家坪	3	1	2	
广河西坪	1	1		
岷县杏林	2	2		
康乐商罐地	1		1	
临夏魏家台子	1		1	
积石山县新庄坪	12		1	11
临潭县陈旗磨沟	1			1
青海省互助总赛	4			4
西宁沈那	2		1	1
贵南尕马台	49		1	48
同德宗日	4			4
总　计	132	22	9	101

总之，齐家文化金属冶炼业的发展演变趋势是清晰的。在其早期阶段，主要以制作红铜为主，晚期有以制作锡青铜为主。有鉴于此，曾有学者指出，齐家文化的冶铜业经历了从红铜向青铜演进的完整历程[①]。

从齐家文化冶铜业的突然兴盛联想到旧大陆几个著名的古代文明中心的文化演进历程，公元前三千纪恰好处在人类历史长河的一个关键时期，无论尼罗河文明、两河文明、克里特文明、印度河文明、黄河文明，莫不如此。这期间，文明要素相继出现，文字产生且逐步完善和系统化，城市化进程急遽加快，金属冶炼业进一步走向成熟，各个文明普遍进入到青铜时代。齐家文化尽管年代上略晚于近东及周边地区的青铜文明，但仍处在这一时期的末端。

整体观之，我们还只能把齐家文化摆在中国青铜时代发展的初期。首先，齐家文化的冶铜业经历了从红铜到青铜的演进历程，这一点决定了它处在金属时代初期的位置。

---

① 张忠培：《齐家文化研究》，《考古学报》1987 年第 12 期。

其次，齐家文化基本不见制作和使用大消耗性远射程兵器——铜镞，这间接证明了铜器在当时社会中仍属于贵重之物。但值得注意的是，前几年在青海乐都柳湾聚落遗址"发现 1 件锻造的铜镞，长 3.4、宽 1.5 厘米，体形扁薄，略起中脊，两翼稍长，铤部有三锋"①。在柳湾遗址范围内，既有半山—马厂文化，也有齐家文化，其年代下限均在距今 4000 年左右。以往在柳湾遗址发掘了 1700 余座原始社会末期的墓葬，从未有任何铜器发现的报道，因此尚无法根据这一件铜镞确定其文化属性。假如地层不存在问题，估计它属于齐家文化的可能性较大，那么，这将可能是迄今为止所见唯一的齐家文化铜镞。这一发现或许有可能改变对齐家文化金属制造业的评价。

目前，在对个别齐家文化铜器的认定上还存在一些疑问，尤其是近年新发现或征集到的几件形体较大的铜器。如青海西宁沈那遗址出土长达 61.5、宽 20 厘米的超大号铜矛②，入藏中国国家博物馆直径达 14.6 厘米、背面饰连续"勿"字纹的铜镜（图四）。沈那遗址的发掘简报尚未刊布，据《中国考古学年鉴（1993）》报道，该遗址"齐家文化为主要的内涵，另有汉代遗存……该址发现 13 组打破和叠压关系，根据地层资料，有早晚期之分，铜矛发现于晚期的灰坑内"③。但是，在几年前举办的一个大型文物展览会图录上，此铜矛被注明为

图四　铜器
1. 矛（西宁沈那出土）　2. 镜（中国国家博物馆藏）

"齐家文化—卡约文化（约公元前 20 至前 11 世纪）"④。可是，图录后面文字介绍则强调，此器为齐家文化铜器中的珍品⑤。至于这中间为何冒出一个卡约文化？是沈那遗址确实发现有卡约文化的堆积吗？如果有这一时期的堆积，为什么《中国考古学年鉴（1993）》中竟一字不提？而所谓"晚期灰坑"又是什么概念？它到底晚到何时？这一

①　肖永明：《乐都县柳湾新石器时代及青铜时代遗址》，《中国考古学年鉴（2002）》第 394～395 页，文物出版社，2003 年。

②　中国文物精华编辑委员会编：《中国文物精华》彩版 38，文物出版社，1997 年。

③　王国道：《西宁市沈那齐家文化遗址》，《中国考古学年鉴（1993）》第 260～261 页，文物出版社，1995 年。

④　中国文物精华编辑委员会编：《中国文物精华》彩版 38，文物出版社，1997 年。

⑤　中国文物精华编辑委员会编：《中国文物精华》第 208 页，文物出版社，1997 年。另在《中国考古学年鉴（1993）》中也提到，此铜矛是"齐家文化的重器"。

切颇令人费解①。同样，入藏中国国家博物馆的"连续勿字纹铜镜"被收入到该馆的英文图录内，其性质被定为"齐家文化—卡约文化（公元前 1800 ~ 前 1000 年）"②。但又一直有学者将其作为齐家文化的遗物来介绍③，同样给人以模棱两可之感。据我们之管见，这种"连续勿字纹"在卡约文化中是颇有代表性的纹样，但在齐家文化中却非常罕见。总之，对上述铜器的文化性质还需要进行认真的考证。

四坝文化虽然在整体年代跨度上较齐家文化稍晚，但二者曾有一个阶段的并行。四坝文化的金属冶炼业表现出更加稳定、成熟的特征。这具体表现在：第一，铜器制作和使用更加普遍。在目前已知的四坝文化遗址均程度不等地发现了铜器，尽管在各遗址间还存在发展不平衡的现象（如火烧沟墓地出土铜器的墓占墓地的三分之一，干骨崖墓地占近二分之一，鹰窝树遗址清理的 3 座墓葬均出铜器，而东灰山墓地出有铜器的墓仅占 6.4%。在制作工艺上，火烧沟遗址的铜器以铸造为主，干骨崖遗址铸造锻造各占一半，东灰山遗址则全系锻造），但铜器的普及已然成势。第二，铜器种类更加复杂多样。第三，经检测火烧沟墓地出土的 65 件铜器，其中纯铜 30 件，占45.5%，青铜比例已超过红铜。第四，铜器的合金成分比较复杂，除锡青铜外，还有砷铜、锡铅青铜及其他多元合金制品。第五，在制作工艺上，兼有铸造、热锻和冷加工技术，特别是铸造工艺逐渐占据统治地位。在火烧沟墓地检测的 65 件铜器中，仅 4 件为锻造，余皆铸造。第六，铸造工艺更加进步。一般的铜器小件用单范浇注，较大器物用合范技术，像四羊首权杖头则采用合范、分铸及镶嵌等复杂工艺，代表了四坝文化冶铸业的最高水平。第七，铜镞普遍出现。在火烧沟、干骨崖、鹰窝树等地点均有发现，而且被用于随葬。在火烧沟墓地还发现铸造铜镞的石范。镞为远射程武器，发射后极难回收，在青铜时代初期，铜器属贵重之物，一般不大可能被用来制作此类高消耗性兵器。以上诸点说明，四坝文化时期，中国西北的冶铜业已经摆脱了初始阶段，开始步入成熟期。

冶金史专家经对酒泉干骨崖四坝文化墓地所出 46 件铜器取样、并作电子扫描电镜能谱成分分析显示，红铜 3 件，锡青铜 22 件，砷青铜 10 件。三元合金铜器中，铜 - 锡 -砷 5 件，铜 - 锡 - 铁 3 件，铜 - 锡 - 铅 2 件。四元合金（铜 - 锡 - 砷 - 铅）1 件。另选择这批铜器中的 30 件做金相检测，发现热锻与铸造的比例数大致相等。北京科技大学冶金及材料研究所检测了安西鹰窝树墓地出土的 7 件铜器，结果全部为青铜。在金相检

① 在《中国考古学年鉴（1993）》，沈那遗址条内未见该址有卡约文化堆积的报道。

② National Museum of Chinese History, *A Journey into China's Antiquity*, Vol. 1, Palaeolithic Age -
Spring and Autumn Period, p. 267, fig. 271. Morning Glory Publish, 1997.

③ 石志廉：《齐家文化的铜镜》，《中国文物报》1987 年 7 月 10 日；李学勤：《中国铜镜的起源
及传播》，《比较考古学随笔》第 59 页，广西师范大学出版社，1997 年。

测的 4 件铜器中，热锻与铸造各占一半①。据我们对四坝文化的分期研究，干骨崖与鹰窝树两处墓地均处在四坝文化的偏晚阶段，而火烧沟墓地的年代则略偏早②。

张忠培先生对民乐东灰山四坝文化墓地作了深入研究，在比较了东灰山与火烧沟两处遗址后指出，四坝文化的金属制造业已呈现出明显的区域差异，这种差异不仅表现在铜器种类和数量多寡方面，也表现在质地和工艺方面。火烧沟墓地所出铜器不仅品位高、种类多，而且人均占有铜器量是东灰山居民的 28.3 倍。再结合其他方面的差异，说明四坝文化时期的社会贫富分化不仅表现在一个聚落内部居民之间，也表现在四坝文化的各个聚落之间，这种社会分野，是四坝文化居于文明时代的必备内涵③。

四坝文化冶铜业的一大特色是砷铜的出现与流行，这对于重新认识中国早期冶铜业的发展及区域特征有着重要的价值。经对民乐东灰山遗址所出 16 件铜器中的 15 件进行检测，有 13 件可确定成分。其中除 1 件为铜—锡—砷三元合金外，余皆为铜—砷二元合金。金相检测结果显示，有 11 件铜器具锻造组织，有 6 件为热锻后再经冷加工处理。结合墓地的分期研究，在东灰山墓地出铜器的 13 座墓葬中，有 6 座可确定年代，出砷铜制品的 M21 被定为一期，M127、M157、M205 和 M26 分别为二期和三期，出含锡量 1.76% 的铜制品的 M51，年代不早过二期，随葬含锡量 1.42% 的铜制品的 M23，年代为三期。可见出含一定锡量的铜制品墓葬由无到有，并且随年代后移比例增多。研究者指出，尽管依此现象做出结论的数据过少，但它或许暗示使用东灰山墓地的居民，存在着一个单纯制作砷铜的时期和一个由此过渡到制造青铜的时期。四坝文化很可能大抵经历了由红铜而砷铜再青铜的发展过程。检测结果证明，东灰山遗址砷铜合金的含砷量在 2.62% ~6.01% 之间，平均达 4.37%，而且全部系锻造加工，这一特征与西亚、东南欧及北非地区的早期砷铜制品相同，反映出四坝文化有可能与外界存在某种形式的联系，也可能与古代民族的迁徙或技术交流有关④。

我们曾就四坝文化的铜器进行过专门讨论，认为该文化的冶铜业经历了从制作纯铜到砷铜再到锡青铜的发展历程。同时还指出，四坝文化砷铜的普遍除表明它可能与外界存在某种互动因素外，亦有可能与河西走廊的矿产资源配置有某种联系。当我们将四坝

---

① 孙淑云等：《甘肃早期铜器的发现与冶炼、制造技术的研究》，《文物》1997 年第 7 期第 75 ~ 84 页。

② 李水城：《四坝文化研究》，《考古学文化研究（三）》第 80 ~ 121 页，文物出版社，1993 年。

③ 张忠培：《东灰山墓地研究——兼论四坝文化及其在中西文化交流中的位置》，《中国文化研究所学报》N. S. No. 6 第 288 ~ 323 页，1997 年。

④ 甘肃省文物考古研究所等编著：《民乐东灰山考古——四坝文化墓地的揭示与研究》，科学出版社，1998 年。

文化的遗址按空间位置进行排序后发现，位置偏东的东灰山墓地的铜器几乎全为砷铜，位置偏西的火烧沟、鹰窝树两地则以锡青铜为主。而位置居中的干骨崖墓地则呈现锡青铜与砷铜大略各半（后者包括三元合金）、锡青铜略优的局面。这一排序结果似乎给人以东面的砷铜明显强于西面的印象。对此我们也一度感到困惑，以至于无法判断这究竟是一种表征呢，还是历史的真实？为此也曾大胆推测，当初冶金史专家在对火烧沟遗址铜器进行检测分析时，在方法和手段上可能存在一定缺陷，以至于有些数据未能检测出来，并为此建议冶金史专家能重新对火烧沟墓地的铜器进行检测①。后来，北京科技大学冶金及材料研究所再次检测了火烧沟墓地出土的 37 件铜器，其中 13 件样品砷含量超过 2%②。这一结果证实了我们的疑问，同时亦表明，在四坝文化中，砷铜确实带有某种普遍性。

公元前二千纪后半叶，长期盘踞在河湟地区的齐家文化逐渐解体，既而分化为数支青铜文化，如辛店文化、卡约文化、诺木洪文化等。这几支文化依次分布在东起洮河、黄河上游、湟水谷地及柴达木盆地这一广阔的空间内。在河西走廊，自四坝文化消亡后，有过较长一段的时间空白，大约在公元前二千纪末，在走廊西侧出现了骟马文化和以安西兔葫芦遗址为代表的遗存③；沙井文化则占据着走廊东段的民勤—永昌盆地④。

辛店文化、卡约文化和诺木洪文化的年代上限均可上溯至公元前 1500 年左右甚至更早，其下限则晚至公元前一千纪上半叶或更晚一些⑤。从冶铜业在这一区域的延续状况看，这几支青铜文化均表现出较之齐家文化进步的因素，但与其他地区相比，则又显露出某种停滞状态。首先，在数量和器类上，辛店文化的铜器数量并不突出，有些遗址点甚至不见任何铜器，墓葬中也鲜有随葬铜器者，说明铜器仍是当时人们所珍惜的物品。目前，考古所见辛店文化的铜器基本为小件的刀、锥、矛头、铃、扣、泡、联珠饰、钻、牌、带钩、镞等（图五，17~28）。但已有迹象显示，这一时期是有能力制作简单的容器的，如在永靖张家咀遗址发现一片铜器口沿残片（KG5T65：2）；甘肃临夏莲花台遗址出土 1 件双大耳小罐，高仅 3.5 厘米。经检测，甘肃永靖张家咀遗址所出两

---

①　李水城、水涛：《四坝文化铜器研究》，《文物》2000 年第 3 期第 80~121 页。

②　潜伟等：《古代砷铜研究综述》，《文物保护与考古科学》第 12 卷第 2 期第 43~50 页，2000年。

③　李水城、水涛：《公元前一千纪的河西走廊西部》，《宿白先生八秩华诞纪念文集》（上）第63~76 页，文物出版社，2002 年。

④　李水城：《沙井文化研究》，《国学研究（二）》第 493~523 页，北京大学出版社，1995 年。

⑤　我认为它们的年代上限均与齐家文化下限衔接，而卡约文化的年代下限则晚至汉代纪年范围。

诺木洪文化	卡约文化	辛店文化

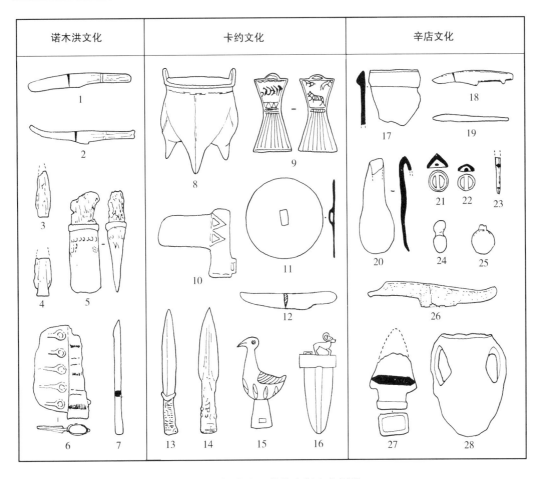

图五　河湟地区其他青铜文化铜器

1、2. 刀　3、4. 镞　5. 竖銎斧　6. 管銎钺　7. 锥（以上均都兰诺木洪遗址）　8. 鬲（西宁大堡子）　9. 牌（大通上孙家寨）　10. 管銎钺（湟中下西河）　11. 镜（湟源大华中庄）　12. 刀（贵德山坪台 M23：2）　13. 短剑（民和官亭）　14. 矛　15. 鸟形铃杖首（以上大华中庄）　16. 管銎立兽戈（大通良教）　17. 器口残铜片（永靖张家咀 T65：2）　18、26. 刀（永靖黑头嘴、临洮灰嘴）　19、23. 锥（灰嘴、永靖莲花台 H119：1）　20. 带钩（民和山家头）　21、22. 扣（莲花台 H30：4、H61：2）　24. 联珠饰（灰嘴）　25. 铜泡（临洮四时定）　27. 矛（永靖张家咀 T56：9）　28. 小罐（莲花台）

件铜器中，一件为铸造铅锡青铜，另一件为含少量锡、铅、砷、锑的青铜[①]，莲花台小罐为锡青铜（含铜 92.5%，锡 6.8%，铅 0.25%，锌 0.25% 等）[②]。

诺木洪文化分布在柴达木盆地，出土铜器不多，仅有刀、镞、锥、镢和五孔长銎钺

① 中国社会科学院考古研究所甘肃工作队：《甘肃永靖张家咀与姬家川遗址的发掘》，《考古学报》1980 年第 2 期第 187～220 页。
② 石龙等：《甘肃临夏莲花台发现辛店文化遗物》，《文物》1984 年第 9 期第 94～95 页。

等（图五，1~7）。但以铜钺为代表的器类已表现出相当进步的成分，年代也略偏晚。在上述三支文化中，卡约文化的铜器数量最多，器类也最复杂，包括兵器类的刀、矛、短剑、戈、镞、钺、胄，工具类的十字镐（鹤嘴锄）、斧、镢、长銎斧、锥、钻，日用生活类的带纽镜、耳环、牌、泡、管、珠、铃首簪，礼仪用具的鸟形圆雕铃杖头、三人面杖头、鸠首牛犬杖头、铃等，另有1件铜鬲（图五，8~16）。此外，还发现一批当时用作货币的金贝，制作相当精致①。在上述铜器中，尤以发现在青海西宁大堡子乡鲍家寨西山根卡约文化墓地的铜鬲最引人注目②，此器口沿铸一对半圆形立耳，直口，直领，袋足下有较高的圆锥形实足根，"∧"形分裆，颈饰两股凸弦纹，裆饰简约的双线"人"字纹，其造型、花纹与商代二里岗上层同类器非常接近。众所周知，二里岗时期曾有过一次大规模的文化扩张行为。一般认为，此次扩张对西部的影响仅达关中盆地。这件铜鬲现身于湟水上游的卡约文化墓内，其造型与当地的传统陶鬲相去甚远，可见，早商时期中原文化的影响曾一度波及青海境内。

在河西走廊西部，骟马文化和兔葫芦类遗存仅见于酒泉迤西的安西、玉门、敦煌等地，目前发现的遗址数量非常有限，所见铜器包括镞、有銎斧、鹰形牌饰、耳环、扣、泡、珠、牌、镜、凿、管等（图六）。

沙井文化分布在河西走廊的东段，该文化的铜器中亦不见容器，主要有刀、牌、泡、联珠饰、耳环、环、镯、管、锥、镞等小件兵器、装饰品、工具等，此外还发现少量铁臿、铁刀等。

（二）新疆地区

新疆地域辽阔，民族众多，受地域和环境因素的影响，新疆的考古学文化表现出强烈的地域色彩，加之现有考古发掘资料的非系统性，目前还很难归纳出新疆各地区的文化发展谱系，这一点与甘青地区有很大不同。新疆境内发现的早期铜器不很系统，而且在年代认定上存在较大争议。自1980年以来，不断有新的考古发现在充实这方面的资料，尤其是新疆东部、天山中段和伊犁河—准噶尔盆地周边地区发现的早期铜器相对比较集中，而且各具特色。近年来不断有冶金史方面的专家开始涉足新疆地区的铜器研究，使得新疆在探索早期金属冶炼业的来源、发展及东西文化交流上的地位变得日益重要起来。

目前新疆发现最早的铜器基本限于帕米尔高原东麓一带，如在疏附县乌帕尔苏勒塘

---

① 这批金贝出土于青海大通上孙家寨遗址，金贝长1.2、宽0.7厘米，中空，两端有孔，中间有一凹槽。见青海省文物处等编：《青海文物》彩版77，文物出版社，1994年。

② 青海省文物处等编：《青海文物》彩版65，文物出版社，1994年。

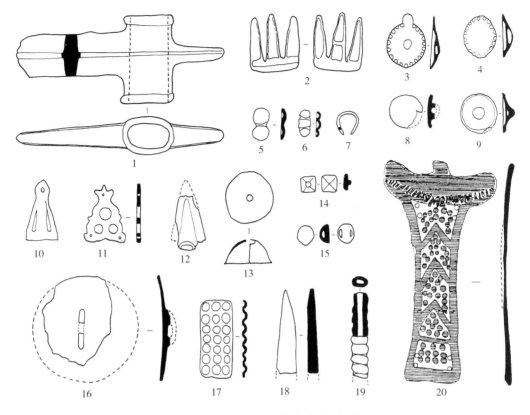

图六 骟马文化及兔葫芦类遗存铜器

1. 管銎斧 2. "山"字牌 3、4、8、9、14、15. 扣 5、6. 联珠饰 7. 耳环 10. 铃 11、17. 牌 12. 镞
13. 铜饰品 16. 镜 18. 凿 19. 管 20. 鹰形牌（1、10、16~20. 玉门镇文化馆藏，余藏安西博物馆）

巴额遗址采集到的一批红铜器，计有铜珠、细铜棍（残）4 件和小铜块 12 件。和铜器
在一起发现的还有几何形细石器、磨制石镞、骨镞、粗砂红陶片等。发掘者认为，其文
化特征与分布在中亚一带的克尔捷米纳尔（Kelteminar）文化类似①，并据此推测这批
铜器的年代约为公元前 3000 年②。类似的遗存在疏附县阿克塔拉遗址也有发现，采集
到的铜器有小铜刀和残铜块③。经初步检测，这批铜器为红铜，而且含较多杂质，以锻
造技术为主，器类均属小件铜器。也有学者认为，这批铜器的年代跨度在公元前 3000

---

① 克尔捷米纳尔文化分布在中亚大部分地区，其年代为公元前六千至前四千纪。参见《中亚文
明史》第一卷，中国对外翻译出版公司、联合国教科文组织，2002 年。
② 新疆维吾尔自治区博物馆：《乌帕尔细石器遗址调查报告》，《新疆文物》1987 年第 3 期第 3~
15 页。
③ 新疆维吾尔自治区博物馆考古队：《新疆疏附县阿克塔拉等新石器时代遗址的调查》，《考古》
1977 年第 2 期第 107~110 页。

至前 2000 年之间①。

以往曾有学者根据不同地理区域或典型遗址尝试对新疆地区的古文化进行区系研究，但尚未获得学术界的普遍认同，这充分反映出新疆地区古文化的特殊与复杂。鉴于本文所讨论的对象是早期铜器，我们仅根据这方面的资料将新疆宏观地分为三大区，即新疆东部、天山中段和伊犁河—准噶尔盆地周边地区。

1. 东疆哈密地区

地理范围主要指新疆东部的哈密地区，包括北侧的巴里坤草原及南面的塔克拉玛干盆地东缘—罗布泊地区，西界与鄯善为邻。年代较早的代表遗存如下。

（1）天山北路墓地（公元前 2000 至前 1500 年）

地点位于哈密市火车站以南。1988～1997 年，这里共发掘清理古墓葬 700 余座。据新疆维吾尔自治区文物考古研究所、北京科技大学等单位发表的文章披露，该墓地出土铜器超过 1000 件②，可以说是迄今为止中国西部出土铜器为数最多的单一遗址。该墓地出土的铜器类别非常丰富，包括刀、锥、斧（镢）、锛、矛、凿、镜、镰、别针、管、手镯、耳环、扣、泡、牌、联珠饰等。除铜器外，还有少量金、银装饰品（图七）。总体看，天山北路墓地的铜器与四坝文化比较接近，但也有一些后者所不具备的新内容，如长方形铜牌、铜短剑、铜镰形刀、铜别针等。特别是这里出土的一件装饰辐射状花纹的铜镜与安阳殷墟妇好墓所出的铜镜非常接近。

经学者初步整理，天山北路墓地被分作四期，每期都出有一定比例的铜器③。从已披露的资料看，该墓地所出铜器与四坝文化风格接近，这与陶器方面传递的信息一致。我们曾就天山北路墓地的文化因素问题作过初步分析，认为该墓地包含三种不同的文化元素（以陶器为准）。第一类属于"后马厂时期"。此类因素的年代大约在公元前三千纪末叶，其彩陶和素面陶特征与河西走廊一带的"过渡类型"遗存完全一致④。第二类因素暂称为"B"组遗存。其陶器风格独特，为以往所不见，典型器为腹部深浅不等的双贯耳彩陶罐，一般通体绘彩，所绘花纹主要为水波纹、折线纹等，或将这两类花纹组合在同一件器物上。属于此类遗存的素面陶是什么样子，目前还不清楚。我们初步推

① 王博：《新疆近十年发现的一些铜器》，《新疆文物》1987 年第 1 期第 45～51 页。

② 北京科技大学冶金与材料史研究所等：《新疆哈密天山北路墓地出土铜器的初步研究》，《文物》2001 年第 6 期第 78～89 页。据刘学堂同志介绍，天山北路墓地出土的铜器总数应在千件以上。

③ 吕恩国、常喜恩、王炳华：《新疆青铜时代考古文化浅论》，《苏秉琦与当代中国考古学》第 172～193 页，科学出版社，2001 年。

④ 有关"过渡类型"遗存的提法请参见李水城：《四坝文化研究》，《考古学文化研究（三）》第 80～121 页，文物出版社，1993 年。李水城：《河西地区新见马家窑文化及相关遗存》，《苏秉琦与当代中国考古学》第 121～135 页，科学出版社，2001 年。

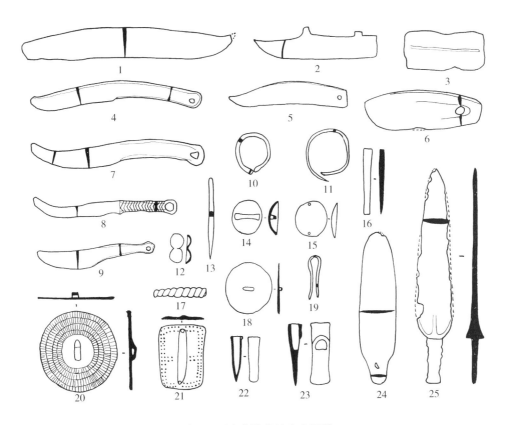

图七　天山北路墓地出土铜器

1、2、4、7~9. 刀　3、21. 牌　5、6. 镰　10、11. 耳环　12. 联珠饰　13. 锥　14. 扣　15. 铜泡

16. 凿　17. 管　18、20. 镜　19. 别针　22. 竖銎斧　23. 透銎斧　24. 矛（匕）　25. 短剑

测，此类因素可能与新疆北部阿勒泰一带的原始文化有某种联系，但其传播方向和渠道还有待考察。第三类因素暂称为"A"组遗存。这是该墓地的主体，其陶器形态、质地及彩陶花纹等与四坝文化的同类器非常接近，有的甚至完全雷同，难分彼此。正是通过对后一类遗存的识别，我们认为天山北路墓地的年代与四坝文化基本同时（图八）[①]。至于该墓地是否存在年代更晚的遗存，只能待将来资料全部发表后方能知晓。

（2）古墓沟墓地（公元前 2000 至前 1800 年）

地点位于新疆维吾尔自治区巴音郭楞蒙古自治州的孔雀河下游地段。1979 年，在此地发掘古墓葬 42 座，随葬品中发现少量红铜卷或装饰小件（器形不明）。据王炳华

① Li Shuicheng（2002），The Interaction between Northwest China and Central Asia during the Second Millennium BC：an Archaeological Perspective，*Ancient Interactions*：*East and West in Eurasian*，pp. 171 – 182，Edited by Katie Boyle，Colin Renfrew & Marsha Levine，McDonald Institute Monographs，University of Cambridge，UK.

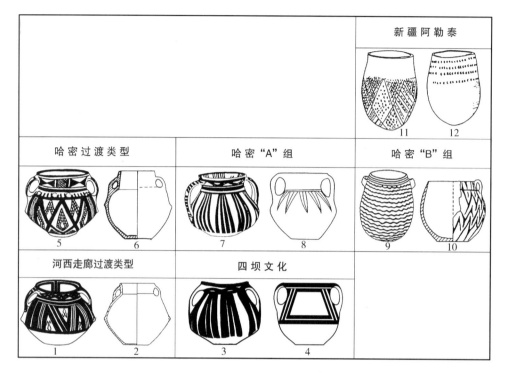

图八　天山北路墓地陶器比较

1. 彩陶双耳罐（皇 75M30：1）　2. 素陶双耳罐（潘 M3：4）　3、4. 彩陶双耳罐（四 54.5.42、鹰 86M1：2）　5. 彩陶双耳罐（天 M550）　6. 素陶双耳罐（天 T12M8：1）　7、8. 彩陶双耳罐（天 89T10M1：14、天 T12M2：1）　9. 双贯耳彩陶罐（天 M221）　10. 单耳彩陶罐（天 M 采：34）　11、12. 深腹圈底罐（克采集、克 M16：3）（皇＝武威皇娘娘台墓地，潘＝安西潘家庄墓地，四＝山丹四坝滩遗址，鹰＝安西鹰窝树墓地，天＝哈密天山北路墓地，克＝阿勒泰克尔木齐墓地）

先生介绍，该墓地在建造过程中曾使用了大量木器，很多木制品上遗留着砍、凿、刻、削的清晰印迹，间接证明古墓沟人在建造墓地时曾使用金属工具来加工木料。据他的统计，共发现 240 组使用弧刃工具的砍痕，刃宽一般 3～5、进深 3～5、最深达 10.5 厘米。砍痕表面相当光洁，说明金属器相当锐利，否则不可能对那些质地坚硬的胡杨木进行有效加工[1]。据体质人类学家研究，古墓沟墓地的人种特征与俄罗斯南西伯利亚米奴辛斯克盆地及东哈萨克斯坦一带的阿凡那谢沃（Afanasievo）文化、安德罗诺沃（Andronovo）文化的居民体质接近[2]。在这两支文化中，阿凡那谢沃文化处在铜石并用时代

---

① 王炳华：《孔雀河古墓沟发掘及其初步研究》，《新疆社会科学》1983 年第 1 期第 117～128 页。

② 韩康信：《新疆孔雀河古墓沟墓地人骨研究》，《考古学报》1986 年第 3 期第 361～384 页。

后期，安德罗诺沃文化处在青铜时代初期，它们均已普遍开始使用铜器了①。

（3）小河墓地（公元前2000年前后）

2002年，新疆的考古学家正式发掘了罗布泊附近的小河墓地②。在墓葬和遗物中仅报道了个别铜片（M2∶16、MC∶109），但均不辨形状。这里还出土一批草编容器，其形状及编织花纹与安德罗诺沃文化的陶器装饰相同。这一发现证明，小河与古墓沟两个地点的年代范围大致靠近③。

（4）南湾墓地（公元前1600至前1100年）

地点位于新疆巴里坤哈萨克族自治县奎苏乡。1981～1988年，先后两次进行发掘，清理古墓葬百余座。目前仅在个别研究文章中透露了该地点出土的部分遗物，所出铜器的具体数目不详，见诸报道的有刀、锥、管銎斧、凿、镞、铃、镜、扣、管、耳环等。其中1件长柄管銎戈（斧），形态独特，非常罕见（图九）。

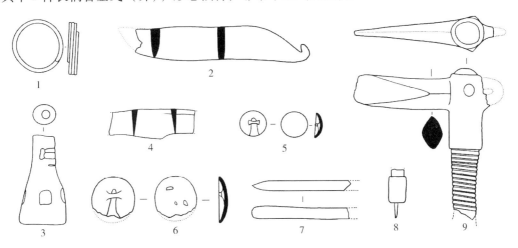

图九　南湾墓地出土铜器

1. 手镯　2、4. 刀　3. 铃　5、6. 扣　7. 凿　8. 锥　9. 管銎戈（斧）

学者将该墓地分作三期，认为南湾第一期的年代接近天山北路墓地第二期；第二、三两期与天山北路墓地第三、四期大致对应。通过研读这批资料，我们的总体认识是，南湾第一、二期陶器特征与天山北路"A"组遗存最为靠近，但也存在些许差异，或许前者年代上限达不到天山北路第二期。出于这一认识，我们倾向于南湾第一、二期的年

---

①　吉列谢夫：《南西伯利亚古代史》，新疆社会科学院民族研究所译，1981年。

②　新疆文物考古研究所：《2002年小河墓地考古调查与发掘报告》，《新疆文物》2003年第2期。

③　估计小河墓地的年代与古墓沟墓地一致。

代仅相当于天山北路第三、四期。南湾第三期的陶器风格有明显改变，与第一、二期拉大了距离。从年代检测结果看，南湾遗址的¹⁴C 年代大致落在公元前 1600 至前 1100 年之间①，这与我们的分析结果是吻合的。

根据已发表的资料，南湾墓地的铜器造型与天山北路墓地的同类器靠近，特别是铜刀、镂空铜牌、铜扣、铜环等器，考虑到二者地理位置毗邻，它们之间应该存在比较密切的文化联系。但南湾墓地所见长銎铜斧、铜铃等器为别处所不见，显示出某些独特的文化内涵。

（5）焉不拉克文化（公元前 1300 至前 700 年）

据现有的考古发现和研究成果，新疆东部的古文化发展轨迹已经有了一个大致的眉目，即以天山北路墓地为代表的遗存逐渐演进到以焉不拉克墓地为代表的遗存。后者在新疆东部地区有一定的分布面，典型遗址包括五堡水库墓地②、寒气沟遗址等③。焉不拉克文化的金属冶炼业延续了当地的传统。目前，该文化的金属器包括铜器、少量铁器和个别的金器。铜器仍以各类工具、兵器和装饰品为主，所见有刀、镞、锥、钻、镜、针、牌、刻刀、纺轮、戒指、耳环、管、泡、珠、铜片等（图一〇）。

目前对于焉不拉克文化的年代还存在不同意见。在经检测的 12 个 ¹⁴C 数据中，有 5 个落在公元前 1700 年上下，4 个落在公元前 1300 年左右，3 个落在公元前 700 年前后（均经树轮校正）。发掘者认为，上述数据中前 5 个年代偏早，遂主张将该文化的年代划在公元前 1300 至前 700 年之间④。也许这一认识有些保守，该文化的年代上限有可能更早一些。

至今我们尚不了解天山北路墓地"后马厂时期"遗存的随葬品组合，但此类遗存在新疆地区学者的分期中被排在第一期，可见它在墓地中是年代最早的。但第一期也包括了"B"组遗存的彩陶，二者关系如何还不清楚。假如"后马厂时期"的随葬组合性质单纯的话，那么，此类墓葬是否也出铜器就显得非常重要了。假如有的话，那它们应该是新疆东部地区目前所知年代最早的铜器之一。

大约与天山北路墓地第一期同时或略早，孔雀河古墓沟、小河墓地曾发现个别的红

---

① 吕恩国、常喜恩、王炳华：《新疆青铜时代考古文化浅论》，《苏秉琦与当代中国考古学》第 172 ~ 193 页，科学出版社，2001 年。

② 新疆文物考古研究所：《新疆哈密五堡墓地 151、152 号墓葬》，《新疆文物》1992 年第 3 期第 1 ~ 10 页。

③ 新疆文物考古研究所等：《新疆哈密市寒气沟墓地发掘简报》，《考古》1997 年第 9 期第 33 ~ 38 页。

④ 新疆维吾尔自治区文化厅文物处等：《新疆哈密焉不拉克墓地》，《考古学报》1989 年第 3 期第 325 ~ 362 页。

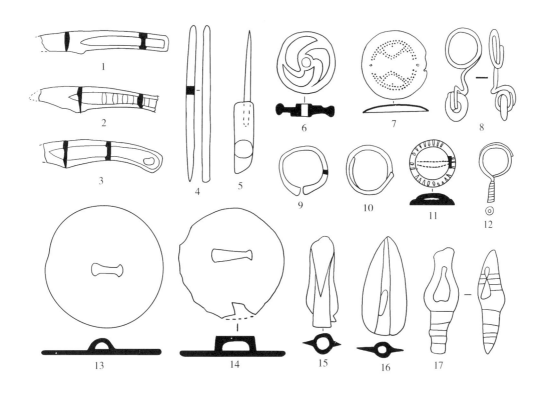

图一〇　焉不拉克文化铜器（焉不拉克墓地出土）

1~3. 铜刀（M75∶16、M35∶2、M33∶1）　4. 铜刻刀（M68∶11）　5. 有柄铜锥（M53∶12）　6. 铜纺轮（M69∶4）　7. 大铜泡（M46∶1）　8、10、12. 铜耳环（M31∶7、M6∶9、M45∶4）　9. 金耳环（M68∶14）　11. 铜扣（M68∶15）　13、14. 铜镜（M64∶3、M45∶3）　15、16. 铜镞（M68∶3、M6∶2）　17. 铜管（M75∶23）

铜小件（均不辨形状）。或许正如古墓沟墓地发掘者所猜测的那样，建造这些墓地的人是拥有锋利的金属工具的，但当时可能尚未发展到可以将贵重的铜器用于随葬的阶段。

　　1994 年，孙淑云教授对新疆哈密及邻近地区 16 个遗址出土的 234 件铜器进行了系统的检测分析，重点是天山北路、焉不拉克、南湾、黑沟梁等六处墓地出土的 130 件铜器。结果显示，哈密地区的冶铜业大致经历了三个发展阶段：第一阶段以天山北路墓地（公元前二千纪前半叶）为代表，检测的 87 件铜器以锡青铜为主要合金材质，红铜和砷铜占一定数量。第二阶段以焉不拉克墓地、南湾墓地（公元前二千纪后半叶）为代表，分别检测了 16 件和 14 件铜器，锡青铜仍占主要地位，砷铜比例增加，并出现砷含量高于 10% 的高砷砷铜。第三阶段以黑沟梁墓地（公元前一千纪前半叶）为代表。在 12 件铜器中发现锡含量达 16% 的高锡青铜，还出现了铜锌合金制品，砷含量下降，铅含量有所增加。以上各阶段的铜合金都含有较多杂质元素，铸造和锻造都有。冶金史学家通过对天山北路和四坝文化铜器的对比研究，发现二者在器物类型、材质和制作技术方面均具有相似性，尤其是与四坝文化晚期干骨崖墓地所出的铜器最为接近。反映出这一地区在东西方文化交流、包括冶金技术在内的早期文化交流中占有的重要地位①。

梅建军博士与新疆的学者合作，在天山北路墓地的铜器中挑选了 19 件样品进行检测。这批铜器在制作工艺上采用了铸造、锻造、退火和冷加工技术，其合金种类分别为，锡青铜 15 件，红铜 1 件，其余 3 件含少量铅或砷。另外对哈密五堡水库墓地 2 件焉不拉克文化铜器的检测结果为砷铜（含砷量 3% ~ 4%），这在当时曾被认为是新疆首次发现的砷铜。在年代更晚的哈密腐殖酸厂遗址检测到 1 件铜砷铅三元合金的铜扣，含砷量显然不低，这也是当时在新疆唯一所见使用此类罕见合金成分的铜器。而在伊犁奴拉赛冶铜遗址冶炼的也正是此类合金。再有，经检测，在年代更晚的黑沟梁和庙尔沟遗址出土的 2 件铜镜为铜锡铅三元合金，且锡含量相当接近（22% ~ 23%），这一比例与中原战国后期的铜镜非常相似②。

随后，北京科技大学冶金及材料研究所对天山北路墓地出土的 89 件铜器进行了科学检测，其中锡青铜 61 件，占检测铜器总量的 69%；红铜 11 件，砷铜 9 件，分别占 12% 和 10%；另有 7 件三元合金铜器（铜—锡—砷 4 件，铜—锡—锑 1 件，铜—锡—铅 1 件，铜—砷—铅 1 件）。此外，经对 40 件保存较好的样品进行检测，10 件为红铜，16 件锡青铜（含锡量 7% ~ 10%），7 件砷铜（含砷量 2% ~ 6%），其余 7 件为三元合金。在制作工艺上，铸造与热锻之比为 35∶44，热锻工艺略占优。这一组数据再次证明，天山北路墓地的铜器以锡青铜为主，砷铜次之，红铜仍在沿用，但为数不多。总体显示，天山北路墓地已进入比较成熟的金属冶炼加工阶段。该墓地铜器的另一特点是，砷铜器形比较固定，一般多被用来制作装饰品，而较少用来制作工具。此外，这里的多元合金被认为是冶炼共生铜矿过程的产物③。

上述一系列的检测分析有一些重要发现。首先，新疆东部一批年代在公元前 2000 至前 500 年的遗址内普遍发现有砷铜。其次，大部分砷铜的含砷量低于 8%，少数超过 20%，这表明，砷铜在新疆东部有比较广泛的分布面，是该区域早期铜器中常见的合金材质，而且延续时间甚久。第三，从天山北路墓地开始，铅锡青铜开始成为该地区合金铜的主流。

---

① 孙淑云：《近年来冶金与材料史研究的新进展》，《冶金研究（2002）》第 378 ~ 384 页，冶金工业出版社，2002 年。

② 梅建军等：《新疆东部出土早期铜器的初步分析与研究》，《西域研究》2002 年第 2 期第 1 ~ 10 页。

③ 北京科技大学冶金与材料史研究所等；《新疆哈密天山北路墓地出土铜器的初步研究》，《文物》2001 年第 6 期第 78 ~ 89 页。

2. 伊犁河—准噶尔盆地周边地区

最近一些年来，在新疆西北部的伊犁、塔城、阿尔泰及准噶尔盆地周边地区新发现了一批年代较早的铜器，主要为各类工具、兵器和少量装饰品。常见器形有半月形铜镰、镰形刀、铜铲、透銎铜斧、弯头銎斧、有段扇刃铜斧、单耳竖銎铜锛、铜矛、铜锤、铜凿、长銎铜戈、铜短剑、带扣、镞、铜条、炼渣以及耳环、铜片、铜卷、项链、笄等装饰用品等（图一一）①。这些铜器在造型、器类和装饰纹样上带有明显的安德罗诺

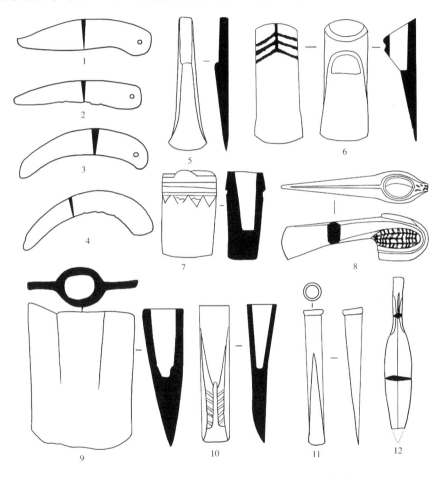

图一一 伊犁河—准噶尔盆地周边发现的早期铜器

1、2. 刀（0022、017，均藏塔城） 3、4. 镰（藏特克斯县、藏阜康县） 5. 有段扇刃斧（藏塔城） 6. 透銎斧（92TS：1，塔城三道河坝） 7. 竖銎锤（巩留县阿尕尔生） 8. 弯头管銎斧（91TW：1，托里县沃雪特乡） 9. 竖銎铲（86WS：1，藏塔城） 10. 竖銎锛（84XYQW：1，新源县71团5连渔塘） 11. 竖銎凿（76GLA：7，巩留县阿尕尔生） 12. 矛（藏塔城）

① 李肖、党彤：《准噶尔盆地周缘地区出土铜器初探》，《新疆文物》1995年第2期第4~51页。

沃文化（Andronovo）印记。出土这些铜器的地点包括阿尔泰克尔木齐墓地、塔城地区卫校墓地、托里县萨孜墓地、石河子市水泥厂墓地、良种厂墓地、木垒县四道沟遗址等。

在伊犁河—准噶尔盆地周边地区发现的这批铜器，年代比较早的遗存大概在公元前二千纪中叶前后。已有学者对这批铜器中的一部分进行了检测，结果证明，其合金成分主要为锡青铜，锡含量在 2% ~ 10%，其化学成分的特征显示出与安德罗诺沃文化的联系[1]。这一地区在年代较晚的铜器（公元前一千纪前半叶）中发现少量的砷铜制品，如尼勒克一带发现公元前 900 至前 400 年的铜锭，塔城出土公元前 700 至前 500 年的短剑等[2]。但总体上，这一地区从青铜时代到早期铁器时代的铜器绝大部分为锡青铜。据现有资料，新疆西北部早期铜器的合金成分并无明显的阶段性改变，从公元前二千纪中叶到前一千纪中叶，常常是红铜与锡青铜共存。有学者认为，当时选择红铜或青铜大概与器物的用途有关[3]。另一方面，这一地区的砷铜发展线索还不很清楚，这大概与该地区冶金学的研究比较薄弱有关，这是今后需要重视的课题。

有学者指出，新疆伊犁河流域尼勒克县的奴拉赛遗址是我国使用"硫化矿—冰铜—铜"工艺最早，也是欧亚大陆唯一一处通过添加砷矿物冶炼高砷铜合金的古矿冶遗址，在冶金史上有重要意义。尼勒克县地处东西交通要冲，这里的硫化矿和高砷铜合金冶炼技术对于探讨中亚、西亚及我国其他地区同类技术的源流有重要参考价值[4]。中日学者曾通过对奴拉赛发现的矿石、炉渣和铜锭等的分析，发现个别炉渣仅含铜或硫化铜颗粒，这一现象提示，在奴拉赛遗址可能还存在其他工艺流程或合金产品。经对 11 件奴拉赛的样品进行铅同位素比值测定，可划定奴拉赛铜矿及冶炼产品的铅同位素比值分布区，为今后探讨奴拉赛矿冶遗址的铜料去向奠定了基础[5]。上述研究对于追溯新疆地区早期砷铜的来源是有意义的，但毕竟奴拉赛遗址的年代偏晚[6]，为深入研究这些问

---

① Mei Jianjun and Colin Shell（1999），The Existence of Andronovo Cultural lnfluence in Xinjiang during the Second Millennium BC, *Antiquity*, 73（281）.

② Mei Jianjun, Colin Shell, Li Xiao and Wang Bo, A Metallurgical Study of Early Copper and Bronze Artefacts from Xinjiang, China,〔日〕《金属博物馆纪要》1998 年—Ⅱ，第 30 号。

③ 李肖、党彤：《准葛尔盆地周缘地区出土铜器初探》，《新疆文物》1995 年第 2 期第 4 ~ 51 页。

④ 梅建军等：《新疆奴拉赛古铜矿冶遗址冶炼技术初步研究》，《自然科学史研究》第 17 卷第 3 期第 289 ~ 295 页，1998 年。

⑤ 梅建军等：《新疆奴拉赛古铜矿冶遗址的科学分析及其意义》，《吐鲁番学研究》2002 年第 2 期第 289 ~ 295 页。

⑥ 奴拉赛遗址的年代在公元前一千纪中叶左右，现有 ^{14}C 数据两例，即公元前 900 至前 413 年、公元前 481 至前 386 年；中国社会科学院考古研究所编：《中国考古学中碳十四年代数据集》（1965 ~ 1991），文物出版社，1992 年。

题，还需要在当地寻找年代更早的资料。

由于伊犁河—准噶尔盆地周边发现的早期铜器具有浓厚的安德罗诺沃文化因素，故有必要提及该文化年代研究的新进展。早年，前苏联学者一般将阿凡那谢沃文化定在公元前三千纪后半叶，其下限早于公元前2000年，但对安德罗诺沃文化的年代则存在分歧，如吉谢列夫（Киселев，С. В.）院士曾将其年代定在公元前17至前12世纪[①]。19世纪70年代，前苏联学者在乌拉尔河一带发掘了著名的辛塔施塔（Sintashta）墓地，发掘报告认为该墓地的年代为公元前17至前16世纪[②]。近些年来，随着一批新的^{14}C数据的公布，对上述认识有所修正，而属于安德罗诺沃文化范畴的辛塔施塔—彼得罗夫卡文化（Sintashta – Petrovka）的年代上限可前提至公元前二千纪前半叶[③]。如此，安德罗诺沃文化的年代将在原有认识的基础上提早约200年。这一成果提示，新疆西北地区发现的这批铜器中有可能包含比较早的因素。前面曾提到，罗布泊附近的古墓沟和小河墓地的年代上限在公元前2000年前后，这中间包含有阿凡那谢沃文化晚期或安德罗诺沃文化早期的遗留。这一事实说明，公元前2000年前后，来自俄罗斯南西伯利亚或东亚哈萨克斯坦一带的族群曾沿额尔齐斯河、额敏河、伊犁河陆续进入新疆西北地区，其中少部分向东迁徙到塔里木盆地东缘的罗布泊一带。另有小部分穿越天山，到达天山南麓的和硕境内[④]。

3. 天山中段地区

地理范围指天山中段与塔里木河之间的山前地带和草原。20世纪80年代以来，先后发现一批规模甚大的古墓群，最具代表性的是和静县的察吾呼墓地。这是一处包含6座墓地的大型氏族墓地，墓葬总数达一千数百座。其中Ⅰ、Ⅱ、Ⅳ、Ⅴ四处墓地毗邻，文化面貌类似，后被命名为察吾呼文化。学者将该文化分为四个发展阶段，第一期到第四期所出铜器基本为小件兵器、工具和生活用具，从器形和类别上看不出明显的阶段性变化，也没有什么规律。其种类主要有大量的刀（分环首与直柄）、锥（均安装骨、木柄）、针、扣、管和少量的马衔、马镳、节约、镜（分带纽镜和手柄镜）、镞、匕、矛、带钩、戒指、笄、耳坠、牌、耳环、铃、纺轮、单耳斧、双联珠、三联珠、十字铜扣

---

① 吉谢列夫：《南西伯利亚古代史》，新疆社会科学院民族研究所译，1981年。

② В. Ф. Генинг，Г. Б. Зданович，В. В. Генинг（1992），*Ситашта*，Южно—Уральское книшжное нздателвство，Челябинск.

③ David W. Anthony（1998），The Opening of the Eurasia Steppe at 2000 BCE，*The Bronze Age and Early Iron Age Peoples of Eastern Central Asia*，pp. 94 – 113，The Iustitute for the Study of Man in Collaboration with The University of Pennsylvania Museum Publications.

④ 新疆考古所：《新疆和硕新塔拉遗址发掘简报》，《考古》1988年第5期第399~407页。

等。此外在 I 号墓地还发现 1 件小铜碗①。

察吾呼墓地共检测了 32 个 ^{14}C 数据，年代多集中在公元前 1200 至前 500 年，考虑到其他方面因素，其绝对年代被定在公元前 1100 至前 500 年之间。与察吾呼文化面貌相同、或比较接近的遗址在这一地区还有和静县哈布其罕墓地、巴勒其尔墓地，拜城县克孜尔墓地和轮台县群巴克墓地等。这些遗址所出铜器与察吾呼文化大同小异，年代略有早晚，但差异不大。其中在哈布其罕墓地发现的金、银鼻（耳）环与四坝文化的同类器非常相似②。

在塔里木盆地北缘、沿塔里木河岸一线分布有与察吾呼文化面貌完全不同的另一类青铜时代遗址，如和硕新塔拉、库车哈拉墩、阿克苏喀拉玉尔衮等遗址。这些遗址一般只出铜器，不见铁器，年代也比较早。已发现的铜器有双耳带銎斧、镞、锥、刀、针、环等。由于调查发掘规模有限，对此类遗存的年代和性质还缺乏深入了解，也不清楚它们与察吾呼文化的关系。从新塔拉遗址发表的部分遗存看，它与准噶尔盆地周边的青铜文化有接近的一面，像夹砂黑褐陶，器表压印的麦穗状纹、篦纹，以及铜器中的双耳竖銎斧等，这些因素很可能来自天山以北的准噶尔盆地周边地带。

（三）中原地区

中原地区③的范围主要包括河南省的西部和山西省的南部。这一地区以往曾发现一批年代较早的铜器和与冶铜工业有关的遗迹，个别地点的发现甚至早到仰韶时代④。但总体看，中原地区发现的早期铜器在数量和遗址点方面都比较少。此外，学术界对那些年代早于龙山时代晚期的铜器还存有较大的争议，有关早期铜器的报道不少仅停留在文字介绍上，至今仍未见相应的图像资料。有鉴于此，本文的讨论暂不涉及中原龙山时代晚期以前的遗物。

1. 中原龙山时代晚期文化（公元前 2190 至前 1965 年）

这一时期发现的铜器仅有数例。具体有河南登封王城岗遗址第四期出土 1 件残铜片⑤，郑州董砦发现的与冶炼有关的遗迹⑥和杞县鹿台岗遗址发现 1 件疑为小刀的残片⑦，淮阳

---

① 新疆文物考古研究所：《新疆察吾呼——大型氏族墓地发掘报告》，东方出版社，1999 年。

② 吕恩国、常喜恩、王炳华：《新疆青铜时代考古学文化浅论》，《苏秉琦与中国当代考古学》第 172 ~ 193 页，科学出版社，2001 年。

③ 中原龙山文化的分布涉及河南、山西、河北及陕西等省区，本文的"中原地区"是个狭义的概念，主要是指嵩山周围一带及晋南地区，其他地区将不涉及，特此说明。

④ 在陕西西安半坡、临潼姜寨遗址发现有仰韶时期的黄铜残件。

⑤ 河南省文物考古研究所等：《登封王城岗与阳城》，文物出版社，1992 年。

⑥ 河南省文物局文物工作队发掘资料，转引严文明：《论中国的铜石并用时代》，《史前研究》1984 年第 1 期第 36 ~ 44 页。

⑦ 郑州大学考古专业等：《河南杞县鹿台岗遗址发掘简报》，《考古》1994 年第 8 期第 673 ~ 682 页。

平粮台遗址发现 1 块铜渣①，山西襄汾陶寺遗址出土 1 件铜铃（M326）②，及最近发现 1 件齿轮形铜手镯（M11）③（图一二）。此外还发现一些与冶炼有关的遗迹现象④。这其中令人多少感到困惑的是，在中原龙山晚期文化中，至今尚未发现完整的工具和装饰品小件。

上述龙山晚期的铜器中，陶寺所出铜铃经检测系含铜 97.8% 的红

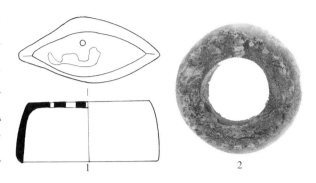

图一二　陶寺遗址出土的龙山时代晚期铜器

1. 铃（M326）　2. 手镯（M11）

铜，此器出于一座小型墓，其造型与同一时期的陶铃相同⑤。齿轮形铜手镯经初步检测为砷铜合金制品⑥。河南临汝煤山遗址龙山文化曾发现 2 件坩埚（残件），经检测属于冶炼红铜的工具⑦，王城岗出土的铜片经光谱定性分析，为铸造的锡铅青铜，含锡量大于 7%，器体内还含有铅、锡和微量的银⑧。发掘者认为，此铜片似为一容器腹部的残片。但有学者一直对其出土层位和年代表示怀疑⑨。

---

① 河南省文物研究所等：《河南淮阳平粮台龙山文化城址试掘简报》，《文物》1983 年第 3 期第 21～36 页。

② 中国社会科学院考古研究所山西队等：《山西襄汾陶寺遗址首次发现铜器》，《考古》1984 年第 12 期第 1069～1071 页。

③ 严志斌：《襄汾陶寺遗址》，《中国考古学年鉴（2001）》第 117～118 页，文物出版社，2002 年；梁星彭等：《襄汾陶寺新石器时代遗址》，《中国考古学年鉴（2002）》第 137～140 页，文物出版社，2003 年；国家文物局主编：《2001 年中国重要考古发现》第 24～27 页，文物出版社，2002 年。

④ 据报道，在河南郑州牛寨、安阳后岗、山西榆次等地曾发现炼渣、炼炉一类遗存，时代多属龙山时期。

⑤ 同②。

⑥ 严志斌：《襄汾陶寺遗址》，《中国考古学年鉴（2001）》第 117～118 页，文物出版社，2002 年；梁星彭等：《襄汾陶寺新石器时代遗址》，《中国考古学年鉴（2002）》第 137～140 页，文物出版社，2003 年；国家文物局主编：《2001 年中国重要考古发现》第 27 页，文物出版社，2002 年。

⑦ 中国社会科学院考古研究所河南二队：《河南临汝煤山遗址发掘报告》，《考古学报》1982 年第 4 期第 472～476 页。

⑧ 孙淑云：《登封王城岗龙山文化四期出土的铜器 WT196H617：14 残片检验报告》，《登封王城岗与阳城》第 327～328 页，文物出版社，1992 年。

⑨ 安志敏：《试论中国的早期铜器》，《考古》1993 年第 12 期第 1110～1119 页；董琦：《王城岗城堡遗址再分析》，《中国历史文物》2002 年第 3 期第 15～23 页。

从检测结果看，这一时期的铜器既有红铜，也有砷铜、铅锡青铜，但多数为红铜。这表明，龙山时代晚期，中原地区的冶铜业尽管具备了一定水准，但仍处在冶铜业发展的初期。具体表现是出土铜器数量少，发现地点稀疏。考虑到中原地区的考古工作开始时间早，规模大，工作力度也较其他地区大得多，如果在这一量化的基点上与同时期中国西北地区的考古发现相比，中原地区的冶铜业显然不具备特别的优势。

有学者参考河南龙山文化遗存的分期（王城岗遗址）及加速器（AMS）[14]C 检测数据的分析，将河南龙山晚期遗存分为三个阶段，第一段的年代为公元前 2190 至前 2105 年，第二段为公元前 2132 至前 2030 年，第三段为公元前 2050 至前 1965 年。如此，分布在嵩山周围的龙山晚期文化始自公元前 22 世纪，止于公元前 20 世纪[①]。晋南陶寺遗址出土的 2 件铜器属于该遗址的晚期，[14]C 年代为公元前 1600 ± 75（树轮校正 1885 ± 130 年），大致落在公元前 19 世纪范围内[②]，属于中原地区龙山时代末期。

2. 二里头文化（公元前 1780 至前 1529 年）

二里头文化的分布中心在豫西和晋南地区。这一时期发现的铜器数量明显增多，据统计，总量已达 200 件，目前已正式发表 117 件[③]，它们中的绝大多数出自河南偃师二里头遗址，河南登封王城岗[④]、洛阳东干沟[⑤]、驻马店杨庄[⑥]、密县新砦[⑦]及山西夏县东下冯[⑧]等遗址也有零星发现。二里头文化的铜器种类较龙山晚期大为丰富，小件工具有鱼钩、刀、锛、削、钻、纺轮、凿、锥、锯，兵器有镞、戚、戈、钺，乐器有铃，装饰品有泡、镶嵌绿松石圆牌、镶嵌绿松石兽面铜牌，礼器有爵、斝、盉、鼎等（图一三）。此外，在二里头遗址还发现了铜炼渣、炼铜坩埚（残件）及铸造铜器的陶范、石范及大型铸铜遗址等。

以二里头文化为代表的中原地区冶铜业的进步特征主要表现在铜器数量增加，器类大大丰富，尤其是青铜容器的出现集中体现了这一时期的冶铸水平。另一方面，青铜合

① 方燕明：《早期夏文化研究中的几个问题》，《中原文物》2001 年第 4 期第 46～50 页。
② 中国社会科学院考古研究所山西队等：《山西襄汾县陶寺遗址发掘简报》，《考古》1980 年第 1 期第 18～31 页；中国社会科学院考古研究所山西队：《1978～1980 年山西襄汾陶寺墓地发掘简报》，《考古》1983 年第 1 期第 30～42 页。
③ 梁宏刚、孙淑云：《二里头遗址出土铜器研究综述》，《中原文物》2004 年第 1 期第 29～39 页。
④ 河南省文物考古研究所等：《登封王城岗与阳城》，文物出版社，1992 年。
⑤ 中国科学院考古研究所洛阳发掘队：《1958 年洛阳东干沟遗址发掘简报》，《考古》1959 年第 10 期第 537～540 页。
⑥ 北京大学考古学系等：《驻马店杨庄》，科学出版社，1998 年。
⑦ 赵春青：《新砦期的确认及其意义》，《中原文物》2000 年第 1 期第 21～23 页。
⑧ 中国社会科学院考古研究所等：《夏县东下冯》，文物出版社，1988 年。

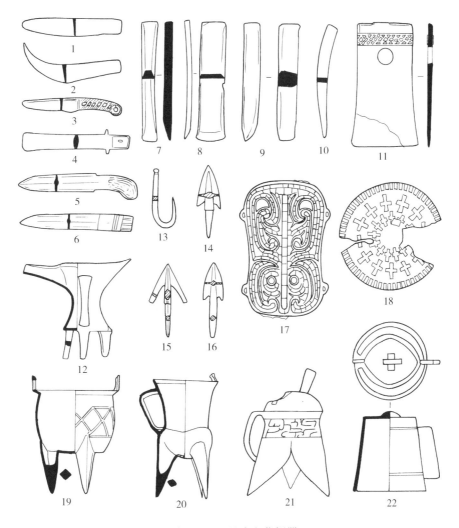

图一三　二里头文化铜器

1、2. 直柄刀　3. 环首刀　4. 戚　5、6. 戈　7. 凿　8、9. 锛　10. 锥　11. 钺　12. 爵　13.
鱼钩　14~16. 镞　17. 兽面牌　18. "十"字镂孔圆牌　19. 鼎　20. 斝　21. 盉　22. 铃（二
里头遗址出土）

金已占据统治地位，而且主要为锡青铜、铅青铜和铅锡青铜。早年，严文明先生曾作过
统计，二里头时期的青铜合金比率接近80%，红铜仅占20%稍强，这应是有意识进行
人工合金的结果[①]。近年来，已作过化学成分检测并已发表检测数据的二里头文化铜器
共有52件，其中红铜（包括2件锡、铅含量均低于2%的低铅锡青铜）10件，锡青铜

---

① 严文明：《论中国的铜石并用时代》，《史前研究》1984年第1期第36~44页。

15 件，铅青铜 6 件，锡铅青铜 21 件，另有 1 件砷铜铜渣①。这组新的检测数据所提供的红铜与青铜的比率仍在二八开之间。

金正耀博士等对二里头文化第二至四期的 13 件铜器进行了化学成分分析。结果为，属第二期的 4 件铜器有红铜 1 件、砷铜 1 件、锡青铜 2 件；第三期的 2 件铜器有类青铜（金文指锡和铅含量未达到2%的合金铜）1 件、锡青铜 1 件；第四期的 7 件铜器有红铜 1 件、类青铜 1 件、锡青铜 1 件，其余为铅锡青铜。可见青铜比例在持续稳步增长。这其中特别值得注意的是，在所检测的第四期的 4 件铜容器中，有 3 件含铅量高达 20%以上。这一发现证实，在二里头文化的后期，已经开始尝试铸造高铅含量的青铜。而高铅的合金配比可增强铜液的流动性，易于浇铸成型，这对于当时生产的器壁甚薄、造型比较复杂的铜容器来说，应用这一技术是非常必要的。这也反映出二里头文化晚期对于铅金属的性质已有了充分的了解②。

目前，学术界在评估二里头阶段冶铜业的发展水平上仍存在分歧。有学者认为，二里头时期青铜铸造业所取得的成就仅仅是初步的，其铸造工艺仍带有一定的原始性，如青铜合金配比尚不稳定；铜器器形创新者少，多仿造同时期的陶、石器形态；铸造铜器中精致者甚少③；特别是这一时期有不少小件工具（刀、镞、锥等）模仿早期的石、骨、蚌类工具，而礼乐器等技术含量较高的器皿不仅普遍出现年代偏晚，而且也仅见于个别中心聚落遗址。因此，这一时期尚未进入真正发达的青铜时代，只不过刚刚跨出了铜石并用时代的门槛④。另一种意见认为，以二里头为代表的青铜制作技术已经达到一定的发展高度，对青铜合金几种主要金属元素已有较多的认识。二里头早中期的锡青铜铸造、稍晚的铅锡青铜的发明，都是夏代青铜工艺取得的重要成就。可以说，青铜时代主要合金类型的锡青铜和铅锡青铜的配置技术，在夏代已经基本形成，并为商代青铜文明的高度发达奠定了基础⑤。

二里头文化冶铜业的进步突出地反映在青铜礼器的出现上。目前已发现的铜礼器有 20 余件，种类有爵、斝、盉、鼎等。但是，这些容器几乎全部出现在二里头文化第三、四期，而且多为薄胎素面，以三足器为主，无平底器，有个别圈足器。容器表面均保留

①　梁宏刚、孙淑云：《二里头遗址出土铜器研究综述》，《中原文物》2004 年第 1 期第 29～39 页。

②　金正耀：《二里头青铜器的自然科学研究与夏文明探索》，《文物》2000 年第 1 期第 56～64 页。

③　陈旭：《河南古代青铜冶铸业的兴起》，《夏商文化论集》第 171～175 页，科学出版社，2000 年。

④　严文明：《论中国的铜石并用时代》，《史前研究》1984 年第 1 期第 36～44 页。

⑤　同②。

着铸造痕迹,可以看出它们是由多块陶范模铸成型的,工艺比较进步。与此同时,也开始出现铜器装饰工艺,发现弦纹、乳丁、圆圈纹、云纹、网纹、镂孔以及单线条构图的饕餮纹等,简约而疏朗。另一个能代表当时铸造水平的是镶嵌绿松石兽面牌饰、镂空圆牌饰等,可见当时的工匠已熟练地掌握了镶嵌与冶铸结合的工艺。另外,二里头文化晚期的铜礼器和兵器形态已非常接近早商时期同类器。

近年来,在二里头遗址Ⅳ区发现了面积达上万平方米的铸铜遗址,包括铸铜作坊、坩埚、铜炼渣、熔炉壁(残件)等遗迹和遗物,据说其使用时间从二里头文化第二期延续到第四期。在出土的 10 余块陶范中,个别雕刻有花纹,同时还发现制作镞、矛、斧、刀的陶范①。类似遗物在二里头遗址其他发掘区也偶有所见。这表明,二里头文化晚期的冶炼铸造业已形成一定规模。

在铸造工艺上,二里头文化普遍使用泥范铸造技术,根据不同器类选择单范、多范及组合范。冶金史学者通过观察二里头文化第三期的陶范,认为当时在铸造过程中对泥范曾进行预热处理,以适应冶炼某些复杂器类之需要。而此时技术含量最高的为铜盉与铜铃的铸造②。但也有学者指出,通过观察二里头第三期的铜爵(ⅧT22③:6),反映出当时铸造技术还比较原始③。上述截然对立的认识恰恰说明,二里头文化尚处在青铜时代发展的早期阶段,其冶铸工艺尚有不尽完善之处④。

很多学者注意到这样一个现象,即二里头文化的冶铜业存在明显的早晚差异,在二里头文化第一、二期,所见铜器全部为小件工具或兵器;从第三期开始,才能够制作一些较复杂的兵器、装饰品和容器,反映出二里头文化早晚阶段的青铜工业有一个巨大的转变。在山西夏县东下冯遗址第一、二期(相当于二里头文化第一、二期)尚不见铜器踪迹,从第三期开始,突然出现了铜器。另外,二里头文化的冶铜业也存在着明显的空间差异。以山西夏县东下冯遗址为例,该址第三期(相当于二里头晚期)出现少量铜器,器类仅有凿、镞等小件工具或武器,似乎暗示这样一些非中心性的遗址尚不具备制作复杂铜器的实力,其冶铜工业的规模也比较有限。其次,同样是在东下冯遗址,长期使用较落后的石范铸造术,因此也很难铸造出铜礼器一类的复杂器物⑤。之所以出现

① 郑光:《二里头遗址的发掘》,《夏文化研究论集》第 66 ~ 80 页,中华书局,1996 年。

② 李京华:《关于中原地区早期冶铜技术及相关问题的几点看法》,《文物》1985 年第 12 期第 75 ~ 78 页。

③ Noel Barnard(1993),Thoughts on the Emergence of Metallurgy in Pre – Shang and Early Shang China and a Technical Appraisal of Relevant Bronze Artifacts of the Time,〔日〕《金属博物馆纪要》第 19 号第 3 ~ 48 页。

④ 黄克映:《谈谈中国早期铜器的锻造、铸造技术》,《中原文物》1992 年第 2 期第 97 ~ 100 页。

⑤ 中国社会科学院考古研究所等:《夏县东下冯》,文物出版社,1988 年。

这样的区域分化，或许说明当时作为重要手工业部门的铸铜业已经被国家所垄断，这也是国家王权政体出现后的一个必然结果。

有学者对二里头遗址第一至四期的 18 个 ^{14}C 数据重新进行了拟合，结果为公元前1780 至前 1529 年，即二里头文化第一期开始于公元前 18 世纪，第四期止于公元前 16世纪[①]。

除上面介绍的三个区域外，在公元前 1500 年前后，集中发现早期铜器的考古学文化还应包括分布在鄂尔多斯地区的朱开沟文化，分布在燕山以北、西拉木伦河流域的夏家店下层文化等。鉴于这两支文化均处在中国长城沿线以北地区，其冶铜业的产生和发展曾受到中国西部和中原内地的强烈影响，限于篇幅兹从略。

二　早期冶铜业的不同工艺传统及演进趋势

以上涉及中国早期冶铜业的三个区域有着不同的文化背景和工艺传统，加之它们所处空间与周边其他考古学文化在交互作用及影响程度上的差异，导致不同地区冶金术的发展走向出现一定离异，具体表现在如下一些方面。

（一）铜产品的种类

早期铜产品的种类基本为各种小件兵器、工具和装饰品。由于生活在不同区域的族群有着各自的文化传统、经济形态和风俗习惯，这些又通过它们各自所生产的铜器类别和形态具体表现出来。在新疆伊犁河—准噶尔盆地周边地区，早期铜器主要以镰形刀、透銎斧、竖銎方形铲、有段扇刃斧、弯头管銎斧、矛等为代表，其造型风格与中亚和南西伯利亚一带的安德罗诺沃文化同类器完全一致（图一四），而制造和使用这些铜器的族群主要从事以畜牧业为主的经济活动。在东疆哈密地区，天山北路—焉不拉克文化主要制作刀、锥、镜、牌、扣、镢（斧）等小件器物，其中有些器类明显来自新疆西北部，如镰形刀、透銎斧、短剑等，一方面表现出这两个地区的联系比较紧密，另一方面也说明它们的经济生活方式有类似的一面。在天山中段地区，察吾呼文化的铜器最多的是小刀、有柄锥、扣、针，以及少量的马衔、镜等，同样具有浓郁的牧业文化特征，该墓地普遍流行的殉牲习俗进一步印证了这一点。大约在公元前一千纪中叶或稍晚，在天山以北广阔地区出现一个比较大的变化，即开始出现少量的铜容器、武士俑及造型特殊的装饰品（对兽铜环）等。所见容器种类单一，仅有铜镀（分圈足或平底）、方盘（分平底、三足、圈足，有的在盘内塑造圆雕动物，或名承兽盘）和三足釜。圆雕的武士俑作蹲跪的姿势，头戴弯头尖帽，面部呈明显的深目高鼻特征。容器的样式是欧亚草原

---

①　方燕明：《早期夏文化研究中的几个问题》，《中原文物》2001 年第 4 期第 46～50 页。

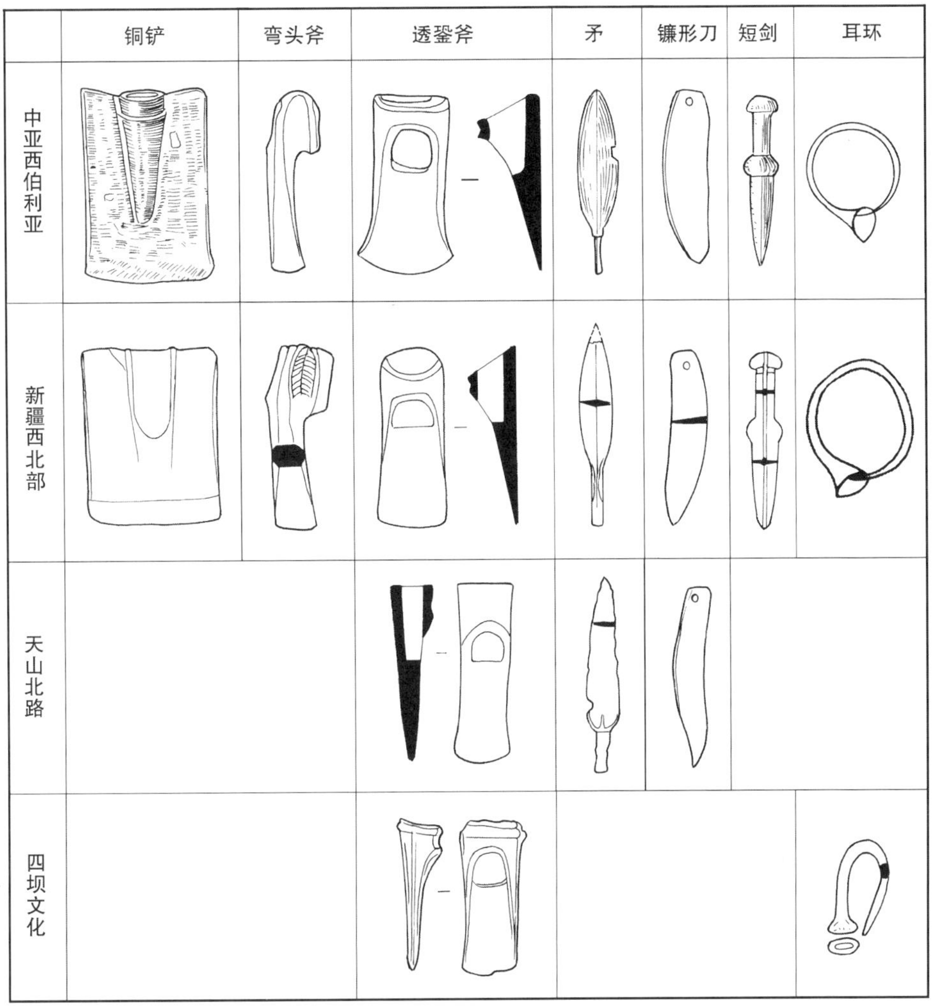

	铜铲	弯头斧	透銎斧	矛	镰形刀	短剑	耳环
中亚西伯利亚							
新疆西北部							
天山北路							
四坝文化							

图一四　河西走廊地区与新疆及境外地区出土铜器比较

地区习见的，而使用它们的主人一般被认为是活跃在欧亚大陆的斯基泰人或塞人。这一时期在新疆还出现了一些明显属于俄罗斯南西伯利亚一带塔加尔文化风格的兵器，可以鄯善洋海等遗址出土的长銎铜戈为代表。此类新的文化因素从伊犁河—准噶尔盆地沿天山北麓一直向东覆盖到哈密和巴里坤草原[①]。

　　在河西走廊，四坝文化的铜器主要为刀、匕、锥、耳环、扣、镞、泡等小件，其整体风格与哈密天山北路墓地接近，甚至两地的铜器成分也一致。但是，河西地区毕竟是一个相对独立的地理区域，据我们研究，分布在当地的四坝文化主要为农牧业兼营的经

_____

① 李肖、党彤：《准葛尔盆地周缘地区出土铜器初探》，《新疆文物》1995 年第 2 期第 4 ~ 51 页。

济形态，这一传统一直持续到公元前 1000 年前后，如骟马文化、兔葫芦类遗存和沙井文化基本也都是制作和使用小件铜器，未见任何铜容器。由此不难推测，哈密一带以天山北路墓地为代表的文化遗存在经济形态上应该与四坝文化是类似的。

这里可以铜镞为例说明中原与西北地区铜器形态的差异。大致以河西走廊为界，在走廊及以西地区所见铜镞基本为镞底或铤部带銎孔者，可将箭柄（杆）插入銎孔内；而在走廊以东地区，所见铜镞则普遍为带铤镞，制作时需将镞铤插入箭柄（杆）内加固。在河湟地区，卡约文化发现的镞基本为有铤镞，而诺木洪文化则为有銎镞。这一空间差异或许与箭柄（杆）的选材有关。估计中原或周边地区多选用竹为箭杆，竹中空，利于将镞铤插入以固定；西北地处高寒地带。无竹，箭柄多用木质，也只能因地制宜，流行有銎镞，制作时将木柄插入镞之銎孔以固定。由此不难看出，有许多铜工具的形态特征往往与其所在地区的环境及材质方面的制约因素有关。

在河湟地区。自马家窑文化到马厂文化，仅发现数例刀、锥类小件工具。齐家文化的铜器种类虽然丰富，但仍未超出这一基本范畴，常见器类以刀、锥、镜子、指环、扣、带耳竖銎斧等为主，其种类及样式虽然与四坝文化有一些差异，但并不突出。而齐家文化基本是以农业为主要生业的族群，或许在偏西部地区或高海拔地带也有一些牧业经济成分，但并不代表齐家文化的主体经济。但有一点需要注意，即目前所见齐家文化的铜器主要集中出现在偏西部一带的遗址，这是耐人寻味的。在齐家文化以后，辛店文化、卡约文化和诺木洪文化基本延续着齐家文化的传统，但随着地理分布空间的变化及气候的改变，牧业经济的比重明显在加大，而且地理位置越是靠西，特别是在那些不适合进行农业经济的地区，其牧业经济的比重愈高。在位置偏东的辛店文化曾发现极个别的铜容器，其口沿残片的形态与察吾呼文化的小铜碗非常类似。在西宁还发现了卡约文化的铜鬲，其造型与商代二里岗上层同类器相近，应是早商文化向西北渗透的证据。而在地理位置偏西的卡约文化及诺木洪文化中，畜牧业经济的比重已相当突出，后者的铜器种类和造型突显出这方面的特色。

在中原内地，尽管发现有早到仰韶时代的黄铜片，但因其出土层位、合金成分及冶炼工艺等诸多方面存在一些难以解答的疑问，一直有学者对其年代表示疑虑①。此后，直到龙山晚期以前的二千余年间，中原地区可以说没有特别明确的铜器资料发现，这一漫长的时间空白仅仅用工作力度不够来解释是不能令人信服的。我们注意到，中原与西北地区在早期铜器方面的明显差异在于，龙山晚期的铜产品中极少见工具、兵器类小件，即便是装饰品，也与西北地区差异甚大。到二里头文化早期，铜产品仍全部为小件工具、兵器及个别的装饰品，但它们在造型和器类上与西北地区的同类器也存在明显不

① 安志敏：《试论中国的早期铜器》，《考古》1993 年第 12 期第 1110～1119 页。

同。如中原地区最常见的是镞、小刀、鱼钩、斧、锛、凿、戈、钺等，装饰品甚少，仅有环、镯、牌饰几类，绝少有西北地区广为流行的耳环、指环、镜、泡、珠，管、扣等物件，反映出两个地区在文化传统和风俗习惯方面存在巨大反差。二里头文化也曾出现个别舶来品，如二里头文化三期的环首刀（ⅢM2）等。二里头文化晚期，随着中原金属制造业的突飞猛进，已开始铸造形态各异的复杂铜礼器，中原与西北的差异进一步扩大。之所以存在上述差异，其根本原因在于，中原内地一直以农业经济为主，与西北地区长期经营半农半牧或牧业经济的传统迥异，这些差异势必影响各自的生活方式与文化习俗，包括两地制造的铜器及造型。这其中，齐家文化所在的河湟地区在资源环境方面既有别于中原，亦有别于河西走廊及以西地带，它基本维持着以农为本的经济形态，但在某些不适宜牧业的地区也开始逐步加强畜牧业经济成分，这使得它同时兼具东西两方面的特色，这一点与其所处的地理位置也相符合。在河西走廊及以西地区，由于地理环境和资源配置相似，使得生活在这一地区的族群在经济形态上产生很大的共性，这些又通过早期铜器的制作和造型等体现出来。

总之，中原与西北在金属制造业上存在的差异之根本原因在于，它们各自拥有不同的生活方式，由此造成的影响极其深远，这一现象直到汉武帝建河西四郡后才最终得以改观。

（二）合金工艺

从冶铜业的发展趋势看，以上列举的三个地区都经历了从纯铜到合金青铜这一技术演变历程，但在合金材质的配比上却表现出不同的途径。东部中原内地的龙山—二里头文化、中部河湟地区的齐家文化均从制作红铜发展到冶炼锡青铜；西部河西走廊的四坝文化和哈密的天山北路—焉不拉克文化则从制作红铜到砷铜，再进而发展到锡青铜；伊犁河—准噶尔盆地周边地区青铜文化的演进脉络尽管不很清晰，但从文化传统看，也应是从冶炼红铜到砷铜再到锡青铜。目前，对于天山中段地区，在察吾呼文化及塔里木河沿线以辛塔拉遗址为代表的文化阶段，基本是以锡青铜为主。更早以前这一地区的情况，目前还缺乏了解。

齐家与四坝这两个毗邻的青铜文化为什么在合金材质的配比上经历了不同的途径？其原因可能非常复杂，但一个需要考量的因素是，这两个文化各自所处空间内的矿产资源存在差别。据现有地质资料，河西走廊西部沿祁连山北麓一线蕴藏丰富的有色金属矿藏，已发现硫砷铜矿（enargite）、砷黝铜矿（tennantite）和其他一些含砷铜矿[①]。这些

---

① Sun Shuyun, Li Shuicheng and Xu Yongjie (1994), Study of Copper Artifacts of Siba Culture in Gansu, *The Beginning of the Use of Metals and Alloys*—3. pp. 54–56, Sanmenxia, China.

矿脉自然会被长期生活在这一地区的四坝文化居民所发现、认识并利用，成为他们了解和冶炼砷铜的重要材料。而河湟地区的有色金属矿脉则与河西有着明显的不同，这里缺少含砷类有色金属铜矿，或许正是这个客观环境使得齐家文化未能经历砷铜合金这一阶段，同样，这一推测也适用于中原地区。但是，即便如此，我们却不能保证在齐家文化或二里头文化中绝对没有砷铜。事实上，在中原龙山晚期文化和二里头文化中已经发现了个别砷铜制品，或许将来也可能在齐家文化中出现类似产品；但我们相信砷铜大概不会成为这两支青铜文化的阶段性主流。

河西走廊与新疆东部毗邻，这两个地区长期存在文化交往，联想到砷铜产生的时空范围和历史背景，我们认为，四坝文化中的砷铜除了自然资源配置的因素外，也与公元前 2000 年前后东西方文化交流的加速有关。如在甘肃民乐东灰山遗址发现的砷铜合金的含砷量在 2.62% ~ 6.01% 之间，平均达 4.37%，而且全部系锻造加工，这一特征与西亚、东南欧及北非地区的早期砷铜制品相同，暗示四坝文化与外界之间存在某种形式的联络。

中原地区早期铜器的合金配比与西北地区表现出很大不同，这里在龙山晚期阶段基本是以红铜为主；到了二里头文化的早期阶段，铅锡青铜的比重逐渐上扬；二里头文化晚期，铅锡青铜已占据绝对的统治地位。

我们知道，冶金的出现与发展有共性，也有个性。在冶金业出现的初期，铜产品在很大程度上受资源和工艺技术的制约。世界上每一地区的文化发展都和当地拥有的资源条件息息相关，近东地区在公元前 4000 年左右开始出现铜砷合金，反映出当时人们所开采的铜矿大部分为含砷的硫砷铜矿（Cu_3AsS_4），这种矿石熔解之后总会有些砷残留在铜液中。但各地的铜矿资源存在差异，既有单生矿，也有共生矿。即便是共生矿，其有色金属成分也不尽相同。在发明合金铜的早期阶段，人们并不知晓矿石所含的其他有色金属成分，工匠们也难以按其意愿有效地控制产品成色。这样在冶炼过程中，铜矿所含的有色金属杂质势必会转移到其成品中。从这一角度出发，一个地区如若没有含砷类有色金属铜矿，人们也无法了解砷的特性。那么，一旦在这个地区出现了此类产品，那么，首先应该考虑的就是文化交流的结果，这一认识或许适用于解释二里头文化出现的个别砷铜制品。

（三）铸造工艺

金属铸造术的发明是与模范用具同步的，世界很多地区发明铸造术的同时即开始选择一种硬度不高、易于雕刻、耐高温的石料制作石范。另一方面，在范铸技术发明之前，曾有过一段使用锻造（打）技术的时期，以满足制作一些形态简单的铜器。但是，范铸法的出现并不能取代锻造术。事实上，这两种技术曾并行发展了相当长的时间，以服务于不同的目的，同时也有着地区间技术发展不平衡的因素。如四坝文化的铜器，有些地点以铸造技术为主，有的则铸造、锻造各占一半，还有的全部使用锻造技术。中国西北地区的铸造业是从使用石范起步的①，这种技术延续了很长时间，并一直与锻造工艺共存，这或许与西北地区的铜产品种类有着必然联系。因这里长期生产小件的工具、兵器和装饰品等，上述产品用石范和锻造技术基本能够胜任。另一方面，受石范及锻造技术的制约，也使得中国西北地区长期未能发展出铸造复杂铜容器的能力。但在中原地区则有所不同，在龙山时代晚期，中原地区很可能也是使用石范模具的，这一传统一直延续到二里头文化早期②。但在二里头遗址以外的一些非中心性遗址，石范的使用则几乎贯穿整个二里头时代，甚至更晚。如山西夏县东下冯遗址，直至商代早期仍在延

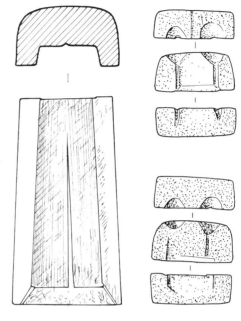

图一五　东下冯遗址出土
石范（H501∶1之2–4）

续使用石范工艺（图一五）③。与这一技术条件相适应，在二里头文化早期，中原内地的铜产品也只是制作一些简单工具、兵器及小件乐器、装饰品等，与同时期中国西北地区的铜产品没有本质的不同。大约从二里头文化二期开始，在二里头这处大型中心聚落（或为都邑），逐渐扬弃了石范这种对铸造术发展有很大限制的模具，创造出在工艺上极具灵活性、技术含量甚高的泥（陶）范模具，这一变化极大地刺激并提升了中原地区金属冶铸业的水平。从社会需求的角度考虑，这种新工艺在很大程度上又是在迎合社会上层对某些专门礼仪用具的需求而出现的。到二里头文化晚期，又发明出高铅合金青铜，同样也是为满足铜礼器的需求而创新的技术。随着上述一系列"高科技"的出现，使得中原地区的金属铸造业开始大踏步迈进，在铸造技术上将其他地区远远甩在了身后，一跃而跻身于当时世界金属铸造业的前列，为日后商周青铜文明的高度发达打下了坚实基础。

---

① 在甘肃玉门火烧沟遗址发现有铸造铜镞的石范。
② 在二里头文化第一期遗存中至今未发现陶范，见梁宏刚、孙淑云：《二里头遗址出土铜器研究综述》，《中原文物》2004 年第 1 期第 29～39 页。
③ 中国社会科学院考古研究所等：《夏县东下冯》，文物出版社，1988 年。

（四）区域间的互动

综上所述，公元前二千纪前半叶，在本文涉及的空间内已形成若干冶金文化圈。包括中原的龙山—二里头文化圈，河湟谷地的齐家文化圈，河西走廊的四坝文化圈，新疆东部的天山北路—焉不拉克文化圈，伊犁河—准噶尔盆地周边的青铜文化圈，天山中段的察吾呼文化圈等。根据上述诸文化圈在合金材质演进上的不同发展趋势，从宏观上可以将其进一步整合为东西两大冶金文化区。东区以龙山—二里头文化、齐家文化为代表，这一地区是从冶炼红铜直接发展到锡青铜；西区包括四坝文化，天山北路—焉不拉克文化、察吾呼文化和伊犁河—准噶尔盆地周边的青铜文化等，这几支文化基本是从冶炼红铜到砷铜再进而发展到锡青铜。可是，若以各文化圈产出的铜器种类为准，齐家文化虽然在合金材质的进化上与中原地区相同，但其铜产品的种类和形态却与河西走廊及以西地区一致，有一定的独特性。有鉴于此，或可将河西走廊与新疆整合为西区，齐家文化是为中区，龙山—二里头文化代表东区。而这三个地区从比较早的阶段就开始发生了文化上的接触，并互有影响。

新疆在广义上已进入中亚范畴。从很早起，这里就与中亚、俄罗斯的阿尔泰、南西伯利亚等地存在千丝万缕的文化联系，这在两地发现的不少文物上都有所反映，也不断有学者就它们的关系等问题进行过探讨①。近年来，随着新资料的增加，有些问题逐渐变得明朗起来。如哈密天山北路墓地的文化因素就表露出既有来自河西走廊的成分（以"A"组遗存和更早的"后马厂遗存"为代表），也有可能与北疆一带的原始文化有接触（以"B"组遗存为代表）（见图八）。而罗布泊附近的古墓沟墓地、小河墓地的发掘和研究证实，南西伯利亚或中亚一带的古代居民早在公元前二千纪前后已进入该地区。

在哈密曾发现有鹿首刀、环首刀、有銎镞等铜器，年代上限大致可达商代晚期。与此类似的文物曾在鄂尔多斯、陕北、河北北部等地有发现，被归入鄂尔多斯类型。在天山以北的木垒县也曾发现一批被认为属于匈奴系的牌饰，如猪马相搏透雕牌、野猪透雕圆牌、几何纹透雕牌、虎型圆雕等②。与此风格雷同的铜器也经常见于南西伯利亚、蒙古及俄罗斯外贝加尔地区。考虑到这些铜器的出土位置，说明在公元前二千纪至前一千纪范围内，哈密及周边地区在东西方的文化角逐中确曾扮演了重要的角色。

---

① Mei Jianjun（2000），Copper and Bronze Metallurgy in Late Prehistoric Xinjiang, Its Cultural Context and Relationship with Neighbouring Regions, *BAR International Series* 865，England. 林沄：《夏代的中国北方系青铜器》，《边疆考古研究》第 1 辑第 1～12 页，科学出版社，2002 年。

② 王炳华：《新疆东部发现的几批铜器》，《考古》1986 年第 10 期第 887～890 页。

　　在新疆西北一带发现的早期铜器带有明显的安德罗诺沃文化印记，其中像长方形铜铲、弯头管銎斧、镰形刀、透銎斧、矛、短剑、喇叭形耳环等与中亚地区和南西伯利亚一带的同类器几乎没有区别。此类文化因素又有一部分通过新疆西北部渗透到新疆哈密地区，由于哈密与河西走廊存在密切的联系，来自这一方向的影响又进一步波及河西走廊的四坝文化，甚至河湟地区的齐家文化（见图一四）。

　　四坝文化与齐家文化毗邻，二者一直是互有影响的。在四坝文化中已发现有个别齐家文化的因素。如在火烧沟等地曾发现少量双大耳罐（M98、M260：7），这种独特造型的器物本为齐家文化所专有，尽管四坝文化在器形上略加改动，并绘画了四坝文化特有的花纹图案，但此类文化特质只能来自齐家。另外在火烧沟、干骨崖、东灰山等地还发现少量的夹砂堆纹口罐、绳纹罐、圜底罐和豆等，它们有的直接来自齐家文化，有的则为仿制品①。同样，在齐家文化的遗址中也发现极个别的四坝文化陶器，如在积石山县新庄坪遗址出土 1 件四坝文化所特有的双耳彩陶罐②。另有迹象显示，四坝文化与祁连山南麓的卡约文化也有过接触。如火烧沟墓地出土的腹耳小口壶（M143：2）、折耳彩陶罐（M45：2）、陶勺（M5：1）等，其造型分别与青海大通上孙家寨卡约文化墓地所出腹耳壶（M13：1）、折耳罐（M?）和湟源龙勃勃遗址③的陶勺非常相似。从二者的年代和交往途径考察，沿湟水谷地上溯可至海北藏族自治州，由此继续向北，穿越祁连山扁都口即达河西重镇张掖，也就进入了四坝文化控制的区域。总之，祁连山南北两侧的青铜文化存在较为直接的交往途径（图一六）④。

　　追溯齐家文化的源头，它是中原龙山文化向西北地区扩张涟漪中的最外一环。无论是在地缘上还是在文化传统上，齐家与中原内地均有着源远流长的血脉联系⑤。随着齐家文化不断向西北扩张，对当地原有的史前文化造成强大的冲击，并最终将马厂文化挤出了河湟地区。齐家文化占据这一地区后，可同时作用于东（中原地区）西（河西走廊）两个方向，并在二里头文化和四坝文化的互动中扮演了中介角色。这其中一个颇有意味的文化现象值得关注，即齐家文化所有的铜器均出土于洮河以西地区（东经

①　李水城：《四坝文化研究》，《考古学文化研究（三）》第 80 ~ 121 页，文物出版社，1993 年；张忠培：《东灰山墓地研究——兼论四坝文化及其在中西文化交流中的位置》，《中国文化研究所学报》N. S. No. 6 第 288 ~ 323 页。

②　甘肃省博物馆：《甘肃积石山县新庄坪齐家文化遗址调查》，《考古》1996 年第 11 期第 46 ~ 52 页。

③　青海省文物考古队等：《青海湟源县境内的卡约文化遗迹》，《考古》1986 年第 10 期第 882 ~ 886 页。

④　李水城：《四坝文化研究》，《考古学文化研究（三）》第 80 ~ 121 页，文物出版社，1993 年。

⑤　李水城：《华夏边缘与文化互动：以长城沿线西段的陶鬲为例》，《新世纪的考古学：文化、区位、生态的多元互动》第 292 ~ 313 页，紫禁城出版社，2006 年。

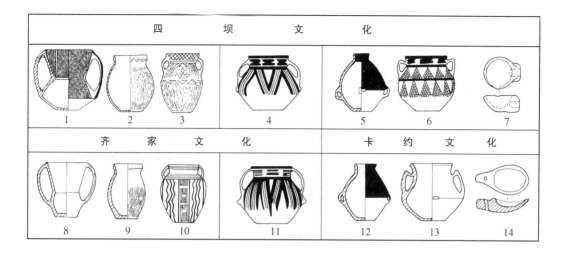

图一六　四坝文化与齐家文化、卡约文化部分陶器比较

1、8. 双大耳彩陶罐（火 M98∶4，皇 M89∶1）　　2、9. 堆纹口夹砂陶罐（东 M9∶1，秦 M86∶1）　　3、10. 双耳
蛇纹陶罐（东 M181∶2、齐 M58∶3）　　4、11. 双耳彩陶罐（火 M208∶1、新采）　　5、12. 腹耳彩陶壶（火
M143∶2、上 M13∶1）　　6、13. 折耳陶罐（火 M45∶2、上墓号不详）　　7、14. 陶勺（火 M5∶1、龙采）（火 =
玉门火烧沟，皇 = 武威皇娘娘台，东 = 民乐东灰山，秦 = 永靖秦魏家，齐 = 广河齐家坪，新 = 积石山新庄坪，
上 = 大通上孙家寨，龙 = 湟源龙勃勃）

104°），至今未闻在洮河以东发现齐家文化铜器的报道。而且，即便是在洮河以西地区，
位置偏西的齐家文化遗址往往出土的铜器数量偏多，如青海贵南尕马台遗址出铜器 49
件，甘肃武威皇娘娘台遗址出铜器 30 件，积石山新庄坪遗址出铜器 12 件。这一现象颇
为耐人寻味。

　　齐家文化与二里头文化的关系也是一个引人关注的问题。以往，曾在齐家文化的遗
址中发现过二里头文化风格的陶器或仿制品。如封口平底盉是二里头文化的典型器，与
此器相同或略加改造的陶器在甘肃庄浪县刘堡坪[①]、广河齐家坪（K5523、K5427）[②]等
地均有发现。最近，二里头文化特有的镶嵌绿松石兽面铜牌也现身于甘肃天水（图一
七）[③]。虽然目前尚未在二里头文化中发现十分典型的齐家文化遗物，但这并不重要，
毕竟文化的影响是互为对象的，在二里头文化向西扩展并接触到齐家文化的同时，也从
后者汲取了它所需要的养分，其中就不排除有冶金术方面的信息交流和技术层面的沟
通。我们相信，二里头文化早晚两期铜产品的类别差异暗示着这种可能性是存在的。只

---

　　①　张天恩：《天水地区出土的兽面铜牌及有关问题》，《中原文物》2002 年第 1 期第 43～46 页。

　　②　Andersson, J. G. (1943), Researches into the Prehistory of the Chinese, *BMFEA*. No. 15, Stock-
　　　　holm.

　　③　同①。

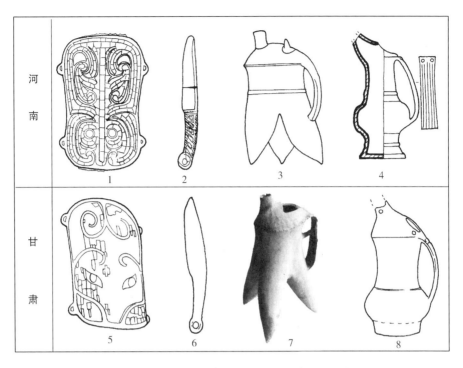

图一七　夏代时期甘肃与河南出土的相似器物比较图

1. 铜牌（二里头 M4：5）　　2. 铜刀（二里头Ⅲ M2）　　3. 袋足封口陶盉（选自北京大学《商周考古》）

4. 假圈足封口陶盉（河南伊川南寨 T85M26：2）　　5. 铜牌（甘肃天水藏）　　6. 铜刀（甘肃康乐商罐地）

7. 袋足封口陶盉（甘肃广河出土）　　8. 假圈足封口陶盉（甘肃广河齐家坪 K5427）

是到了二里头文化的晚期，随着泥（陶）范铸造技术的发展。中原地区的金属铸造业迅速脱颖而出。这也从另一方面显示出华夏文明深厚的文化底蕴和强大的文化吸纳能力。

综上所述，公元前 2000 年前后，从中原大地到广袤的大西北形成了三个金属冶炼中心，它们之间存在着密切的互动关系，具体表现形式为，中原地区与齐家文化作直接的接触，齐家文化与四坝文化发生直接联系，四坝文化与哈密地区进行直接的互动，哈密地区与伊犁河—准噶尔盆地周边和天山中段的青铜文化保持直接的联系，而新疆西北部则又与中亚和南西伯利亚一带的青铜文化发生直接的联系。而地理位置相互间隔的文化之间则表现为间接的互动关系。如中亚等地的外来因素首先作用于新疆西北部，既而通过哈密、河西走廊对河湟地区产生影响，最后波及中原内地时，其影响力已属强弩之末。反之，黄河文明对外界的作用力同样表现出类似的渐进模式。超越地理空间、跳跃式的文化接触不仅难以想象，也不切合实际，中国早期冶铜业的发展进程充分印证了这一点。

三　东西方早期冶铜术的传播与互动

有关西方对中国早期冶金术施加影响的说法早已有之，但大多数仅是停留在假说层面而缺乏实际的论证。近年来，随着考古新资料的不断累积，已经具备了讨论这一问题的基础。

1993 年，安志敏先生提出："目前的考古发现表明中国早期铜器的出现比较晚，大抵从四千年以前的龙山文化才开始出现铜器，嗣后经过一系列的发展，终于在二里头文化的基础上形成以中原地区为中心，独具特色的商周文明。至于早期金属器是如何起源的？还是一个未解之谜。不过铜器的起源，很可能是通过史前的'丝绸之路'进入中国的，例如偏处在西北地区的齐家文化，早期铜器的发展便远盛于中原地区，可能是首先接触到铜器的使用，并影响及龙山文化。"[1] 此后不久，他再次撰文指出："我们可以设想，最初导源于西亚的青铜器和铁器，首先影响到新疆地区，然后到达黄河流域，这标志着新疆处于金属文化东传的中心环节。"[2]

大约与此同时，美国学者菲兹杰拉德—胡博表示，二里头青铜文明的起源或许与中亚地区巴克特里亚（Bactrian）的冶金术东传有密切关系，而活跃在中亚和西伯利亚一带的塞伊玛—图宾诺（Seima – Turbino）文化、奥库涅夫（Okunevo）文化和安德罗诺沃文化等游牧民族在这中间扮演了重要的中介角色。这几支分布在欧亚草原的青铜文化首先进入新疆地区，既而通过河西走廊作用于河湟地区，最终通过齐家文化对中原的二里头文化施加了影响。她还举例指出，齐家文化的弧背环首刀、单耳竖銎斧、镂空对三角纹刀柄、骨柄铜刀、骨柄铜锥等与塞伊马—图宾诺文化、奥库涅夫文化的同类器极其相似；而二里头文化第三期的十字镂空圆牌、齐家文化的七角星纹镜等也与巴克特里亚的十字纹和星形纹类似。对于二里头文化的铜爵、铜斝，她表示有可能与伊朗西南部沙赫德（Shahdad）遗址的带流罐和铜杯有某种联系，而且也是通过巴克特里亚影响到中国的；二里头文化某些器斝上的铆钉装置也有可能是对巴克特里亚青铜工艺中铆钉技术的模仿[3]等。此文发表后，出现了截然相反的两种声音，或全盘否定，或基本接受。我个人认为，菲兹杰拉德—胡博是位严肃的学者[4]，尽管她所列举的证据中有些还略显生

[1]　安志敏：《试论中国的早期铜器》，《考古》1993 年第 12 期第 1110～1119 页。
[2]　安志敏：《塔里木盆地及其周围的青铜文化遗存》，《考古》1996 年第 12 期第 70～77 页。
[3]　Fitzgerald – Huber, Lousia G. (1995), Qijia and Erlitou: The Question of Contacts with Distant Cultures, *Early China*, 20, pp. 17 – 67.
[4]　Louisa G. Fitzgerald – Huber（菲兹杰拉德—胡博）是一位倾心于中国西北地区考古学研究的学者，2000 年我在哈佛大学时，曾与她多次就中国西北的考古发现及中外文化交流等问题进行过有益的探讨。

硬，但并非捕风捉影之论，毕竟这是学术问题，可以也应该允许展开讨论。最近，梅建军博士就塞伊玛—图宾诺文化、安德罗诺沃文化与中国早期冶铜业的关系问题也发表了看法，他认为菲兹杰拉德—胡博的一些看法是有见地的[1]。

其实，早在 20 世纪 80 年代，严文明先生就看到，甘肃西部地区同二里头文化在早期铜器的种类和形制上存在显著的差异[2]。同时，林沄先生也敏锐地察觉到东西方的文化互动迹象，他曾提出："我国北方地区的青铜器不仅应该和二里岗文化的青铜器曾有平行发展的关系，而且还可以推得更早……北方系青铜器在二里头文化晚期已经存在，而且对二里头文化的铜器产生了影响。"[3] 此后，他将二里头文化第三期所出环首刀（ⅢM2）、"铜戚"（ⅥK3）归为北方铜器系统[4]。最近他又撰文，认为中国北方地区发现的一批喇叭形耳环、套管式锛（即透銎斧）等早期铜器是从中亚并经新疆影响到中国北方地区的[5]。

但时至今日，有关中国冶金术与外界的联系问题仍是个敏感话题，而学界对此问题的认识也一直存在分歧。本文无需为此着太多笔墨，但这又是本文无法回避的一个话题。我的看法是，讨论这个问题最好能将其纳入到整个世界的大背景下来考量，也只有这样才能对中国早期的冶铜业有一个比较清醒的定位。

据国外的考古发现，近东是冶金术最早出现的地区。1973 年，沃尔泰姆在他的一篇谈冶金术起源的文章中列了一张表格，搜罗了当时在近东发现的一批最早的铜器，其中包括土耳其（7 处）、叙利亚北部（3 处）、伊拉克北部（6 处）和伊朗（6 处）四个地区（表二）[6]。从此表可知，近东最早的铜制品可追溯到公元前 7000 年，这时一般利用的是天然铜。如土耳其的查约纽丘（Cayönü Tepesi）发现的天然红铜钻、铜丝别针、孔雀石珠；伊朗中部锡亚尔克丘（Tepe Sialk）发现的红铜针等。这些出有早期铜器的遗址一般在公元前 6000 至前 4000 年之间，所见金属物除个别的铅、银和铁外，基本为红铜，种类不外乎小件工具或装饰品，如钻、锥、珠、指环、管、环、凿、权杖头、手镯、斧、印章、片、刀、小铲、扣等，而且均使用锻造技术。大致就在这一时期，开始

① Jianjun Mei（2003），Cultural Interaction between China and Central Asia during the Bronze Age，*Proceedings of the British Academy*，121，pp. 1 – 39. The British Academy.

② 严文明：《论中国的铜石并用时代》，《史前研究》1984 年第 1 期第 36 ~ 44 页。

③ 林沄：《商文化青铜器与北方地区青铜器关系之再研究》，《林沄学术文集》第 262 ~ 287 页，中国大百科全书出版社，1998 年。

④ 林沄：《早期北方系青铜器的几个年代问题》，《林沄学术文集》第 289 ~ 295 页，中国大百科全书出版社，1998 年。

⑤ 林沄：《夏代的中国北方系青铜器》，《边疆考古学研究》第 1 辑第 1 ~ 12 页，科学出版社，2002 年。

⑥ Wertime，T. A.（1973），The Beginning of Metallurgy：A New Look，*Science*，30 Nov. ，Vol. 182.

出现了与铸造有关的遗物，如坩埚、炼渣、矿石及冶炼遗迹等。大约公元前五千纪后半叶，与铸造术有关的遗物逐渐多了起来，如伊朗叶海亚等遗址发现人工冶炼品，年代为公元前 4000 年前后，器体内含有少量砷（0.3% ~ 3.7%），也有的经过铸造、冷加工或退火处理①。

表二　近东地区部分早期铜器及其年代表

遗址名称	出土遗物	文化层、年代（公元前）及文化	
土耳其（Turkey）			
查约纽丘（Cayönü Tepesi）	自然红铜钻、铜丝别针，孔雀石珠	"晚于第 4 层"	7000
萨伯第（Suberde）	红铜锥	"下层"	6500
萨塔尔—休于克（Catal Hüyük）	铅珠，红铜珠	第 9 层	6400
	红铜珠（红铜片制成）、指环、管，铅珠和坠饰	第 7 层和第 6 层	6000 ~ 5700
	红铜"渣"	第 6 层	5900 ~ 5800
拜斯苏尔坦（Beycesultan）	窖藏：红铜工具 14、银环 1、凿（或许为敞口铸型的铸件）	五千纪后半叶	4500 ~ 4000
哈斯拉尔（Hacilar）	红铜珠	第 Ⅱa 和 Ⅰa 或 Ⅰb 层　5400 ~ 5200　哈逊纳文化（Hassuna）	
堪—哈桑（Can Hasan）	红铜权杖头、红铜手镯	2b 层，3 号房屋　5000　莫辛第 20 ~ 21 层（Mersin）	
莫辛（于缪克丘）[Mersin（Yümük Tepe）]	红铜别针 2	第 22 层	5000
	红铜凿、红铜斧	第 17 层	4600
	红铜印章	?	?
	卷头的红铜别针 6、红铜凿、一些斧子、扁斧、金属矿石、磨光的金属工具或别针	第 16 层	4300
北叙利亚（Northern Syria）			
阿莫克（Amouq）	附着金属物的石器	哈逊纳 B 期（Hassuna）5500	
查尕尔—巴扎（Chagar Bazar）	红铜珠	哈拉夫第 12 层（Halaf）4800	
哈拉夫丘（Tell Halaf）	红铜装饰品	彩陶层（哈拉夫时期）4800	
北伊拉克（Northern Iraq）			
扎威—切米（Zawi Chemi）	红铜片（红铜矿石坠饰）		8500

---

① 《中国大百科全书·矿冶卷·冶金史》，中国大百科全书出版社，1984 年。

遗址名称	出土遗物	文化层、年代（公元前）及文化	
埃斯—梭万丘 （Tell Es – Sawwan）	红铜珠若干、片若干、小刀	一层或"下二层"	5600～5400
萨马拉（Samarra）	红铜片若干	"萨马拉"	5000
	像是工具、矩形断面的铁凿	"萨马拉"（哈拉夫?）	5000
阿帕齐亚（Arpachiyah）	铅片	哈拉夫（Halaf）	4800
	红铜别针类装饰品2	哈拉夫（Halaf?）	4800（?）
哈逊纳（Hassuna）	方铅矿装饰品	第Ⅰa层	5700
高拉丘（Tepe Gawra）	小环、凿	第17层 北欧贝德文化（Northern Ubaid）	4000
伊朗（Iran）			
阿里—科什（Ali kosh）	红铜珠	"阿里—科什期"	6500
基延丘（Tepe Giyan）	红铜别针若干	基延5B	4500～4000
锡亚尔克（Sialk）	红铜锥若干	Ⅰ—3期	5100
	红铜别针	Ⅰ—4期	4900
	红铜手镯、别针、小铲残件，纽扣	第2期	4600～4100
	红铜别针（经退火处理）	Ⅰ或Ⅱ期	5100～4100
萨布兹丘（Tepe Sabz）	红铜	"上部" 巴亚特期?（Bayat phase?）	4200（?）
勾丁丘（Godin Tepe）	红铜别针2，"似为铸造"	Ⅵ期，探沟B，第22层	3300
塔尔—伊—艾布利斯 （Tal – i – Iblis）	赤铁矿拨火棒	"早期"	4100
	红铜遗物，矿石块，少量的坩埚残块，冶炼红铜小坑	巴德西尔和拉累赫扎 （Bardsir and Lalehzar = Iblis 0）	4100
	附着红铜渣的坩埚残片300	垃圾坑，艾布利斯1	4000
	用于灰吹法的（?）黏土盒	拉累赫扎（Lalehzar）	4100
	带有白粉堆积、或许为陶制的地下窑炉		3792（^{14}C）

　　光谱分析结果证明，几乎在所有地区，砷作为一种合金成分较锡的使用为早。这在安那托利亚、南欧、克里特、以色列、伊朗及印度河流域都是如此。鉴于此，沃尔泰姆（T. A. Wertime）曾提出，人类在公元前 4000 或前 3000 年前，有一段"合金试验时期"。从金属冶炼的角度看，砷的氧化物沸点较低，易挥发，在还原

条件下冶炼含砷的氧化铜矿石，产品中会保留一些砷，但一般不超过 2%。砷的加入对合金冷加工后的硬度会产生一定影响。当砷含量低于 2% 时，冷加工后铜的硬度增加不明显；当砷含量达到 8% ~ 11% 时，合金硬度增加很多，但性极脆，表面会出现许多裂纹。但含砷 2% ~ 6% 的合金则具有较好的延展性，冷加工时在厚度减少 60% ~ 80% 的情况下都不会出现裂纹，此种比例的合金硬度会随着冷加工的增加而明显提高。因此，从砷铜合金冷加工的工艺性能看，含砷 2% ~ 6% 是最理想的成分范围①。

公元前 4000 年前后，地中海东岸的利凡特（Levant，今以色列、巴勒斯坦至黎巴嫩一带）地区形成了一个重要的金属冶炼中心，在已发掘的 40 处遗址中，出土铜器 6065 件，其中仅在青铜时代中期（公元前 2700 至前 1700 年）的 21 处遗址就出土了 4754 件②。这一时期冶铜业有一个很大的变化，即砷铜（或含锑）开始迅速取代红铜，成为人工金属制品的主流。仅以死海西岸著名的纳哈尔—米什马尔（Nahal Mishmar）洞穴窖藏为例，这里共发现铜器及象牙器 429 件，其中绝大部分为铜权杖头、节杖或王冠形器等宗教礼仪用具，有相当一部分使用了失蜡法铸造术，年代可上溯至公元前四千纪前半叶③。经金属检测分析，它们多为富含砷、锑等元素的合金制品，在经 X 荧光分析的 30 件铜器中，可确定 21 件为砷铜（平均砷含量 5.6%）④。

据俄罗斯学者阿维洛娃的研究，在利凡特发现的 6000 余件铜器中选择了一部分进行化学成分分析。其中，青铜时代早期铜器检测 90 件，有红铜 35 件，占 39%；砷铜（含砷、锑）52 件，占 58%；铜 + 砷 + 铅 2 件，占 2%；锡青铜 1 件，占 1%。青铜时代中期检测 189 件，有红铜 39 件，占 21%；砷铜 71 件，占 38%；铜 + 砷 + 铅 4 件，占 2%；锡青铜 38 件，占 20%；铜 + 锡 + 砷 21 件，占 11%；铅锡青铜 16 件，占 8%。青铜时代晚期检测 6 件，其中红铜 1 件，砷铜 2 件，锡青铜 2 件，铜 + 锡 + 砷 1 件（表三）⑤。可见，砷铜在西亚整个青铜时代所占的比例非常之高。

---

① 孙淑云、韩汝玢：《甘肃早期铜器的发现与冶炼、制造技术的研究》，《文物》1997 年第 7 期第 75 ~ 84 页。

② 这 40 处遗址从铜石并用时代（或红铜时代，公元前 4000 年前后）到青铜时代（公元前 3700 至前 1000 年）。详见 Л. И. Авилова Древние Бронзы Левант, Российская Археология, 2001, No. 1. c. 15 – 26.

③ Moorey, P. R. S. (1988), The Chalcolithic Hoard from Nahal Mishmar, Israel, *World Archaeology*, 20.

④ S. Shalev, Northover, J. P. (1993), The Metallurgy of the Nahal Mishmar Hoard Reconsidered, *Archaeometry*, 35（1）：35 – 37.

⑤ Л. И. Авилова Древние Бронзы Левант, Российская Археология, 2001. No. 1. c. 15 – 26.

表三　利凡特地区青铜时代铜金属化学成分分析表

时代	分析铜器数量	Cu	Cu + As	Cu + As + Sb	Cu + Sb	Cu + As + Pb	Cu + Sn	Cu + Sn + As	Cu + Sn + Pb
早期	90/100	35/35	19/21	32/35	1/1	2/2	1/1		
中期	189/100	39/21	71/38			4/2	38/20	21/11	16/8
晚期	6/100	1/17	2/33				2/33	1/17	

注：分子（检测铜器数）/分母（占检测铜器百分比）。

　　据潜伟等人介绍，经检测近东地区出土的 2000 余件早期铜器，在青铜时代早期（公元前 3000 至前 2200 年）[①]，砷铜的比例高达三分之二；青铜时代中期，砷铜比例略下降至四分之一至二分之一；在美索不达米亚地区仍保持三分之二的高比例[②]。锡青铜在近东最早出现在公元前四千纪末，但最终取代砷铜则晚至公元前二千纪前后。从东南欧的多瑙河中游到乌拉尔山两侧，从青铜时代早中期开始，砷铜已占据统治地位，比例高达三分之二以上。同样，砷铜也广泛见于中亚和中亚以南的印度河流域。青铜时代晚期，在俄罗斯南西伯利亚一带的卡拉苏克文化中仍大量制作和使用砷铜[③]。可见，砷铜在整个欧亚地带有着极为广阔的分布面，而且延续时间甚久。

　　砷铜是人类最早掌握的二元合金技术，在人类冶金发展史上占有重要的一页。自公元前 4000 年前后，砷铜开始在安那托利亚（今土耳其东部）高原出现并流行，随着近东文化的扩散，冶金术随之外传，进入东南欧的多瑙河中游、高加索和中亚的广大地区[④]。公元前二千纪前半叶，在欧亚大陆交界的乌拉尔一带出现了砷铜的重要生产中心，并有继续东渐的迹象。这一现象对于了解砷铜在新疆及河西走廊的出现有重要价值[⑤]。总之，无论红铜还是砷铜，它们最早都出现在近东地区，并从那里向外扩散传播开来。

　　以往，由于中国东西部地理构造存在巨大差异，使得我们在看待东西方文化交流这

① 国外在青铜时代的起始年代上有不同的认识标准，一般认为公元前 3500 至前 1000 年之间为青铜时代。

② Eaton, E. R., Mckerrell, H. (1976), Near Eastern Alloying and Some Textual Evidences for the Early Use of Arsenical Copper, *World Archaeology*, 8 (2): 169 - 191.

③ 潜伟、孙淑云、韩汝玢：《古代砷铜研究综述》，《文物保护与考古科学》第 12 卷第 2 期第 43 ~ 50 页，2000 年。

④ 李延祥：《巴尔干半岛铜冶金考古》，《文物保护与考古科学》第 11 卷第 2 期第 53 ~ 56 页，1999 年。

⑤ 梅建军等：《新疆东部出土早期铜器的初步分析与研究》，《西域研究》2002 年第 3 期第 1 ~ 10 页。

个问题时，往往有些夸大西北地区的地理因素在东西方文化交往上的阻碍作用。现在看来，地理环境因素固然重要，但它对东西方文化交往所造成的阻碍并非如想象的那般严重。这里我们不妨换个角度，即以日后出现的长城为界，将中国划分为内外两大块，一块面向海洋，另一块面向欧亚大陆。前者的地理范围包括黄河、长江的中下游地区，这里是中国文明的起源地及文化核心区域。从史前时代开始，华夏文明体系逐渐在这里生成，并与外部世界保持相对距离而略显封闭。后者的地理范围包括长城沿线及以外地区，那里在气候、生态环境等方面与前者存在巨大反差；但是生活在那里的大多数居民是随黄河文明的扩散迁移（特别是在西北地区）出去的，他们与黄河流域有着千丝万缕的血脉联系和强烈的文化依附心理，并因此成为黄河文明的次生区。由于后者恰好处在黄河文明与中亚文明之间，它在延续和传播黄河文明的同时亦不可避免地受到西方文化的强烈影响，与外部世界的态度更加开放并具有较强的文化兼容性。中国的大西北正处在这一区域，它一方面是东西方文化交往的重要孔道和不同文化碰撞与接触的敏感地带，同时也是连接黄河文明与中亚文明的中介区域。

不少证据显示，东西方的文化接触肇始于公元前 3000 年前后。譬如，从公元前 3000 年开始，驯化的普通小麦出现在中国西部。目前，凡发现有小麦的遗址主要集中在中国西北地区。夏商时期，尽管小麦已流入中原，但一直未能取代中国本土的农作物，直至汉代以后，这一格局才逐渐改变。再如，还是在公元前 3000 年前后，一种原创于近东地区的文化特质——权杖，现身于中国西北地区，数量虽然不多，但一直延续到公元前一千纪中叶，而且这种文化特质一直不为黄河流域的统治者所接受①。而冶铜业的状况与上述文化现象大体同步，如林家遗址的青铜刀恰巧也出现在公元前 3000 年前后，而在此之前，则有很长一段的冶金空白，这该做何解释？从资源、环境和经济发展水平等诸多因素考虑，中国西北地区无疑大大落后于中原，但其冶金术的发展却表现出超乎寻常的进步，这又该做何解释？特别是新疆东部和四坝文化广泛使用砷铜的现象，除了应考虑河西及其以西地区蕴藏的矿产资源因素外，亦不可忽略东西方之间的交互作用。可以说，这其中既有频繁的贸易活动，也有技术层面的传播影响。总之，中国西北地区早期冶铜业的发达是与中亚地区保持文化互动为前提的。

中国广阔的大西北地区在地理上可归入中亚范畴，在文化上也与后者保持着很大的类似性。这其中，环境与经济形态方面的因素起到了不容忽视的作用。需要注意的是，中国西北地区对来自中亚及以远地区的冶金术并非全盘被动地接受，而是主动加以改造和利用，并不断形成自身的特色。从新疆西北部到河湟地区，早期铜器在器形和种类上

---

① 李水城：《文化馈赠与文明的成长》，《庆祝张忠培先生七十岁论文集》第 8～20 页，科学出版社，2004 年。

一直在潜移默化地变幻，就充分印证了这一点。这种外来的影响力对于中原地区而言，经过一站站的中转、筛选和改造而不断地被弱化，而中原地区冶金术的真正崛起并形成独立的华夏风格，则是在二里头文化晚期才最终实现。

　　林沄先生在谈到东西方文化交流时有过一段精彩论述："中央亚细亚的开阔草原地带，是一个奇妙的历史漩涡所在，它把不同起源的成分在这里逐渐融合成一种相当一致而稳定的综合体，又把这种综合体中的成分，像飞沫一样或先或后地溅湿着周围的地区。"[①] 这段话形象而准确地描绘出了中亚大草原的游牧民族通过大范围的活动给予周边地区的强大文化辐射力。

2002 年定稿于北京大学蓝旗营寓所

（原载《考古学报》2005 年第 3 期第 239～278 页；《新疆石器时代与青铜时代》第 360～401 页，文物出版社，2008 年）

[①]　林沄：《商文化青铜器与北方地区青铜器关系之再研究》，《林沄学术文集》第 262～287 页，中国大百科全书出版社，1998 年。

参考文献

A

Авилова, Л. И. (2001), Древние Бронзы Левант, *Российская Археология*, 2001, No. 1. с. 15 – 26.

安特生著，袁复礼译：《中华远古之文化》，《地质汇报》第五号第 1 册，北京京华印书局承印，1923 年，北京。

安特生著，乐森璕译：《甘肃考古记》，《地质专报》甲种第五号，1925 年，北京。

Andersson, J. G. (1934), *Children of the Yellow Earth*. London.

Andersson, J. G. (1943), Researches into the Prehistory of the Chinese, *BMFEA*. No. 15, Stockholm.

Andersson, J. G. (1945), The Site of Chu Chia Chai, *BMFEA*. No. 17, Stockholm.

Anthony. D. W. (1998), The Opening of the Eurasia Steppe at 2000 BCE, in Victor H. Mair (ed.), *The Bronze Age and Early Iron Age Peoples of Eastern Central Asia*, Volume I, pp. 94 – 113, The Institute for the Study of Man in Collaboration with The University of Pennsylvania Museum Publications.

Arne, T. J. (1925), Painted Stone Age Pottery from the Province Honan, China. *Paleontology Sinica*, Ser. D, Vol. 1, Fasc. 2；阿尔纳：《河南石器时代之着色陶器》，《古生物志》丁种第一号第二册，1925 年，北京。

安西县文化馆：《甘肃安西县发现一处新石器时代遗址》，《考古》1987 年第 1 期第 91、96 页。

安志敏：《甘肃远古文化及其有关的几个问题》，《考古通讯》1956 年第 6 期第 9 ~ 19 页。

安志敏：《略论甘肃东乡自治县唐汪川的陶器》，《考古学报》1957 年第 2 期第 23 ~ 31 页。

安志敏：《甘肃山丹四坝滩新石器时代遗址》，《考古学报》1959 年第 3 期第 7 ~ 16 页。

安志敏：《中国西部的新石器时代》，《考古学报》1987 年第 2 期第 133 ~ 151 页。

安志敏：《试论中国的早期铜器》，《考古》1993 年第 12 期第 1110 ~ 1119 页。

安志敏：《塔里木盆地及其周围的青铜文化遗存》，《考古》1996 年第 12 期第 70 ~ 77 页。

B

〔日〕白鸟库吉著，黄镇华译：《乌孙考》，《新疆和中亚考古译文集》第 1～9 页，1985 年。

半坡博物馆：《陕西岐山王家嘴遗址的调查与试掘》，《史前研究》1984 年第 3 期第 78～90 页。

宝鸡市考古队：《宝鸡市纸坊头遗址试掘简报》，《文物》1989 年第 5 期第 47～55 页。

宝鸡市考古工作队、陕西省考古研究所宝鸡工作站：《宝鸡福临堡——新石器时代遗址发掘报告》，文物出版社，1993 年。

Barnard, Noel (1993), Thoughts on the Emergence of Metallurgy in Pre – Shang and Early Shang China, and a Technical Appraisal of Relevant Bronze Artifacts of the Time, *Bulletin of the Metals Museum*, 19, pp. 3 – 48. 〔日〕《金属博物馆纪要》No. 19.

白寿彝总主编、苏秉琦主编：《中国通史》第二卷《远古时代》，上海人民出版社，1994 年。

北京大学历史系考古教研室商周组编著：《商周考古》，文物出版社，1979 年。

北京大学考古实习队、固原博物馆：《隆德页河子新石器时代遗址发掘报告》，《考古学研究（三）》第 158～195 页，科学出版社，1997 年。

北京大学考古学系、驻马店市文物保护管理所编著：《驻马店杨庄——中全新世淮河上游的文化遗存与环境信息》，科学出版社，1998 年。

北京大学古代文明中心等：《河南省新密市新砦遗址 2000 年发掘简报》，《文物》2004 年第 3 期第 4～20 页。

北京大学考古学系：《1980 年贵南尕马台遗址发掘资料》（北京大学考古系资料室藏）。

北京大学考古系、山西省考古研究所：《河曲偏关等地考古试掘资料》（北京大学考古系资料室藏）。

北京钢铁学院冶金史组：《中国早期铜器的初步研究》，《考古学报》1981 年第 3 期第 287～302 页。

北京钢铁学院冶金史组：The Third International Conference the Beginning of the Use of Metal and Alloys, *BUMA*-3, pp. 54-55, Sanmenxia, China, 1994.

北京科技大学：《中国冶金史论文集（一）》，北京科技大学，1986 年。

北京科技大学：《中国冶金史论文集（二）》，北京科技大学，1994 年。

北京科技大学冶金与材料史研究所、新疆文物考古研究所、哈密地区文物管理所：《新疆哈密天山北路墓地出土铜器的初步研究》，《文物》2001 年第 6 期第 78～89 页。

北京科技大学：《中国冶金史论文集（三，A）》，北京科技大学，2002 年。

Bergman, Folke (1939), *Archaeological Researches in Sinkiang Especially the Lop. Nor Region*, Reports from the Scientific Expedition to the North Western Province of China under the Leadership of Dr. Sven Hedin(The Sino – Swedish Expedition), Publication 7. Stockholm.

B. J. Marringer(1950), *Contribution to the Prehistory of Mongolia*, Stockholm.

Bochhofer, L. (1935), Der zug nach dem osten, Einige Bemerkugen Zur Prehistorischen Keramik Chinas, *Sinica*, *Sonderausgabe*, pp. 101 – 128.

Bochhofer, L. (1937), Zur Fruhgeschichte Chinas, *Die Welt als Geschichte*, pp. 280 – 282.

步达生著，李济译：《甘肃史前人种说略》，《地质专报》甲种第五号，1925 年，北京。

卜工：《涞水、易县新石器时代至西周遗址》，《中国考古学年鉴（1986）》第 86 ~ 87 页，文物出版社，1988 年。

Bunker, E. C. (1998), Cultural Diversity in the Tarim Basin Vicinity and Its Impact on Ancient Chinese Culture, in Victor H. Mair(ed.), *The Bronze Age and Early Iron Age Peoples of Eastern Central Asia*, Volume I, pp. 604 – 618. The Institute for the Study of Man in Collaboration with The University of Pennsylvania Museum Publications.

В. Ф. Генинг, Г. Б. Зданович, В. В. Генинг（1992），*Ситашта*，Южно-Уральское книшжное издательство, Челябинск.

Bylin – Althin, M. (1946), The Sites of Chí Chia Píng and Lo Han Táng in Kansu, *BMFEA*. No. 18, Stockholm.

C

长江流域规划办公室考古队：《白龙江流域考古调查简报》，《文物资料丛刊（2）》第 26 ~ 34 页，文物出版社，1978 年。

常喜恩：《哈密市雅满苏矿、林场办事处古代墓葬》，《中国考古学年鉴（1989）》第 274 ~ 275 页，文物出版社，1990 年。

陈戈：《略论新疆的彩陶》，《新疆社会科学》1982 年第 2 期第 77 ~ 103 页。

陈戈：《关于新疆新石器时代文化的新认识》，《考古》1987 年第 4 期第 343 ~ 351、322 页。

陈戈：《新疆史前文化》，《十世纪前的丝绸之路和东西文化交流——沙漠路线考察乌鲁木齐国际讨论会文集》第 291 ~ 303 页，新世纪出版社，1996 年。

陈洪海、格桑本、李国林：《试论宗日遗址的文化性质》，《考古》1998 年第 5 期第 15 ~ 26页。

陈星灿：《内蒙古巴彦淖尔盟的史前时代遗存》，《考古学集刊（11）》第 1 ~ 31 页，科学出版社，1997 年。

陈星灿：《中国史前考古学史研究》（1895～1949），生活·读书·新知三联书店，1997年。

陈旭：《河南古代青铜冶铸业的兴起》，《夏商文化论集》第171～175页，科学出版社，2000年。

成都市文物考古研究所等：《四川茂县营盘山遗址试掘报告》，《成都考古发现（2000）》第1～77页，科学出版社，2002年。

Cheng Te-K'un,(1959),*Prehistoric China*,Cambridge, W. Heffer & Sons.

程小钟：《甘肃省庄浪县出土的高领袋足鬲》，《华夏考古》1996年第2期第90～92、89页。

崔璇、斯琴：《内蒙古中南部新石器至青铜时代文化初探》，《中国考古学第四次年会论文集》第173～184页，文物出版社，1986年。

陈昱、洪方：《陇东镇原常山下层遗存浅析》，《考古》1982年第4期第392～397页。

D

大渡河中游考古队：《四川汉源县2001年度的调查与试掘》，《成都考古发现（2001）》第306～383页，科学出版社，2003年。

戴春阳：《月氏文化族属、族源刍议》，《西北史地》1991年第1期第12～20页。

德日进、杨钟健：《中国西部及蒙古新疆几个新石器（或旧石器）遗址之发现》，《中国地质学会志》第12卷第83～104页，1933年。

丁广学：《庄浪出土的彩陶器》，《平凉文博》1984年第1期第40～42页。

董琦：《王城岗城堡遗址再分析》，《中国历史文物》2002年第3期第15～23页。

端琚：《齐家文化是马家窑文化的继续与发展》，《考古》1976年第6期第352～355页。

敦煌市博物馆编：《敦煌文物》，甘肃人民美术出版社，2002年。

E

Eaton,E. R.,Mckerrell,H(1976),Near Eastern Alloying and Some Textual Evidence for the Early Use of Arsenical Copper,*World Archaeology*,8(2):169-191.

F

方燕明：《早期夏文化研究中的几个问题》，《中原文物》2001年第4期第46～50页。

冯绳武：《民勤绿洲的水系演变》，《地理学报》第29卷第3期第241～249页，1963年。

Fitzgerald-Huber, Louisa G. (1995), Qijia and Erlitou:The Question of Contacts with Distant Cultures, *Early China*, 20:17-67.

G

盖培、王国道：《黄河上游拉乙亥中石器时代遗址》，《人类学学报》1983 年第 2 卷第 1 期第 49～59 页。

甘肃省文物管理委员会：《兰州新石器时代的文化遗存》，《考古学报》1957 年第 1 期第 1～8 页。

甘肃省文物管理委员会：《渭河上游天水、甘谷两县考古调查简报》，《考古通讯》1958 年第 5 期第 1～5 页。

甘肃省文物管理委员会：《甘肃渭河上游渭源、陇西、武山三县考古调查简报》，《考古通讯》1958 年第 7 期第 6～16 页。

甘肃省文物管理委员会：《甘肃临洮、临夏两县考古调查简报》，《考古通讯》1958 年第 9 期第 36～48 页。

甘肃省博物馆：《甘肃武威郭家庄和磨嘴子遗址调查记》，《考古》1959 年第 11 期第 583～584 页。

甘肃省博物馆：《甘肃古文化遗存》，《考古学报》1960 年第 2 期第 11～52 页。

甘肃省博物馆：《甘肃武威皇娘娘台遗址发掘报告》，《考古学报》1960 年第 2 期第 53～71 页。

甘肃省博物馆：《甘肃兰州青岗岔遗址试掘简报》，《考古》1972 年第 3 期第 26～31 页。

甘肃省博物馆文物工作队、武威地区文物普查队：《永昌鸳鸯池新石器时代墓地的发掘》，《考古》1974 年第 5 期第 299～308、289 页。

甘肃省博物馆、北京大学历史系考古专业连城发掘队：《从马家窑类型驳瓦西里耶夫的"中国文化西来说"》，《文物》1976 年第 3 期第 24～30 页。

甘肃省博物馆文物工作队：《甘肃灵台白草坡西周墓》，《考古学报》1977 年第 2 期第 99～130 页。

甘肃省博物馆：《武威皇娘娘台遗址第四次发掘》，《考古学报》1978 年第 4 期第 421～448 页。

甘肃省博物馆：《甘肃省文物考古工作三十年》，《文物考古工作三十年（1949～1979）》第 139～153 页，文物出版社，1979 年。

甘肃省博物馆、甘肃省文物工作队：《甘肃彩陶》，文物出版社，1979 年。

甘肃博物馆考古队：《甘肃灵台桥村齐家文化遗址试掘简报》，《考古与文物》1980 年第 3 期第 22～24 页。

甘肃省博物馆、秦安县文化馆大地湾挖掘小组：《甘肃秦安大地湾新石器时代早期遗址》，《文物》1981 年第 4 期第 1～8 页。

甘肃省博物馆文物工作队:《甘肃永登榆树沟的沙井墓葬》,《考古与文物》1981 年第 4 期第 34 ~ 36 页。

甘肃省博物馆文物工作队、武威地区文物普查队:《甘肃永昌鸳鸯池新石器时代墓地》,《考古学报》1982 年第 2 期第 199 ~ 227 页。

甘肃省博物馆文物工作队:《甘肃兰州青岗岔半山遗址第二次发掘》,《考古学集刊(2)》第 10 ~ 17 页,中国社会科学出版社,1982 年。

甘肃省博物馆、兰州市文化馆:《兰州土谷台半山马厂文化墓地》,《考古学报》1983 年第 2 期第 191 ~ 218 页。

甘肃省博物馆文物工作队:《甘肃秦安大地湾遗址 1978 至 1982 年发掘的主要收获》,《文物》1983 年第 11 期第 21 ~ 30 页。

甘肃省博物馆大地湾挖掘小组:《甘肃秦安王家阴洼仰韶文化遗址的发掘》,《考古与文物》1984 年第 2 期第 1 ~ 17 页。

甘肃省博物馆文物工作队等:《甘肃永昌三角城沙井文化遗址调查》,《考古》1984 年第 7 期第 598 ~ 601 页。

甘肃省文物工作队等:《甘肃东乡林家遗址发掘报告》,《考古学集刊(4)》第 111 ~ 161 页,中国社会科学出版社,1984 年。

甘肃省岷县文化馆:《甘肃岷县杏林齐家文化遗址调查》,《考古》1985 年第 11 期第 977 ~ 979 页。

甘肃省文物工作队、甘肃省博物馆编:《额济纳河下游汉代烽燧遗址调查报告》,《汉简研究文集》第 62 ~ 84 页,甘肃人民出版社,1984 年。

甘肃省文物工作队:《甘肃秦安大地湾 901 号房址发掘简报》,《文物》1986 年第 2 期第 1 ~ 12 页。

甘肃省博物馆文物工作队、北京大学考古系:《甘肃西和栏桥寺洼文化墓葬》,《考古》1987 年第 8 期第 678 ~ 691 页。

甘肃省博物馆文物工作队、北京大学考古学系:《甘肃甘谷毛家坪遗址发掘报告》,《考古学报》1987 年第 3 期第 359 ~ 396 页。

甘肃省文物考古研究所:《永昌三角城与蛤蟆墩沙井文化遗址》,《考古学报》1990 年第 2 期第 205 ~ 237 页。

甘肃省文物考古研究所:《甘肃省文物考古十年》,《文物考古工作十年(1979 ~ 1989)》第 316 ~ 326 页,文物出版社,1990 年。

甘肃省博物馆编:《丝绸之路——甘肃文物精华》,1994 年 8 月。

甘肃省文物考古研究所:《兰州市徐家山东大梁马厂类型墓葬》,《考古与文物》1995 年第 3 期第 11 ~ 18 页。

甘肃省文物考古研究所、吉林大学考古系：《甘肃民乐县东灰山遗址发掘纪要》，《考古》1995 年第 12 期第 1057～1063 页。

甘肃省博物馆：《甘肃积石山县新庄坪齐家文化遗址调查》，《考古》1996 年第 11 期第 46～52 页。

甘肃省文物考古研究所、吉林大学北方考古研究室：《民乐东灰山考古——四坝文化墓地的揭示与研究》，科学出版社，1998 年。

甘肃省文物考古研究所：《武威塔儿湾新石器时代遗址及五坝山墓葬发掘简报》，《考古与文物》2004 年第 3 期第 8～11 页。

甘肃省文物考古研究所、北京大学考古学系：《河西走廊史前考古调查报告》，文物出版社（待刊）。

甘肃省文物考古研究所、北京大学考古学系：《酒泉干骨崖》，文物出版社（待刊）。

高东陆、许淑珍：《青海湟源县莫布拉卡约文化遗址发掘简报》，《考古》1990 年第 11 期第 1012～1016、1011 页。

高去寻：《殷代的一面铜镜及其相关之问题》，《中央研究院历史语言研究所集刊》第 29 本（下）第 685～719 页，1957 年，台北。

格桑本：《青海民和核桃庄拱北台路西一号灰坑出土的唐汪类型陶器》，《青海考古学会会刊（5）》第 22～26 页，1983 年。

郭宝钧：《一九五〇年春殷墟发掘报告》，《中国考古学报（五）》第 1～62 页，1951 年。

郭大顺：《试论魏营子类型》，《考古学文化论集（一）》第 79～98 页，文物出版社，1987 年。

顾颉刚：《从古籍中探索我国的西部民族》，《社会科学战线》1980 年第 1 期第 117～152 页。

国家文物局主编：《2001 年中国重要考古发现》，文物出版社，2002 年。

H

哈密墓地发掘组：《哈密林场办事处、雅满苏矿采购站墓地》，《中国考古学年鉴（1990）》第 330～331 页，文物出版社，1991 年。

哈密文物志编纂组：《哈密文物志》，新疆人民出版社，1993 年。

哈密地区文物管理所、博物馆编：《哈密古代文明》，新疆美术摄影出版社，1997 年。

韩建业：《先周文化的起源与发展阶段》，《考古与文物》2002 年增刊（先秦考古）第 212～218 页。

韩建业：《新疆的青铜时代和早期铁器时代文化》，文物出版社，2007 年。

韩康信、潘其风：《古代中国人种成分研究》，《考古学报》1984 年第 2 期第 245～263 页。

韩康信：《新疆孔雀河古墓沟墓地人骨研究》，《考古学报》1986 年第 3 期第 361 ～ 384 页。

韩康信：《新疆古代居民种族人类学的初步研究》，《新疆社会科学》1985 年第 6 期第 61 ～ 71 页。

韩康信：《新疆哈密焉不拉克古墓人骨种系成分研究》，《考古学报》1990 年第 3 期第 371 ～ 390 页。

韩康信：《新疆古代居民种族人类学研究》，《丝绸之路古代居民种族人类学研究》第 1 ～ 32 页，新疆人民出版社，1994 年。

韩康信：《丝绸之路古代居民种族人类学研究》，新疆人民出版社，1994 年。

韩玉铃：《谈二里头文化时期的青铜冶铸业》，《中原文物》1992 年第 2 期第 101 ～ 103 页。

韩玉铃：《甘南出土的齐家文化铜镯》，《陇右文博》2002 年第 2 期第 48 页。

河南省文物研究所、周口地区文化局文物科：《河南淮阳平粮台龙山文化城址试掘简报》，《文物》1983 年第 3 期第 21 ～ 36 页。

河南省文物考古研究所、中国历史博物馆考古部：《登封王城岗与阳城》，文物出版社，1992 年。

河南省文物考古研究所：《河南伊川县南寨二里头文化墓葬发掘简报》，《考古》1996 年第 12 期第 36 ～ 43 页。

黄克映：《谈谈中国早期铜器的锻造、铸造技术》，《中原文物》1992 年第 2 期第 97 ～ 100、96 页。

黄文弼：《新疆考古发掘报告》，文物出版社，1983 年。

胡谦盈：《甘肃庄浪县徐家碾寺洼文化墓葬发掘纪要》，《考古》1982 年第 6 期第 584 ～ 590 页。

胡谦盈：《试谈先周文化及相关问题》，《中国考古学研究——夏鼐先生考古五十年纪念文集（二）》第 64 ～ 80 页，科学出版社，1986 年。

华泉：《中国早期铜器的发现与研究》，《史学集刊》1985 年第 3 期第 72 ～ 78 页。

J

贾兰坡：《略谈小麦的起源》，《考古与文物》1988 年第 3 期第 5 ～ 6 页。

蒋成、陈剑：《岷江上游考古新发现述析》，《中华文化论坛》2001 年第 3 期第 27 ～ 31 页。

吉谢列夫：《南西伯利亚古代史》，新疆社会科学院民族研究所译，1981 年。

Jianjun Mei & Colin Shell（1998），Copper and Bronze Metallurgy in the Prehistoric Xinjiang, in Victor H. Mair（ed.），*The Bronze Age and Early Iron Age Peoples of Eastern Central Asia*, Volume II pp. 581 – 603, The Institute for the Study of Man in Collaboration with

The University of Pennsylvania Museum Publications.

Jianjun Mei(2000), Copper and Bronze Metallurgy in Late Prehistoric Xinjiang, Its Cultural Context and Relationship with Neighbouring Regions, *BAR International Series* 865, England.

Jianjun Mei(2003), Cultural Interaction between China and Central Asia during the Bronze Age, *Proceedings of the British Academy*, 121, pp. 1 − 39, The British Academy.

江上波夫:《新石器时代的东南蒙古》,《中国考古学研究论文集》, 香港东方书店, 1990 年。

金正耀:《二里头青铜器的自然科学研究与夏文明探索》,《文物》2000 年第 1 期第 56～64页。

K

Karlgren, Bernhard. (1924), J. G. Andersson's Arkeologiska Studier i Kina, *New Society of Letters of Land*, Vol. 1: 142 − 153.

柯俊:《冶金史》,《中国大百科全书·矿冶卷》第 751～759 页, 中国大百科全书出版社, 1984 年。

L

郎树德、许永杰、水涛:《试论大地湾仰韶晚期遗存》,《文物》1983 年第 11 期第 31～39 页

李非、李水城、水涛:《葫芦河流域的古文化与古环境》,《考古》1993 年第 9 期第 822～842页。

李峰:《先周文化的内涵及其渊源探讨》,《考古学报》1991 年第 3 期第 265～284 页。

李济:《西阴村史前遗址》, 清华学校研究院丛书第三种, 1927 年。

李京华:《关于中原地区早期冶铜技术及相关问题的几点看法》,《文物》1985 年第 12 期第 75～78 页。

李京华:《中原古代冶金技术研究》, 中州古籍出版社, 1994 年。

李璠:《甘肃省民乐县东灰山新石器遗址古农业遗存新发现》,《农业考古》1989 年第 1 期第 56～69、73 页。

李水城、水涛:《酒泉县丰乐乡干骨崖遗址》,《中国考古学年鉴 (1987)》第 271 页, 文物出版社, 1988 年。

李水城、水涛:《酒泉丰乐乡照壁滩和高苜蓿地遗址》,《中国考古学年鉴 (1987)》第 272 页, 文物出版社, 1988 年。

李水城：《中国北方地带的蛇纹器研究》，《文物》1992 年第 1 期第 50 ~ 57 页。

李水城：《四坝文化研究》，《考古学文化论集（三）》第 80 ~ 121 页，文物出版社，1993 年。

李水城：《沙井文化研究》，《国学研究（第二卷）》第 493 ~ 523 页，北京大学出版社，1994 年。

李水城：《论董家台类型及相关问题》，《考古学研究（三）》第 95 ~ 102 页，科学出版社，1997 年。

李水城：《刘家文化来源的新线索》，《远望集——陕西省考古研究所成立四十周年纪念文集》第 193 ~ 199 页，陕西人民美术出版社，1998 年。

李水城：《半山与马厂彩陶研究》，北京大学出版社，1998 年。

李水城：《从考古发现看公元前二千纪东西方文化的碰撞与交流》，《文化的馈赠——汉学研究国际会议论文集（考古学卷）》第 256 ~ 270 页，北京大学出版社，2000 年。另见：《新疆文物》1999 年第 1 期第 53 ~ 65 页。

李水城、水涛：《四坝文化铜器研究》，《文物》2000 年第 3 期第 36 ~ 44 页。

李水城：《河西地区新见马家窑文化遗存及相关问题》，《苏秉琦与当代中国考古学》第 121 ~ 135 页，科学出版社，2001 年。

Li Shuicheng(2002), Interaction between Northwest China and Central Asia during the Second Millennium BC: An Archaeological Perspective, *Ancient Interactions*: *East and West in Eurasian*, pp. 171 – 182, edited by Katie Boyle, Colin Renfrew & Marsha Levine. McDonald Institute Monographs, University of Cambridge, UK.

Li Shuicheng(2002), The Mace – head: An Important Evidence of the Early Interactions along the Silk Roads, *In Commemoration of the Hyrayama Silk Roads Fellowships Programme UNESCO International Symposium on the Silk Roads*, pp. 157 – 160.

李水城、水涛：《公元前 1 千纪的河西走廊西部》，《宿白先生八秩华诞纪念文集》第 63 ~ 76 页，文物出版社，2002 年。

李水城：《文化馈赠与文明的成长》，《庆祝张忠培先生七十岁论文集》第 8 ~ 20 页，科学出版社，2004 年。

李水城：《西北与中原早期冶铜业的区域特征及交互作用》，《考古学报》2005 年第 3 期第 239 ~ 278 页。另见中国社会科学院边疆考古研究中心编：《新疆石器时代与青铜时代》第 360 ~ 401 页，文物出版社，2008 年。

李水城：《华夏边缘与文化互动：以长城沿线西段的陶鬲为例》，《新世纪的考古学——文化、区位、生态的多元互动》第 292 ~ 313 页，紫禁城出版社，2006 年。

李水城：《中国境内考古所见早期麦类作物》，《亚洲文明（第 4 集）》第 50～72 页，三秦出版社，2008 年。

李水城：《天山北路墓地一期遗存分析》，《俞伟超先生纪念文集》第 193～202 页，文物出版社，2009 年。

李肖：《塔城市卫生学校墓葬和遗址》，《中国考古学年鉴（1991）》第 328 页，文物出版社，1992 年。

李肖、党彤：《准葛尔盆地周缘地区出土铜器初探》，《新疆文物》1995 年第 2 期第 4～51 页。

李肖、阮秋荣、托乎提·吐拉洪：《1995 年乌苏县巴音沟牧场安集海村古墓葬发掘报告》，《新疆考古发现与研究（第一辑）》第 41～56 页，1996 年。

李学勤：《中国铜镜的起源及传播》，《比较考古学随笔》第 57～63 页，广西师范大学出版社，1997 年。

李延祥：《巴尔干半岛铜冶金考古》，《文物保护与考古科学》第 11 卷第 2 期第 53～56 页，1999 年。

李伊萍：《半山马厂文化研究》，《考古学文化论集（三）》第 32～67 页，文物出版社，1993 年。

李遇春：《新疆发现的彩陶》，《考古》1959 年第 3 期第 153～154 页。

梁宏刚、孙淑云：《二里头遗址出土铜器研究综述》，《中原文物》2004 年第 1 期第 29～39、56 页。

梁思永：《山西西阴村史前遗址的新石器时代陶器》，《梁思永考古论文集》第 1～49 页，科学出版社，1959 年。

梁晓英、刘茂德：《武威新石器时代晚期玉石器作坊遗址》，《中国文物报》1993 年 5 月 30 日第三版。

梁星彭、严志斌：《襄汾陶寺新石器时代遗址》，《中国考古学年鉴（2002）》第 137～140 页，文物出版社，2003 年。

林梅村：《开拓丝绸之路的先驱——吐火罗人》，《文物》1989 年第 1 期第 72～74 页。

临夏回族自治州博物馆：《甘肃康乐县边家林新石器时代墓葬清理简报》，《文物》1992 年第 4 期第 63～76 页。

林沄：《商文化青铜器与北方地区青铜器关系之再研究》，《考古学文化论集（一）》第 129～155 页，文物出版社，1987 年。另见：《林沄学术文集》第 262～287 页，中国大百科全书出版社，1998 年。

林沄：《早期北方系青铜器的几个年代问题》，《林沄学术文集》第 289～295 页，中国大百科全书出版社，1998 年。

林沄：《夏代的中国北方系青铜器》，《边疆考古研究（第1辑）》第1~12页，科学出版社，2002年。

刘宝爱：《宝鸡发现辛店文化陶器》，《考古》1985年第9期第850~852、858页。

刘观民：《试析夏家店下层文化的陶鬲》，《中国考古学研究》第94~100页，文物出版社，1986年。

刘观民：《苏联外贝加尔地区所出几件陶鬲的分析》，《中国原始文化论集》第371~377页，文物出版社，1989年。

刘军社：《郑家坡文化与刘家文化的分期及其性质》，《考古学报》1994年第1期第25~62页。

卢连成：《先周文化与周边地区的青铜文化》，《考古学研究》第243~279页，三秦出版社，1993年。

吕恩国、常喜恩、王炳华：《新疆青铜时代考古学文化浅论》，《苏秉琦与当代中国考古学》第172~193页，科学出版社，2001年。

吕骥：《从原始氏族社会到殷代的几种陶埙探索我国五声音节的形成年代》，《文物》1978年第10期第54~61页。

罗丰等：《宁夏固原近年发现的北方系青铜器》，《考古》1990年第5期第403~418页。

M

马长寿：《氐与羌》，上海人民出版社，1984年。

马得志等：《1953年安阳大司空村发掘报告》，《考古学报》1955年第9卷第25~90页。

（前苏联）马克西缅科夫：《关于米奴辛斯克盆地青铜时代分期问题的现状》，《考古学参考资料（6）》第81~103页，文物出版社，1983年。

Maringer，B. J.（1950），*Contribution to the Prehistory of Mongolia*，Stockholm.

Masson，V. M.（1992），The Bronze Age in Khorasan and Transoxania，*History of Civilizations of Central Asia*，Volume I. pp. 225 – 245. UNESCO Publishing.

梅建军、李延祥：《新疆奴拉赛古铜矿冶遗址冶炼技术初步研究》，《自然科学史研究》第17卷第3期第289~295页，1998年。

Mei jianjun, Colin Shell, Li Xiao & Wang Bo（1998），A Metallurgical of Early Copper and Bronze Artifacts from Xinjiang, China，*Bulletin of the Metals Museum*，30，pp. 1 – 22.（《中国新疆早期铜器的冶金学研究》，〔日〕《金属博物馆纪要》1998年 – II第30号第1~22页）。

Mei jianjun & Colin Shell（1999），The Existence of Andronovo Cultural Influence in Xinjiang during the Second Millenium BC, *Antiquity*, 73, 281(1999):573.

梅建军：《关于中国冶金起源及早期铜器研究的几个问题》，《吐鲁番学研究》2001 年
　　第 2 期第 57~68 页。

梅建军、平尾良光、夏本纯子、高滨秀、王明哲：《新疆奴拉赛古铜矿冶遗址的科学分
　　析及其意义》，《吐鲁番学研究》2002 年第 2 期第 289~295 页。

梅建军、刘国瑞、常喜恩：《新疆东部地区出土早期铜器的初步分析与研究》，《西域研
　　究》2002 年第 2 期第 1~10 页。

Mengcin, O. (1931), *Weltgeschichte der steinzeit.*

Moorey P. R. S. (1988), The Chalcolithic Hoard from Nahal Mishmar, Israel, *World Archaeolo-
　　gy.* 20.

莫多闻、李非、李水城、孔昭宸：《甘肃葫芦河流域中全新世环境演化及其对人类活动
　　的影响》，《地理学报》1996 年第 5 卷第 1 期第 59~69 页。

穆舜英、王明哲、王炳华：《建国三十年新疆考古的主要收获》，《新疆考古三十年》第
　　1~24 页，新疆人民出版社，1983 年。

N

南玉泉：《辛店文化序列及其与卡约、寺洼文化的关系》，《考古类型学的理论与实践》，
　　第 73~109 页，文物出版社，1989 年。

National Museum of Chinese History(1997), *A Journey into China's Antiquity*, Vol. One, Palaeo-
　　lithic Age-Spring and Autumn Period, Morning Glory Publish, Beijing.

内蒙古历史研究所：《内蒙古清水河县白泥窑子遗址复查》，《考古》1966 年第 3 期第
　　115~121、146 页。

《内蒙古文物考古》记者：《内蒙古西部地区原始文化座谈会发言辑录》，《内蒙古文物
　　考古》第 4 辑第 6~29 页，1986 年。

内蒙古文物工作队等：《毛庆沟墓地》，《鄂尔多斯式青铜器》第 227~315 页，文物出
　　版社，1986 年。

内蒙古文物考古研究所：《内蒙古朱开沟遗址》，《考古学报》1988 年第 3 期第 301~
　　332 页。

宁笃学：《民乐县发现的两处四坝文化遗存》，《文物》1960 年第 1 期第 74~75 页。

宁夏回族自治区博物馆：《宁夏回族自治区文物考古工作的主要收获》，《文物》1978
　　年第 8 期第 54~59、11 页。

宁夏回族自治区博物馆考古组：《宁夏三十年文物考古工作概况》，《文物考古工作三十
　　年（1949~1979）》第 154~159 页，文物出版社，1979 年。

宁夏博物馆、宁夏地质局区域地质调查队:《1980 年水洞沟遗址发掘报告》,《考古学报》1987 年第 4 期第 439 ~ 449 页。

宁夏文物考古研究所:《宁夏固原店河齐家文化墓葬清理简报》,《考古》1987 年第 8 期第 673 ~ 677 页。

中国社会科学院考古研究所宁夏考古组、同心县文物管理所:《宁夏同心倒墩子匈奴墓地》,《考古学报》1988 年第 3 期第 333 ~ 356 页。

宁夏文物考古研究所、中国历史博物馆考古部:《宁夏海原县菜园遗址、墓地发掘简报》,《文物》1988 年第 9 期第 1 ~ 14 页。

宁夏文物考古研究所:《宁夏海原县菜园村切刀把墓地》,《考古学报》1989 年第 4 期第 415 ~ 448 页。

宁夏回族自治区文物考古研究所:《宁夏文物考古工作十年》,《文物考古工作十年 (1979 ~ 1989)》第 334 ~ 342 页, 文物出版社, 1990 年。

宁夏文物考古研究所、中国历史博物馆考古部:《宁夏菜园——新石器时代遗址、墓葬发掘报告》, 科学出版社, 2003 年。

O

Окладников, А. П.（1959）, Триподы за Байкалом, Советская Археология,（3）:114 – 132.

P

Palmgren, N.（1934）, *Kansu Moreturay Urns of the Panshan and Machang Groups*,《中国古生物志》, 丁种第三号第 1 册, 1934 年。

潘其风、韩康信:《我国新石器时代居民种系分布研究》,《考古与文物》1980 年第 2 期第 84 ~ 89 页。

潘其风、韩康信:《柳湾墓地的人骨研究》,《青海柳湾》(附录一) 第 261 ~ 303 页, 文物出版社, 1985 年。

裴文中:《新疆之史前考古》,《中央亚细亚》(创刊号) 第 1 卷第 1 期第 34 ~ 39 页, 1942 年。

裴文中:《中国之彩陶文化》,《历史与考古》(第一号) 第 2 ~ 10 页, 沈阳博物馆专刊, 1946 年。

裴文中、米泰恒:《甘肃史前考古报告初稿》(油印本), 1948 年。

裴文中:《中国古代陶鬲及陶鼎之研究》,《裴文中史前考古学论文集》第 108 ~ 149 页, 文物出版社, 1987 年。

裴文中：《中国西北甘肃走廊和青海地区的考古调查》，《裴文中史前考古学论文集》第256~273页，文物出版社，1987年。

裴文中：《甘肃史前考古报告》，《裴文中史前考古学论文集》第208~255页，文物出版社，1987年。

蒲朝绂：《试论沙井文化》，《西北史地》1989年第4期第1~12页。

Q

奇台县文化馆：《新疆奇台发现的石器时代遗址与古墓》，《考古学集刊（2）》第22~24页，中国社会科学出版社，1982年。

齐永贺：《内蒙古白音浩特发现的齐家文化遗物》，《考古》1962年第1期第22页。

潜伟、孙淑云、韩汝玢：《古代砷铜研究综述》，《文物保护与考古科学》第12卷第2期第43~50页，2000年。

秦小丽：《试论客省庄文化的分期》，《考古》1995年第3期第238~255页。

青海省地方志编纂委员会：《青海省志·文物志》（六十九），青海人民出版社，2001年。

青海省文物管理委员会、中国科学院考古研究所青海队：《青海都兰县诺木洪搭里他里哈遗址调查与试掘》，《考古学报》1963年第1期第17~44页。

青海省文物管理处考古队：《青海省文物考古工作三十年》，《文物考古工作三十年（1949~1979）》第160~168页，文物出版社，1979年。

青海省文物管理处考古队、中国社会科学院考古研究所：《青海柳湾》，文物出版社，1984年。

青海省文物考古队：《青海民和阳洼坡遗址试掘简报》，《考古》1984年第1期第15~20页。

青海省文物考古队：《青海龙羊峡达玉台遗址的打制石器》，《考古》1984年第7期第577~581页。

青海省文物考古队：《青海互助土族自治县总寨马厂、齐家、辛店文化墓葬》，《考古》1986年第4期第306~317页。

青海省文物考古队等：《青海湟源县境内的卡约文化遗迹》，《考古》1986年第10期第882~886页。

青海省文物考古研究所：《青海近十年考古工作的收获》，《文物考古工作十年（1979~1989）》第327~333页，文物出版社，1990年。

青海省文物考古研究所：《民和阳山》，文物出版社，1990年。

青海省文物考古研究所：《青海化隆、循化两县考古调查简报》，《考古》1991年第4期第313~331页。

青海省文物考古研究所：《青海省民和县古文化遗存调查》，《考古》1993年第3期第

193 ~ 224 页。

青海省文物管理处:《青海民和核桃庄山家头墓地清理简报》,《文物》1992 年第 11 期第 26 ~ 31 页。

青海省文物处、青海省考古研究所编著:《青海文物》,文物出版社,1994 年。

青海省文物考古研究所:《青海大通县文物普查简报》,《考古》1994 年第 4 期第 320 ~ 329 页。

青海省文物管理处、海南州民族博物馆:《青海同德县宗日遗址发掘简报》,《考古》1998 年第 5 期第 1 ~ 14、35 页。

仇世华等:《有关所谓"夏文化"的碳十四年代检测的初步报告》,《考古》1983 年第 10 期第 923 ~ 928 页。

R

任美锷主编:《中国自然地理纲要》,商务印书馆,1979 年。

日知:《关于新石器革命》,《世界古代史论丛(第一集)》第 239 ~ 245 页,生活·读书·新知三联书店,1982 年。

S

四川大学历史系考古教研组:《四川理县汶川县考古调查简报》,《考古》1965 年第 12 期第 614 ~ 618 页。

塞·文都素:《内蒙古出土文物》,《民族画报》1962 年第 10 期第 23 ~ 25 页。

Selimkhanov, I. R. (1965), Estratto dagli Atti del VI Congresso, *Internazionale dele Scienze Pre-storiche e Protostoriche* (Rome), Vol. 2, pp. 368 – 370.

Shalev S., Northover, J. P. (1993), The Metallurgy of the Nahal Mishmar Hoard Reconsidered, *Archaeometry*, 35(1):35 – 37.

鄯善县旅游文化局:《鄯善洋海墓地新发现的文物》,《吐鲁番学研究》2007 年第 1 期第 51 ~ 66 页。

陕西周原考古队:《扶风刘家姜戎墓葬发掘简报》,《文物》1984 年第 7 期第 16 ~ 29 页。

石龙等:《甘肃临夏莲花台发现辛店文化遗物》,《文物》1984 年第 9 期第 94 ~ 95 页。

石龙:《甘肃康乐县张寨出土新石器时代陶器》,《文物》1992 年第 4 期第 77 ~ 81 页。

石陶:《黄河上游的父系氏族社会——齐家文化社会经济形态的探讨》,《考古》1961 年第 1 期第 3 ~ 11 页。

石兴邦:《黄河流域原始社会考古研究上的若干问题》,《考古》1959 年第 10 期第 566 ~ 570 页。

石璋如:《关中考古调查报告》,《历史语言研究所集刊》第 27 本第 205～323 页,1956
　　年,台北。

石志廉:《齐家文化的铜镜》,《中国文物报》1987 年 7 月 10 日。

水城:《三下河西——河西史前考古调查发掘记》,《文物天地》1990 年第 6 期第 5～9
　　页。

水涛:《中国西北地区青铜时代考古论集》,科学出版社,2001 年。

水涛:《甘青地区青铜时代的文化结构和经济形态研究》,北京大学博士研究生毕业论
　　文,1993 年 12 月(打印稿)。

水涛:《新疆青铜时代诸文化的比较研究》,《国学研究(第一卷)》第 447～490 页,北
　　京大学传统文化研究中心,1994 年。

Smith, R. A. (1911), The Stone Age of Turkstan, *Man* XI:6, London.

Sommarstrom, B. (1956), The Site of Ma-kia-yao, *BMFEA*. No. 28, Stockholm.

Stein, M. A. (1928), *Innermost Asia*, Oxford, p. 85.

苏秉琦:《斗鸡台沟东区墓葬》,1948 年,北平。另见:《苏秉琦考古学论述选集》第
　　3～58 页,文物出版社,1984 年。

苏秉琦:《斗鸡台沟东区墓葬图说》,中国科学院出版,1954 年。

苏秉琦:《关于仰韶文化的若干问题》,《考古学报》1965 年第 1 期第 51～82 页。

苏秉琦:《陕西省宝鸡县斗鸡台所得瓦鬲的研究》(节选),《苏秉琦考古学论述选集》
　　第 91～136 页,文物出版社,1984 年。

苏秉琦总主编、严文明主编:《考古学文化研究(三)》,文物出版社,1993 年。

苏生秀、洪海:《青海民和核桃庄山家头墓地发掘简报》,《青海文物(5)》第 10～15
　　页,1990 年。

苏生秀、陈洪海:《青海民和核桃庄山家头墓地清理简报》,《文物》1992 年第 11 期第
　　26～31 页。

孙淑云:《登封王城岗龙山文化四期出土的铜器 WT196H617:14 残片检验报告》,《登
　　封王城岗与阳城》(附录)第 327～328 页,文物出版社,1992 年。

Sun Shuyun, Li Shuicheng, Xu Yongjie (1994), Study of Copper Artifacts of Siba Culture in
　　Gansu, *The Beginning of the Use of Metals and Alloys*—3, pp. 54 – 56, Sanmenxia, China.

孙淑云:《近年来冶金与材料史研究的新进展》,《冶金研究(2002 年)》第 378～384
　　页,冶金工业出版社,2002 年。

孙淑云、韩汝玢:《甘肃早期铜器的发现与冶炼、制造技术的研究》,《文物》1997 年
　　第 7 期第 75～84 页。

孙淑云:《东灰山遗址四坝文化铜器的鉴定及研究》,《民乐东灰山考古——四坝文化墓

地的揭示与研究》第 191～195 页，科学出版社，1998 年。

T

陶荣：《甘肃崇信古文化遗址调查》，《考古》1995 年第 1 期第 5～12 页。

滕铭予：《中国早期铜器有关问题的再探讨》，《北方文物》1989 年第 2 期第 8～18 页。

田广金等：《鄂尔多斯式青铜器》，文物出版社，1986 年。

田广金等：《鄂尔多斯式青铜器的起源》，《考古学报》1988 年第 3 期第 257～275 页。

田毓章：《甘肃临夏发现齐家文化骨柄铜刃刀》，《文物》1983 年第 1 期第 76 页。

童恩正：《试论我国从东北至西南的边地半月形文化传播带》，《文物与考古论集》第 17～43 页，文物出版社，1987 年。

吐鲁番地区文管所：《新疆鄯善苏巴什古墓葬》，《考古》1984 年第 1 期第 41～50 页。

Tylecote, R. F. (1976), A History of Metallurgy, *The Metals Society*, pp. 5 – 7, London.

Teihard de Chardin, P. and Yong, C. C. (1932), On Some Neolithic (and Possibly Paleolithic) Finds in Mongolia, Sinkiang and West China, *Bulletin of the Geological Society of China*. Vol. XII pp. 83 – 104, Peiping.

W

万家保：《关于中国古代黄铜存在问题的商榷》，《中国科技史论文集》第 35 页，（台北）联经出版事业公司，1995 年。

汪宇平：《内蒙古清水河县白泥窑子村的新石器时代遗址》，《文物》1961 年第 9 期第 10～13 页。

王炳华：《孔雀河古墓沟发掘及其初步研究》，《新疆社会科学》1983 年第 1 期第 117～128、130 页。

王炳华：《新疆东部发现的几批铜器》，《考古》1986 年第 10 期第 887～890 页。

王博：《新疆近十年发现的一些铜器》，《新疆文物》1987 年第 1 期第 45～51 页。

王博：《切木尔切克文化初探》，《考古文物研究——纪念西北大学考古专业成立四十周年文集（1956～1996）》第 274～285 页，三秦出版社，1996 年。

王国道：《西宁市沈那齐家文化遗址》，《中国考古学年鉴（1993）》第 260～261 页，文物出版社，1995 年。

王辉：《武威发掘塔儿湾遗址》，《中国文物报》1993 年 6 月 6 日第一版。

王辉：《武威市塔儿湾马家窑文化和西夏遗址》，《中国考古学年鉴（1993）》第 248～249 页，文物出版社，1995 年。

王世和、张宏彦、莫枯：《论案板三期文化遗存》，《考古》1987 年第 10 期第 917～925 页。

王世和、钱耀鹏：《渭北三原、长武等地考古调查》，《考古与文物》1996 年第 1 期第 1~23 页。

王武钰：《昌平张营发现一处商代遗址》，《北京考古信息》1990 年第 1 期。

王彦俊：《甘肃西合县宁家庄发现的彩陶权杖头》，《考古》1995 年第 2 期第 184~185 页。

王一曼：《东灰山遗址的环境意义与河西走廊史前文化兴衰》，《西北干旱地区全新世环境变迁与人类文明兴衰》第 99~109 页，地质出版社，1992 年。

王占奎、水涛：《甘肃合水九站发掘报告》，《考古学研究（三）》第 300~477 页，科学出版社，1997 年。

Wertime, T. A. (1973), The Beginning of Metallurgy: A New Look, Science, 30 Nov., Vol. 182.

吴金鼎：《高井台子三种陶业概论》，《田野考古报告》第一册第 202~211 页，1936 年。

Wu, G. D. (1938), Prehistoric Pottery in China, London.

武汉地质学院矿床教研室：《矿床学》，地质出版社，1979 年。

乌盟文物站凉城文物普查队：《内蒙古凉城县岱海周围古遗址调查》，《考古》1989 年第 2 期第 97~102 页。

吴礽骧：《河西汉塞》，《文物》1990 年第 12 期第 45~60 页。

武威地区博物馆：《甘肃古浪县老城新石器时代遗址试掘简报》，《考古与文物》1983 年第 3 期第 1~4 页。

武威地区博物馆：《古浪县高家滩新石器时代遗址试掘简报》，《考古与文物》1983 年第 3 期第 5~7 页。

吴振禄：《保德县新发现的殷代青铜器》，《文物》1972 年第 4 期第 62~66 页。

X

西安半坡博物馆：《陕西岐山王家嘴遗址的调查与试掘》，《史前研究》1984 年第 3 期第 78~90 页。

西北大学考古专业、甘肃省文物考古研究所、安西县博物馆：《甘肃安西潘家庄遗址调查试掘》，《文物》2003 年第 1 期第 65~72 页。

夏鼐：《齐家期墓葬的发现及其年代之改定》，《中国考古学报》第三册第 101~117 页，1948 年。

夏鼐：《临洮寺洼山发掘记》，《中国考古学报》第四册第 71~137 页，1949 年；或，夏鼐：《临洮寺洼山发掘记》，《考古学论文集》第 11~50 页，科学出版社，1961 年。

夏鼐：《碳-14 测定年代和中国史前考古学》，《考古》1977 年第 4 期第 217~232 页。

咸阳市文物考古研究所：《塔儿坡秦墓》，三秦出版社，1998 年。

肖永明：《乐都县柳湾新石器时代及青铜时代遗址》，《中国考古学年鉴（2002）》第

394～395 页，文物出版社，2003 年。

肖琦：《陕西陇县出土马家窑文化彩陶罐》，《考古与文物》1990 年第 5 期第 110 页。

谢端琚：《论石岭下类型的文化性质》，《文物》1981 年第 4 期第 21～27 页。

谢端琚：《马家窑文化诸类型及其相关的问题》，《考古与文物》1985 年第 1 期第 63～74 页。

谢端琚：《马家窑文化渊源试探》，《中国考古学研究——夏鼐先生考古五十年纪念论文集》（二集）第 19～32 页，科学出版社，1986 年。

谢端琚：《沙井文化》，《中国大百科全书·考古卷》第 432 页，中国大百科全书出版社，1986 年。

谢骏义等：《甘肃庆阳地区的旧石器》，《古脊椎动物与古人类》第 15 卷第 3 期第 211～222 页，1977 年。

新疆维吾尔自治区博物馆考古队：《新疆疏附县阿克塔拉等新石器时代遗址的调查》，《考古》1977 年第 2 期第 107～110 页。

新疆维吾尔自治区博物馆、新疆社会科学院考古研究所：《建国以来新疆考古的主要收获》《文物考古工作三十年（1949～1979）》第 169～195 页，文物出版社，1979 年。

新疆社会科学院考古研究所：《新疆克尔木齐古墓群发掘简报》，《文物》1981 年第 1 期第 23～32 页。

新疆维吾尔自治区文管会：《新疆木垒县四道沟遗址》，《考古》1982 年第 2 期第 113～130 页。

新疆社会科学院考古研究所编：《新疆考古三十年》，新疆人民出版社，1983 年。

新疆考古所东疆队：《新疆哈密拉甫乔克发现新石器时代晚期墓葬》，《考古与文物》1984 年第 4 期第 105 页。

新疆社会科学院考古研究所：《新源巩乃斯种羊场发现石棺墓》，《考古与文物》1985 年第 2 期第 21～26 页。

新疆维吾尔自治区博物馆文物队：《新源县七十一团一连渔塘遗址》，《新疆文物》1987 年第 3 期第 16～23 页。

新疆维吾尔自治区博物馆：《乌帕尔细石器遗址调查报告》，《新疆文物》1987 年第 3 期第 3～15 页。

新疆维吾尔自治区博物馆：《尼勒克县哈拉图拜乌孙墓发掘报告》，《新疆文物》1988 年第 2 期第 17～18 页。

新疆文物考古研究所：《察布查尔县索敦布拉克古墓葬发掘简报》，《新疆文物》1988 年第 2 期第 17～26 页。

新疆文物考古研究所：《新疆和硕新塔拉遗址发掘简报》，《考古》1988 年第 5 期第 399 ~ 407、471 页。

新疆社会科学院考古研究所：《柴窝堡湖畔细石器遗存调查报告》，《考古与文物》1989 年第 2 期第 1 ~ 15 页。

新疆维吾尔自治区文化厅文物处、新疆大学历史系文博干部专修班：《新疆哈密焉不拉克墓地》，《考古学报》1989 年第 3 期第 325 ~ 362 页。

新疆维吾尔自治区文物考古研究所：《新疆文物考古工作的新发展》，《文物考古工作十年（1979 ~ 1989）》第 343 ~ 351 页，文物出版社，1990 年。

新疆文物考古研究所：《新疆哈密五堡墓地 151、152 号墓葬》，《新疆文物》1992 年第 3 期第 1 ~ 10 页。

新疆文物考古研究所：《察布查尔县索敦布拉克古墓群》，《新疆文物》1995 年第 2 期第 1 ~ 19 页。

新疆文物考古研究所：《新疆文物考古新收获（1979 ~ 1989）》，新疆人民出版社，1995 年。

新疆文物考古研究所：《新疆乌苏县巴音沟牧场安集海村古墓葬发掘报告》，《新疆文物》1996 年第 4 期第 41 ~ 56 页。

新疆文物考古研究所等：《新疆哈密寒气沟墓地发掘简报》，《考古》1997 年第 9 期第 33 ~ 38 页。

新疆文物考古研究所、新疆自治区博物馆编：《新疆文物考古新收获（1990 ~ 1996）》，新疆美术摄影出版社，1997 年。

新疆文物考古研究所：《新疆察吾呼——大型氏族墓地发掘报告》，东方出版社，1999 年。

新疆维吾尔自治区文物事业管理局、自治区文物考古研究所等：《中国新疆文物古迹大观》，新疆美术摄影出版社，1999 年。

新疆文物考古研究所：《2002 年小河墓地考古调查与发掘报告》，《新疆文物》2003 年第 2 期第 8 ~ 64 页。

邢开鼎、刘宁：《石河子市古墓》，《新疆文物》1994 年第 4 期第 12 ~ 19、26 页。

徐炳昶：《陕西最近发现之新石器时代遗址》，《北平研究院院务汇报》第 7 卷第 6 期第 208 页，1936 年。

徐学书：《岷江上游新石器时代文化的初步研究》，《考古》1995 年第 5 期第 415 ~ 426 页。

许俊臣、刘得祯：《介绍一件春秋战国铲足铜鬲》，《考古》1988 年第 3 期第 230 页。

许永杰：《秦安王家阴洼墓地结构的分析》，《考古与文物》1992 年第 2 期第 46 ~ 60 页。

许永杰：《河湟青铜文化的谱系》，《考古学文化论集（三）》第 166 ~ 203 页，文物出版社，1993 年。

Y

杨建芳：《略论仰韶文化和马家窑文化的分期》，《考古学报》1962 年第 1 期第 9 ~ 80 页。

杨建芳：《仰韶文化的几个问题》，《考古》1962 年第 5 期第 262 ~ 265 页。

阎渭清：《西峰市南佐新石器时代晚期遗址》，《中国考古学年鉴（1987）》第 272 页，文物出版社，1988 年。

严文明：《论中国的铜石并用时代》，《史前研究》1984 年第 1 期第 36 ~ 44 页。

严文明：《甘肃彩陶的源流》，《文物》1978 年第 10 期第 62 ~ 76 页。

严文明：《仰韶文化研究》，文物出版社，1989 年。

严文明：《略论仰韶文化的起源和发展阶段》，《仰韶文化研究》第 122 ~ 165 页，文物出版社，1989 年。

严文明、张万仓：《雁儿湾和西坡㚥》，《考古学文化论集（三）》第 12 ~ 31 页，文物出版社，1993 年。

颜䛒：《甘肃齐家文化墓葬中头骨的初步研究》，《考古学报》1955 年第 9 期第 193 ~ 197 页。

严志斌：《襄汾陶寺遗址》，《中国考古学年鉴（2001）》第 117 ~ 118 页，文物出版社，2002 年。

叶万松、方孝廉：《洛阳市皂角树二里头文化遗址》，《中国考古学年鉴（1994）》第 212 页，文物出版社，1997 年。

佚名：《甘肃兰州白道沟坪发掘出古代遗址和墓葬》，《文物参考资料》1955 年第 5 期第 110 ~ 111 页。

伊弟利斯·阿不都热苏勒等：《新疆吐鲁番盆地交河故城沟西台地旧石器地点》，《考古文物研究——纪念西北大学考古专业成立四十周年文集（1956 ~ 1996）》第 55 ~ 73 页，三秦出版社，1996 年。

伊克昭盟文物工作站等：《西沟畔战国墓》，《鄂尔多斯式青铜器》第 351 ~ 365 页，文物出版社，1986 年。

〔日〕伊藤道治：《图说中国的历史》1，1976 年，日本讲谈社，东京。

尹达：《龙山文化与仰韶文化之分析》，《中国新石器时代》第 114 ~ 118 页，生活·读书·新知三联书店，1955 年。

尹盛平、任周芳：《先周文化的初步研究》，《文物》1984 年第 7 期第 42 ~ 49 页。

尹盛平：《西周蚌雕人头种族探索》，《文物》1986 年第 1 期第 46 ~ 49 页。

俞伟超：《内蒙古西部地区原始文化座谈会发言辑录》，《内蒙古文物考古》第 4 辑第

6～10页，1986年。

俞伟超：《古代"西戎"和"羌"、"胡"考古学文化归属问题的探讨》，《先秦两汉考古学论集》第180～192页，文物出版社，1985年。

俞伟超：《关于"卡约文化"和"唐汪文化"的新认识》，《先秦两汉考古学论集》第193～210页，文物出版社，1985年。

Z

张长寿、梁星彭：《关中先周文化的类型与周文化的渊源》，《考古学报》1989年第1期第1～23页。

张弛：《半山式文化遗存分析》，《考古学研究（二）》第33～77页，北京大学出版社，1994年。

张光直：《考古学上所见汉代以前的西北》，《中央研究院历史语言研究所集刊》第42本第一分第81～119页，1970年，台北。

张光直：《考古学上所见汉代以前的北疆草原地带》，《中央研究院历史语言研究所集刊》第43本第二分第277～301页，1971年，台北。

张家口市文管所等：《河北宣化李大人庄遗址试掘报告》，《考古》1990年第5期第398～402页。

张朋川：《甘肃彩陶图谱》，文物出版社，1990年。

张天恩：《高领袋足鬲的研究》，《文物》1989年第6期第33～43、50页。

张天恩：《天水出土的兽面铜牌饰及有关问题》，《中原文物》2002年第1期第43～46页。

张文绪等：《甘肃庆阳遗址古栽培稻的研究》，《农业考古》2000年第3期第80～85页。

张学正、张朋川、郭德勇：《谈马家窑、半山、马厂类型的分期和相互关系》，《中国考古学会第一次年会论文集》第50～71页，文物出版社，1980年。

张学正、孙淑云、韩汝玢、胡文龙：《甘肃发现的早期金属器物的研究》，第一届"金属及合金早期使用"国际学术会议提交论文，1981年，北京。

张学正、水涛、韩翀飞：《辛店文化研究》，《考古学文化论集（三）》第122～152页，文物出版社，1993年。

张忠培：《中国父系氏族制发展阶段的考古学观察——对含男性本位的合葬墓的若干分析》，《吉林大学社会科学学报》1987年第1期第1～14页。

张忠培：《齐家文化研究》（上），《考古学报》1987年第1期第1～18页；《齐家文化研究》（下）1987年第2期第153～176页。

张忠培、李伊萍：《关于马家窑文化的几个问题》，《庆祝苏秉琦考古五十五年论文集》

第 265～272 页，文物出版社，1989 年。

张忠培、朱延平、乔梁：《陕晋高原及关中地区商代考古学文化结构分析》，《内蒙古文物考古文集》第 283～290 页，中国大百科全书出版社，1994 年。

张忠培：《东灰山墓地研究》，《中国文化研究所学报》N. S. No. 6 第 288～323 页，1997 年，香港。

张忠培、杨晶：《客省庄与三里桥的单把鬲及其相关问题》，《宿白先生八秩华诞纪念文集》（上）第 1～50 页，文物出版社，2002 年。

张玉忠：《天山阿拉沟考古考察与研究》，《西北史地》1987 年第 3 期第 106～116 页。

张玉忠：《新疆考古述略》，《考古》2002 年第 6 期第 3～13 页。

赵春青：《新砦期的确认及其意义》，《中原文物》2002 年第 1 期第 21～23、27 页。

赵建龙：《关于月氏族文化的初探》，《西北史地》1992 年第 1 期第 67～74 页。

赵化成：《甘肃东部秦和羌戎文化的考古学探索》，《考古类型学的理论与实践》第 145～176页，文物出版社，1989 年。

赵化成：《公元前 5 世纪中叶以前中国人工铁器的发现及其相关问题》，《考古文物研究——纪念西北大学考古专业成立四十周年文集（1956～1996）》第 289～300 页，三秦出版社，1996 年。

赵生琛等：《青海古代文化》，青海人民出版社，1985 年。

赵松乔：《河西走廊综合自然区划》（草案），1962 年（中国科学院地理研究所藏）。

赵雪野：《甘肃白龙江流域古文化遗址调查简报》，《考古与文物》1993 年第 4 期第 8～16 页。

郑光：《二里头遗址的发掘》，《夏文化研究论集》第 66～80 页，中华书局，1996 年。

郑州大学考古专业等：《河南杞县鹿台岗遗址发掘简报》，《考古》1994 年第 8 期第 673～682 页。

中国科学院新疆分院民族研究所考古组：《昭苏县古代墓葬试掘简报》，《文物》1962 年第 7～8 期第 98～102 页。

中国社会科学院考古研究所洛阳发掘队：《1958 年洛阳东干沟遗址发掘简报》，《考古》1959 年第 10 期第 537～540 页。

中国社会科学院考古研究所甘肃工作队：《甘肃永靖大何庄遗址发掘报告》，《考古学报》1974 年第 2 期第 29～62 页。

中国社会科学院考古研究所甘肃工作队：《甘肃永靖秦魏家齐家文化墓地》，《考古学报》1975 年第 2 期第 57～96 页。

中国科学院考古研究所甘肃工作队：《甘肃永靖马家湾新石器时代遗址的发掘》，《考古》1975 年第 2 期第 90～96 页。

中国社会科学院考古研究所二里头工作队：《偃师二里头遗址新发现的铜器和玉器》，《考古》1976 年第 4 期第 259 ~ 263 页。

中国社会科学院考古研究所山西队等：《山西襄汾陶寺遗址发掘简报》，《考古》1980 年第 1 期第 18 ~ 31 页。

中国社会科学院考古研究所甘肃工作队：《甘肃永靖张家咀与姬家川遗址的发掘》，《考古学报》1980 年第 2 期第 187 ~ 220 页。

中国社会科学院考古研究所泾渭队：《陇东常山遗址发掘简报》，《考古》1981 年第 3 期第 201 ~ 210 页。

中国社会科学院考古研究所：《殷墟玉器》，文物出版社，1982 年。

中国社会科学院考古研究所河南二队：《河南临汝煤山遗址发掘报告》，《考古学报》1982 年第 4 期第 427 ~ 476 页。

中国社会科学院考古研究所山西工作队：《1978 ~ 1980 年山西襄汾陶寺墓地发掘简报》，《考古》1983 年第 1 期第 30 ~ 42 页。

中国社会科学院考古研究所编：《中国考古学中碳十四年代数据集 (1965 ~ 1981)》，文物出版社，1983 年。

中国社会科学院考古研究所山西队等：《山西襄汾陶寺遗址首次发现铜器》，《考古》1984 年第 12 期第 1069 ~ 1071、1068 页。

中国社会科学院考古研究所、中国历史博物馆、山西省考古研究所：《夏县东下冯》，文物出版社，1988 年。

中国社会科学院考古研究所宁夏考古组、同心县文物管理所：《宁夏同心县倒墩子匈奴墓地》，《考古学报》1988 年第 3 期第 333 ~ 356 页。

中国社会科学院考古研究所泾渭工作队：《陕西长武碾子坡先周文化遗址发掘纪略》，《考古学集刊 (6)》第 123 ~ 142 页，中国社会科学出版社，1989 年。

中国社会科学院考古研究所编：《中国考古学中碳十四年代数据集 (1965 ~ 1991)》，文物出版社，1992 年。

中国社会科学院考古研究所编著：《师赵村与西山坪》，中国大百科全书出版社，1999 年。

中国社会科学院考古研究所二里头工作队：《河南偃师二里头遗址发现一件青铜钺》，《考古》2002 年第 11 期第 31 ~ 34 页。

中国社会科学院考古研究所甘青工作队：《武山傅家门遗址的发掘与研究》，《考古学集刊 (16)》第 380 ~ 448 页，科学出版社，2006 年。

中国文物精华编辑委员会编：《中国文物精华》，文物出版社，1997 年。

中央研究院历史语言研究所考古年表 (杨梅：《中央研究院历史语言研究所专刊 35》，

1952 年，台北）。

周本雄：《师赵村与西山坪遗址的动物遗存》，《师赵村与西山坪》第 335～339 页，中
　　国大百科全书出版社，1999 年。

周兴华：《宁夏中卫县狼窝子坑青铜短剑墓群》，《考古》1989 年第 11 期第 971~980 页。

朱凤瀚：《吉林奈曼旗大沁他拉新石器时代遗址调查》，《考古》1979 年第 3 期第 209~
　　222 页。

朱永刚：《夏家店上层文化的初步研究》，《考古学文化论集（一）》第 58~78 页，文物
　　出版社，1987 年。

后 记

本书遴选文章大多曾经发表，此次结集出版时除了对个别字句和错误之处作了改动外，尽力维持原初面貌，但也有部分文章根据需要稍加调整。具体如下：

1）《西北地区新石器时代考古研究》一文是我在美国宾夕法尼亚大学做访问学者期间写作的。由于该校图书馆中文考古资料匮乏，以至于在定稿时很难将参考文献一一列出，最后只能模糊处理。此次出版之前根据编辑的建议将注释全部补齐。同样，《中国西部地区史前考古的几点思考——〈师赵村与西山坪〉读后》在《中国文物报》发表前也将注释部分省略，此次发表时恢复了原貌。

2）《四坝文化研究》中的干骨崖墓地 ^{14}C 数据采用了吴小红教授重新拟合的年代，在此特地向她表示感谢！

3）此次将以往未注明出土地点、单位及缺少出土编号的器物全部作了补充，并对个别文章线图中的个别器物作了调整。

4）为方便今后的研究，我在文末特意增加了参考文献。

美国加州大学洛杉矶分校罗泰（Lothar von Fakenhausen）教授、美国哈佛大学人类学系傅罗文（Rowan K. Flad）助教授为本书英文书名和英文目录的翻译提供了富有建设性的意见。

本书出版前，对多数文章线图重新进行了清绘，这一工作得到甘肃省文物考古研究所王辉同志的大力支持。该所赵吴成、孙明霞二位为此付出了辛苦的劳动。

文书编辑过程中，北京大学考古文博学院本科生邓振华同学往返奔波于文物出版社，并对本书参考文献做了认真的校对！为编辑本书，文物出版社编辑花费了大量精力，并提出了很好的建议。

在此我当向上述各位表达特别的谢意！

李水城

2009 年初夏于北京大学蓝旗营寓所